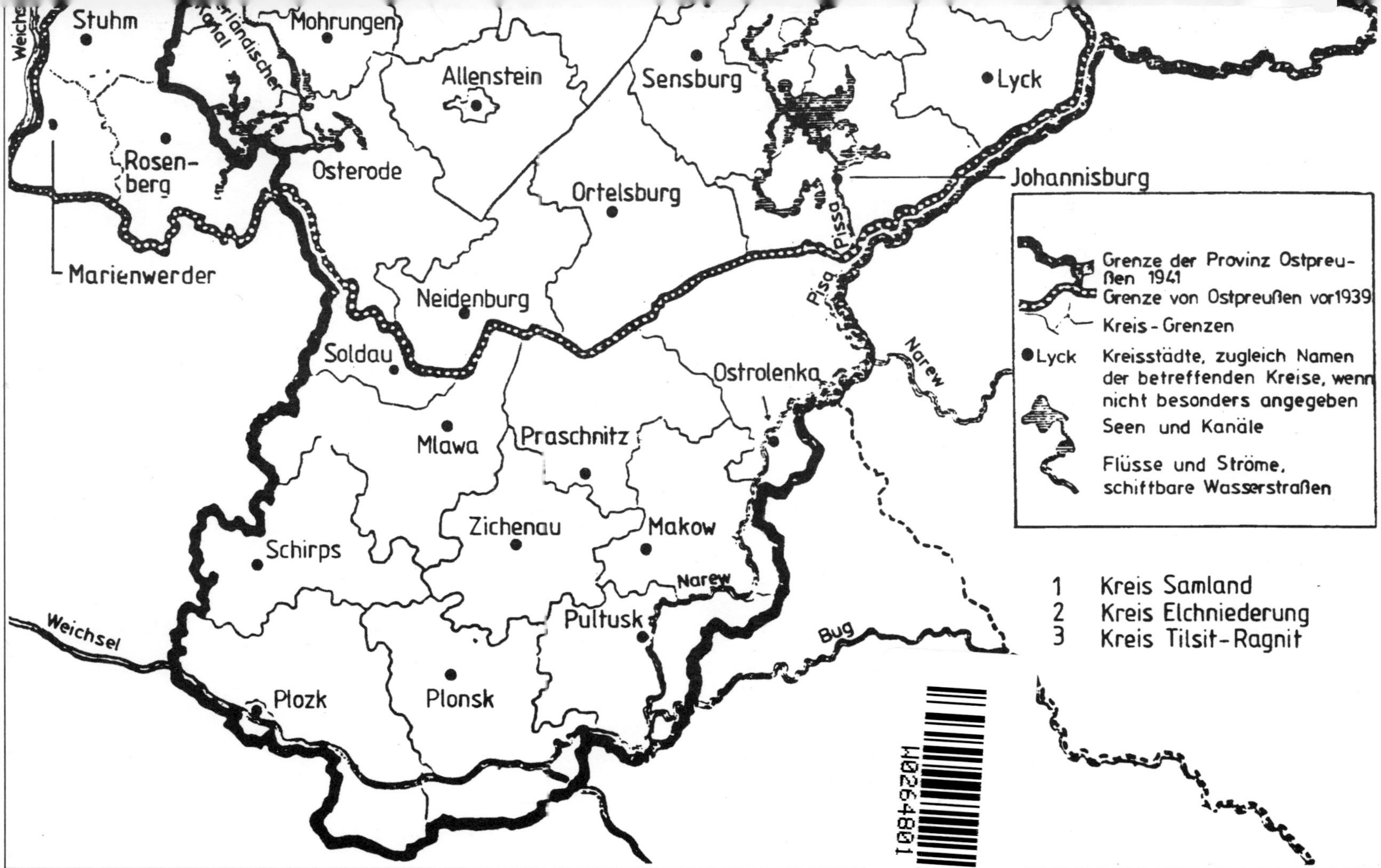

Zeichnung: Ilka Schulz

Alltag in Ostpreußen 1940–1945

Christian Tilitzki

Alltag in Ostpreußen 1940–1945

Die geheimen Lageberichte der Königsberger Justiz 1940–1945

VERLAG GERHARD RAUTENBERG · LEER

CIP-Titelaufnahme der Deutschen Bibliothek
Tilitzki, Christian
Alltag in Ostpreußen 1940–1945 / Christian Tilitzki
Leer: Rautenberg, 1991
ISBN 3-7921-0478-4

Gesamtherstellung: Druckerei Gerhard Rautenberg, Leer

Printed in Germany
ISBN 3-7921-0478-4

Inhalt

Teil I

Teil II

Teil III

1. Einleitung

Obwohl es sich um den folgenschwersten Abschnitt in der Geschichte Ostpreußens handelt, ist der Zeitraum zwischen 1933 und 1945 wie kein anderer mangelhaft erforscht.[1] Dies ist sicher auf die hohen Kriegsverluste an Archivgut und zeitgeschichtlich wertvollen Materialien jeder Art, auf das Abbrechen ostdeutscher Geschichte nach 1945 und auf das dominante Erlebnis von Flucht und Vertreibung zurückzuführen, das alle Erinnerungen in den zahlreich publizierten Orts- und Kreischroniken auf die letzten Kriegsmonate konzentrierte. Der Schmerz über das Verlorene hat bis heute seinen Anteil daran, sich den Blick zurück nicht durch den Nationalsozialismus trüben lassen zu wollen.[2]

Dieser verständliche ostdeutsche Sonderweg in der vielbeschworenen „Vergangenheitsbewältigung" endet jedoch dort in einer Sackgasse, wo die verklärende Rückschau auf das „Land der dunklen Wälder" nostalgisch-unglaubwürdig wird und die Erinnerung an die östlichste Provinz des Deutschen Reiches überhaupt aus dem historischen Bewußtsein zu verdrängen droht. Der Einschätzung von Alfred Heuß zufolge ist dieser Prozeß, begünstigt durch eine Vielzahl politischer Faktoren, ohnehin soweit gediehen, daß es inzwischen so sei, „wie wenn vielleicht ein Franzose an den Verlust von Indochina denkt".[3]

Die hier edierten Königsberger Justizlageberichte gestatten wenigstens für die Kriegsjahre 1940 bis 1945 den Einblick in eine vielschichtige Lebenswelt, wie sie bislang aus der isolierenden Perspektive von Trauer und Sehnsucht nicht wahrgenommen werden konnte. Die Entstehung dieser Lageberichte ging auf das Bestreben des Reichsjustizministers Franz Gürtner zurück, unabhängig von Himmlers Sicherheitsdienst und anderen Parteistellen Informationen über politisch relevante Inhalte der Publikumsmeinung zu erhalten. Zu diesem Zweck wies er die Generalstaatsanwälte im Herbst 1935 an, alle zwei Monate kurze Übersichten, „politische Wetterberichte" abzufassen. Wenig später wurde die Berichtspflicht auf die Oberlandesgerichtspräsidenten ausgedehnt, so daß bis zum Oktober 1942 allmonatlich aus jedem der bis dahin 34 Oberlandesgerichtsbezirke des Reiches die eingeforderten Berichte in der Wilhelmstraße 65, dem Sitz des Reichsjustizministeriums, eingingen. Mit Runderlaß vom 29. 10. 1942 wurde dann der Zwei-Monats-Rhythmus eingeführt, der bis zum Kriegsende in Kraft blieb.[4]

Den Intentionen Gürtners entsprechend bildeten Fragen der Justizverwaltung und der Rechtspolitik nur einen Schwerpunkt der Berichterstattung. Aufmerksam hatten die Behördenchefs die Reaktionen auf außenpolitische und militärische Ereignisse zu registrieren. Die

1) Einen Forschungsüberblick in gedrängter Form bietet Hertz-Eichenrode, 1986, S. 59–66.

2) Vgl. nur Siedler, 1982, S. 37, darauf verweisend, daß die „größere Sensibilität" sich nur vorsichtig dem Gedächtnis an einen Osten nähere, wo nicht nur die Namen der verlorenen Städte, sondern auch die der vergessenen Lager zu suchen seien.

3) Heuß, 1984, S. 143. – Zu den wenigen, dies sei gerechterweise angemerkt, die sich außerhalb der Vertriebenenverbände mit erstaunlicher Beharrlichkeit gegen die „kulturelle Abschreibung" der „östlichen Stammprovinzen" als verheerenden Verlust eines unersetzlichen „Gefühlsraums" wenden, gehört der aus Vorpommern stammende Regisseur Hans Jürgen Syberberg (Syberberg, 1990 passim).

4) Vgl. zur Entstehungsgeschichte und Funktion der Berichte die Einleitung von Oldenhage, 1979, S. 303ff. – Die Königsberger Berichte in BA, R 22/3375, Bl. 1–283.

Aufgabe der politischen Strafjustiz, seit Kriegsbeginn zur Stabilisierung der „Heimatfront" beitragen zu müssen, verlangte zudem die ständige Beobachtung tendenziell regimekritischer Gruppen (Arbeiter, Kirchen, Glaubensgemeinschaften, ethnische Minderheiten) ebenso wie die intensive Beschäftigung mit den kriegsbedingten Auswirkungen der Versorgungslage (Schleichhandel, Warenhortung, Schwarzschlachten) und den daraus erwachsenden sozialen Spannungen. Zu typischen Phänomenen des Kriegsalltags, die ins Ressort der Justiz fielen, gehörte die steigende Jugendkriminalität genauso wie die Ahndung des verbotenen Umgangs mit Kriegsgefangenen und ausländischen Zivilarbeitern. Dazu gesellten sich in Ostpreußen Probleme der Besatzungsverwaltung in den annektierten polnischen und sowjetischen Territorien. Ständig spielte das Verhältnis zur politischen Führung, zu Polizei und SS sowie zur Wehrmacht in der Grenzprovinz eine konfliktreiche Rolle. Schließlich nehmen die Schilderungen unmittelbarer Kriegseinwirkungen einen bemerkenswert breiten Raum ein. Für die Justizvorstände in Ostpreußen, das im Gegensatz zu den vom Luftkrieg schwer betroffenen west- und mitteldeutschen Regionen gern als „Oase des Friedens" bezeichnet wird, war der Krieg keine ferne Angelegenheit. Die Provinz war nicht nur Aufmarschraum und Versorgungsdrehscheibe für die militärischen Operationen im Osten. Sowjetische Luftangriffe, Fallschirmagenten sowie polnische und sowjetische Partisanen in den zum Zuständigkeitsbereich der Justiz gehörenden annektierten Gebieten bestimmten den Kriegsalltag schon lange vor dem „Ostwallbau" oder der Bombardierung Königsbergs.

Die Dichte des überlieferten Bestandes und die Vielfalt der beobachteten Lebensbereiche hat Historiker vom erstrangigen Quellenwert der Justizlageberichte sprechen lassen. Bislang ist aber kaum angedeutet worden, welchen zeitgeschichtlichen Erkenntnisfortschritt ihre Auswertung denn verspricht. Dank Marlies Steinerts Kompilation der Lageberichte von SD, Justiz, Verwaltung und Partei liegt schließlich seit zwanzig Jahren ein „Gesamtüberblick über die wesentlichen Inhalte der Publikumsmeinung während des Zweiten Weltkrieges" vor.[5] Seit einiger Zeit bietet auch die 17bändige Edition der SD-Berichte („Meldungen aus dem Reich") leicht zugängliches Material über die abseitigsten Details des Kriegsalltags.[6]

Der englische Historiker Ian Kershaw hat in eindrücklichen Analysen die Komplexität der Denk- und Verhaltensmuster rekonstruiert, die in den Meinungsströmungen präsent waren, in denen sich partielle Ablehnung und partielle Bejahung des Nationalsozialismus verbanden.[7]

Ein spezifischer Wert der Justizlageberichte ist daher recht zaghaft darin gesehen worden, zur Erhellung der Konflikte zwischen Staat und Partei, Politik und Verwaltung im NS-Herrschaftssystem beizutragen.[8] Zaghaft, weil die Erforschung der Justiz im Dritten Reich gerade in diesem Punkt eigentlich so weit fortgeschritten ist, daß hier allenfalls Modifikationen zu erwarten sind.[9] Auch ein weiterer Ansatz, der die desintegrativen, die „Volksgemeinschaft" auflösenden Momente aus den Berichten herausfiltern möchte, um zu zeigen,

5) Steinert, 1970, hier S. 47; neuerdings diess. zusammenfassend, 1985, S. 137–153.
6) Meldungen aus dem Reich (künftig: MadR) 1984.
7) Kershaw, 1985, S. 273.
8) Oldenhage, 1986, S. 102.

wie sich „Gesellschaft“ gegen „Herrschaft“ zur Wehr setzt, nimmt sich im Rahmen der anschwellenden Literatur zum Widerstand gegen den Nationalsozialismus eher marginal aus.[9)]

Zur sozial- und institutionsgeschichtlichen Erforschung des NS-Staates müssen die Justizlageberichte also nicht unbedingt herangezogen werden. Wesentlich aufschlußreicher scheint dagegen die Auswertung unter landesgeschichtlichen Aspekten. Umso mehr, wenn infolge der lückenhaften Überlieferung die zeitgeschichtliche Forschung so weit hinter Arbeiten zu westdeutschen Regionen zurückliegt, wie dies für Ostpreußen der Fall ist. Die Justizlageberichte als landesgeschichtliche Quelle nutzen heißt, zunächst Bekanntschaft mit den Akteuren, den politisch und administrativ Verantwortlichen zu schließen, wo bisher allein die monströsen Züge der Figur Erich Kochs alle Mitstreiter in den Schatten stellten.[10)]

Die Justizjuristen, Parteifunktionäre, Verwaltungsbeamten, Polizeichefs und SS-Führer, die in den Berichten eine Rolle spielen, geben der Landesgeschichte Ostpreußens erstmals physiognomisch Profil. In Ermangelung anderer Quellen erschließt sich oft nur anhand ihrer Biographien das Institutionelle. Auch eine Vielzahl ereignisgeschichtlicher Mitteilungen konturiert bislang Unbekanntes wie den Anteil ostpreußischer Behörden an der Besatzungspolitik in Polen und in der UdSSR. Anderes wird nur angedeutet, markiert aber Ansatzpunkte für weitere Forschungen: Das reicht von der kulturpolitischen Stellung der Albertus-Universität im Krieg über die Frage nach den Arbeitslagern auf ostpreußischem Gebiet bis hin zu den besonderen wirtschaftlichen Schwierigkeiten einzelner Regionen wie etwa dem Memelland.

Beim derzeitigen Forschungsstand kann sich die Edition der Lageberichte nicht auf eine Kommentierung in Anmerkungen beschränken. Daher wird ihnen eine knappe Einleitung zur politischen Entwicklung Ostpreußens seit 1918 vorangestellt, um die wirtschaftliche und soziale Lage, aber auch das jeweilige Gewicht von Partei, SS, Justiz und Verwaltung im Machtgefüge der Provinz bei Kriegsausbruch zu bestimmen.

9) Roth, 1985, S. 159f. – Roth zeigt im Gegensatz zu Oldenhage wenig Interesse an den Kompetenzkonflikten im „Herrschaftsapparat“. Dies erleichtert dualistische Konstruktionen. Allein 2/3 der Zitate, die Roth heranzieht, um die oppositionelle Haltung der „Gesellschaft“ zu belegen, stammen aus vier der 34 OLG-Bezirke!

10) Hiervon auszunehmen die Darstellung der ostpreußischen NSDAP bei Gause, 1971, S. 111ff.

2. Die politische und wirtschaftliche Entwicklung Ostpreußens von 1918–1933

Historisches Allgemeinwissen hält zwei Schlagworte parat, um Ostpreußens Lage in der Zwischenkriegszeit zu kennzeichnen: „Korridor“ und „Osthilfe“.
Den „Korridor“ bildete nach Inkrafttreten des Versailler Vertrages am 10. 1. 1920 jener Teil der ehemaligen preußischen Provinz Westpreußen, den das Reich an die neugegründete Republik Polen abtreten mußte und der somit als polnisches Territorium die Landverbindung zwischen Ostpreußen und dem übrigen Reichsgebiet zerschnitt.[1)]
Diese „Insellage“ trug zur Verschärfung der wirtschaftlichen Probleme der Provinz bei, so daß sich die preußische und verstärkt ab 1928 auch die Reichsregierung bemühten, eine Reihe von Sonderprogrammen aufzulegen, um etwas gegen die Misere vor allem der ostpreußischen Landwirtschaft zu unternehmen. Vielen Zeitgenossen erschienen diese unter dem Sammelbegriff „Osthilfe“ bekannten Maßnahmen als ein unumgänglicher und gerechter Ausgleich für eine Notlage, in die Ostpreußen schicksalhaft geraten war. Sieht man sich die Bedingungen im einzelnen an, läßt sich über das Resümee kaum streiten, der Versailler Vertrag habe „keinen Teil des Reiches mit so vernichtender Schwere getroffen wie den Osten“.[2)] Die Provinz verlor nicht nur ihre Verbindung zum übrigen Reichsgebiet. An Polen war zudem noch der westliche Teil des Kreises Neidenburg mit der Stadt Soldau abzutreten. Nördlich der Memel wurden alle Landkreise sowie die Stadt Memel der alliierten Verwaltung unterstellt. 1924 erhielt dieses nun so genannte „Memelgebiet“ einen autonomen Status unter litauischer Aufsicht.[3)] Die vier rechts von Weichsel und Nogat gelegenen ehemaligen westpreußischen Kreise sowie der Stadt- und Landkreis Elbing wurden als neuer Regierungsbezirk Westpreußen der Provinz eingegliedert. Über die endgültige Zugehörigkeit aller südlichen Kreise Ostpreußens, der ehemals westpreußischen und der ermländischen Kreise zu Deutschland sollte eine Volksabstimmung entscheiden, die am 11. 7. 1920 dann mit überwältigender Mehrheit gegen Polen ausfiel.[4)]
Mit den territorialen Veränderungen gingen verschlechterte, weil außenpolitisch belastete Wirtschaftsbeziehungen zu den neuen Nachbarn Polen, Litauen und zur UdSSR einher. Der „Korridor“ erhöhte die Transportkosten und schaltete die früher so wichtigen Absatzgebiete Posen und Westpreußen aus. Trotzdem sind die Determinanten der ostpreußischen Entwicklung nach 1918 nicht allein durch den Versailler Vertrag bestimmt worden. Die Veränderungen auf der osteuropäischen Landkarte verschlechterten die Wirtschaftslage, verursachten sie aber nicht.
Mit annähernd 37 000 km^2 war Ostpreußen 1910 die nach Schlesien und Brandenburg drittgrößte preußische Provinz, wies mit 55 Einwohnern pro km^2 aber die geringste Bevölkerungsdichte auf. Noch Mitte der dreißiger Jahre war die Besiedlung nur halb so dicht wie

1) Schumacher, 1977, S. 297ff.
2) Ebd. S. 297.
3) Plieg, 1962, S. 12ff.
4) Forstreuter, 1966, S. 17ff.

im Reichsdurchschnitt. Von den 4805 ostpreußischen Gemeinden hatten 4719 weniger als 2000 Einwohner. Die Provinzhauptstadt Königsberg war zugleich die einzige Großstadt (336 000 Einwohner). Die Einwohnerzahl der kreisfreien Städte Allenstein (50 000), Elbing (86 000), Insterburg (43 000) und Tilsit (57 000) blieb erheblich dahinter zurück. 1933 waren noch mehr als die Hälfte der Erwerbstätigen (54% im Vergleich zum Reichsdurchschnitt von 29%) in der Land- und Forstwirtschaft beschäftigt.[5] Der Industrialisierungs- und Verstädterungsprozeß erfaßte Ostpreußen also in so geringem Umfang, daß daraus schon lange vor 1918 die Nachteile einer einseitig agrarisch ausgerichteten Wirtschaft erwuchsen, denn die Landwirtschaft vermochte den natürlichen Bevölkerungsüberschuß nicht mehr aufzunehmen. Zwischen 1871 und 1933 verlor die Provinz zwei Drittel ihrer Bevölkerungszunahme, insgesamt 920 000 Menschen, durch Abwanderung in die west- und mitteldeutschen Industriezentren. Erst nach 1933 gelang es, die Abwanderung zu stoppen. Die Bevölkerungszahl stieg wieder von 2,33 Millionen (1933) auf 2,44 Millionen (1937).[6]
Schon vor 1914 stand es mit der Rentabilität der ostpreußischen Landwirtschaft nicht zum besten. Es bedurfte der Inflation, um eine befreiende Entschuldung zu erreichen. 1924, nach der Währungsstabilisierung, ließ der Kreditbedarf die Neuverschuldung aber schnell wieder ansteigen, um bis 1929 das Vorkriegsniveau zu übertreffen.[7] 1925 sah sich der preußische Staat erstmals gezwungen, auf die Rückzahlung von Saatgutkrediten zu verzichten. Ab 1926 trugen dann Steuernachlässe und Lastensenkungen der Tatsache Rechnung, daß eine normale Besteuerung der ostpreußischen Landwirte nicht mehr durchführbar war. Nachdem ein erstes, 1922 aufgelegtes „Ostpreußenprogramm“ sich auf eine Vielzahl von Einzelmaßnahmen beschränkte, trat Ende 1925 die Landwirtschaftskrise in den Mittelpunkt aller Hilfsprogramme der preußischen und der Reichsregierung. Den Beteiligten war bewußt, daß eine dauerhafte Sanierung der krisenhaften Wirtschaftstruktur mit diesen Subventionen nicht zu erreichen war. Aber selbst die unternommenen Anstrengungen blieben materiell und psychologisch ohne durchschlagenden Erfolg, zumal die notwendigen Rahmenbedingungen für eine grundlegende Strukturreform mit Beginn der Weltwirtschaftskrise nicht mehr gegeben waren.[8]
In den „Osthilfe“-Debatten geriet eine weitere Besonderheit der ostpreußischen Wirtschaftsstruktur ins Visier der Kritiker: der Großgrundbesitz und dessen politische Orientierung. Immerhin wich die ostpreußische Agrarstruktur von den Werten des Reichsdurchschnitts auffällig ab. Allein die Anzahl der Großbetriebe (über 100 ha) verbuchte einen Anteil von 39,2% der gesamten landwirtschaftlichen Nutzfläche (Reich: 20,2%). In neun von 37 Landkreisen gehörten sogar 50–68% der Nutzfläche Großgrundbesitzern. Insgesamt verfügten 1925 nur 1,9% aller landwirtschaftlichen Betriebe über 50% der gesamten Nutzfläche.[9]
Politischen Rückhalt fanden die Großagrarier in der Deutschnationalen Volkspartei (DNVP), die in Ostpreußen bis 1930 eine ihrer Hochburgen hatte. Als sie bei den Reichstagswahlen vom 14. 9. 1930 auch in Ostpreußen von der NSDAP überflügelt wurde, begann ihr Niedergang. Bis dahin war die DNVP die führende konservative Partei. Daß diese tendenziell antiparlamentarische und antidemokratische Partei in Ostpreußen politisch den Ton angab, während die Sozialdemokraten dort ihren schwersten Stand östlich der Oder hatten, störte den Gleichklang zwischen Berlin und Königsberg empfindlich. Otto Braun, gebürti-

5) Statistisches Handbuch, 1938, S. 100.
6) Ebd. S. 25, 40.
7) Hertz-Eichenrode, 1969, S. 148ff.
8) Forstreuter, 1966, S. 28f.
9) Hertz-Eichenrode, 1969.

ger Königsberger, von 1920 bis 1932 an der Spitze einer sozialdemokratisch geführten preußischen Landesregierung, machte nie einen Hehl aus seinem Mißtrauen gegen eine Osthilfepolitik, die die wirtschaftliche Position seiner politischen Gegner stärkte.[10)]
Die sich zuspitzende Agrarkrise radikalisierte immer größere Teile der Bauernschaft, vor allem die Kleinbauern in den am härtesten betroffenen südlichen Grenzkreisen.[11)] Von dieser Entwicklung profitierte die NSDAP mit ihrem erdrutschartigen Wahlsieg am 14. 9. 1930. Von mageren 0,8% (1928) kletterte ihr Anteil in Ostpreußen auf 22,5%. In der Juliwahl von 1932 verfehlte sie mit 47,1% die absolute Mehrheit. Im allgemeinen Abschwung der Novemberwahl fiel sie auf 39,7% zurück und landete an elfter Stelle der NSDP-Wahlergebnisse im Reich. Erst nach der Machtergreifung schob sich der Wahlkreis Ostpreußen mit 56,5% für die NSDAP an die Spitze aller Reichstagswahlkreise.
Wie in Ostpreußen 1919 der Ruck nach links „jäher als anderswo im Reiche" ausgefallen war, so war auch der Ruck nach rechts ab 1930 nur als eine Art Anpassung der Provinz an die allgemeinen politischen Tendenzen im Reich zu verstehen. Eine besondere Rolle, so Kurt Forstreuter, habe die Provinz weder bei der Revolution 1918/19 noch bei der Entstehung des Nationalsozialismus gespielt.[12)] Tatsächlich blieben die Erfolge der Nationalsozialisten lange hinter dem Reichsdurchschnitt zurück. Doch waren die Voraussetzungen, die den Vertrauensverlust der Republik in Ostpreußen bedingten, nach 1929 dort zumindest besonders günstig: Die Weltwirtschaftskrise ließ die Lage im Haupterwerbszweig Landwirtschaft immer hoffnungsloser erscheinen. Weder die „Osthilfe" noch andere agrarpolitische Initiativen der Regierung Brüning konnten die Abkehr der Landwirte von den konservativen Parteien und Verbänden und letztlich vom parlamentarischen System verhindern. Auch fiel es propagandistisch nicht schwer, in der von Gebietsverlusten getroffenen Grenzprovinz die wirtschaftliche Not als Folge des Versailler Vertrages darzustellen. Sicher war die Provinz kein „Hort des Extremismus" (Forstreuter), aber auch hier wird man bedenken müssen, daß sie ihm Ende der zwanziger Jahre wenigstens günstige Voraussetzungen bot: Die 0,8% für die NSDAP im Jahr 1928 gaben den Anteil der rechtsextremen Kräfte im regionalen politischem Spektrum nur unzureichend wieder. Mit 8,6% hatten NSDAP und Deutschvölkische auf einer gemeinsamen Liste bei den Reichstagswahlen 1924 ihr bestes Ergebnis östlich der Oder erreicht. Im Gegensatz zur relativ schwachen SPD war die KPD, verglichen mit den übrigen östlichen Wahlkreisen, nur im oberschlesischen Industriewahlkreis Oppeln stärker als in Ostpreußen. Fast 14% der ostpreußischen Wähler entschieden sich im November 1932 für die KPD. Schon zeitgenössischen Beobachtern war aufgefallen, daß die Abwanderung qualifizierter Arbeitskräfte ins Reich ein „gewerkschaftlich nicht erzogenes Industrieproletariat" entstehen ließ, das dann die Anhängerschaft extremer Bewegungen stellte.[13)] Die andere Bürgerkriegspartei, die NSDAP, vermochte 1928 ihr Wählerpotential auch deshalb nicht auszuschöpfen, weil die Parteiorganisation drei Jahre nach der Gründung in Ostpreußen kaum als Torso erkennbar war. Der dafür verantwortlich gemachte Gauleiter, der Königsberger Kaufmann Bruno Scherwitz, mußte dies 1928 mit dem Parteiausschluß bezahlen.[14)] Von der Münchener Führung vor die Wahl zwischen Heinrich Himmler und Erich Koch gestellt, entschied man sich für Koch, der am 15. 9. 1928 als neuer Gauleiter in Königsberg eintraf und der die Partei bis 1932 zur stärksten politischen Kraft in der Provinz formte.

10) Ebd. S. 225f.
11) Kaltefleiter, 1966, S. 43ff.; Hertz-Eichenrode, 1986, S. 81ff.
12) Forstreuter, S. 15, 38ff.
13) Deutschland-Berichte, 5, 1938, S. 937.
14) GStA, Rep. 240, C 53a, Bl. 115ff. („Ereignisse aus der Kampfzeit, bevor Gauleiter Erich Koch nach Ostpreußen kam").

3. „Preußischer Sozialismus" – Erich Koch und die ostpreußische NSDAP

Erich Koch gehörte zu den ersten Mitgliedern der NSDAP im Ruhrgebiet. „Den Osten" kannte der 1896 in Elberfeld geborene neue Gauleiter aus seiner Soldatenzeit an der Ostfront und dem Grenzkampf in Schlesien. Nachdem er wegen politischer Aktivitäten seine Stellung bei der Reichsbahn eingebüßt hatte, war er hauptamtlicher Bezirksleiter in Elberfeld und schließlich stellvertretender Gauleiter im Gau Ruhr. Nach heftigen parteiinternen Machtkämpfen, in denen Koch sein Ziel, selbst Gauleiter an der Ruhr zu werden, nicht erreichte, beorderte Hitler ihn 1928 nach Ostpreußen.[1] Kochs unbestreitbarer Tatkraft, seinem agitatorischen Talent und einer offenbar über dem Durchschnitt der lokalen Parteiprominenz liegenden geistigen Beweglichkeit war die zügige Reorganisation des Parteiapparats, der Ausbau der Organisation unter Studenten, Beamten und Bauern, die Schaffung einer ostpreußischen SS-Formation sowie die beachtliche propagandistische Effizienz der Parteipresse zu verdanken.[2] Die Gründung einer eigenen Zeitung für den Gau Ostpreußen war Kochs originäre Leistung. Schon im Juli 1929 konnte er in kleiner Auflage (1900 Exemplare) den wöchentlich erscheinenden „Ostdeutschen Beobachter" herausgeben. Die Auflage hatte Koch bis Ende 1930 auf 7000 Exemplare gesteigert, als er nach Gründung der „Sturm-Verlag-GmbH" finanziell in der Lage war, ab 1. 1. 1931 täglich die „Preußische Zeitung" (Auflage: 15 000) erscheinen zu lassen.[3] Das Konzept einer „Skandalpresse, die auf die Sensationslust der Spießer spekuliert", um die unbedeutende ostpreußische NSDAP aus dem publizistischen Abseits zu holen, ging schon wegen der zahlreichen Beleidigungsprozesse auf, die Kochs Agitation nach sich zog.[4]

Aufmerksamkeit erregten auch die Gewalttätigkeiten als Begleiterscheinung jener Versammlungslawine, die Koch Anfang 1929 zuerst im Raum Königsberg, in Insterburg und Gerdauen lostrat. Soweit die lückenhaft überlieferten Justizakten und Presseberichte ein

1) Zur Biographie vgl. den Artikel in Hoeffkes, 1986, S. 183–188. Auf der Auswertung der Warschauer Prozeßakten basiert die Kurzbiographie von Koschorke, 1976, S. 505–513. Über Kochs Zeit im Ruhrgebiet Hüttenberger, 1969, S. 46ff.

2) Vgl. das wertvolle Material zur Parteichronik der ostpreußischen NSDAP im Gauarchiv (GStA, Rep. 240, C 39–79), erstmals ausgewertet von Reifferscheid, 1978, S. 61ff. (zu Kochs Reorganisationserfolgen S. 64f.).

3) BA, NS 26/1101 (Angaben der Verlagsleitung an den Leiter des Hauptarchivs der NSDAP, 1936/37). Hauptschriftleiter des „Ostdeutschen Beobachters" war 1929 der in die Stennes-Affäre verwickelte Gaugeschäftsführer Georg Heidrich. Hauptschriftleiter ab 1. 12. 1930: Alfred Lau, Schriftleiter Außenpolitik: H. B. v. Grünberg, dessen Nachfolger: Dr. Fritz Wieser (bis Anfang 1933), Otto Weber-Krohse (bis 31. 7. 1933), Alfred Püllmann und Hermann Kerkhoff. Neuer Hauptschriftleiter nach Laus Abberufung 1935 wurde am 1. 11. 1935 Hellmut Sommer (NSDAP: 1925), seit 1934 Pressereferent der Landesstelle Ostpreußen des Reichspropagandaministeriums, nach seinem Weggang Chef der Presseabteilung der Reichsregierung (1937).

4) GStA, Rep. 10, Tit. 36, Nr. 28, Bl. 319ff. (Polizeibericht über eine Gautagung vom 26. 5. 1929, die den Beschluß zur Zeitungsgründung faßte). – Die Mehrzahl der Verfahren gegen Koch und seine Schriftleiter sind dokumentiert in Presseberichten und Gerichtsakten in GStA, Rep. 37, Nr. 86; 97a, b; 98; 101a; 102; 103a; 105; 106; 107a; 114 sowie ebd. Rep. 10, Tit. 36; Nr. 34, Bl. 105 (Strafregisterauszug E. Koch, vermerkt sind elf Beleidigungsprozesse, die stets mit Geldstrafe endeten).

Urteil stützen können, darf man behaupten, daß Kochs „Bewegung" aus der Defensive heraus gegen gewaltbereite und aggressive Kräfte vor allem in der ostpreußischen KPD operieren mußte. [5] Gerade in vielen tradtionell „roten"Landarbeitergemeinden und Fischerdörfern des Samlandes, aber auch in der Provinzhauptstadt hatte die SA ihre ersten empfindlichen Verluste, Tote und Schwerverletzte, hinzunehmen.[6]

Der Strasser-Anhänger Koch grenzte sich von Anfang an rigoros gegen die tonangebenden Eliten der Provinz, die deutschnationale „Reaktion" der Großgrundbesitzer und der höheren Beamtenschaft, ab. Er akzentuierte ihnen gegenüber selbst in den Jahren nach der Machtergreifung noch sozialistische Positionen, so überzeugend, daß der konservative Historiker Walter Görlitz Koch wie selbstverständlich einen „Nationalbolschewisten" nennt, und auch Gerald Reitlinger geneigt ist, den prosowjetischen Antikapitalismus für das Primäre und Kennzeichnende der Weltanschauung Kochs gegenüber dem Antisemitismus Hitlers zu halten.[7] Nach 1945, in polnischer Haft, hob Koch hervor, daß lediglich die Enttäuschung über das Versagen der internationalen sozialistischen Solidarität während der Ruhrgebietsbesetzung ihn von links nach rechts habe wechseln lassen, um dann als „nationaler Sozialist" im Auftrag Strassers in Ostpreußen den sozialistischen Flügel der Partei zu stärken.[8]

Nur wenige Wochen nach Übernahme des Gauleiterpostens hatte Koch Gregor Strasser als Redner zu einer ersten Großveranstaltung in die Königsberger Stadthalle geladen und ihn dort als seinen Freund begrüßt. Auch nach 1932 blieb Koch mit den Brüdern Strasser brieflich in Verbindung und den Strasser-Vertrauten Elbrechter soll er sogar noch im Frühjahr 1934 empfangen haben.[9] Als Hitler am 6. 7. 1933 die nationalsozialistische Revolution für beendet erklärte und Goebbels kurz darauf mit deutlicher Spitze gegen Röhm Forderungen nach der „zweiten Revolution" als bolschewistisch verdächtigte, schien es Kochs zahlreichen Widersachern in der ostpreußischen NSDAP sehr ausssichtsreich, gerade ihn als Befürworter der „zweiten Welle der Revolution" bei Hitler zu denunzieren.[10]

---

5) Zu urteilen nach den Akten des Pr. Justizministeriums in ZStAM, 2.5.1., Nr. 11638–11641; 11814–11826; 10678–10689; 11220–11232; 12057–12075 sowie GStA, Rep. 36 (Staatsanwaltschaft u. Landgericht Königsberg).

6) Ein schwerverletzter SA-Mann blieb bei dem Überfall auf Versammlungsteilnehmer am 3. 11. 1929 in Fischhausen zurück (GStA, Rep. 36, Nr. 66, Gnadensache des Fischereigehilfen Albert W. aus Fischhausen/Neuhäuser, KPD-Mitglied, dazu auch Rep. 37, Nr. 58 und ZStAM, 2.5.1., Nr. 11222). Eine Reihe von Schwerverletzten forderten die Saalschlachten in Gr. Heydekrug (Sommer 1930, vgl. ZStAM 2.5.1., Nr. 11223); der Tod eines offenbar unbeteiligten Altfischers bei dieser Schlägerei ist allein aus der vorliegenden kommunistischen Presseberichterstattung nicht hinreichend aufzuklären. Eher auf eine politisch unmotivierte Affekttat scheint die Erschießung des NSDAP-Mitglieds Bruno Schaffrinski bei Cathrinhöfen/Kr. Fischhausen im Juli 1931 zurückgegangen zu sein. Der erste Totschlag, der zweifelsfrei ausschließlich aus politischen Motiven von Kommunisten verübt wurde, ging auf das Konto von vier KPD-Mitgliedern, die am 22. 5. 1931 nach der Teilnahme an einem militärtechnischen Kurs der „Proletarischen Arbeitsgemeinschaft" (Nachfolgeorganisation des verbotenen „Roten Frontkämpferbundes") den Vertriebsleiter der „Preußischen Zeitung", Fritz Tschierse, vor seiner Königsberger Wohnung überfielen und niederstachen (GStA, Rep. 36, Nr. 69, Urteil des Schwurgerichts Königsberg). Opfer eines nächtlichen Überfalls mit tödlichem Ausgang wurde der Müller Arno Kalweit, Kr. Tilsit-Ragnit (28. 1. 1932). Während des Wahlkampfs erstochen wurde Otto Reinke (Königsberg, 30. 7. 1932). Eine Aufstellung der „Gefallenen" der „Bewegung" bei Juschka, 1938.

7) Görlitz, 1957, S. 394; Reitlinger , 1962, S. 213ff. Reitlingers biographische Skizze enthält eine Fülle von Fehlern und Fehleinschätzungen, so etwa den grotesken Vergleich, wonach Königsberg vor 1945 einer amerikanischen Provinzstadt des Wilden Westens inmitten einer urweltlichen Umgebung geglichen hätte (S. 212)!

8) Koschorke, 1976, S. 506.

9) Reitlinger, 1962, S. 214. Zur Strasser-Versammlung GStA, Rep. 10, Tit. 36, Nr. 28. Über die Strasser-Konflikte bis 1934 BDC-OPG Koch. Vgl. a. Kochs Programmschrift (Koch, 1933, S. 10ff., 64f.), die die Kernpunkte des Parteiprogramms mit Hilfe von Strasser-Zitaten erläutert.

Zumindest durch Kochs Reden und Artikel konnten sich seine Kritiker bis Anfang 1934 bestätigt fühlen. Ausdrücklich hieß es dort, 1933 sei nur die „erste Etappe der deutschen Revolution" gewesen. Zum Jahrestag der Machtergreifung am 30. 1. 1934 schloß Koch eine Rede mit einem Röhm-Zitat, wonach die „revolutionäre Linie im Geist der zurückliegenden Zeit" eingehalten werde.[11)] Am 30. 6. 1934, als mit Röhm und seiner SA-Führung auch andere politische Gegner ausgeschaltet wurden, hielt es Koch für ratsamer, einen Flottenbesuch im Pillauer Hafen zu nutzen, um den Tag an Bord eines holländischen Minensuchers zu verbringen.[12)]

Daß letztlich auch nicht alles Rhetorik war, was Koch bis dahin an Bekenntnissen zum Sozialismus abgelegt hatte, davon zeugt ausgerechnet die Anfang 1934 ins Leben gerufene „Erich-Koch-Stiftung". Stiftungszweck war die „Erziehung, Förderung und Ausbildung von Nationalsozialisten insbesondere für die Aufgaben Ostpreußens". Erst die geänderte Satzung von 1943 bestimmte die Einnahmen der Stiftung für den „wirtschaftlichen und kulturellen Aufbau des Gaus".[13)] In den Erinnerungsberichten jener, die beruflich mit ihr zu tun hatten, wird der Koch-Stiftung regelmäßig ein vernichtendes Zeugnis ausgestellt. Hier habe sich der Gauleiter einen eigenen Wirtschaftskonzern geschaffen, der sogar den gewerblichen Aufbau gefährdet habe. Schnell sei der ursprüngliche Stiftungszweck vernachlässigt und mit erpresserischen Mitteln sei stattdessen die Eingliederung einer Vielzahl von mittelständischen Unternehmen betrieben worden, um mit der wirtschaftlichen auch die politische Macht des Gauleiters zu stärken.[14)] Daß hierbei dem Geschäftsführer der Stiftung, Bruno Dzubba, als skrupellosem „Geld- und Goldmacher" die Rolle von „Kochs Cagliostro" zugedacht wurde, paßte zum wirtschaftskriminellen Image, das der Stiftung nicht zu Unrecht anhaftete, das man aber in den fünfziger Jahren wohl auch deshalb pflegte, um mit der umfassenden Diskreditierung Kochs ein wenig zur Entlastung seines Umfeldes beizutragen.[15)]

Da die Überlieferung eine wirtschaftshistorisch fundierte Einschätzung der Geschäftsentwicklung nicht zuläßt, ist dem Urteil des Koch-Stellvertreters im Oberpräsidium, Paul Hoffmann, nicht zu widersprechen, demzufolge Koch neben der Industrialisierung mit der Stiftung auch die Sozialisierung des ostpreußischen Gewerbes angestrebt habe.[16)]

Jedenfalls ging man schon sehr bald über den 1934 festgelegten Stiftungszweck hinaus und investierte die Gewinne der stiftungseigenen Betriebe nicht nur in Ausbildungsprojekte,

---

10) BDC-OPG Koch.

11) Koch, 1934, S. 10, 199.

12) BDC-OPG Bethke.

13) Satzungen in BA, Ost-Dok. 10/353.

14) Richter, 1984, S. 272f. – Vgl. a. ZStAP, RMI 27213 (Stiftungen der Gauleiter). Darin Reichsschatzmeister Schwarz an Bormann (21. 7. 1942): Seit Jahren bemühe er sich um Auflösung der Stiftung, die mit sauberer Finanzgebarung nicht vereinbar sei. Kochs Stellvertreter Großherr habe ihm berichtet, die Stiftung sei von Koch in seiner Eigenschaft als Oberpräsident gegründet worden, steht daher also nicht im Widerspruch zu einem Führerbefehl, wonach die Partei sich nicht an wirtschaftlichen Unternehmungen beteiligen solle. Der Kontrolle des Reichsrechnungshofes sei die Stiftung allerdings entzogen.

15) Zur Person Dzubbas die einschlägigen Charakterisierungen bei Wolff, 1948, S. 58. Biographisch nachzutragen: B. Dzubba, 1894 Gollubien/Kr. Goldap, Weltkriegsteilnahme, Leutnant d. R., Studium an Handelshochschule u. Albertina, Dipl.-Kaufmann 1920, Dr. phil. 1921 mit einer Arbeit über Handwerkerfragen und ihre Behandlung durch die Handwerks- und Gewerbekammern, Zulassung als Helfer in Steuersachen 1921, 1935 zum Wirtschaftsprüfer bestellt, 1943 als Steuerberater zugelassen, NSDAP: 1. 5. 1933. Geschäftsführer der Deutschen Allg. Treuhand GmbH, Königsberg, mit Wohnsitz in Bialystok (BDC-Personalblatt d. Reichskammer d. Wirtschaftstreuhänder; Vita d. Diss.).

sondern auch in den sozialen Wohnungsbau („Erich-Koch-Siedlung" in Elbing, Aufbau ostpreußischer „Musterdörfer" wie Mertinsdorf bei Sensburg). Die Rückgliederung des Memellandes und die im Krieg besetzten Gebiete Polens und der UdSSR boten der Stiftung das eigentliche Expansionsfeld zum Aufbau eines beachtlichen Wirtschaftskonzerns, zu dem in Bialystok und Zichenau Dutzende von Werken der Textil- und Holzindustrie sowie zahlreiche Tabak- und Zuckerfabriken gehörten.[17]

Daß die Stiftung in diesen Jahren Kochs Repräsentationsaufwand mitfinanzierte und alten Parteigenossen, die sich nicht selten krimineller Methoden bedienten, lukrative Posten (vgl. Lagebericht vom 12. 12. 1941 und 3. 9. 1942) verschaffte, beeinträchtigte die sozialen Zielsetzungen, vor allem die 1943 in der neuen Satzung verankerte Fürsorgeaufgabe für die Kinder gefallener ostpreußischer Soldaten („Kriegspatenkinder"), allem Anschein nach wenig.

Kochs erklärter Sozialismus war die Voraussetzung, um der ostpreußischen NSDAP in der „Kampfzeit" ein eigenes Profil zu geben. Häufig ist auf den polykratischen Charakter des NS-System hingewiesen worden, auf das Nebeneinander von rivalisierenden Entscheidungsinstanzen, das partiell chaotische Züge annehmen konnte und dann lediglich im „Führerwillen" doch den ordnenden Bezugspunkt fand. Was später die staatliche Herrschaftspraxis prägte, war schon vor 1933 ausgebildet, als sich partikulare Sonderströmungen kräftig entwickelten und die Hauptakzente politisch-ideologischer Zielrichtung von Gau zu Gau recht verschieden gesetzt wurden, so daß die NSDAP in jedem Gau ein eigenes, den regionalen Gegebenheiten entsprechendes Lokalkolorit aufwies.[18]

In Ostpreußen sah sich Kochs NSDAP als Partei des „preußischen Sozialismus". Geschickt verstand man es, die preußischen Tugenden der Einfachheit, Bescheidenheit und Unbestechlichkeit klassenkämpferisch gegen das Establishment in Verwaltung und agrarischen Interessenverbänden zu mobilisieren. Konsequent bot Koch jungen Beamten und Parteigenossen im „Königsberger Kreis" (Hermann Bethke, Hans-Bernhard von Grünberg, Klaus von der Groeben, Kurt Angermann, Fritz-Dietlof Graf von der Schulenburg u. a.) Gelegenheit, um für die NSDAP das Sozialistische des Preußentums programmatisch zu entfalten. Bethke und von Grünberg legten im Oktober 1932 ihr Konzept zur Sanierung der ostpreußischen Landwirtschaft vor, das den Ausweg im Bruch mit der liberalen Wirtschaftsordnung wies. Sie empfahlen, die Außenwirtschaft sowie Banken und Aktiengesellschaften zu verstaatlichen und bezogen sich in ihren Vorstellungen von etatistischer Wirtschaftsplanung auf den Kriegssozialismus Walther Rathenaus und Wichard von Moellendorfs.[19] Vor allem von Grünberg beschäftigte sich intensiv mit Fragen der Landesplanung und der behutsamen, landschaftsverträglichen Industrialisierung Ostpreußens nach dem Vorbild Württembergs. Er sah darin den geeigneten Ansatz zur Umkehr des Verstädterungsprozesses und damit zur Entschärfung der sozialen Gegensätze.[20]

Grünbergs Konzeptionen wurden zwischen 1933 und 1939 nicht nur auf regionaler Ebene teilweise realisiert. Ob man das nun als „Sozialismus" oder als „nationalistischen Etatis-

---

16) Richter, 1984, S. 277f.; BA, Ost-Dok. 10/353, darin die Stellungnahme Hoffmanns v. 6. 5. 1953 zu einer im „Ostpreußenblatt" ohne Verfasserangabe veröffentlichten Artikelserie über die Stiftung (Erich-Koch-Stiftung. Geschichte eines genialen Raubzuges mit und ohne Moral, Ostpr.bl. Jg. 4, 1953, F. 2–11). Zur Person Hoffmanns: geb. 1900 Berlin, Verwaltungsjurist, seit 1927 im Oberpräsidium Königsberg, 1935 Regierungspräsident Marienwerder, 1940 Nachfolger Bethkes als Vizepräsident des Oberpräsidiums. NSDAP: 3/1932 (GStA, Rep. 77/4947, Bl. 38).

17) Aufstellung in BA, Ost-Dok. 10/353.

18) Hüttenberger, 1969, S. 19ff.

19) v. Grünberg/Bethke, 1932.

20) v. Grünberg, 1938, 1939.

mus" bezeichnen will[21], diese Konzepte paßten sich jedenfalls ein in die Maßnahmen zur Überwindung des privatkapitalistischen Wirtschaftssytems, die der Nationalsozialismus mit den Instrumentarien Investitionslenkung, Rohstoffkontrolle, Außenhandelsüberwachung, Devisenbewirtschaftung, Lohn- und Preisfestsetzung sowie planwirtschaftliche Regulierung der Landwirtschaft ergriff.[22]

Im Juli 1933 erhielt Koch die Zustimmung Hitlers für eine staatlich großzügig unterstützte und gelenkte Gewerbeförderung und behutsame Industrialisierung mit dem Ziel, Ostpreußen binnen vier Jahren wirtschaftlich gesunden zu lassen und die Abwanderung von Arbeitskräften in den Westen zu stoppen. Bis 1936 war es dann gelungen, die Arbeitslosenzahl von 102 000 (1933) auf 18 200 zu reduzieren. Aufträge für Wehrmachtsanlagen und zivile Bauprogramme sicherten vielen Gewerbezweigen einen raschen Aufschwung. Die Industrieansiedlung machte Fortschritte.[23] Trotzdem wies die Zwischenbilanz eine bedenkliche Zahl von Negativposten auf: Der größte Teil der Landwirtschaft war immer noch schwer verschul-det und zur Bildung von Reserven so wenig imstande wie die gewerbliche Wirtschaft. Der Ausbau der Verkehrswege zu Land und zu Wasser blieb gegenüber dem Reich außerordentlich weit zurück. Die Frachterstattungsmittel waren im Vergleich zu 1932 um ein Drittel gekürzt worden. Der durchschnittliche Wochenverdienst lag unter dem der anderen östlichen Provinzen. Der Facharbeitermangel signalisierte, daß der Provinz weiterhin die Anziehungskraft für Zuwanderer fehlte, was auch am Fehlbedarf von über 30 000 Wohnungen lag.[24] Die Wohnungsprobleme konnten bis 1939 nicht gelöst werden und belasteten den Kriegsalltag genauso fühlbar wie andere dem Reichsdurchschnitt nicht entsprechende Lebens- und Arbeitsbedingungen, wobei die höheren Lebenshaltungskosten, der Arbeitskräftemangel und die unzureichende Infrastruktur in den Lageberichten der Justiz immer wieder beklagt wurden. Ostpreußens wirtschaftliche Lage war zwar nach den Plänen der „preußischen Sozialisten" wesentlich stabilisiert worden, aber die Zeit reichte nicht, um die in Jahrzehnten entstandene Strukturschwäche der Agrarprovinz zu beheben. Wenigstens auf diesem Sektor darf man ein Fazit Kochs übernehmen: „Ostpreußen ging unvorbereitet in den Krieg."[25]

Die Rückbesinnung auf das friderizianische Preußen setzte neben wirtschaftspolitischen auch außenpolitische Schwerpunkte in der Propaganda der ostpreußischen NSDAP. Sie sollte das westeuropäische Nationalstaatsdenken überwinden helfen, um die Chance zu eröffnen, die osteuropäischen Staaten unter einer transnationalen Idee zusammenzufassen. Über den „Königsberger Kreis" fanden Moeller van den Brucks Ideen zur föderativen Friedenspolitik in Osteuropa Eingang ins Parteischrifttum. Es gelang vorübergehend, Koch für den föderalen Gedanken zu interessieren und ihn unter dem Einfluß Otto Weber-Krohses 1933/34 auf eine entsprechende außenpolitische Programmatik festzulegen, die nach dem raschen Abschluß des deutsch-polnischen Nichtangriffsvertrages im Januar 1934 ihre realpolitische Rechtfertigung zu erfahren schien.[26] Man sah die Provinz bereits als Zentrum

21) Barkai, 1977, S. 82f.
22) Zitelmann, 1989, S. 116ff.
23) Vgl. Statistisches Handbuch, 1938, S. 17; Richter, 1984, S. 60ff., 210.
24) Ostpreußenprogramm, 1936, S. 5ff., 13f.
25) Koschorke, 1976, S. 507.
26) Zum „Königsberger Kreis" Heinemann, 1989, S. 24. – Zum Einfluß Weber-Krohses auf Koch v. Nostiz, 1980, S. 319f. Koch hatte W.-Kr. im Mai 1933 die politische Schriftleitung der „Preußischen Zeitung" angeboten. Der Gauleitung gehörte er bis 1936 als außenpolitischer Referent im Rang eines Gauamtsleiters an. Danach hat ihn Koch bei der Vorbereitung seiner letztlich nicht zustandegekommenen Habilitation an der Albertina gefördert. Lebte als freier Schriftsteller in Behlenhof/Kr. Pr. Eylau, 1941 an der Ostfront gefallen (BDC-RSK und REM-Hochschullehrerkartei).

eines Wirtschaftsraums, der sich von der Ostsee bis zum Schwarzen Meer erstrecken sollte, ein Projekt, das sich nach 1939 unter völlig veränderten Vorzeichen ansatzweise verwirklichen ließ und Koch zum „mächtigsten Territorialherrn im Osten" machte.[27)]

Nach der Intervention Alfred Rosenbergs und publizistischen Attacken aus dem Hause Himmler gegen die „Ostideologen" schwenkte Koch jedoch auf die offizielle Parteilinie ein. In deutlicher Abgrenzung zu Moeller van den Bruck ließ er durch von Grünberg klarstellen, daß es weder alte noch junge Völker gebe, sondern vielmehr entscheide die rassische Substanz, die eine unüberwindliche Trennlinie zwischen Germanen und Slawen ziehe.[28)]

Mit mehr Berechtigung als in Sachen Sozialismus darf man Kochs Verhältnis zur „Ostideologie" unter dem Aspekt von Taktik und Propaganda betrachten. Daß er auf diesem Feld einiges zu bieten hatte, ideologisch ungebunden und höchst pragmatisch zu agieren verstand, bewiesen seine Bemühungen zur Rohstoffbeschaffung in Ungarn und Jugoslawien, die er 1936 im Auftrag Görings unternahm. Die Zusammenarbeit mit Freimaurern und Juden sei ihm, der Geschäfte machen aber nicht Weltanschauung verbreiten wollte, dabei völlig gleichgültig gewesen.[29)] Noch als Reichskommissar für die Ukraine mußte Koch sich von Rosenberg dafür rüffeln lassen, daß er Untergebenen erlaubt habe, „mit polnischen Aufkäufern und mit einem Juden gemeinsam im gleichen Auto nach Warschau zu fahren, um dort im Ghetto Einkäufe für das Reichskommissariat zu tätigen". [30)]

Den Völkerbundskommissar Carl J. Burckhardt versetzte Koch 1938/39 mehrfach dadurch in Erstaunen, daß er sich im Gegensatz zum Danziger Gauleiter Forster nicht an der Verschärfung des deutsch-polnischen Konflikts um den Korridor interessiert zeigte. [31)] Flexibilität und Anpassungsbereitschaft mögen Koch 1941 für den Posten des Reichskommissars in der Ukraine empfohlen haben, da diese Eigenschaften garantierten, daß er bereit sein würde, „allen wem immer unterstehenden Behörden mit Ausnahme von Rosenbergs Ministerium freie Hand zu lassen".[32)]

Es hieße jedoch den „prokommunistischen Russenfreund" und Sozialisten Koch weit überschätzen, wollte man die von ihm mitzuverantwortende Ausrottungs- und Unterdrückungspolitik gegen Juden, Polen und Ukrainer als blanken Opportunismus einstufen.[33)] Vorbehalte gegen ideologische Prämissen von Hitlers Ostpolitik hätten nicht in Kochs Weltbild gepaßt. Bei allem Pragmatismus war Koch auch fraglos Antisemit und, von dem Intermezzo 1933/34 abgesehen, als Gauleiter der östlichsten Grenzprovinz alles andere als slawophil. Kochs ostpreußische NSDAP mußte sich schon 1932 vorhalten lassen, eine programmlose Protestpartei zu sein, die fest im „Spießbürgertum" wurzle. Außenpolitisch phantasielos setze sie nur auf die Parole „Los von Versailles" und eine Grenzrevision gegen Polen im traditionell nationalstaatlichen Sinn. Ihre Bewertung der UdSSR sei ganz davon bestimmt, daß von dort die Unterstützung ihres innenpolitischen Gegners komme.[34)]

Obwohl die meisten Ausgaben der „Preußischen Zeitung" zur Fixierung der fürs Parteivolk

---

27) Kettenacker, 1986, S. 399.

28) v. Grünberg, 1937, S. 95. Zum Pressefehde mit der SS reichhaltiges Material in BDC-RSK Weber-Krohse. Vgl. die ablehnende Arbeit von Fink, 1936.

29) Kube, 1987, S. 181.

30) BDC-Research, SS-HO 1496, Rosenberg an Lammers v. 31. 3. 1943.

31) Burckhardt, 1962, S. 187ff., 237ff. Auch Burckhardt nennt Koch einen „früheren Komunisten" (S. 190).

32) Reitlinger, 1962, S. 209.

33) Ebd. S. 214. Demzufolge habe Koch Hitlers Antisemitismus und die Einschätzung der Slawen erst 1941 übernommen.

34) Buchholtz, 1932, S. 384–392.

gedachten Positionen nicht mehr verfügbar sind, lä[illegible]hand des überlieferten Materials diese Einschätzung nur bestätigen. Eine Alternative zum scharf antipolnischen Kurs, wie ihn selbst die SPD und aggressiver noch die KPD steuerte, die im „Echo des Ostens" gern vor den „Expansionsbestrebungen des polnischen Chauvinismus" warnte, lag für das Gros der ostpreußischen Parteimitglieder allerdings außerhalb des Vorstellbaren. Viele Parteifunktionäre, die später in Zichenau und Bialystok als Landräte oder Bürgermeister amtierten, hatten wie Koch bis 1921 in Freikorps und Grenzschutzformationen gegen polnische Insurgenten gekämpft. Der „Korridor", die repressive polnische Minderheitenpolitik gegen Volksdeutsche, die unverhohlen auf Ostpreußen zielenden Expansionswünsche nationalpolnischer Kreise sowie die Präsenz einer überlegenen, vor Kriegsdrohungen nicht zurückschreckenden Militärmacht an Ostpreußens Grenze, lassen die antipolnischen Affekte auch im nachhinein nicht unverständlich erscheinen.[35)]

Spätestens nach dem Wahlerfolg vom September 1930 dominierte in Ostpreußen ein bürokratischer Zentralismus die Parteiarbeit und begünstigte die Herausbildung einer Führungsclique hauptamtlicher Funktionäre, die Koch verpflichtet waren und die dessen persönliches Regiment bis 1945 stützten. Zu diesem engeren Führungszirkel zählte der Vizepräsident der Landwirtschaftskammer Hermann Bethke, der stellvertretende Gauleiter Ewald Oppermann, Landesbauernführer Erich Spickschen, Gauwirtschaftsberater Waldemar Magunia, Betriebszellenobmann Ernst Duschön, die Redakteure der „Preußischen Zeitung" Alfred Lau und Hans-Bernhard von Grünberg sowie der Gaupropagandaleiter Joachim Paltzo.[36)] Sie alle erhielten 1933 Spitzenämter in Staat, Wirtschaft und Kultur. Nach 1939 bildeten sie

35) Vgl. etwa „Echo des Ostens" v. 12. 3. 1932 unter der Überschrift „Polen rüstet zum Krieg". Statt vieler Belege für die SPD-Haltung vgl. nur die positive Besprechung der Polen-Bücher F. W. von Oertzens von H. Pfeiffer in den „Neuen Blättern für den Sozialismus" 4, 1933, S. 209–211. Zur polnischen Geschichte nach 1918 Rhode, 1979, S. 1036ff. und ders., 1980, insbes. S. 482, 490f. sowie v. d. Groeben, 1988, S. 43ff., 62ff.

36) H. Bethke, 1900 Strohsdorf/Kr. Pyritz, rechtswiss. Studium, Regierungsassess. b. Oberpräsidium Ostpr., Jugenddezernent, 1929 Referent der Gauleitung, NSDAP: 1. 8. 1931, 1932 Vizepräsident der ostpr. Landwirtschaftskammer, 1. 6. 1933 Vizepräsident des Oberpräsidiums, 10/1939 Regierungspräs. Zichenau. – F. Grossherr, 1898 Leipa/Böhmen, kath., kfm. Lehre, Weltkriegsteilnahme, nach 1919 Handelsvertreter, NSDAP: 1927, Kassenwart d. Ortsgruppe Königsberg 1928, 1930 Ortsgruppenleiter ebd., 1931 stellvertr. Gauleiter, Stadtverordneter in Königsberg, MdL, MdR, 1945 in Königsberg gefallen (BDC-PK). – P. Dargel, 1903 Elbing, Holzkaufmann, NSDAP: 1930, Kreisleiter in Königsberg und Gauschulungsleiter 1930, 1938 Gauamtsleiter, 1940 Regierungspräsident in Zichenau, 1942 ständiger Vertreter des Reichskommissars Ukraine (BDC-Mitgliedskartei; Stockhorst, S. 98). – E. Oppermann, 1896 Königsberg, Maurermeister, NSDAP: 1. 1. 1930, Vorsitzender des Gaugerichts, 1932 MdL, 1933 MdR, 1941–1944 Generalkommissar Nikolajew (Stockhorst, S. 313). – E. Spickschen, 1897 Vluyn/Rhld., Kriegsfreiwilliger, landwirtschaftl. Eleve u. Verwalter auf Gütern in Pommern u. Dänemark, 1927 Hofbesitzer in Woydiethen/Kr. Fischhausen. NSDAP: 1. 11. 1932, Leiter der Hauptabteilung I d. Landesbauernschaft 1933, Landesobmann d. Landesbauernschaft, 1936 MdR, Bauernreferent des SS-Oberabschnitts Nordost, 1942: SS-Brigadeführer (BDC-SS; Mitgliederkartei). – W. Magunia, 1902 Königsberg, Bäckermeister, Weltkriegsteilnahme, Grenzschutz, NSDAP: 1921, erster SA-Führer in Ostpreußen und Mäzen der „Bewegung" in den zwanziger Jahren, 1932 Gauwirtschaftsberater, MdL, 1933–1942 Präsident der Handwerkskammer, 1937–1941 Gauobmann d. DAF, 1941/42 Beauftragter d. Chefs d. Zivilverwaltung Bialystok, 2/1942 Generalkommissar Kiew (Stockhorst, S. 282; nicht datierter Presseartikel, ca. 2/1942, über Magunia in BA, R 6/18, Bl. 66; vgl. auch die Denkschrift Magunias über seine Kiewer Tätigkeit v. 31. 5. 1944, BA, R 6/259). – E. Duschön, 1904 Grünstein, Steinbrucharbeiter, NSDAP: 1925, 1932 Gaubetriebszellenobmann in Ostpr., 1933 MdR, 1935 Landesobmann der NSBO/DAF Ostpr., 1937 Richter b. Obersten Ehren- u. Disziplinarhof d. DAF, 10/1941 Gebietskommissar Pjetichalka/Ukraine (BDC-PK). – A. Lau, 1898 Friedrichshof/Kr. Ortelsburg, Kriegsteilnahme, Medizinstudium in Königsberg. Dr. med. 1926, wegen Kriegsverletzung Wechsel zum Journalismus, Schriftleiter d. Königsberger Rundfunkzeitung 1924–1927, danach freier Journalist und Heimatschriftsteller, NSDAP: 1. 8. 1930, Hauptschriftleiter der „Preußischen Zeitung" 1931–1935, Intendant des Reichssenders Königsberg ab 1935 (BDC-RSK; GStA, Rep. 36, Nr. 21). – H. B. v. Grünberg, 1903 Pritzig/Pommern, Studium d. Nationalökonomie in Königsberg, Diss. zur „Theorie der Landarbeiterkrise" ebd. 1930, NSDAP: 1931, po-

zusammen mit „erprobten“ Kreisleitern und früh zur Partei gestoßenen Verwaltungsjuristen das Rückgrat der Verwaltungsapparate, die Koch in seinen verschiedenen Funktionen als Oberpräsident, Chef der Zivilverwaltung und Reichskommissar zwischen Königsberg und Kiew unterstanden. Je mehr Kochs Personalpolitik mit der Ausschaltung „konservativer Revolutionäre“ wie Weber-Krohse oder Graf von der Schulenburg zugleich den ideologischen Vorstellungen der Parteiführung und dem Postenhunger seiner „Alten Garde“ genügte, desto schärfer kennzeichneten eine nunmehr ungehemmte Ämterpatronage und uferlose Korruption Kochs Herrschaftsstil.[37] Infolgedessen häuften sich die innerparteilichen Konflikte, die kaum noch als ideologische Richtungskämpfe, sondern vorwiegend als Kompetenzstreitigkeiten um die Einflußnahme auf den staatlichen Machtapparat zu werten sind.[38]

Im Frühjahr 1934 brachen die Gegensätze zwischen SA und Landesbauernschaft einerseits und Kochs Parteiorganisation andererseits offen aus. Koch ließ einige Bauernfunktionäre verhaften, um den Reichsnährstand unter seine Kontrolle zu bringen. Im Gegenzug revanchierte sich die Staatspolizei, indem sie Gefolgsleute Kochs festsetzte. Der Leiter der Königsberger Stapo, SS-Gruppenführer Erich von dem Bach-Zelewski, beargwöhnte Kochs „Sozialismus“ und verabscheute die korrupte Amtsführung des Gauleiters.[39] Als der Königsberger Stadtrat Paul Wolff im Oktober 1935 Hitler eine umfangreiche Denkschrift über Machtmißbrauch und kriminelles Verhalten der Parteifunktionäre zukommen ließ, konnte Bach mithelfen, gegen Koch ein von Himmler persönlich in Königsberg durchgeführtes Untersuchungsverfahren in die Wege zu leiten, das Wolffs Anschuldigungen bestätigte. Koch wurde als Oberpräsident abgesetzt und als Arrestant nach Berlin gebracht, dem nicht zu überprüfenden Bericht Wolffs zufolge dann sogar zur Erschießung in eine SS-Kaserne nach Lichterfelde überstellt. Eine Entscheidung Hitlers führte am 22. 12. 1935 überraschend zu Kochs Rehabilitierung. Wolff wurde entlassen, Bach nach Breslau versetzt.[40] Mit seinem Nachfolger Wilhelm Redieß[41] war bis 1940 eine leidlich spannungsfreie Zusammenarbeit möglich.

---

litischer Schriftleiter der „Pr. Z.“, 1934 ao. Prof. an Rechtswiss. Fakultät d. Albertina, Gaudozentenbundführer, 1937 Rektor d. Albertina, 1940 ord. Prof. u. Direktor d. Instituts f. ostdeutsche Wirtschaft, 1941–1943 Abordnungen ins Reichskommissariat Ukraine (BDC-PK; REM-Hochschullehrerkartei; Research-Wi). – J. Paltzo, 1912 Rastenburg, Studium d. Philosophie in Königsberg, NSDAP: 1. 6. 1930, Gaupropagandaleiter 1931, Leiter der Landesstelle des Reichspropagandaministeriums 1934, Leiter des Landespropagandaamtes Ukraine 1941–1944 (BDC-PK u. Nachruf Kochs in „KAZ“ 23. 1. 44).

37) Vgl. Schulenburgs Abschiedsbrief an Koch vom 31. 12. 1935 zur Abkehr der Gauleitung von den Idealen der gemeinsamen Anfänge. Veröffentlicht von Heinemann, 1989, S. 188–193. Vgl. a. Wolff, 1948, wonach die Korruption 1935 praktisch den gesamten Parteiapparat erfaßt hatte.

38) So schon eine sehr frühe Einschätzung über das Wesen der Auseinandersetzungen zwischen Partei und SA in einem Polizeibericht v. 26. 5. 1929 (GStA, Rep. 10, Tit. 36, Nr. 28) sowie Farquharson, 1976, S. 93ff. über Kochs Streit mit der Landesbauernschaft. Dazu auch ZStAP, RMI 25730, Bl. 260ff. und GStA, Rep. 10, Tit. 36, Nr. 40.

39) Zum Kleinkrieg Bachs mit Koch umfangreiches Material in BDC-SS Bach. Dazu Orlow, 1974, S. 58ff. und S. 124. Danach hingen Bachs Versuche, Koch zu Fall zu bringen, eng mit den Bemühungen der SS zusammen, SA und Partei nach dem 30. 6. 1934 von Strasser-Anhängern zu säubern. Allein 32 % der Angehörigen des Politischen Leiterkorps von 1933 sollen in Ostpreußen bis 1935 ihre Posten verloren haben.

40) Über diese Vorgänge Wolff, 1948, sowie der Bericht des Regierungspräsidenten Werner Friedrich zur „Oberpräsidentenkrise“ in BA, Ost-Dok. 10/3, Bl. 24–29; ihm folgt v. d. Groebens Darstellung, 1988, S. 353ff.

41) W. Redieß, 1900 Heinsberg/Kr. Erkelenz, Lehre als Elektrotechniker, 1918 eingezogen, kein Fronteinsatz mehr, 1919–1924 landwirt. Arbeiter, 1924–1929 verschiedene Stellungen, NSDAP: 1925, SA: 1925, SS: 1929, 1932 an der Ermordung des KPD-Abgeordneten Sauff (s. Kap. 4) beteiligt, 1933 MdR, 1934 Brigadeführer, 1935 Gruppenführer, 1936–19. 6. 1940 Oberabschnittsführer Nordost, 1940–1945 HSSPF Nord (Norwegen) (nach Birn, 1986, S. 343).

Aus der „Oberpräsidentenkrise“ gestärkt hervorgegangen, verfügte Koch zu Kriegsbeginn über eine Parteiorganisation, die innerparteiliche Widersacher entweder ausgeschieden oder zur Anpassung gezwungen hatte. Wie noch zu zeigen ist, mußten bis 1939 neben SS und Polizei auch Verwaltung und Justiz den personalpolitischen Forderungen des Gauleiters schrittweise nachgeben. Gestützt auf diese in alle Bereichen von Staat und Partei gefestigte Hausmacht, sicherte Koch dem Gau Ostpreußen im Rahmen der territorialen Neuordnung Osteuropas eine Schlüsselposition. Die unter Koch betriebene Politik in den annektierten und besetzten Gebieten blieb an die ostpreußischen Konstanten der Parteiarbeit gebunden. Vieles schien sich nur im größeren Maßstab fortzusetzen oder zu wiederholen. Machtpolitisch dominierte Kochs Autokratismus, der den alten Konflikt Partei-SS in der Besatzungspolitik wieder aufleben ließ. Weltanschaulich gab es keine Alternative zur rassenideologisch ausgerichteten Behandlung vor allem der Polen und der Ukrainer. Wirtschaftspolitisch ließen sich von Grünbergs Raumordnungs- und Besiedlungspläne im „kolonialen Neuland“ des Regierungsbezirks Zichenau in Ansätzen realisieren, während sich für die „Erich-Koch-Stiftung“ hier wie erwähnt ihr eigentliches Betätigungsfeld eröffnete.

4. Der Königsberger Oberlandesgerichtsbezirk

Das im Nordflügel des Schlosses untergebrachte Königliche Oberlandesgericht zu Königsberg i. Pr. war aufgrund des am 1. 10. 1879 in Kraft getretenen Gerichtsverfassungsgesetzes errichtet worden. Die Grenzen des Oberlandesgerichtsbezirks entsprachen denen der durch Gesetz vom 19. 3. 1877 neugebildeten Provinz Ostpreußen. Der OLG-Bezirk umfaßte acht Landgerichtsbezirke mit Landgerichten in [illegible]stein, Bartenstein, Braunsberg, Insterburg, Königsberg, Lyck, Tilsit und ab 1. 1. 18[illegible] Memel.[1] Da die bei Deutschland verbliebenen westpreußischen Landgerichtsbezirke zusammen mit denen der Grenzmark nach 1918 dem neuen OLG-Bezirk Marienwerder zugeschlagen wurden, ergaben sich für Ostpreußens Gerichtsorganisation wesentliche Veränderungen nur aus der Abtretung des Memellandes. Das Memelstatut gewährte dem bis 1923 unter gemeinsamer Verwaltung der Alliierten stehenden Gebiet eine eigene Gerichtshoheit, die jedoch neben der Sprach- und Schulfrage und den zur Memeler Hafenverwaltung getroffenen Regelungen nach der Annexion des Memellandes zur Quelle permanenter Konflikte mit den litauischen Behörden wurde.[2]

Die Geschichte der ostpreußischen Justiz in der Weimarer Republik ist bislang nicht erforscht. Über Institutionen, Biographien der Behördenchefs, über ihre Amtsführung, die Spruchpraxis insbesondere der Strafgerichtsbarkeit in politischen Strafsachen ist wenig bekannt. Die Personalpolitik des preußischen Justizministeriums, um die sich die Forschung insgesamt auch kaum gekümmert hat[3], ist im Hinblick auf Ostpreußen nie untersucht worden. Dabei fällt sofort die erstaunliche personelle Kontinuität bei der Generalstaatsanwaltschaft auf, die von nur zwei Amtsinhabern, den Generalstaatsanwälten Max Krause (1920–1930) und Hans Dankwortt (1930–1933) durch die Republik gesteuert wurde, während in der gleichen Zeit ein halbes Dutzend Oberlandesgerichtspräsidenten ins Königsberger Schloß ein- und wieder auszogen, was die Anwaltskammer 1931, vor einer allfälligen Neubesetzung, bewog, einen fast flehentlichen Appell ans Ministerium zu richten, man möge doch endlich die Stabilität der Rechtspflege gewährleisten.[4]

Die exponierte Lage Ostpreußens erklärt wohl, warum das Amt des obersten Strafverfolgers in der Provinz von derartigen Turbulenzen verschont blieb. Die politische Strafjustiz stand bis 1923 primär im Zeichen kommunistischer Aktivitäten, deren Gefährlichkeit man wegen der engen Beziehungen in die nahe Sowjetunion so ernst nahm, daß man mit hoch- und landesverräterischen Umtrieben bis hin zur Ausrufung der Räterepublik in Ostpreußen rechnete.[5] Hinzu kam der politische Charakter der häufig von der KPD initiierten Landarbei-

1) Conrad, 1907, S. 406ff.
2) Plieg, 1962, S. 62.
3) Thiesings Geschichte des Pr. Justizministeriums von 1937 räumt der „Systemzeit" nicht allzuviel Platz ein (Thiesing, 1937, S. 152–1966), Hattenhauer, 1977, S. 43ff. bietet zur Beziehung zwischen Pr. Justizministerium und PrMJ nichts.
4) GStA, Rep. 240/25145, Bl. 114ff.
5) ZStAP, RMI, 13377 und GStA, Rep. 10, Tit. 36, Nr. 17 (Lageberichte aus dem Regierungsbezirk Marienwerder 1925–1930, wo auch nach 1923 die Hauptaufmerksamkeit der Polizeibehörden der KPD galt).

terstreiks und die dabei von Arbeitgebern und Streikposten gleichermaßen an den Tag gelegte Gewaltbereitschaft.[6]

Dagegen artikulierte sich die seit 1929 entstehende „Bauernnotbewegung" weit weniger gewalttätig als ihr schleswig-holsteinisches Vorbild.[7] Von mehr als regionaler Bedeutung waren die Scharmützel der Justiz in Allenstein und Lyck mit den ständig an Einfluß verlierenden, in ihrer Kritik aber umso maßloser auftrumpfenden Repräsentanten der kleinen polnischen Minderheit, die sich mit einigem publizistischen Aufwand mühten, der Justiz „Polenverfolgung" nachsagen zu können, um auf diese Weise Material für ihre zumeist unsubstantiierten Eingaben an den Völkerbundsrat zu sammeln.[8]

Seit 1929 mußte sich die Strafjustiz auf die eskalierenden innenpolitischen Auseinandersetzungen zwischen NSDAP und KPD/SPD einstellen. Die die Endphase der Weimarer Republik prägenden innenpolitischen Gewalttätigkeiten machten sich in Ostpreußen ab 1930 in der Zunahme von Strafverfahren wegen Landfriedensbruch, Sprengstoff- und Körperverletzungsdelikten bemerkbar, die gegen KPD- und NSDAP-Anhänger, in geringerer Zahl auch gegen Reichsbannerleute durchgeführt wurden.[9] Ihren bürgerkriegsähnlichen Höhepunkt erreichten die Spannungen am 1. 8. 1932: Am 30. 7., dem Vorabend der Reichstagswahl, war in der Königsberger Selkestraße, einer KPD-Hochburg, der SA-Mann Otto Reinke beim Flugblattverteilen von Kommunisten erstochen worden.[10] Der Mord an Reinke und das für die NSDAP unbefriedigende Wahlergebnis, das wiederum nicht die absolute Mehrheit gebracht hatte und alle Hoffnungen, auf legalem Weg zur Macht zu gelangen, enttäuschte, gaben der ostpreußischen SA den Anstoß zu einer Serie von Überfällen und Attentaten. Es begann am 1. 8. mit Angriffen auf Königsberger Tankstellen, um Feuerwehr und Polizei abzulenken. Auf prominente politische Gegner wurden dann Mordanschläge verübt, denen der kommunistische Kommunalpolitiker Gustav Sauff zum Opfer fiel, während der Redakteur Otto Wyrgatsch (SPD) sowie der Königsberger CV-Vorsitzende Sabatzky, der ehemalige Regierungspräsident von Bahrfeld (DVP) und der Reichstagsabgeordnete Walter

---

6) GStA, Rep. 2 II/2504, darin als schwerstes Verbrechen: Überfall auf Streikbrecher im Februar 1932, von Kommunisten organisiert (1 Toter, Gut Schröterlauken/Kr. Gumbinnen, vgl. a. ZStA 2.5.1, Nr. 12588). Über ein bewaffnetes Vorgehen gegen Streikbrecher in der Zellstoffabrik Ragnit im Januar 1924 vgl. ZStA, 2.5.1., Nr. 12585.

7) ZStAM, 2.5.1., Nr. 12587 (Widerstand gegen Zwangsversteigerung, 8/1931); ZStAP, RMI, 25730 (Politische Lage in Ostpreußen, Bericht des Oberpräsidenten an RMI v. 21. 1. 1930: Neuerdings habe schl.-holst. Bewegung auf Ostpr. übergegriffen, wirtschaftlich schlechte Lage begünstige den politischen Radikalismus); GStA, Rep. 36, Nr. 70 (Verfahren gg. den schl.-holst. Bauernführer Hamkens, der im Februar 1930 auf einer Vortragsreise durch Ostpreußen u. a. die Republik als „Kolonie der jüdischen Hochfinanz" bezeichnet und zum passiven Widerstand aufgerufen hatte.).

8) GStA, Rep. 84a/25118 (Öffentliche Vorwürfe gegen die Justiz 1927/28), darin die Fehde des Minderheitsvertreters Baczewski (MdL 1921–24) mit der Lycker Justiz. Baczewski, geb. 1890 in Griesdienen/Kr. Allenstein, von 1912–1918 Soldat im 1. Garderegiment z. F., Verbandssekretär der Polen in Ostpreußen, war auch sonst in der Wahl seiner Mittel im „Volkstumskampf" nicht zimperlich: So hatte er auf Wahlunterlagen überhöhte Angaben über die Zahl polnischer Wähler gemacht und war wegen Urkundenfälschung verurteilt worden (Abschrift des Urteils ebd.). Zur polnischen Minderheit und deren Eingaben vgl. GStA, Rep. 84a/1417, 1418, 4151 sowie Baier, 1980, S. 230ff.

9) GStA, Rep. 240, B 21a–e, darin Material des Gaurechtsamts über Prozesse von 1930–1932.

10) Eine Darstellung der Augustunruhen aus Sicht der NSDAP in GStA, Rep. 240, B 31b: „Wie kam es zum 1. August 1932?".

Schütz (KPD) diesem Schicksal nur knapp entgingen.[11] Als der Terror am 3. 8. die gesamte Provinz erfaßte, kostete dies in Norgau/Kreis Fischhausen, Tilsit und Lötzen die Arbeiterbewegung drei weitere Todesopfer. In Elbing attackierte SA wie schon zuvor in Königsberg die Arbeiterviertel. In den Kleinstädten des südlichen Ostpreußens waren Geschäfte jüdischer Bürger das Ziel antisemitischer Anschläge.[12]

Da mittlerweile auch in anderen preußischen Provinzen die Bereitschaft der SA, den Legalitätskurs der Partei zu verlassen und einen Bürgerkrieg in Kauf zu nehmen, in Gewaltaktionen umgeschlagen war, beschloß die Reichsregierung die Einrichtung von Sondergerichten, die erst am 19. 12. 1932 wieder aufgehoben werden konnten. Bis dahin waren mehrere tausend Verfahren wegen politischer Straftaten anhängig. Nimmt man allein die Verfahrenszahl, so lag der Schwerpunkt der Gewalt im Ruhrgebiet und in Berlin, obwohl beim Königsberger Sondergericht gegen nicht weniger als 2335 Personen Verfahren eingeleitet werden mußten. Dazu kamen Verfahren bei den Sondergerichten in Elbing (113), Lyck (112) und Tilsit (457). Als Ergebnis einer strengen Strafjustiz wiesen Ostpreußens Sondergerichte die höchsten Verurteilungszahlen aus (fast 700).[13] Gerade die Verfahren gegen die Attentäter vom 1.–3. 8. 1932 kamen vor der nationalsozialistischen Machtergreifung aber nicht mehr zum Abschluß.[14]

---

11) Bereits am 27. 7. 1932 hatte Koch auf einer Wahlkundgebung in Lyck zu verstehen gegeben, man werde an die Macht kommen, „so oder so", was ein illegales Vorgehen nicht mehr länger ausschloß (GStA, Rep. 14 III, 6, Berichte des Kriminal- und Grenzkommissariats Prostken/Kr. Lyck). – Eine Gesamtdarstellung der Ereignisse bei Bessel, 1980, S. 202–206. Longerich, 1988, S. 146, der sich auf Bessel stützt, zählt fälschlich Wyrgatsch und v. Bahrfeld zu den Todesopfern, wie überhaupt diese Arbeit über die innenpolitischen Auseinandersetzungen zwischen NSDAP und KPD/SPD ein völlig einseitiges Bild bietet, in dem die Kampforganisationen der Arbeiterbewegung nur als Opfer der SA eine Rolle spielen. Die wichtige Arbeit von Rosenhaft (1983) über die von der KPD ausgehende politische Gewalt wird denn auch lediglich in Longerichs Literaturverzeichnis aufgenommen, nicht aber für die Darstellung verwertet. Von Bessel nicht berücksichtigt ZStAP, RMI, 25730 (enthält genaue Chronologie der Ereignisse nach dem 1. 8. 1932)

12) Vgl. Bessel, 1980, S. 202ff. sowie ZStAM, 2.5.1., Nr. 15187, 15188 (betr. Sprengstoffattentate auf jüdische Geschäfte in Ortelsburg und Bialla).

13) GStA, Rep. 84a/797, Bl. 397ff. (Übersicht über die Tätigkeit aller Sondergerichte im Reich bis Anfang Dezember 1932).

14) GStA, Rep. 240, B 21e, Bl. 150 (aus einer Prozeßchronik des Gaurechtsamts NSDAP Ostpr.).

5. Die Machtergreifung und ihre Folgen im politischen Leben Ostpreußens

Wie überall im Reich wurden auch in Ostpreußen nach dem 30. 1. 1933 die Organisationen des politischen Gegners zerschlagen. Für SPD und KPD war es vor den Reichstagswahlen am 5. 3. 1933 kaum noch möglich, auf dem Lande Versammlungen durchzuführen. Die gesamte Arbeiterpresse wurde nach dem Reichstagsbrand verboten.[1] Hatte es im Februar 1933 vereinzelte Übergriffe auf jüdische Bürger und Arbeiterfunktionäre gegeben, so setzten massive terroristische Gewaltaktionen sofort nach der Märzwahl ein. In der Nacht zum 6. 3. 1933 besetzte SA das Parteigebäude der SPD in der Königsberger Fließstraße. Insgesamt zehn sozialdemokratische Funktionäre und Arbeiter, unter ihnen der Reichstagsabgeordnete Walter Schütz und der Elbinger Reichsbannerführer Otto Wenzlaff, fielen Mordanschlägen zum Opfer, viele andere mußten schwere Mißhandlungen über sich ergehen lassen.[2]

Laut Mitteilung des Berliner CV-Syndikats vom 13. 3. 1933 habe eine große Anzahl ostpreußischer Juden bei SA-Übergriffen schwere Körperverletzungen davongetragen. Auch seien Verschleppungen zu verzeichnen. Jüdische Geschäftsleute habe man zu Ladenschließungen gezwungen. Beschwerden von zwei alten Cranzer Parteigenossinnen über HJ-Gesänge in den Straßen des Ostseebades mit dem Refrain „Stellt die Juden an die Wand, schlagt sie tot" beschied der Gaupropagandaleiter Paltzo knapp: Wer sich dadurch betroffen fühle, sei entweder selber Jude oder er wisse nicht, welches Unglück die Juden über das deutsche Volk gebracht hätten. Ebenso erfolglos blieb der Protest einer Jüdin aus Arys vom 15. 3., deren Vater Opfer eines nächtlichen Überfalls von SA-Leuten geworden war.[3]

Das Ausmaß der politischen Verfolgung bis zum Parteienverbot im Juni 1933 geht aus den Lageberichten der Regierungspräsidenten in Königsberg und Allenstein hervor. Im Regierungsbezirk Königsberg wurden in der ersten Märzhälfte 230 SPD- und KPD-Funktionäre verhaftet, und Hausdurchsuchungen bei sämtlichen Funktionsträgern der Arbeiterbewegung in allen Landkreisen waren erfolgt. Bis zum 31. 3. gelangten weitere 162 Personen in Schutzhaft. Allein aus Königsberg, wo man ganze Häuserblocks umstellte und systematisch durchkämmte, konnten 1035 Hausdurchsuchungen nach Berlin gemeldet werden. Diese Durchsuchungswelle erreichte in der ersten Aprilhälfte in der Provinzhauptstadt mit 2207 Durchsuchungen ihren Höhepunkt, wobei man jedoch nur eine relativ niedrige Verhaftungsquote (107 Personen) vorweisen konnte. Erst (oder schon wieder) am 30. 4. kam das KPD-Hauptquartier am Unterhaberberg an die Reihe, wo man immerhin elf Revolver sicherstellte, wie überhaupt in der zweiten Aprilhälfte nennenswerte Waffen- und Munitionsfunde zu registrieren waren. Bis zum 15. 5. gelang es, den kommunistischen „Roten Frontkämpferbund" (RFB) in ganz Ostpreußen „auszuheben", 98 Verhaftungen vorzunehmen und gegen sämt-

1) Matull, 1970, S. 121.
2) Ebd., S. 12f.; Matull, 1973, S. 369f.
3) GStA, Rep. 240, B 29a–g.

liche RFB-Mitglieder Hochverratsverfahren einzuleiten. Bis Ende Juni traten weitere 200 Personen ihren Weg in die Schutzhaft an. Größere Waffenfunde in der Königsberger Gerlachstraße sowie die Sicherstellung von 2500 kommunistischen Flugblättern und Druckschriften in einer Buchhandlung am Nordbahnhof ließen sich darüberhinaus als Erfolg melden.[4] Die meisten Festgenommenen saßen im Königsberger Polizeigefängnis oder bis zum Sommer 1933 im Übergangslager Fort Quednau ein, wo sie bis zum Abtransport ins KZ Hammerstein bei Schlochau oder in andere staatliche Konzentrationslager gesammelt wurden.[5] Aus dem Regierungsbezirk Allenstein, wo die Polizeiaktionen merklich bescheidener ausfielen, konnte der Regierungspräsident trotzdem schon am 20. 3. melden, daß scharfes Vorgehen die KPD-Anhängerschaft nachhaltig eingeschüchtert habe. Der Neuaufbau der KPD-Organisation in der Stadt Allenstein sei jedesmal schon im Keim erstickt worden. Bis Ende April hatte man bereits die „3. Führer-Reihe" verhaftet. Im Juni stellte die KPD kaum noch eine Gefahr dar. Das Schwergewicht der Fahndungen verlagerte sich auf die SPD, die „Ernsten Bibelforscher", katholische Verbände und verschiedene „reaktionäre" Gruppie-

4) IfZ, MA 198/2 (Lageberichte der Regierungspräsidenten Königsberg und Allenstein, Übersicht über die aufgr. § 1 d. Verordnung vom 28. 2. 1933 getroffenen polizeilichen Maßnahmen).

5) Über das Übergangslager Quednau liegen nur sehr spärliche Informationen vor. Eine Art haushaltsrechtlicher Existenznachweis in BA, Slg Schumacher 271: Ein undatierter Briefentwurf des PrMdI an den RMdI vom Juni 1933 belegt, daß Einrichtungskosten für Quednau auf 3000 RM beziffert werden. Allein der geringe Betrag – für die Emslandlager wurden 1,75 Mill. RM eingesetzt – zeigt die relative Bedeutungslosigkeit des Lagers. In einigen Hinweisen taucht auch der Name „Lager Beydritten" auf. Beydritten liegt nur 3 km von Quednau entfernt, so daß hier eine Identität wahrscheinlich ist. Die einschlägige polnische Literatur erwähnt das Lager nicht. Auch aus der zeitgenössischen deutschen und Exilpresse waren keinerlei Hinweise zu entnehmen. Vor deutschen Gerichten oder alliierten Militärgerichten hat es keine Verfahren wegen des Lagers gegeben. Ein Bericht des Regierungspräsidenten in Allenstein meldete am 23. 6. 1933 die Zahl von 55 Häftlingen und erbat ihre Unterbringung in einem KZ. Ein Randvermerk des PrMdI besagt, „daß die Häftlinge inzwischen in Quednau zusammen" sind. Es scheint sich hierbei um die Sammlung von Häftlingen vor ihrem Transport in die staatlichen Konzentrationslager gehandelt zu haben. Das Übergangslager verlor seine Bestimmung bereits im Herbst 1933, als die Planungen für die Emslandlager weiter gediehen waren und die Gerichts- und Polizeigefängnisse in Ostpreußen wieder genügend Platz für Schutzhaftgefangene aufwiesen. Wie der „Vossischen Zeitung" vom 28. 6., 7. 7. und 9. 8. 1933 zu entnehmen ist, kamen Schutzhaftgefangene aus Ostpreußen auch kurzfristig ins Durchgangslager auf dem Truppenübungsplatz Hammerstein/Grenzmark. Die Stapo Allenstein meldete am 6. 9. 1933: „Die Zahl der Schutzhäftlinge beträgt zur Zeit 82. Davon sind 47 im vorl. Konzentrationslager im Fortgefängnis Quednau b/Königsberg und 2 im Lager Sonnenburg untergebracht." (BA, R 58/1561, Bl. 9). Zumindest ein Häftling läßt sich auch namhaft machen: Richard Doerffler, SPD-Stadtverordneter in Fischhausen, berichtete in einem Schreiben vom 20. 6. 1934, daß er am 30. 6. 1933 in Schutzhaft genommen worden sei und bis zum 17. 12. 1933 in Quednau und im Moorlager Papenburg/Emsland eingesessen habe (GStA, Rep. 36, Nr. 36 Gnadensache Richard Doerffler). Im Zusammenhang der Konflikte Kochs mit der Landesbauernschaft (s. o. Kap. 3) taucht im Frühjahr 1934 im Schriftwechsel des Oberpräsidiums mit Göring ein Hinweis auf die ursprüngliche Zweckbestimmung des Lagers auf: Im Januar 1933 hätte die Königsberger Polizei zusammen mit anderen Dienststellen Fort Quednau als Lager einrichten lassen, um bei dem angeblich geplanten Schlag des Reichskanzlers Schleicher gegen die NSDAP im gesamten Reich die zu verhaftende ostpreußische Parteiführung dort unterzubringen (ZStAP, RMI 25730, Bl. 271). – Schließlich muß hier noch ein Beschwerdeschreiben des Bauernfunktionärs Witt aus Riesenwalde/Kr. Rosenberg an Hitler vom 19. 7. 1933 erwähnt werden. Darin wurde Kochs Drohung gegen die unbotmäßige Landesbauernführung um Egbert Otto wie folgt zitiert: „‚Wer noch einmal vom freien Bauern redet, der wird erledigt, der kommt ins Moosbruch auf Nimmerwiedersehen.' Wenn das nicht nur eine dämliche Redensart ist, dann ist es die Drohung mit Mord." (BDC-OPG Koch). Hier könnte Koch das Lager Hohenbruch/Kr. Labiau im Auge gehabt haben (s. Kap. 6.4.), das 1933 vermutlich nicht als Schutzhaftlager, sondern als Arbeitslager bestand, das der Unterbringung von Arbeitslosen diente, die von Koch als mehr oder weniger Freiwillige zu öffentlichen Arbeiten herangezogen worden waren (vgl. Matull, 1980, S. 82f.: Der Sozialdemokrat kam nach einem mehrmonatigen Aufenthalt im Polizeigefängnis Königsberg in das Arbeitslager Grondowken/Kr. Lyck).

rungen wie den „Bismarckbund Masuren".[6] Politische Gegner im Staatsapparat oder in den Selbstv[illegible]rperschaften fielen den Bestimmungen des „Gesetzes zur Wiederherstell[illegible]sbeamtentums" vom 7. 4. 1933 oder aber politischen Prozessen zum [illegible]ftsdirektor Ernst von Hippel und dessen Stellvertreter Hell-[illegible]

[illegible] den Deutschnationalen Wilhelm Kutscher im Amt des [illegible] Hermann Bethke stieg zum Vizepräsidenten und Stellvertreter Kochs auf. Bis Ende 1933 waren 25 der 38 ostpreußischen Landräte abberufen und durch Parteigenossen ersetzt worden. Ein zweites (1934) und drittes (1937/38) Revirement brachte fast ausschließlich von Koch vorgeschlagene Parteigenossen an die Spitze der Landkreisverwaltungen, nachdem jedesmal zuvor die Abberufung des alten Amtsinhabers mit dessen „katholischer", „bauern-" oder gar „judenfreundlicher" oder allgemein „parteifeindlicher" Einstellung seitens des Oberpräsidenten begründet worden war. Trotz häufig g[illegible] gemachter Bedenken gegen die fachliche Eignung der Vorgeschlagenen leistete das [illegible]nenministerium gegen Kochs Personalpolitik erst seit 1938 erkennbaren Widerstand.[8] Alle Bürgermeisterposten de[illegible] ostpreußischen Städte über 10 000 Einwohner waren 1935 mit Parteifunktionären beset[illegible] denen allein neun bis 1931 in die Partei eingetreten waren: Gauinspektor Heinz Sc[illegible]dowius und Kreisleiter Fritz Schiedat (Oberbürgermeister von Insterburg bzw. Allenstein), Kreisrichter Bruno Armgardt (Bürgermeister von Ortelsburg), Kreisleiter Günter Senger (Osterode), Kreisamtsleiter Bruno Hensel (Lyck), Kreisschulungsleiter Hans-Georg Petrusch (Braunsberg) sowie die Ortsgruppenleiter Walter Barkowski und Fritz Nieckau (Bürgermeister von Marienwerder bzw. Dt. Eylau).[9]

5.1. Die Arbeiteropposition von 1933–1939

Die Geschichte des sozialdemokratischen und des kommunistischen Widerstands zwischen 1933 und 1945 läßt sich mit den Worten des amerikanischen Historikers William S. Allen nur als „endlose Wiederholung derselben traurigen Erzählung des Fehlschlagens" beschrei-

---

6) IfZ MA 198[illegible]

7) GStA, Rep. [illegible] 1 + 2 und Hellmer 1989. Die Prozesse lohnten eine eigene rechtsgeschichtliche Studie. Ein w[illegible]plexität der machtpolitischen Konstellationen, die anhand der Hippel-Prozesse und der vor 193[illegible] gegen die „Preußische Zeitung" angestrengten Verleumdungsprozesse herauszuarbeiten wäre, deutet schon Görlitz, 1957, S. 394f. an. Hippel gehörte nicht zur „Kamarilla" um den Reichspräsidenten Hindenburg, wie Koch verbreiten ließ, sah sich aber als „einzigen Führer des Ostens im Kamp[illegible]n den Marxismus", ein Titel, auf den Koch selbst exklusiven Anspruch erhob (vgl. Schriftwechsel in Sach[illegible] Hippel mit Staatssekretär Grauert, PrMdI in GStA, Rep. 77/3).

8) GStA, Rep. 77/4935, Bl. 227. Allein im 1. Halbjahr 1938 waren fünf von sechs Landratsposten mit Kreisleitern besetzt worden: Mohrungen (Pannenborg, s. Kap. 6.2.), Neidenburg (Adam), Sensburg (Nikolaus, s. Kap. 6.2.), Darkehmen (Uschdraweit) und Angerburg (Rossbach, s. Kap. 6.1.). Als im Herbst Koch dann für acht N[illegible]besetzungen wieder fünf Kreisleiter präsentierte (Vgl. a. GStA, Rep. 240, Nr. 12 b, Bl. 102, Aufstellung vom 8. 10. 1938) berief sich das Ministerium auf die Klagen des ausgebildeten Nachwuchses über die Bevorzugung von Nichtfachleuten und konnte Kochs Forderungen zumindest in einigen Fällen widerstehen. Dabei hatte man schon während des Gezerres um Pannenborgs Bestallung in Mohrungen (1936/37) einen Randvermerk gemacht: Dies sei die letzte irreguläre Besetzung für Ostpreußen! (Rep. 77/4954, Bl. 148ff.). Instruktiv über die Spannungen zwischen Ministerialbürokratie und Oberpräsidenten/Gauleitern Teppe, 1985, S. 238ff. – Die verwaltungsgeschichtlichen Arbeiten von Nobis, 1987 und Bitter, 1988 nehmen erstaunlicherweise von der Personalpolitik in den Regierungsbezirken Königsberg und Allenstein kaum Notiz (Nobis, 1987, S. 437; Bitter, 1988, S. 88).

9) BDC-Research O. Gau Ostpreußen (Gauleitung Ostpr., Amt für Kommunalpolitik an Reichsleitung NSDAP, Hauptamt f. Kommunalpolitik v. 16. 5. 1935/20. 1. 1936).

ben: „Kleine Gruppen von Sozialisten schlossen sich zusammen; sie fingen an eine illegale Zeitung zu verteilen, sie wurden von der Gestapo verhaftet.“ [10] Für die ostpreußische Sozialdemokratie scheint selbst dies noch zuviel gesagt. In den Lageberichten der Staatspolizeistellen Königsberg, Allenstein und Tilsit häuften sich allmonatlich die stereotypen Wendungen zur sozialdemokratischen Inaktivität: „Keine nennenswerte Agitation“, „im Kreise der SPD macht sich zur Zeit keine Agitation nach außen hin bemerkbar“, oder: „die SPD ist nicht in Erscheinung getreten“, „die SPD liegt danieder“. Allenfalls konnten „Funktionärstreffen“ registriert werden.[11]

Wilhelm Matull und Max Sommerfeld, die an solchen Treffen teilnahmen, berichteten später, daß ein loser Zusammenhalt bis 1939 noch aufrechterhalten worden sei und Kontakte mit der Exil-SPD und zu bürgerlichen und kirchlichen Oppositionskreisen bis Kriegsende bestanden hätten. Bis 1936 sei es mit Hilfe der intakten Organisation der Danziger Arbeiterbewegung auch möglich gewesen, Propagandamaterial nach Ostpreußen zu schmuggeln.[12] Die Königsberger Stapo erfaßte die Intentionen der Sozialdemokraten zweifellos richtig, als sie meldete, daß ein Zusammenschluß der Anhänger und der ehemaligen Funktionären gar nicht angestrebt werde, weil er zu gefährlich sei und man [illegible] darauf vertraue, die marxistische Idee in zwanglosen Zusammenkünften lebendig zu halten.[13] Nicht spektakuläre Einzelaktionen, sondern die Hoffnung auf die Wirkung politischer Überzeugungsarbeit und der längerfristig ausschlaggebenden gesellschaftlichen Widersprüche des NS-Systems bestimmten diese Form illegaler Arbeit. Wenn sie auch bis 1936 intensiver gewesen sein mochte, als es den Gestapoberichten zufolge den Anschein hat, beschränkte sie sich doch auf einen so kleinen Kreis, daß man die Wirksamkeit einer nennenswerten sozialdemokratischen „Subkultur“, die mindestens in Elbing oder Königsberg westdeutschen Entwicklungen hätte vergleichbar sein können, mangels brauchbarer Anhaltspunkte in Abrede stellen darf.[14]

Diese extreme Schwäche der illegalen Struktur der SPD Ostpreußens erklärt auch, daß der Widerstand – Matull spricht bezeichnend von „letzten Versuchen, Widerstand zu leisten“ – bei Kriegsausbruch sein Ende fand.[15] Mehr Aufmerksamkeit beanspruchte bis 1935/36 das illegale Wirken der KPD. Die eklatante Fehleinschätzung der Parteiführung, die auf den Sturz Hitlers durch den bewaffneten Aufstand setzte, bedingte eine risikoreiche Untergrundarbeit mit dem Ziel, den Massenwiderstand zu organisieren. Das zwangsläufig wenig konspirative Vorgehen und der zentralistische Parteiaufbau erleichterten der Gestapo den Zugriff.[16] Erst 1936, nach verheerenden Verhaftungswellen, bahnte sich eine Dezentrali-

---

10) Allen, 1985, S. 850.

11) GStA, Rep 90 P, Bd. 6,6 (Berichte der Stapo Tilsit vom 3. 10. und 3. 11. 1934), Bd. 6,3 (Stapo Königsberg, Berichte von April, August und Dezember 1935) und Stapo Allenstein v. 4. 2. 1934 (BA, R 58/1561).

12) Matull/Sommerfeld, 1967, S. 174; Matull, 1970, S. 124; ders. 1973, S. 360f; ders., 1980, S. 71ff.

13) GStA, Rep 90 P, Bd. 6,3 (Stapo Königsberg, Bericht für August 1935).

14) Vgl. Allen, 1985, S. 859f., der das Widerstandspotential des von den Wertvorstellungen der Sozialdemokratie geprägten Arbeitermilieus insgesamt überschätzt. Er ist dabei offenkundig einem sehr weiten Widerstandsbegriff verpflichtet, wie ihn etwa Broszat, 1981, S. 691ff, verficht, der das Moment individueller Auflehnung entsprechend den heutigen Prinzipien des liberal-demokratischen Rechtsstaats überbetont, um so die Rede von der „Widerständigkeit resistenter Sozialmilieus" zu legitimieren. Ausweislich der „Deutschland-Berichte" der Exil-SPD findet sich gerade für den Zeitraum 1936–1939 nicht einmal ein Anzeichen von „Widerständigkeit" in Ostpreußen.

15) Matull, 1973, S. 361.

16) Vgl. den Überblick bei Weber, 1983, S. 143ff.

sierung des kommunistischen Widerstands an, der jedoch in den agrarischen Regionen Nord- und Ostdeutschlands so erfolglos blieb wie der Aktionismus zuvor.[17] Die Vielzahl registrierter KPD-Aktivitäten in Ostpreußen ist auf die bis 1935 verbindliche, auf Massenmobilisierung zielende Parteitaktik zurückzuführen. Die organisierte Arbeit vollzog sich dabei unter weitgehender Kontrolle der Gestapo. In Allenstein war man über die geheimen Versammlungen, die ab Sommer 1933 ein „Aufleben der kommunistischen Bewegung" signalisierten, gut unterrichtet, da der V-Mann der Stapo „seit Jahren Funktionär der KPD ist und noch heute zum Kreis der Eingeweihten gehört". Daher blieb auch ein Treffen von Funktionären aus ganz Ostpreußen zu Weihnachten 1933 in Königsberg, an dem auch SPD-Mitglieder teilnahmen, nicht verborgen. Angesichts der Bildung einer neuen Organisation in Allenstein, die bis Mitte April 1934 schon wieder 40–50 Mitglieder zählte, konnte die Stapo deshalb überlegen abwarten, bis sich die Verhaftung „lohnte".[18]
Ebenso unter den Augen der Stapo festigte sich der Zusammenhalt der Königsberger Kommunisten: „An welche Schwierigkeiten die Neuerrichtung der illegalen kommunistischen Partei in Ostpreußen geknüpft war, ist auch daraus ersichtlich, daß das Gerippe der Organisation in einem Zeitraum von etwa 5 Monaten nicht über die Grenzen der Stadt Königsberg hinausging, und daß es im Interesse eines ungestörten Aufbaus nicht den Versuch wagte, durch Verbreitung von Flugblättern an die Öffentlichkeit zu treten."[19] Diese Aufbauphase war im Sommer 1934 abgeschlossen. Der kommunistische Jugendverband begann im September schließlich doch mit der Flugblattverteilung. Dem Bezirksleiter Fritz Wollbaum ging per Kurier aus Berlin Informationsmaterial des ZK zu. Danach gefertigte Flugblätter gelangten im Königsberger Arbeitsamt zur Verteilung. Empfänger waren ausschließlich Personen, von denen man annehmen durfte, daß sie der KPD treu geblieben waren. Doch trotz größter Vorsicht und Meidung der Öffentlichkeit war die Stapo in der Lage, die siebzehn Hauptbeteiligten im März 1935 zu verhaften.[20] Ein weiterer Ansatz zur Reorganisation scheiterte im Juli 1935 am Mangel geeigneter Kräfte.[21] Der Widerstand erschöpfte sich fortan in Einzelaktionen. Dazu zählten meist unter Alkoholeinfluß geäußerte Kritik, die Bildung von Abhörgemeinschaften, um „Radio Moskau" zu empfangen, gelegentliche Aufforderungen zur Arbeitsbummelei, Tätlichkeiten gegen untere Chargen der NSDAP oder die demonstrative Teilnahme an den Beerdigungsfeiern für ehemalige Funktionäre.[22] Meldungen darüber blieben nicht auf die Städte beschränkt. Im Kreis Tilsit-Ragnit wurden im März 1935 elf, im Kreis Rößel im August 1935 neun „Abhörer" in Schutzhaft genommen. Auf einer Heeresbaustelle in Ludwigsort/Kreis Heiligenbeil hatten Arbeiter im August 1935 ihre Kollegen zu einem zweitägigen Streik bewegen können, in Fischau/Kreis Marienburg wollten acht Arbeiter ihre Erntearbeiten nicht fortsetzen.[23] Gefährlicher als diese Aktionen

17) Schon für die Zeit bis 1935 kann die Dokumentation von Berndt, 1985, S. LXXXIII nur „vereinzelte Arbeitsverweigerungen in den landwirtschaftlichen Gebieten Ostdeutschlands" nachweisen.

18) Dazu BA, R 58/1561 (Stapo Allenstein, Berichte vom 6. 9. 1933, 8. 1. 1934, 26. 4. 1934). Dort der Bericht über die Verhaftung von 12 Funktionsträgern, katholischen Arbeitern und Handwerkern. Diese Allensteiner Kommunisten wurden von einem ehemaligen Mitglied von Ludendorffs „Tannenbergbund" geführt!

19) BA, R 58/1570 (Stapo Königsberg, Bericht für Februar 1935).

20) BA, R 58/1573 (Stapo Königsberg, Bericht für März 1935).

21) GStA, Rep. 90 P, Bd. 6,3 (Stapo-Königsberg, Bericht für Juli 1935). Die Flugblattverteilung an Arbeiter, die vor 1933 der KPD angehörten, ließ die Stapo vermuten, den Verteilern stünde noch altes Karteimaterial zur Verfügung.

22) Meldungen über diese Protestformen in fast allen Lageberichten zwischen 1933 und 1936.

23) BA, R 58/1573 und GStA, Rep. 90 P, Bd. 6,3 (Stapo Königsberg, Bericht für August 1935).

ostpreußischer Kommunisten erschien der [illegible]ße Anwesenheit westdeutscher Arbeitskräfte, die beim Bau der Reichsauto[illegible]baustellen eingesetzt wurden. Die Kameradschaftslager, vor allem das Lage[illegible] Eylau, in denen sie zusammengefaßt worden waren, bildeten aus Stap[illegible]n marxistisch-kommunistischer Wühltätigkeit". Da man den politischen Bewußtsei[illegible]d dieser Arbeiter, die „durch eine ausgezeichnete marxistische Schule gegangen" seien, höher veranschlagte als den der einheimischen Kräfte, fürchtete man deren „Infizierung" und war Ende 1935 über die Rückkehr der Westdeutschen ins Reich sichtlich erleichtert.[24)]

5.2. Die Opposition von Kirchen und Glaubensgemeinschaften

Von 1933 bis 1939 stand das Ermland im Zeichen eines sich ständig verschärfenden Kirchenkampfes. Hatte der ermländische Bischof Maximilian Kaller im Frühjahr 1933 noch die Bereitschaft gezeigt, das katholische Bildungspotential beim „Neuzimmern des Reiches" zur Verfügung zu stellen, und hatte er sich dazu hinreißen lassen, Koch zum Konkordatsabschluß ein begeistertes Telegramm zu übermitteln, mußte er doch bald zur Kenntnis nehmen, daß die Nationalsozialisten den kirchlichen Einfluß in Pfarrgemeinden, Schulen und Standesorganisationen keineswegs zu respektieren beabsichtigten.[25)] Im Juni 1933 erfolgte die Beschlagnahme karitativer Vereinskassen in den Dekanaten Elbing, Guttstadt, Pr. Holland und Rößel.[26)] An den Arbeiterverein im Dekanat Marienwerder erging die polizeiliche Aufforderung zur Selbstauflösung. Die Guttstädter Zeitung, ein lokales Zentrumsblatt, wurde zeitweise verboten, die Bauernhochschule Legienen bei Rößel Anfang 1934 in eine BDM-Schule umgewandelt.[27)] Aus nicht mit Sicherheit aufzuklärenden Gründen traf zwei Professoren an der Staatlichen Akademie Braunsberg, an der 1933 fast alle Lehrstuhlinhaber ein NSDAP-Parteibuch besaßen, im August 1934 die kirchliche Suspension. Vermutlich gingen die weltanschaulichen Konzessionen des von ihnen angestrebten „katholischen Zugangs zum Nationalsozialismus" der Kirchenführung zu weit. Das Lehrverbot wirkte sich jedenfalls als erste Klärung der Fronten zwischen Kirche und Partei aus.[28)]

Nach Einschätzung der Gauleitung wuchs der ermländische Katholizismus bald zum erstrangigen politischen Gegner heran. Ab 1934 vermutete die Gestapo in Bischof Kaller einen Organisator konspirativer Aktivitäten des „politischen Katholizismus". Seit September 1934 stand der Bischofssitz in Frauenburg unter intensiver Beobachtung der Staatspolizei; entsprechend ausführlich widmeten sich die Lageberichte der Stapo der „katholischen Bewegung". 1934 mußten zudem die katholischen Jugendorganisationen im Regierungsbezirk Königsberg ein Verbot ihres öffentlichen Auftretens hinnehmen. Auf das sich verschlechternde Verhältnis reagierte Kaller mit scharfer Kritik am weltanschaulichen Totalitätsanspruch der NSDAP, was allerdings eine recht weitgehende Zustimmung zum NS-Staat und die Anerkennung seiner Verdienste bei der Bekämpfung des Kommunismus und bei der Überwindung der Arbeitslosigkeit nicht ausschloß.[29)]

---

24) GStA, Rep. 90 P, Bd. 6,3 (Stapo Königsberg, Bericht für November 1935) und BA, R 58/1581 (Stapo Königsberg, Bericht für Oktober 1935).

25) Reifferscheid, 1975, S. 25. Die Darstellung referiert hier im wesentlichen Reifferscheids Forschungsergebnisse.

26) Ebd. S. 30f.

27) Ebd. S. 32–34.

28) Ebd. S. 52ff.

29) Ebd. S. 109–113.

1936/37 erreichten die Beziehungen zwischen Partei und Kirche im Ermland ihren Tiefpunkt. Im März 1937 ließ Kaller die päpstliche Enzyklika „Mit brennender Sorge" zur Lage der katholischen Kirche im Deutschen Reich heimlich in Braunsberg nachdrucken und in über 30 000 Exemplaren verteilen. Die Ermländische Zeitungs- und Verlagsdruckerei wurde daraufhin von der Gestapo beschlagnahmt und enteignet.[30] Mit der Einführung der Gemeinschaftsschule und dem Verbot des von Geistlichen erteilten schulischen Religionsunterrichts verlagerte die NSDAP ihre weltanschauliche Offensive erfolgreich auf den Erziehungssektor. Elternproteste für die Beibehaltung der Konfessionsschule wie in Mehlsack führten im August 1937 zu Verhaftungen und Verurteilungen vor dem Braunsberger Landgericht. Zu Pfingsten 1937 nahm die Königsberger Stapo in der Missionsschule St. Adalbert in Mehlsack eine Hausdurchsuchung vor. Dies war der erste Schritt zur beabsichtigten Schulschließung, die dann 1938 verfügt wurde.[31] In den Rahmen dieser Auseinandersetzungen gehörte auch die Störung der Heilsberger Fronleichnamsprozession (s. 5. 4.). Dagegen ist die Konfrontation der evangelischen Kirche mit dem NS-Staat in Ostpreußen wie überall insgesamt weniger deutlich auszumachen. In Ostpreußen hatten die regimetreuen „Deutschen Christen" mit dem Wehrkreispfarrer Ludwig Müller, dem „Reichsbischof", an der Spitze, einen festen Rückhalt. So ist es kaum verwunderlich, wenn Walther Hubatsch resümiert, daß sich der Kirchenkampf in Ostpreußen nicht am grundsätzlichen Gegensatz zwischen Kirche und Staat, sondern am innertheologischen Streit mit den „Deutschen Christen" entzündet habe.[32] Die Gestapo schätzte das oppositionelle Potential des Protestantismus denn auch solange gering ein, wie ihr die Konflikte als interne Kirchenprobleme erschienen. Die einschlägige Rubrik der Stapo-Lageberichten hieß konsequent „Evangelischer Kirchenstreit", und der Berichterstatter gerierte sich als eine Art neutraler Beobachter, bis der „besondere ostpreußische Weg" (Koschorke) der Bekennden Kirche vergleichsweise spät zur Konfrontation mit dem Staat führte. Der „Kollektenkampf", der 1937 in den Gemeinden der gesamten Provinz so heftig ausgefochten wurde, mußte nach der Verhaftung von 153 Pfarrern auf Anraten Kochs abgebrochen werden, da aus der Beunruhigung der Bevölkerung gerade in den Grenzregionen politische Nachteile erwachsen konnten. Ansonsten ging die Behinderung der kirchlichen Arbeit weiter. Obwohl eine Reihe von Aufenthalts- und Redeverboten sowie Ausweisungen gegen Bekenntnispfarrer verhängt wurden, überlagerte der innerkirchliche Streit zwischen Bekennender Kirche und Kirchenführung noch am Vorabend des Zweiten Weltkrieges den weltanschaulich begründeten Widerspruch zum Nationalsozialismus. Bei Kriegsausbruch „ging man mit, als die politische Führung zur Wehrmacht rief" und bekundete nicht anders als die katholische Kirche partielle Zustimmung.[33]

---

30) Ebd. S. 166.

31) Ebd. S. 174. 1937/38 galt der ermländische Katholizismus auch in sozialdemokratischen Kreisen als einzig nennenswerte Oppositionskraft in Ostpreußen: „Es gibt einen Teil Ostpreußens, in dem die Nazis jedoch noch immer keinen Boden gefaßt haben; das ist das katholische Ermland mit der Bischofsstadt Braunsberg. Das Ermland ist oppositionell, die Bevölkerung sehr fromm, und die kirchlichen Demonstrationen in Heilsberg vor etwa 2 Jahren, bei denen es zu schweren tätlichen Auseinandersetzungen mit der Polizei und Massenverhaftungen unter den Gläubigen kam, könnten sich mit der gleichen Heftigkeit auch heute noch ereignen. Die Priesterschaft übt in diesem Bezirk nach wie vor den allein bestimmenden Einfluß auf die Bevölkerung aus und die Nazi-Funktionäre sind fast ausschließlich Zugewanderte." (Deutschlandberichte 5, 1938, S. 938).

32) Hubatsch, Bd. 1, 1968, S. 463.

33) Koschorke, 1976, S. 273 ff., 329ff.

Unüberbrückbar waren die weltanschaulichen Gegensätze zwischen den besonders in Masuren recht rührigen „Ernsten Bibelforschern“ und dem NS-Staat. Sie konnten ihren illegalen Schriftenbezug noch lange über Danzig organisieren. Polizei und Justiz beschäftigten sich intensiv mit ihren heimlichen Zusammenkünften und mit zahlreichen Fällen von Wehrdienstverweigerung. Viele verurteilte „Bibelforscher“ wies die Gestapo nach Haftverbüßung ins KZ Stutthof ein, so daß diese Glaubensgemeinschaft während des Krieges in den Augen der Strafjustiz eine bedeutungslose Gruppierung darstellte.[34)]

5.3. Die Judenverfolgung

Der Straßenterror unmittelbar nach dem 30. 1. und der Boykott vom 1. 4. 1933 verstärkten innerhalb weniger Wochen den Auswanderungsdruck derart, daß noch im Frühjahr 1933 über 500 jüdische Bürger Königsbergs ihre Heimat verließen.[35)] Seitdem konzentrierten die in der Provinz aktiven jüdischen Organisationen ihre kulturelle Arbeit ganz auf die Werbung zur Auswanderung nach Palästina.[36)] Ende 1934 lebte der zeitweise wegen außenpolitischer Rücksichten gezügelte Antisemitismus auch in Ostpreußen wieder auf.
„Schandtafeln“ wurden an den Ortseingängen aufgestellt, die Juden den Aufenthalt unter Androhung von „Lebensgefahr“ untersagten. Eifrige Parteigenossen fotografierten deutsche Kunden jüdischer Geschäfte, nicht minder eifrige taten sich dadurch hervor, daß sie z. B. in der Neidenburger Synagoge die Fenster einwarfen.[37)] Die Partei wollte mit solchen Übergriffen, die bis zum Sommer 1935 wieder die terroristische Qualität der pogromartigen Ausschreitungen vom März 1933 erreichten, die noch zögernde Staatsbürokratie dazu bewegen, in der Rassengesetzgebung endlich den Forderungen des Parteiprogramms nachzukommen. Ein Erfolg dieser Kampagne waren schließlich die „Nürnberger Gesetze“.[38)]
Im April und Mai 1935 waren in Ostpreußen Läden jüdischer Geschäftsleute genauso Ziel nächtlicher Attacken wie Villen jüdischer Eigentümer im Ostseebad Rauschen oder die Synagogen in Wormditt und Johannisburg. Einige Fälle von „Rassenschande“ heizten die Stimmung so weit an, daß in Marienburg und Tilsit Hunderte von Demonstranten ihre Bereitschaft zur Lynch-Justiz kaum noch verbargen.[39)] Erst als die Eigendynamik des entfesselten Antisemitismus für Partei und Staat im August 1935 bedrohlich zu werden begann, war man, auch mit Rücksicht auf die negativen wirtschaftlichen Auswirkungen bestrebt, „Ruhe und Ordnung“ wiederherzustellen. Reichswirtschaftsminister Schacht nutzte das Podium der Königsberger Ostmesse, „um mäßigend auf die gesetzwidrigen Umtriebe einzuwirken“, allerdings mit dem Hinweis auf die schon vorbereitete Rassengesetzgebung.[40)]
Die dann mit gesetzlichen Mitteln betriebene Ausschaltungspolitik führte gerade in den ländlichen Regionen Ostpreußens schnell zu den gewünschten Resultaten. Allmonatlich berichtete die Stapo über Geschäftsschließungen. Die für sie positive Bilanz störten allein

34) Die Erlebnisberichte ostpreußischer Bibelforscher, die bis 1945 im KZ Stutthof in „Sicherungsverwahrung“ saßen, finden sich in gedrängter Form bei: Scharner, 1968, S. 379–382 und Warter, 1987, S. 21–24. Scharners Verhaftung wegen Wehrdienstverweigerung und seine Aburteilung durch ein Militärgericht in Allenstein wurde von der Stapo Königsberg in ihrem November-Bericht von 1935 erwähnt (Rep. 90 P, 6,3).

35) Jacoby, 1983, S. 108.

36) GStA, Rep. 90 P, Bd. 6,2 (Stapo Königsberg, Berichte für die Monate August, Oktober und November 1934).

37) Ebd., Bericht für Mai 1935 und Bd. 6,3, Berichte für Juni, Juli 1935.

38) Adam, 1972, S. 114ff.

39) GStA, Rep. 90 P, Bd. 6,3 Stapoberichte von April bis August 1935.

40) Adam, 1972, S. 120f.–Schacht, 1935, S. 9–11.

die Verhältnisse im Viehhandel, wo die Juden immer noch „vorherrschend" seien. 1936 nahm der Verkauf jüdischer Geschäfte in Königsberg weiter zu. Geschäftsaufgaben wurden aus Ortelsburg, Bischofsburg und Lyck gemeldet. Die jüdische Gemeinde in Ortelsburg stand im Dezember 1935 kurz vor der Auflösung.[41)] Der Pogrom in der Nacht vom 9. auf den 10. November 1938 bedeutete, wie es ein Königsberger Ortsgruppenleiter ausdrückte, „praktisch das Ende des jüdischen Warenhandels" nicht nur in Königsberg. Er leitete das letzte Kapitel jüdischen Lebens in Ostpreußen ein.[42)] Alle Synagogen in Königsberg wurden zerstört, sämtlichen jüdischen Geschäftsinhabern die Fenster eingeworfen. „Die neue Synagoge auf dem Lindenmarkt wurde von der empörten Volksmenge in Brand gesteckt und brannte völlig aus."[43)] Ähnliche Ausschreitungen sind aus Elbing, aus Lyck, wo „Auswärtige" die Synagoge in Brand steckten, und aus Wehlau bekannt, wo man den jüdischen Friedhof schändete.[44)] In allen Fällen war weniger die „empörte Volksmenge" als der organisierte Terror der Parteiformationen Urheber dieser Untaten, selbst wenn sich bei den anschließenden Plünderungen neben SA-Leuten das „einfache Volk" und sogar Polizeibeamte beteiligten.[45)]

„Im Gegensatz zu vielen anderen Orten im Reich wurden die Juden Königsbergs nicht in ein Konzentrationslager gebracht und nach wenigen Wochen aus der Polizeihaft entlassen."[46)]Den Entlassungen folgte häufig die Auswanderung. Die jüdische Gemeinde

---

41) GStA, Rep. 90 P, Bd. 6,3 (Stapo Königsberg, Berichte für November und Dezember 1935).

42) Chronik der Königsberger Ortsgruppe „Otto Reinke" (Wohnviertel nördlich des Schlosses zwischen Steindamm und Münzstr.) in GStA, Rep. 240, C 56 a–b, Bl. 113f.

43) Ebd. – Zur „Reichskristallnacht" in Königsberg eingehender Wolff, 1948, S. 126–130; Gause, 1971, S. 147 f.; Jacoby, 1983, S. 132 f. und Wieck, 1989, S. 67–70. Vgl. a. die „Deutschlandberichte" 6, 1939, S. 219f.: „Von dem Brand der Königsberger Hauptsynagoge im November vorigen Jahres berichtet ein Augenzeuge einige Einzelheiten. Neben der Synagoge befindet sich das jüdische Waisenhaus. In den frühen Morgenstunden, es war noch stockdunkel, drang SA in das Waisenhaus ein und räumte es. Alle Kinder mußten ohne Kleider und nur in Nachthemden fliehen, auch den Wärterinnen ließ man keine Zeit, sich anzukleiden. Da die Kinder froren, liefen sie zu der brennenden Synagoge, um sich dort an den Flammen etwas zu erwärmen. Das Bild war herzzerreißend. Eine andere Synagoge konnte die SA nicht anzünden, da sie in einem Hinterhof inmitten von Wohnhäusern liegt. Als die SA dennoch Anstalten machte, an der Synagoge Feuer zu legen, schritten die Einwohner der Hinterhöfe ein und hinderten die SA-Leute zum Teil mit Gewalt an der Brandstiftung." Auch dies ein Kommentar zum „empörten Volkszorn", den der Ortsgruppenleiter ausgemacht haben wollte, der sich aber nicht gegen die Juden, sondern gegen die Brandstifter gerichtet zu haben scheint.

44) Über die Elbinger Ereignisse vgl. „Deutschlandberichte", 6, 1939, S. 220: „Der Judenpogrom in Elbing in den Oktober-Tagen (unklar was hier gemeint sein könnte, Anm. d. Verf.) vorigen Jahres hat viele Opfer gefordert. Am 9. November waren die Nazis überall zu den sogenannten Revolutionsfeiern zusammengezogen, die etwa bis gegen 11 Uhr abends dauerten. Die Mitglieder von SA und SS hatten dann Befehl erhalten, um 4 Uhr morgens wieder anzutreten, um die Synagoge in Brand zu stecken, die gleich hinter dem Polizeipräsidium gelegen ist. Die Synagoge ist bis auf den Grund niedergebrannt, man hat lediglich die Umfassungsmauern stehen lassen. Die Feuerwehr war alarmiert und hat die umliegenden Häuser geschützt. Später hat man auf dem jüdischen Friedhof in Elbing alle Grabgitter und auch die Friedhofsumzäunung entfernt. Man hat das Altmetall den Nazisammlungen zur Verschrottung abgeliefert. Zu diesem Arbeiten waren SA-Leute abkommandiert. Selbstverständlich wurden auf dem Friedhof Grabsteine umgeworfen, schwer beschädigt und zum Teil sogar fortgetragen."
Über die Vorfälle in Wehlau s. Heimatbuch Wehlau Bd. I, 1975, S. 176, zu Lyck Weber, 1981, S. 437f.

45) Vgl. den Bericht des stellvertr. Polizeipräsidenten von Königsberg, H. Aderhold, in BA, Ost-Dok. 10/163.

46) Jacoby, 1983, S. 109.

Königsbergs zählte im Oktober 1938 2086, im Mai 1939 1585 Seelen.[47] Sie bestand noch bis zum 10. 6. 1943, zu diesem Zeitpunkt aber schon dezimiert durch weitere Auswanderung und vor allem durch die 1940 einsetzenden Deportationen, die Oberlandesgerichtspräsident Draeger nur einmal, fast beiläufig erwähnt (Lagebericht vom 29. 6. 1942). Nahezu 1000 Juden aus Königsberg fanden in Theresienstadt und in den Vernichtungslagern des „Generalgouvernements" den Tod.[48]

5.4. Personalpolitische „Säuberung" und institutionelle Umgestaltung der ostpreußischen Justiz

Im Zusammenhang mit dem Straßenterror der SA, der nach der Märzwahl 1933 den Vorwand sowohl für die Gleichschaltung der Länderregierungen wie auch für die Ausschaltung politischer Gegner abgab, richteten sich erste „spontane" Aktionen auch gegen die Justiz.[49] Im gesamten Reichsgebiet kam es zu Besetzungen von Gerichtsgebäuden und zu Gewaltandrohungen gegen jüdische Richter und Anwälte.[50] Auch Fälle von Gefangenenbefreiung, wie die dem Königsberger Oberstaatsanwalt abgenötigte Entlassung von Kochs Chauffeur, waren zu registrieren.[51] Um weiter Druck auszuüben und so die Entfernung jüdischer Juristen zu betreiben, verschärfte der „Bund Nationalsozialistischer Deutscher Juristen" (BNSDJ) kurz vor dem sogenannten Judenboykott sein Vorgehen gegen die Justiz. Am 1. April 1933 erfolgte für einen Tag die Besetzung des Königsberger Landgerichts.[52] Am Abend zuvor hatte der Nationalsozialist Hanns Kerrl, seit dem 27. März kommissarischer preußischer Justizminister, in einem Funkspruch an alle OLG-Präsidenten angeordnet, jüdischen Richtern die Beurlaubung nahezulegen und mit den örtlichen Anwaltsvereinen zu vereinbaren, daß nur noch bestimmte jüdische Anwälte, deren Zahl dem jüdischen Bevölkerungsanteil zu entsprechen habe, vor Gericht auftreten dürften.[53]

Eine Woche später gaben das Berufsbeamten- und das Anwaltsgesetz diesen willkürlichen Beurlaubungen und Berufsverboten eine rechtliche Grundlage. Entgegen den Zielsetzungen nationalsozialistischer Juristen wie Kerrl drang die konservative Führung des Reichsjustizministeriums damit durch, daß Justizbeamte, Notare und Anwälte, die vor dem 1. 8. 1914 ihre Tätigkeit aufgenommen oder die sich als Frontkämpfer im Ersten Weltkrieg bewährt

---

47) Ebd. S. 134. Für ganz Ostpreußen liegen keine Zahlen vor. Als Auskunftsstelle war in Königsberg unter Leitung von Major z. V. Friedrich Bucher eine „Auswanderer-Beratungsstelle e.V." (Prinzenstr. 8) eingerichtet worden. Dies geht aus einem Briefwechsel hervor, in dem diese Stelle eine Zuzugsgenehmigung für einen 65jährigen Kaufmann aus Bartenstein vom Berliner Oberbürgermeister Lippert erbat, da er „wegen der ablehnenden Einstellung der Bevölkerung in Ostpreußen gegen die Juden – selbst auf dem platten Lande –" sich auf Dauer in Bartenstein nicht mehr halten könne. Das Gesuch wurde abgelehnt (LAB, Pr. Br. Rep. 57, Nr. 375, Schriftwechsel vom Mai 1939).

48) Jacoby, S. 137 m. w. N. – Gause, 1971, S. 149 gibt an, die Mehrzahl der Königsberger Juden sei nach Riga, ein Teil nach Theresienstadt deportiert worden. Vgl. a. Wieck, 1989, S. 30–35.

49) Zur Gleichschaltung Broszat, 1975, S. 130ff., 140ff.

50) Gruchmann, 1988, S. 124f., 322f.

51) Heinemann, 1989, S. 37.

52) Ronge, 1963, S. 146f.

53) GStA, Rep 84a/4542; Gruchmann, 1988, S. 127ff.

hatten, nicht unter das Berufsverbot fallen sollten, welches beide Gesetze für Juden, Kommunisten und Sozialdemokraten verhängten.[54)]

Tiefgreifende Veränderungen gab es daraufhin an der Spitze der Königsberger Justiz. Die beiden Sozialdemokraten, OLG-Präsident Moehrs und Generalstaatsanwalt Dankwortt, mußten ihre Posten noch im April räumen.[55)] Für Moehrs kam der deutschnationale Lycker Landgerichtspräsident Otto Minde, der, kurz vor der Pensionierung stehend, nur ein Übergangskandidat sein konnte.[56)]

Nachfolger Dankwortts wurde der robuste Holsteiner Otto Hardt, Hauptmann der Reserve, mehrfach ausgezeichneter Frontkämpfer, Parteigenosse seit 1931, der auf dem Gebiet des politischen Strafrechts als Dezernent bei der Naumburger Staatsanwaltschaft während der mitteldeutschen Aufstände (1920/21) reiche praktische Erfahrung gesammelt hatte, und der sich sogleich auch zum Leiter einer Sonderkommission zur Aufklärung von Unregelmäßigkeiten bei der Vergabe von Osthilfegeldern bestellen ließ, die auf Kochs Betreiben den „reaktionären" Großgrundbesitz kriminalisieren und politisch diskreditieren sollte.[57)]

Vom Berufsbeamtengesetz waren am OLG Königsberg drei Richter betroffen: Senatspräsident Rosenthal und die OLG-Räte Marcuse und Dr. Cohn, die als Frontkämpfer aber noch im Amt bleiben konnten.[58)] Dagegen schützten auch die beiden Eisernen Kreuze, die sich Landgerichtspräsident Dr. Löwenheim als Bataillonschef an der Westfront erworben hatte, ihn nicht vor der Versetzung, „da seine Verwendung in dem für die abgeschnürte Provinz Ostpreußen besonders wichtigen und verantwortungsvollen Amte des Landgerichtspräsidenten oder seine anderweitige Verwendung in Königsberg nicht angängig ist".[59)] In allen Landgerichtsbezirken waren bis zum Juni 1933 fünf jüdische Richter ausgeschieden; dazu kam bis September noch die Versetzung von zwei Richtern am Landgericht Allenstein und

---

54) Gesetz zur Wiederherstellung des Berufsbeamtentums vom 7. 4. 1933 (RGBl. I, S. 175ff.) und Gesetz über die Zulassung zur Rechtsanwaltschaft v. 7. 4. 1933 (RGBl. I, S. 188). Die Durchführungsverordnung vom 11. 4. 1933 (RGBl. I, S. 195) erfaßte zunächst nur die Zugehörigkeit von Beamten zu kommunistischen Organisationen, mit dem Runderlaß vom 3. 8. 1933 (JMBl. S. 263) wurden auch Maßnahmen gegen ehemalige SPD-Mitglieder eingeleitet.

55) GStA, Rep 84a/25127 Bd. 1, Bl. 17a betr. Moehrs, der ab 20. 4. 1933 beurlaubt war; zu Dankwortt vgl Gruchmann, 1988, S. 226.

56) O. Minde, 1869 Skaisgirren/Kr. Niederung, Assessorex. 1897, Hilfsarbeiter bei den Staatsanwaltschaften in Stettin und Altona, 1904 Staatsanwaltschaftsrat in Köln, 1909 LGR in Koblenz, 1915 LGD in Bochum, ab 1924 Landgerichtspräsident in Lyck. Während des Ersten Weltkriegs Hauptmann d. R. beim Stab eines Armeekorps (Führerlexikon, 1934, S. 314).

57) O. Hardt, 1874 Giekau/Kr. Plön, 1. Staatsex. Kiel 1899, Assessorex. Berlin 1904, bis 1907 Hilfsarbeiter bei den Staatsanwaltschaften Altona und Flensburg, 1907 StA in Meseritz, 1914 StA in Naumburg, 1921 OStA in Meseritz, 1925 OStA Prenzlau, ab 16. 5. 1933 GStA in Königsberg, am 18. 8. 1937 vorzeitig in den Ruhestand versetzt. Kriegsdienst: 2. 8. 1914–26. 2. 1919, EK I, EK II, Württembergischer Friedrichsorden 1. Kl. m. Schwertern u. a.; 1921 DNVP, Stahlhelmmitglied 1922–1925; NSDAP: 1. 11. 1931 (nach Personalakte in BA, R 22; vgl. a. Führerlexikon, 1934, S. 171f.).

58) Nur bei Dr. Walter Cohn (Einzelheiten betr. seiner Ernennung zum OLGR 1930 in GStA, Rep. 84a/25145) waren beide Elternteile jüdisch, so daß der berichterstattende OLG-Vizepräsident Franz Boy (in dieser Position seit 1932; Boy war jahrelang Vorsitzender des 2. Zivilsenats, dem auch der von ihm nun als „national zuverlässig" beurteilte OLGR Marcuse angehörte, vgl. Rep. 84a/25145) empfahl, primär ihn gem. § 5 BBG zu versetzen. Cohn hatte als Kanonier am Feldzug in Mazedonien und an den Kämpfen um Cambrai teilgenommen und sich das EK II verdient. Marcuse war am 20. 8. 1914 schwer verwundet worden, stand danach trotzdem bis Kriegsende bei Frontformationen und war Inhaber des EK II. Da Rosenthal als Offizier nur bei Nachschubeinheiten eingesetzt worden war und daher seine Frontkämpfereigenschaft in Frage stand, verwies Boy darauf, daß Rosenthals Bruder gefallen war und der Vater, Sanitätsrat in Memel, an den Kriegen von 1866 und 1871 teilgenommen hatte (Rep. 84a/25127, Bd.1, Bl. 9a).

59) GStA, Rep. 84a/25127, Bd. 1, Bl. 9a Boy an PrMJ vom 2. 6. 1933.

die des Königsberger Landgerichtsrats Lueben, die der SPD nahegestanden haben sollen,[60] sowie die Entlassung von zwei weiteren jüdischen Richtern im Landgerichtsbezirk Königsberg.[61] Darüber hinaus wurden zwölf Assessoren aus dem Dienst entfernt.[62]
Dem Preußischen Staatshandbuch zufolge amtierten 1935 nur noch die OLG-Räte Marcuse und Cohn, die Königsberger Landgerichtsräte Dr. Zernick und Schoenflies, die Königsberger Amtsgerichtsräte Simon und Marx, Landgerichtsrat Dr. Lublin in Lyck, Amtgerichtsrat Dr. Freidberg in Sensburg und der Tilsiter Landgerichtsdirektor Hirschberg, dieser allerdings zurückgestuft auf die Stelle eines Landgerichtsrats.[63] Spätestens mit den Nürnberger Gesetzen, die bestimmten, daß kein Jude mehr ein öffentliches Amt bekleiden durfte, endete auch die Tätigkeit dieser jüdischen Justizjuristen zum 31. 12. 1935.
Am 4. 5. 1933 übermittelte OLG-Vizepräsident Franz Boy dem Justizministerium eine Liste mit den Namen von 80 ostpreußischen Rechtsanwälten und Notaren, deren Zulassung nach den Voraussetzungen des Beamten- und Anwaltsgesetzes zu überprüfen war. Betroffen waren 75 jüdische Anwälte sowie fünf „Arier", die als „Kommunistenverteidiger" oder Linkssympathisanten eingestuft wurden.[64] Von den jüdischen Anwälten befanden sich schon in Schutzhaft: der als politisch linksstehend verdächtigte Peter Curt Caspary (Königsberg), der Sozialdemokrat Benno Eisenstädt (Guttstadt)[65], der Braunsberger Anwalt Julius Levinsohn wegen angeblicher hochverräterischer Umtriebe, Fritz Thomas (Pr. Holland), ehemaliger Kreisvorsitzender der DNVP, und Max Wistinetzki aus Allenstein, der bereits Anfang April auf die Aufforderung zur Abgabe eines Urlaubsgesuches lakonisch geantwortet hatte, daß er sein Amt als Notar schon deshalb nicht mehr ausüben könne, weil er seit dem 29. März in Schutzhaft sitze.[66]

60) Es handelte sich um LGR Dr. Kauffmann (geb. 1899) aus Allenstein, den Braunsberger LGR Dr. Freimann (1899), der seit 1926 der DDP, ab 1930 der SPD und dem Republikanischen Richterbund angehört hatte und den gleichfalls für einen Fronteinsatz noch zu jungen Königsberger LGR Dr. Clahr (1900). Nicht am Weltkrieg teilgenommen hatten LGR Dr. Lazar (1892) aus Königsberg und AGR Heilbronn (1886) aus Lötzen (GStA, Rep. 84a/25127, Bd. 1, Bl. 10).

61) Betroffen waren LGR Levy in Königsberg, der als Strafrichter in politische Strafsachen fortwährend in der „Preußischen Zeitung" attackiert worden sei und der auf keinen Fall in diesem Amt belassen werden dürfe. Zudem habe er sich als SPD-Mitglied exponiert. Vizepräsident Boy schlug daher eine Versetzung vor, da für die Frontkämpfer Levy die Ausnahmeregelung von § 3 II BBG gelte. Seine Stelle wurde seit dem 1. 10. 1933 nicht mehr verwaltet (GStA, Rp. 84a/25127, Bd. 1, Bl. 56e). AGR Schweiger (Jg. 1874) aus Labiau wurde zum 1. 9. 1933 auf eigenen Wunsch in den Ruhestand versetzt (ebd.).

62) GStA, Rep. 84a/25127, Bd. 1, Bl. 10.

63) Marx (Jg. 1878, Beamter seit 1909), Simon (Jg. 1875, Beamter seit 1905) und Hirschberg (Jg. 1875, Beamter seit 1906) blieben als Altbeamte auf ihrem Posten. Hirschberg erhielt vom SA-Oberführer Memelwacht eine günstige Beurteilung, obwohl die Partei in Tilsit gegen seinen Verbleib war. Boy wies außerdem auf das hohe Ansehen hin, das Hirschberg in Tilsit als Patronatsältester beim Gemeindekirchenrat der ev.-reform. Gemeinde genoß und attestierte ihm, sein Richteramt stets mit „Takt und Würde" versehen zu haben. Außer dem hochdekorierten Weltkriegsoffizier Dr. Zernack (EK I, EK II, Sächs. Verdienstkreuz, Fliegerbeobachtungsabzeichen) fielen Schönflies (EK II), Dr. Lublin (Offizier, EK II) und Dr. Freidberg (Offizier, EK II) als Frontkämpfer unter § 3 II BBG (GStA, Rep. 84a/25127, Bd. 1, Bl. 10,17).

64) OLG-Vizepräsident Boy an PrMJ v. 4. 5. 1933 (GStA Rep. 84a/25127, Bd. 2, Bl. 8,13).

65) Eisenstädt emigrierte und nahm sich 1934 in Paris das Leben. Matull, 1967, S. 173.

66) GStA, Rep. 84a/25127, Bd. 2, Bl. 22 x (LG-Präsident Allenstein an PrMJ v. 8. 4. 1933). Z. Zt. der Meldung Boys ans Ministerium soll Wistinetzki bereits entlassen gewesen und nach Berlin gezogen sein (ebd., Bl. 22 a–w, Boy an PrMJ v. 24. 5. 1933: Bericht über die Notare im Bezirk, die unter §§ 2–4 BBG fielen incl. Namensliste der 62 Betroffenen. Rechtsanwalt Levinsohn wurde ebenfalls bald aus der Haft entlassen und konnte nach Palästina auswandern, wie aus einem Bericht Mindes über die ergangenen Maßnahmen v. 1. 6. 1933 hervorgeht, ebd. Bl. 30–34).

Am 5. 5. 1933 traf 26 Anwälte aus diesem Kreis, die weder Frontkämpfer noch vor dem 1. 8. 1914 zugelassen waren, ein Vertretungsverbot. Mit Hilfe des BNSDJ, der Kommunalbehörden und der Partei erfolgte dann bei den übrigen die Überprüfung der politischen Zuverlässigkeit. BNSDJ und Anwaltskammer nannten umgehend weitere Namen von KPD- oder SPD-Anwälten und lieferten belastende Einzelheiten über Mandate ihrer Noch-Kollegen.[67] Ergebnis dieser „Säuberung" der Anwaltschaft war, daß von insgesamt 90 jüdischen Anwälten im OLG-Bezirk ein Jahr später noch 43 zugelassen waren.[68] Die relativ hohe Zahl der Betroffenen erklärt sich daraus, daß im Vergleich mit anderen preußischen OLG-Bezirken Königsberg nach Berlin, Frankfurt und Breslau den höchsten Anteil von Juden in der Anwaltschaft aufwies. Im ganzen Bezirk waren ein Viertel, in der Provinzhauptstadt mehr als ein Drittel der Anwälte Juden.[69] 25 der 43 Anwälte, die 1935 noch praktizierten, übten als Notare zugleich eine Amtstätigkeit aus, die ihnen aufgrund der Nürnberger Gesetze ab 1. 10. 1935 untersagt wurde. Im Juni 1938 ließ der Reichsjustizminister Listen über die noch verbliebenen jüdischen Anwälte zusammenstellen. Unter Bezugnahme auf die eingereichten Verzeichnisse nahm er mit Rundverfügung vom 17. 10. 1938 deren Anwaltszulassung zurück.[70] Lediglich als „Konsulenten", die sich auf die Vertretung von Juden zu beschränken hatten, und deren Zahl überdies streng limitiert wurde, durften jüdische Anwälte ihren Beruf weiter ausüben. Wer von den 22 der Anfang 1938 in Königsberg noch tätigen Anwälte von dieser kümmerlichen Möglichkeit Gebrauch machte, wer danach auswanderte, das ist mit letzter Sicherheit nicht zu ermitteln. Der letzte jüdische Rechtskonsulent in Königsberg war offenbar Eugen Cohn, den das Einwohnerbuch der Stadt von 1941 unter seiner alten Anschrift „Kai 2" am Hundegatt führte.[71]

Die einschneidendste Änderung der Gerichtsverfassung stellte die Bildung von Sondergerichten aufgrund der Verordnung vom 21. 3. 1933 dar.[72] Diese Sondergerichte, neben den für Hoch- und Landesverratssachen weiter zuständigen Strafsenaten der Oberlandesgerichte und dem 1934 geschaffenen Volksgerichtshof, waren als unterste Instanz der politischen Strafjustiz für die Verfolgung jener „Verbrechen" zuständig, die in der „Reichstagsbrand-" und in der „Heimtücke-Verordnung" unter Strafe gestellt wurden. Für die Praxis der Sondergerichte bedeutete dies bis kurz vor dem Krieg die Aburteilung von Mitgliedern verbotener Organisationen wie etwa den „Ernsten Bibelforschern", „reaktionärer" Splittergruppen wie dem „Tannenbergbund" und dem „Bund der Guoten" oder den ab 1935 immer

67) GStA, Rep. 84a/25127, Bd. 2, Bl. 18 (BNSDJ, Gau Ostpr., Vollmer, an PrMJ v. 9. 5. 1933). In dieser Akte auch Meldungen aus allen Landgerichtsbezirken über kommunistische Betätigung der Anwälte, überwiegend Fehlanzeigen. Die Anwaltskammer reichte dem OLG-Präsidenten am 13. 5. 1933 eine Liste mit politischen Beurteilungen ein, die aber auf der am 4. 5. am OLG erstellten Liste bereits erfaßt waren. Zu den nichtjüdischen Anwälten, deren Entfernung BNSDJ und Anwaltskammer mit Nachdruck betrieben, gehörte Martin Belusa, der nach Entzug der Zulassung als Syndikus in Königsberg weiter arbeiten konnte. Rechtsanwalt Zeisig aus Nikolaiken, dem man Sympathien für die SPD nachsagte und Rechtsanwalt Niemierski (Königsberg), der verdächtigt wurde, für die „Rote Hilfe" gearbeitet zu haben, verloren ihre Zulassung nicht (ebd., Bl. 26).

68) In den von Gruchmann, 1988, S. 151f. veröffentlichten Statistiken werden für den OLG-Bezirk Königsberg 90 jüdische Anwälte ausgewiesen, davon bis 30. 4. 1933 durch Tod oder freiwillig ausgeschieden: 12 Anwälte, so daß sich die Differenz zu Boys Liste v. 4. 5. 1933 (bis auf 2 Anwälte) erklärt.

69) Vgl. Handbuch des Pr. Staates, Jg. 1931–1934 im Vergleich mit den Listen aus GStA, Rep. 84a/25127, Bd. 2.

70) Vgl. Festschrift Celle, 1986, S. 191f.

71) Die Liste der 22 Königsberger Anwälte in „Student der Ostmark" WS 37/38, F. 7, 15. 2. 1938, S. 245f. – Zu Eugen Cohn vgl. Einwohnerbuch 1941.

72) RGBl. 1933 I, S. 136–138.

seltener werdenden Zusammenschlüssen von Anhängern der Arbeiterbewegung. Soweit die Lageberichte der Gestapo darüber ein Urteil erlauben, war das Königsberger Sondergericht aber primär damit beschäftigt, individuelle regimekritische Äußerungen zu sanktionieren, die von politisch motivierter Kritik bis zur unqualifizierten Meckerei über Alltagsnöte reichen konnten.[73)]

Erst im November 1938 dehnte eine Verordnung die Zuständigkeit der Sondergerichte auf die Mehrzahl der unpolitischen Straftaten aus, indem sie die Staatsanwaltschaft ermächtigte, jedes Verbrechen, das bis dahin nur vor ordentlichen Gerichten verhandelt wurde, nach eigenem Ermessen auch vor dem Sondergericht anzuklagen.[74)]

Da der allergrößte Teil der Akten 1945 verlorenging, läßt sich über die personelle Zusammensetzung des Königsberger Sondergerichts und die Spruchpraxis der Vorkriegszeit kaum etwas aussagen.[75)] Belegt ist lediglich, daß als Vorsitzender zwischen 1936 und 1939 der Landgerichtsdirektor Alfred Funk amtierte, der 1939 dann die Überleitung der Justiz im Memelland zu organisieren hatte und als kommissarischer Leiter des Landgerichts Zichenau und Leiter des Hauptamts Rechtswesen im Reichskommissariat Ukraine eine zentrale Rolle in der Justizverwaltung in den besetzten Ostgebieten spielte. Der gebürtige Königsberger Funk, schwer kriegsversehrt, schloß sich schon als Student der Vaterlandspartei, später der Deutsch-Völkischen Freiheitspartei an, und er gehörte nach der Machtergreifung zu den wenigen Justizjuristen Ostpreußens, die sich vorbehaltlos der Umsetzung nationalsozialistischer Rechtspolitik verschrieben und dabei eng mit der Gauleitung kooperierten.[76)]

Dagegen gestaltete sich deren Zusammenarbeit mit dem deutschnationalen OLG-Präsidenten Minde weit weniger reibungslos. Der vormalige Gaurechtsamtsleiter Vollmer, im Juni 1933 als Oberstaatsanwalt beim Landgericht Königsberg in den Justizdienst übernommen, hatte in den Querelen zwischen Partei und Bauernschaft eklatant seine dienstlichen Befugnisse überschritten und sich dabei den Wünschen Kochs allzu entgegenkommend gezeigt, was den energischen Widerstand Mindes provozierte, der schließlich Vollmers Abberufung aus Ostpreußen durchsetzte.[77)] Ob Minde nach diesem Eklat seinen Posten noch länger hätte behaupten können, darf bezweifelt werden. Das Erreichen der Altersgrenze ersparte ihm weitere Konflikte mit der Gauleitung. Zum 1. 10. 1934 wechselte Generalstaatsanwalt Hardt ins Amt des OLG-Präsidenten. Seinen Posten erhielt der Kölner Oberstaatsanwalt Franz

73) Hüttenberger, 1981, S. 438.

74) RGBl. 1938 I, S. 1362.

75) Vgl. Aktenvermerk vom 25. 1. 1945 (BA, R 22/4698), der einen Anruf des EStA Bringmann festhält, wonach die nach Pommern ausgelagerten Akten aus dem OLG-Bezirk verloren gingen.

76) Dr. A. Funk, 1897 Königsberg, Soldat von 1914–1920, Frontkämpfer, Verlust beider Hände und eines Auges (Ronge zufolge hatte F. diese Verletzungen auf dem Truppenübungsplatz beim Hantieren mit einer Handgranate erlitten; Ronge, 1963, S. 312). 1. Staatsex. 1921, Assessorex. 1924, LGR in Königsberg 1927, LGD in Elbing am 1. 10. 1933 (keine politisch bedingte Beförderung, eher eine Art Strafversetzung wegen „gewisser Vorgänge in Königsberg"; möglicherweise im Zusammenhang mit Funks SA-Zugehörigkeit stehend, denn die SA empfahl 1936 Funks Rückversetzung nach Königsberg, was auf den Widerstand der Partei stieß – BA, R 22/4492, Bl. 193, aus einem Bericht über die Reise des Staatssekretärs Schlegelberger in den OLG-Bezirk Königsberg, Juli 1936), 1936 LGD Königsberg, 1938 ständiger Vertreter des Landgerichtspräsidenten ebd., 1. 11. 1939 Senatspräsident, 4. 4.–14. 12. 1939 kommiss. Leiter des LG Memel, 15. 12. 1939–28. 11. 1941 in gleicher Funktion b. LG Zichenau, ab 11/1941 Verwaltungsführer im Reichskommissariat Ukraine, ab 1942 Leiter der Hauptabt. Recht ebd., 8/1943 Landgerichtspräsident Zichenau, am 16. 11. 1943 in Rowno von Partisanen ermordet (Personalakte Funk in BA, R22, darin auch eine Beurteilung von OLG-Präsident Draeger v. 3. 2. 1943, die Funks Arbeit als „mehrjähriger Vorsitzender des Sondergerichts" lobend hervorhebt).

77) BA, R 22, Personalakte Vollmer. Vgl. a. Gruchmann, 1988, S. 284.

Hagemann, seit 1911 ausschließlich an Rhein und Ruhr tätig, ein Mann mit einer eher blassen Biographie, politisch konturenlos.[78] Schon im Juni 1937 erfolgte seine Versetzung als Generalstaatsanwalt nach Düsseldorf.[79]

Lag dieser Entscheidung des Reichsjustizministeriums eine rein dienstliche Erwägung zugrunde, so war die unmittelbar danach vorgenommene Ablösung Hardts ein Politikum ersten Ranges.

Im Sommer 1937 hatte es zunächst einen aufsehenerregenden Prozeß gegen führende Männer der katholischen Jugendarbeit gegeben. Ihre Verhaftung wurde durch eine gezielte Störung der Heilsberger Fronleichnamsprozession ausgelöst. Der Prozeß vor dem Sondergericht Königsberg führte zur Verurteilung der angeklagten Geistlichen und Laien und letztlich zum Verbot der katholischen Vereinsarbeit im Bistum Ermland. Dies war auch das Ziel des Vorsitzenden Funk, dessen Verhandlungsführung essentielle Verfahrensvorschriften mißachtete, um die politischen Vorgaben zu erfüllen.[80] Nahezu zeitgleich verhandelte die Strafkammer des Landgerichts Lyck einen Fall, dessen Ausgang gerade im Vergleich zur Willfährigkeit Funks auf die Gauleitung wie eine Herausforderung wirken mußte. Die Strafkammer hatte zwei von Kreisleiter Knispel verklagte Kritiker seiner skandalösen Amtsführung nicht wie erwartet wegen Verleumdung verurteilt, sondern sie freigesprochen und Knispel in der Urteilsbegründung schwer belastet. Massive Drohungen Kochs bewogen das Reichsjustizministerium, den Richtern nahezulegen, ihr Urteil mindestens in den Gründen zu revidieren. Anders als die Berliner Justizführung, die eigens den aus Königsberg stammenden Staatssekretär Franz Schlegelberger nach Ostpreußen entsandt hatte, um die Lycker Richter umzustimmen, war OLG-Präsident Hardt nicht bereit, derartige Eingriffe der Partei in die ohnehin schon fragwürdig gewordene richterliche Unabhängigkeit hinzunehmen. Hardt bot seine vorzeitige Versetzung in den Ruhestand an, die dann umgehend erfolgte.[81]

Die Berufung seines Nachfolgers, des OLG-Präsidenten von Marienwerder, Dr. Max Draeger, muß mit Kochs Einverständnis zustandegekommen sein, während das Ministerium auf

78) F. Hagemann, 1885 Lüneburg, Examina in Celle (1906) und Berlin (1910), ab 1911 Hilfsarbeiter bei den Staatsanwaltschaften Essen, Bielefeld und Dortmund, ab 1. 6. 1914 ständiger Hilfsarbeiter in Bielefeld, 1918 Staatsanwaltschaftsrat ebd., 1922 StA b. OLG Hamm, 1926 OStA b. OLG Köln, 1932 OStA LG Köln, 1. 10. 1934 GStA Königsberg, 18. 6. 1937 zum GStA in Düsseldorf ernannt (BA, R 22, Personalakte Hagemann).

79) Ebd.; da der Personalbogen den 18. 6. 1937 als Ernennungsdatum ausweist, stand Hagemanns Versetzung mit den spektakulären Prozessen, die im Juli in Königsberg und Lyck stattfanden, offenbar nicht im Zusammenhang. Gruchmann, 1988, S. 283f. sieht als auslösendes Moment die Beförderung des Generalstaatsanwalts von Celle zum Reichsanwalt beim VGH. Nach Celle wurde der Düsseldorfer GStA versetzt, so daß Hagemann dessen Platz einnehmen mußte.

80) Über die Heilsberger Vorgänge am 27. 5. 1937 s. Buchholz, 1952, S. 119–140. Zum Königsberger Sondergerichtsverfahren der Bericht von einem der Verteidiger, dem Königsberger Rechtsanwalt Franz Hinz, 1964, S. 199–266. Zusammenfassend Reifferscheid, 1975, S. 167–172.

81) Zum Prozeßverlauf Schorn, 1959, S. 644–649. Die dienstlichen Konsequenzen, dies sei quellenkritisch angemerkt, waren für die beteiligten Richter nicht so schwerwiegend, wie Schorn – dem Bericht der damaligen Beisitzer Luckat und Steinger (nicht: Steiniger!) folgend- darstellt. Der namentlich von Schorn nicht genannte Landgerichtspräsident Kalweit wurde zwar nach Lüneburg versetzt, doch war dafür die „Lycker Affäre" nur Auslöser. Der eigentliche Grund war ein schwelender Konflikt unter Parteigenossen. Der Lycker Rechtsanwalt Kalweit war 1933 von Vollmer als „ältester und rücksichtslosester Kämpfer für den Nationalsozialismus" für das Amt des Landgerichtspräsidenten in Lyck vorgeschlagen worden (BA, R 22, Personalakte Szelinski: Gaurechtsstelle, Vollmer an Adjutantur PrMJ v. 27. 6. 1933). Zum 1. 10. 1933 wurde Kalweit zunächst Nachfolger von LGPräsident Hirschberg in Tilsit (s. o. Anm. 63), bis er am 1. 11. 1934 das Lycker Vorstandsamt erhielt. Als Nationalsozialist nahm Kalweit bald Anstoß an der Amtsführung seines Kreisleiters (hierzu der Bericht der Assessors beim Landrat in Lyck, Gisbert Key, nach dessen Einschätzung Kalweit genau

den vakanten Posten des Generalstaatsanwalts sogar Kochs Wunschkandidaten Günther Vollmer beorderte.[82] Wie sich dann in den Kriegsjahren herausstellen sollte, hatte man in Berlin mit diesen personellen Entscheidungen endlich den Kurs größtmöglicher Anpassung eingeschlagen und der gerade in Ostpreußen ausgeprägt starken Stellung des autokratischen Gauleiters Rechnung getragen. Wenn es überhaupt noch zu Differenzen mit der Partei kam, gelang es Draeger, sie zu „neutralisieren", womit die Unterordnung der ostpreußischen Justiz unter den Willen Kochs recht euphemistisch umschrieben wurde.[83]
Draeger hatte eine bewegte Karriere hinter sich. 1885 in Marienburg geboren, begann er 1913 seine Richterlaufbahn in Danzig und wechselte dort, unterbrochen nur durch einen kurzen Aufenthalt am Landgericht Duisburg, bis 1937 zwischen Richter- und Verwaltungstätigkeit. Zuletzt leitete er die Wirtschaftsabteilung im Danziger Senat. Der Westpreuße Draeger galt im Ministerium zurecht als ein Mann, der mit den „bedeutungsvollen Fragen des Deutschtums im Osten besonders vertraut" war. 1921 wirkte er an der Redaktion des Abkommens zwischen Danzig und Polen zur Ausführung des Pariser Vertrages mit, von 1922 bis 1932 gehörte er dem deutsch-polnisch-Danziger Schiedsgericht für den freien Durchgangsverkehr im Korridor an und leitete 1934 Wirtschaftsverhandlungen des Senats mit Polen. In die NSDAP war Draeger nach über zehnjähriger Mitgliedschaft in der DNVP Danzig im Mai 1933 eingetreten. Obwohl also eher deutschnational wie sein Vorgänger Minde, konnte Draeger sich um den Preis der konsequenten Konfliktvermeidung bis 1945 als Chefpräsident behaupten.[84]
Der Gleichklang zwischen Gauleitung und dem neuen Generalstaatsanwalt Vollmer war dagegen wie selbstverständlich gewährleistet. Kochs ehemaliger Gaurechtsamtsleiter aus der „Kampfzeit", der wie sein Gauleiter am Ruhrkampf teilgenommen hatte, lange im „Bund

---

noch 81
wie der damalige Politische Referent im Oberpräsidium Graf von der Schulenburg den „Typ des idealistisch gesinnten Nationalsozialisten" verkörperte, ein „Mann von sehr anständiger Gesinnung", der sich bemüht habe, Landrat Döbereiner gegen Knispel zu stützen, vgl. v. d. Groeben, 1988, S. 475). – Ebensowenig wurde der Königsberger LGD Czychowski ans dortige Amtsgericht versetzt, um fortan Mietsachen zu bearbeiten (Schorn, S. 647). Er leitet vielmehr 1941 das Arbeitsgericht und wurde im Personalstellenverzeichnis von 1942 weiter als LGD b. LG Königsberg geführt. Ob die Versetzung des am Knispel-Prozesses unbeteiligten LGD Waldmann nach Dortmund (nicht: Düsseldorf!) überhaupt in Zusammenhang mit diesen Ereignissen stand, ist zweifelhaft. Luckat wurde erst 1938 nach Königsberg, der 2. Beisitzer Steinger im gleichen Jahr ans LG Elbing versetzt. Der Vorsitzende LGD Fastnacht blieb in Lyck. Sichtbarstes Opfer der Affäre war mithin OLG-Präsident Hardt (sein Ruhestandgesuch in BA, R 22 Personalakte Hardt, GStA an RJM v. 23. 7. 1937). Aber auch für ihn bedeutete dies nur das Ende der seit langem gestörten Beziehungen zu Koch. Dieser warf ihm vor, daß er sich während der „Oberpräsidentenkrise" (s. o. Kap. 3) nicht um ihn „gekümmert" hätte. Hardt hatte sich „hierauf zwar gerechtfertigt, aber der Gauleiter trage ihm dies offenbar doch nach und sei für ihn schwer zu erreichen" (BA, R 22/4492, Bl. 190, aus dem Bericht über die Reise Staatssekretär Schlegelbergers in den OLG-Bezirk im Juli 1936).

82) Gruchmann, 1988, S. 284.

83) So Luckat, 1975, S. 893.

84) Gruchmann, 1988, S. 275. – BA, R 22, Personalakte Draeger. Trotz größter Anpassungsbemühungen hieß es allerdings schon 1939: „Das Verhältnis zur Gauleitung ist korrekt; doch lehnt der Gauleiter den OLG-Präsidenten ab, da er an seinem beweglichen und geschäftigen Wesen Anstoß nimmt. Die Folge ist, daß die Beziehungen der Justiz zum Gauleiter nur über den Generalstaatsanwalt und nicht über den OLG-Präsidenten laufen." (BA, R22/4492, Bericht über die Besichtigungsreise des Staatssekretärs Schlegelberger in den OLG-Bezirk vom 18.–26. 6. 1939, Bl. 209f.) Draeger war bemüht, sich aus Königsberg versetzen zu lassen. Ein Vorstellungsgespräch in Kiel endete jedoch gerade wegen der von Koch beanstandeten Art mit einer schroffen Ablehnung seitens der Gauleitung Schleswig-Holstein (Stellvertr. Gauleiter Sieh an Staatssekretär Rothenberger im RJM v. 20. 8. 1943 in Personalakte Draeger).

Oberland" und im „Deutschvölkischen Schutz- und Trutzbund" aktiv war, trat seinen Dienst Anfang 1938 an, leitete die Behörde aber faktisch nur bis zu seiner Einberufung 1939.[85)]
Sein ständiger Vertreter bis 1943 war Oberstaatsanwalt Curt Capeller. 1885 in Gumbinnen als Sohn eines Gymnasialprofessors geboren, seit 1911 im ostpreußischen Justizdienst, geriet der Kriegsfreiwillige 1916 in russische Gefangenschaft und wurde dort nach einem Fluchtversuch ins Zuchthaus Witebsk eingeliefert, bevor er im Juni 1918 auf Vermittlung des Roten Kreuzes nach Deutschland zurückkehrte und die letzten Kriegsmonate an der Westfront kämpfte. Nach Stationen bei den Staatsanwaltschaften in Insterburg und Bartenstein kam Capeller 1928 zur Staatsanwaltschaft beim OLG Königsberg. Obwohl man, wie Paul Ronge berichtet, in Justizkreisen vor 1933 munkelte, Capeller hätte Beziehungen zur NSDAP aufgenommen, um seine Karriere zu fördern, ist eine Parteimitgliedschaft erst seit 1937 nachweisbar. Von Koch mußte er sich später attestieren lassen, sich in die Ideenwelt des Nationalsozialismus erst nach 1933 eingearbeitet zu haben. Auch änderte die Machtergreifung nichts daran, daß Capeller, der vor 1933 bei Beförderungen zweimal übergangen wurde, weiter unter dienstjüngeren Chefs zu arbeiten hatte. Trotzdem genoß er das Vertrauen Kochs, der sich noch im April 1944 für Capellers Ernennung zum Königsberger Generalstaatsanwalt einsetzte.[86)]
Der letzte Leiter der Königsberger Generalstaatsanwaltschaft war der 1881 in Hohenstein, Kreis Osterode, geborene Fritz Szelinski, wie Capeller Sohn eines Gymnasialprofessors und wie dieser fast ausschließlich als Staatsanwalt an ostpreußischen Landgerichten tätig. Von 1927 bis 1933 amtierte er als Oberstaatsanwalt in Lyck, wo er im April 1933 zum Nachfolger Mindes als Landgerichspräsident aufrückte. Nach einem Intermezzo in gleicher Position in Halberstadt auf Drängen Kochs zum OLG-Präsidenten in Marienwerder ernannt, beauftragte ihn, den die „Preußische Zeitung" als Beamten rühmte, der tief durchdrungen sei von der Idee des nationalsozialistischen Staates, das Reichsjustizministerium im Frühjahr 1943, nach Auflösung des OLG-Bezirks Marienwerder, mit der Wahrnehmung der Geschäfte des Königsberger Generalstaatsanwalts. Auch Szelinksi trat der NSDAP erst zum 1. 5. 1933 bei, hatte sich der Partei aber schon vor 1933 als Oberstaatsanwalt in Lyck verpflichtet, als er „so manchen Parteigenossen vor Verhaftungen bei politischen Vergehen geschützt" haben soll.[87)]

85) G. Vollmer, 1902 Kreuzau/Kr. Düren, Studium d. Rechtswiss., Dr. jur., Examina 1925 und 1929, seit 1. 1. 1932 Rechtsanwalt in Königsberg, 1933/34 OStA b. LG Königsberg, 1935–1937 OStA b. StA des Kammergerichts Berlin, 1. 12. 1937 GStA Königsberg, 5. 11. 1941 bis Ende Dezember 1942 Leiter des Rechtsamts beim Reichskommissar Ukraine, 1. 2. 1943 Ministerialdirektor im RJM. In die NSDAP 1922 eingetreten, Bund Oberland 1922, Akademische Wehr München 1922, Rhein-Ruhr-Abwehrorganisation des Wehrkreises Münster 1923, Mitglied der Rechtsstelle der Gauleitung Ostpr. 1929, bis 1. 6. 1933 Gaurechtsamtsleiter und Gauamtsleiter z. b. V. (bis 1935), Parteimitgliedschaft erneuert 1. 4. 1932. 1939 zur Luftnachrichtentruppe einberufen, Gefr. d. Res. u. Offiziersanwärter, zuletzt Leutnant, EK II, 1941 für den Ukraine-Einsatz u. k. gestellt. Nachdem Vollmer bis zum November 1944 die Strafrechtsabteilung im RJM geleitet hatte, dann 12/1944 Ordonnanzoffizier in einer Volkssturmeinheit (BA, R 22, Personalakte Vollmer).

86) BA, R 22, Personalakte Capeller. – Ronge, 1963, S. 14. – GStA, Rep 84a/25201, Bl. 68: Entgegen der Stellungnahme des GStA Dankwortt wurde Capeller bei der Stellenbesetzung des Ersten Staatsanwalts b. LG Königsberg nicht berücksichtigt. Zuvor war er bei der Neubesetzung der EStA-Stelle b. OLG übergangen worden (Rep. 84a/25152, Bl. 134).

87) BA, R 22, Personalakte Szelinski. Darin auch die Würdigung der „PrZ" v. 28. 10. 1941. – Vom SPD-Blatt „Königsberger Volkszeitung" waren unter der Überschrift „Faschistenjustiz in Lyck" am 21. 1. 1932 schwere Vorwürfe gegen OStA Szelinski erhoben worden, dessen Ermittlungen sich einseitig nur gegen Sozialdemokraten richten würden. In einer gemeinsamen Stellungnahme vom 6. 2. 1932 haben OLG-Präsident und GStA die Angriffe auf die „stereotype Voreingenommenheit" der „Volkszeitung" gegen die ostpreußische Justiz zurückgeführt (GStA, Rep. 84a/25120).

Draeger, Capeller und Szelinski brachten eigentlich die Eigenschaften mit, die nach den Ausführungen ihres Danziger Kollegen Beurmann den idealen Richter im Osten auszeichnen sollten: Soldatische Haltung und Erfahrungen im „Volkstumskampf".[88] Sie hatten den Ersten Weltkrieg an der Ostfront erlebt und waren anschließend zwanzig Jahre lang in der Grenzprovinz tätig, zeitweise an den neuralgischen Punkten der deutsch-polnischen Beziehungen, in Danzig und in Marienwerder. Von daher war von ihnen nicht zu erwarten, daß sie in den annektierten Gebieten oder im „Altgau" in der Behandlung der „Fremdvölkischen" den Konflikt mit SS und Polizei suchen würden. Draeger mied Konflikte mit der Polizei genauso wie mit der Partei. Er machte sogar von sich aus den Vorschlag, von der polizeilichen Aburteilung zur Entlastung des Sondergerichtes stärker Gebrauch zu machen (Bericht vom 29. 11. 1943). Capeller nahm wesentlich häufiger Anstoß am Polizeiterror, setzte sich auch im Frühjahr 1940 entschieden für die Aufhebung der Standgerichte ein [89] und versuchte durch persönliche Vorträge bei allen beteiligten Hoheitsträgern den Kompetenzverlust der Strafjustiz aufzuhalten. Die Berichte zeigen, daß es Capeller dabei weniger um humanitäre Rücksichten als um die Wahrung von Zuständigkeiten ging. Da er die ideologischen Prämissen des polizeilichen Handelns nicht anzweifelte, spitzte sich der Konflikt zwangsläufig auf die Frage zu, ob das Sondergericht nicht schneller verfahre als die SS (Bericht vom 19. 2. 1942).
Nicht unwesentlichen Einfluß auf die Härte der politischen Strafjustiz im OLG-Bezirk Königsberg übte die Auffassung vom Zweiten Weltkrieg als einem „aufgezwungenen Daseinskampf" (8. 2. 1940) aus. Draeger, Capeller und Szelinski bezogen sich dabei gern auf die Erfahrung des Ersten Weltkriegs, der ihrer Ansicht nach durch das Versagen der „Heimatfront" verlorengegangen war.
Aus diesem Erfahrungshorizont sind etwa die Kommentare Capellers zu verstehen, wonach „jedes Mittel" recht sein müsse, um die Ernährung zu sichern (11. 6. 1942). Insoweit vermitteln die Lageberichte einen authentischen Eindruck von der Mentalität nicht nur der ostpreußischen Führungsschichten. Das Gefühl der Bedrohung war in der Gesamtbevölkerung seit 1914 nie ganz abgeklungen. Im Zweiten Weltkrieg bestimmte es intensiver und offensichtlich auch früher als im übrigen Reichsgebiet die Überzeugung, im Moment „äußerster Verteidigung" nach der Devise „Right or wrong, my country" handeln zu müssen.[90]

88) Beurmann, 1942, S. 81.
89) Broszat, 1961, S. 139.
90) So die Einschätzung der Grundstimmung im Reich ab 1943 bei Steinert, 1970, S. 596f.

6. Ostpreußen im Zweiten Weltkrieg

6.1. „Der größte Reichsgau“: Besatzungspolitik in den eingegliederten Gebieten Zichenau und Sudauen

Am 6. 10. 1939 kapitulierten bei Lublin die letzten polnischen Feldtruppen. Polen war militärisch geschlagen, sein Staatsgebiet je zur Hälfte von deutschen und sowjetischen Soldaten besetzt. Auf deutscher Seite gewann die bis dahin noch unklare politische Konzeption an diesem Tag deutlichere Konturen. Nachdem Hitler Ende September eine großzügige Annexion polnischer Gebiete ins Auge gefaßt hatte, waren vereinzelt Stimmen laut geworden, die davor warnten, eine territoriale Ausdehnung über die Grenzen von 1914 hinaus anzustreben. Die am 5. 10. 1939 einberufene Staatssekretärskonferenz empfahl daher, nur Westpreußen und Oberschlesien um einige ehemals kongreßpolnische Kreise zu erweitern. Tags darauf kam es jedoch unter dem Druck der ostdeutschen Gauleiter zu einer erheblichen Korrektur dieser Pläne.[1] Das Ergebnis war der Führererlaß vom 8. 10. 1939 über Gliederung und Verwaltung der Ostgebiete, der die Bildung der zwei neuen „Reichsgaue“ Danzig-Westpreußen und Wartheland sowie die Einbeziehung polnischer Territorien in die Provinzen Schlesien und Ostpreußen dekretierte.[2] Zu Ostpreußen kam ein 12 000 km² großes Gebiet Nord-Masowiens, das bis dicht an Warschau heranreichte und den neuen Regierungsbezirk Zichenau (Ciechanów) bildete. Das 1919 an Polen abgetretene Soldaugebiet wurde wieder Teil des Kreises Neidenburg, und den Regierungsbezirk Gumbinnen erweiterte man um die polnischen Kreise Suwałki (Sudauen) und Augustów. Kochs Ehrgeiz, für die Abgabe des Regierungsbezirks Westpreußen an den Reichsgau Danzig-Westpreußen reichlich entschädigt zu werden und zugleich seinem Gau „koloniales Neuland“ im Süden zu erschließen, vergrößerte die Fläche Ostpreußens um etwa ein Drittel auf 52 731 km², womit die politischen Grenzen den größten NSDAP-Gau Deutschlands umschlossen. Den „Zugewinn“ verband weder ethnisch noch historisch etwas mit dem „Altgau“. Von den 3,33 Millionen Einwohnern waren nun 25% Polen. Im neuen Regierungsbezirk lebten nicht einmal 15 000 Deutsche, dagegen 0,8 Millionen Polen und 80 000 polnische Juden. Der neue Kreis Sudauen zählte 125 000 polnische Einwohner.[3]

Sitz des Regierungspräsidenten im größten, allgemein als „Südostpreußen“ bezeichneten Gebietsteil war der zentral gelegene Ort Zichenau. Der Regierungsbezirk umfaßte die Landkreise Makeim (Maków), Mielau (Mława), Scharfenwiese (Ostrołęnka), Plöhnen (Płońsk), Sichelberg (Sierpc), Schröttersburg (Płock), Ostenburg (Pułtusk) und Praschnitz (Przasnysz). Obwohl per Verordnung vom 21. 12. 1939 die deutsche Gemeindeordnung eingeführt wurde und der Reichsinnenminister auch sonst in weitgehendem Umfang von der Ermächtigung Gebrauch machte, Reichsrecht und preußisches Landesrecht einzuführen, um eine

1) Broszat, 1961, S. 14ff.
2) RGBl 1939 I, S. 2042f.
3) Broszat, 1961, S. 35f.

Angleichung an deutsche Rechtsverhältnisse zu erzielen, behielten die eingegliederten Ostgebiete einen Sonderstatus. Der ergab sich schon daraus, daß zwar die Zollgrenze bis an das Generalgouvernement vorverlegt, die Polizeigrenze dagegen entlang der alten Reichsgrenze aufrechterhalten wurde. Paßrechtlich blieben Zichenau und Sudauen also praktisch Ausland, das ohne behördliche Genehmigung weder betreten noch verlassen werden durfte.[4)] Auf dieser Regelung hatte Himmler bestanden, um die geplanten Umsiedlungen der polnischen und jüdischen Bevölkerungsteile und auch das Willkürregime von Polizei und SS besser abschirmen zu können. Gerade um der bevölkerungspolitischen Neuordnungspläne willen, also um eine effiziente Abschiebung der Polen und Juden ins Generalgouvernement und die Neuansiedlung zunächst von Volksdeutschen aus der UdSSR ins Werk zu setzen, wünschte Hitler in diesen Gebieten eine „politische Verwaltungsführung". [5)] Dies legte die Personalunion von Verwaltungsleitung und parteipolitischer Führung auf allen Ebenen der Administration zwingend nahe. So wählte Koch 13 der aktivsten und verläßlichsten Parteimitglieder unter den ostpreußischen Landräten, um sie an die Spitze der Kreisverwaltungen in den neuen Territorien zu stellen. Der Anteil an Kreisleitern unter ihnen wurde durch eine Reihe von Amtswechseln im Frühjahr 1940 noch einmal erhöht.[6)]Zum Regierungspräsidenten bestellte Koch Hermann Bethke; nach dessen plötzlichem Tod im Januar 1940 dann Paul Dargel. Dessen Stellvertreter, der Angerburger Landrat Clemens Rossbach, führte die Amtsgeschäfte, nachdem Dargel ins Reichskommissariat Ukraine berufen worden war.[7)]

Der polnische Historiker Czesław Madajczyk hat am Rande seiner großangelegten Untersuchung zur deutschen Okkupationspolitik erwähnt, wie dicht nebeneinander Zerstörungs- und Aufbauwerk in den eingegliederten Gebieten betrieben wurde. So habe Nachkriegspolen vom Ausbau der Verkehrswege genauso profitiert wie von der Entwicklung der Viehzucht oder der verbesserten Agrarstruktur nach Beseitigung der Kleinbauernstellen. [8)] In der zeitgenössischen Berichterstattung über den Regierungsbezirk dominierte das Selbstverständnis der Verwaltungs- und Wirtschaftsfachleute, in Zichenau und Sudauen „Kolonisationsarbeit" zu leisten.[9)] Tatsächlich boten die eingegliederten Gebiete kaum die Voraussetzungen zur optimalen Ausbeutung. Wie das Generalgouvernement blieb auch Zichenau in vielfacher Hinsicht ein Zuschußgebiet, in das zunächst investiert werden mußte.[10)] Der erste Eindruck des OLG-Präsidenten Draeger, man habe mit Zichenau den „elendsten" polnischen Bezirk annektiert, war nicht ganz unzutreffend. Diese nördliche Grenzregion der Republik Polen war schon vor 1918 unter zaristischer Verwaltung vernachlässigt worden. Die Republik trieb die Industrialisierung zum Nachteil dieses reinen Agrargebiets in ande-

4) Handbuch Zichenau, 1943. – Broszat, 1961, S. 37.
5) Broszat, 1961, S. 51.
6) Die Liste der von Koch ausgewählten Landräte in BA, R 43 II/647.
7) C. Rossbach, geb. 1902 in Büderich/Rheinl., als Primaner im Zeitfreiwilligenregiment Düsseldorf, aktiv im Abwehrkampf gegen den Ruhrspartakismus, rechtswiss. Studium in Bonn, Wechsel nach Königsberg, da auf der „schwarzen Liste" der frz. Besatzungsbehörden stehend, 1926 Regierungsreferendar, 1929 Assessorex., 1929–1934 Regierungsass. Landratsamt Reichenbach (Eule), 1934 Regierungsrat Oberpräsidium Ostpr., 1937 beauftr. Landrat in Angerburg, 1938 bestätigt, 11/1939 Regierungsvizepräsident Zichenau. SS: 1933, NSDAP: 1. 5. 1937; 1942 SS-Standartenführer, Führer b. Stab des SS-Abschnitts XXII (Allenstein). (BDC-SS; GStA Rep. 77/4904, 4935; Heimatbrief Angerburg Nr. 29, 1957, S. 14).
8) Madajczyk, 1987, S. 448f., 566, 568.
9) Vgl. dazu die Bibliographie von Keit, 1941, S. 331–363, die eine auch eine Fülle von Titeln aus der ostpreußischen Tagespresse nachweist, von denen viele aber leider nicht mehr greifbar sind.
10) Volkmann, 1984, S. 42ff.

ren Landesteilen voran. Die Agrarstruktur war geprägt vom ungünstig hohen Anteil an Klein- und Kleinstbetrieben unter 5 ha. Der mittelbäuerliche Besitz fehlte fast ganz. Die unmoderne Betriebsweise und veraltete Kultivierungsmethoden, ein sehr geringer Rinder- und Schweinebesatz, ein niedriger Nutzungsgrad in der Waldwirtschaft, ein schwach entwickeltes Handwerk, dazu Überbevölkerung und eine katastrophale Wohnungslage (40% der Bevölkerung lebte in Einraum-Wohnungen, auf dem flachen Land häufig in Lehm- und Holzbauten) kennzeichneten die Wirtschaftsstruktur.[11)] Es bedurfte erheblicher finanzieller Anreize, um die von Draeger angesichts der faktischen Ansiedlungshindernisse übertrieben so genannte „Sogwirkung" Südostpreußens (Lagebericht vom 5. 3. 1941) überhaupt auszulösen. Bei allem deutschen Sendungsbewußtsein der „Kulturträger" sind denn auch Irritationen nicht zu übersehen. Etwa im Erfahrungsbericht einer BDM-Gauführerin über den Arbeitseinsatz ihrer „Mädel" bei volksdeutschen Bauern, der alle „romantischen Illusionen" zerstörte. Obwohl schon in den „deutschesten Dörfern" eingesetzt, war man enttäuscht über die fremdartigen Verhältnisse und regelrecht entsetzt darüber, wie sich die Volksdeutschen manchenorts der „polnischen Wirtschaft" angepaßt hätten. Zweifel am Sinn dieser Art von „Kolonisation", die man oft mehr als Last denn als Gewinn empfand, sind den verschiedenartigsten Quellen zu entnehmen.[12)] Wenn daher, wie Staatsanwalt Bringmann es ausdrückte, „nicht immer die wertvollsten Kräfte unseres Volkes" in diese Gebiete zogen (Lagebericht vom 14. 8. 1940), war dies jedenfalls ein Indiz für das mangelnde Interesse am „Lebensraum im Osten".

Von einem Sonderstatus der eingegliederten Gebiete läßt sich auch bei der Gerichtsorganisation sprechen. Nach Abbruch der Militärverwaltung (25. 10. 1939) war bis zum Abschluß des Aufbaus der Zivilverwaltung (Frühjahr 1940) ein Rechtsvakuum entstanden, das die terroristische Gewaltanwendung der SS-Einsatzverbände, der Polizeistandgerichte sowie die ausgedehnten Selbstjustizpraktiken vieler Parteifunktionäre begünstigte.[13)] In Südostpreußen konnte im Oktober 1939 aufgrund einer Verordnung der Heeresleitung nur ein Sondergericht in Praschnitz seine Tätigkeit aufnehmen. Gut 250 zum größten Teil bald eingestellte Verfahren waren bis Dezember 1939 anhängig. Bei den Tätern handelte es sich um von polnischen Behörden entlassene Strafgefangene und marodierende polnische Soldaten, die für Eigentumsdelikte meist geringfügige Gefängnisstrafen erhielten. Das Sondergericht verhängte bis zum 18. 12. 1939 ein Todesurteil und blieb damit wie die meisten anderen in Polen tätigen Sondergerichte weit hinter den Erwartungen der Justizführung zurück, auch dies eine Folge der formlosen „Strafpraxis" von SS und Polizei.[14)]

Obwohl, wie Draegers erstem Lagebericht zu entnehmen ist, der Aufbau der ordentlichen Gerichtsbarkeit Anfang 1940 vorangetrieben wurde, blieben die polizeilichen Standgerich-

11) Vgl. Scheu/Kopittke, 1941, S. 224–237; Umlauf, 1941, S. 100–122; Feier, 1941, S. 499ff.

12) GStA, Rep. 240, D 110, Bl. 15–24 (Bericht der Stabsleiterin des Obergaus Ostland, ca. 1941). – Vgl. a. die einschlägigen Titel bei Keit, 1941 sowie aus studentischer Perspektive Mengert, 1940, S. 293–295; ders., 1941, S. 548f. und Wahl, 1940, S. 212–214.

13) Madajczyk, 1987, S. 14ff.

14) ZStAP, RJM 9803/7/2, darin die Tätigkeitsberichte von OLGR Liermann und StA Petri vom Sondergericht Praschnitz (Bl. 53ff). – U. a. mit der Tätigkeit der Sondergerichte befaßt sich Nestler, 1974, S. 579ff. Diese ideologisch verzerrte Darstellung stützt sich in diesem Punkt lediglich auf ZStAP, RJM 9803/7/1 und vermeidet so die Wiedergabe der Tätigkeitsberichte und Urteilsstatistiken aller Sondergerichte im Band RJM 9803/7/2, vermutlich um besser Zuflucht in der Formel vom „barbarischen Terror" nehmen zu können. Daß man dann in der Aufstellung der Sondergerichte „auf dem Gebiete Polens" (Stand 1942) auch sämtliche ostdeutschen Sondergerichte (Stettin, Breslau, Danzig, Königsberg, Elbing, Schneidemühl!) findet, ist nicht mehr verwunderlich (S. 583f.).

te weiter tätig. Während in Zichenau eine neue Staatsanwaltschaft entstand und im März 1940 das Sondergericht dort seine Geschäfte aufnahm, gab der Höhere SS- und Polizeiführer in Königsberg, Wilhelm Redieß, eine streng vertrauliche Anweisung, worin er den Polizeidienststellen die Abgabe von Ermittlungsverfahren an die Staatsanwaltschaft untersagte. Dem Drängen des Zichenauer Staatsanwalts, bei Koch endlich die Abschaffung der Polizeijustiz zu erwirken, wichen OLG-Präsident Draeger und Landgerichtspräsident Funk aus, um es sich nicht mit dem Gauleiter zu verderben. Nach weiteren Interventionen der Zichenauer Staatsanwaltschaft erließ der verärgerte Koch, der für sich beanspruchte, ohne Mitwirkung der für dieses Gebiet „unbrauchbaren Justiz" Polen und Juden einfach aufhängen lassen zu können, im Mai 1940 ein regelrechtes Justizverbot. Erst als das Reichsjustizministerium eingeschaltet wurde und Draeger und Capeller dort Bericht erstatten mußten, erging eine Verordnung über die Einführung des deutschen Strafrechts in den eingegliederten Ostgebieten (6. 6. 1940), die zumindest zeitweilig für ein Ende der Standgerichtsverfahren sorgte.[15)]

Die Gerichtsorganisation des Landgerichtsbezirks Zichenau bestand bis 1944 z. T. nur auf dem Papier. Von den neun Amtsgerichten waren 1942 fünf unbesetzt, die übrigen verfügten über einen Amtsrichter, der für bis zu 140 000 Gerichtseingesessene zuständig war. Auch Landgericht und Staatanwaltschaft konnten nur die Hälfte der Planstellen besetzen.[16)]

Das Sondergericht arbeitete unter dem Vorsitz von Landgerichtsdirektor Klaus Weiß und wurde vermutlich 1943 um eine von Amtsgerichtsdirektor Kühne in Schröttersburg geleitete Abteilung erweitert.[17)]Bei den dort tätigen Richtern und Staatsanwälten handelte es sich im Unterschied zum Sondergericht Königsberg fast ausschließlich um junge, weltanschaulich zuverlässige Juristen.[18)]

Kennzeichnend für die Spruchpraxis des Sondergerichts Zichenau war die drakonische Härte gegenüber angeklagten Polen, die sich nach der Einführung der Polenstrafrechtsverordnung vom 4. 12. 1941 sogar noch verschärfte und unverkennbar als Bestandteil der rassenideologisch ausgerichteten Besatzungspolitik zu qualifizieren ist. Und doch zeigt die Analyse der Vollstreckungslisten der Königsberger Generalstaatsanwaltschaft, daß das von Diemut Majer in ihrem Standardwerk über die Polizei und Justiz in den eingegliederten Ostgebieten gebrauchte Deutungsmuster der „reinen Abschreckungsjustiz" im Dienst der „völkischen Gefahrenabwehr" die Spruchpraxis nur unzureichend erfaßt.[19)]

Todesurteile, die etwa von Polen begangene geringfügige Körperverletzungen an Deutschen sanktionierten, und somit den Täter bestraften, ausschließlich weil er Pole war, wurden vor dem Sondergericht Zichenau nur in wenigen Fällen verhängt.[20)]Auch war es nicht

---

15) Bericht Capellers über die Besprechung bei Gauleiter Koch am 27. 5.1940 wiedergegeben von Nestler, 1974, S. 610–612. Zum Justizverbot Broszat, 1961, S. 138–141.

16) Handbuch Justizverwaltung, 1942, S. 173.

17) Vgl. die Urteile des Sondergerichts Zichenau und der Abteilung des Sondergerichts in Schröttersburg in GStA, Rep. 37d, Nr. 1–18.

18) Ergebnis einer Überprüfung anhand BDC-Mitgliedskartei. Einige Sonderrichter und Staatsanwälte nahmen neben ihren amtlichen auch Parteiaufgaben wahr, so der StA beim Sondergericht Praschnitz (bis Anfang Januar 1940) und Leiter der Zweigstelle Schröttersburg der Staatsanwaltschaft Zichenau (bis 1943), Horst Petri (Jg. 1907), als Kreisrechtsberater und Kreisredner der NSDAP. (BA, R 22, PA Petri).

19) Majer, 1981, S. 774ff.

20) Vgl. die Vollstreckungslisten im BA, R 22/1320, 1321 (von 1942–1944) sowie 18 vollständige Urteile in GStA, Rep. 37d. – Majer läßt eine quellenkritische Handhabung der nicht primär wissenschaftlichen Erkenntnisinteressen verpflichteten „Documenta Occupationes" vermissen, wenn sie etwa die in Bd. V publizierten Urteile aus dem Warthegau heranzieht, um damit die „durchschnittliche Urteilspraxis" im Warthegau zu charakterisieren. Da die Hälfte der Verfahren Gewalttaten gegen Deutsche betreffen, ist

üblich, die von Polen an eigenen Landsleuten begangenen Straftaten nicht zu verfolgen, wie dies Majer unter Berufung auf ein Freisler-Zitat suggeriert, wonach deutsches Strafrecht nicht zur Wahrung polnischer Belange angewendet werden sollte.[21] Vielmehr enthält z. B. die Vollstreckungsliste vom 5. 8. 1942 zwei Todesurteile gegen Polen, von denen der eine seine Braut aus Eifersucht erschlagen, der andere eine Polin vergewaltigt und bestohlen hatte.[22] Über den Täterkreis und die begangenen Straftaten finden sich bei Majer nur sporadische Angaben, die aber doch nahelegen, das Sondergericht habe es vornehmlich mit Bagatellkriminalität zu tun gehabt.[23] Bis heute liegt keine sozialwissenschaftlich brauchbare Auswertung der größtenteils in polnischen Archiven verwahrten Sondergerichtsakten vor, die Majers Darstellung bestätigen oder korrigieren könnte. Doch eher eine Korrektur legen schon die knappen Sachverhaltsangaben in den Vollstreckungslisten nahe: Bei einem Teil der Täter handelte es sich um Kriminelle, die vor 1939 von der polnischen Justiz bereits mehrfach verurteilt worden waren. Dies reichte von Strafen wegen Diebstahl und Abtreibung bis hin zu Zuchthausstrafen wegen Mordes.[24] Czesław Madajczyk schätzt allein die Zahl der 1939 nach Kriegsausbruch von den polnischen Gefängnisbehörden entlassenen Kriminellen auf 32 000.[25]

Die von diesem Täterkreis verübten Delikte gehörten in den Bereich gewerbsmäßiger Kriminalität, deren Opfer überwiegend die polnische Bevölkerung war, auf deren Mithilfe bei der Verbrechensaufklärung die Sondergerichte in vielen Fällen zählen konnten. Das traf speziell für Straftaten organisierter Schwarzschlachterbanden zu, die im Regierungsbezirk Zichenau gestohlenes Vieh ins Generalgouvernement schmuggelten, um es dort mit Höchstgewinn zu verkaufen. Todesurteile gegen Schwarzschlachter trafen daher nicht selten Täter, die 10–20, vereinzelt bis zu 40 Schweine billig aufgekauft oder gestohlen, schwarz geschlachtet und verschoben hatten. Auch der Schmuggel mit Getreide und Lebensmitteln konnte Großhandelsformat annehmen: Im September 1942 wurde ein Todesurteil wegen Beteiligung am Schwarzhandel mit 360 Zentnern Mehl, ein anderes wegen Schwarzhandel mit 50 Zentnern Getreide verhängt.[26] Diesem Täterkreis gegenüber nahmen die deutschen Sondergerichte also eher die Funktion der herkömmlichen Strafjustiz als die der „Abschreckungsjustiz" wahr – wobei die wesentlich höhere Zahl der Todesurteile in Zichenau im Vergleich zur Königsberger Spruchpraxis jedoch fraglos aus dem rassenideologisch geprägten Selbstverständnis der Justiz im „Volkstumskampf" resultierte.[27]

noch 20

offenkundig, daß diese nicht repräsentative Auswahl gerade zu dem Zweck getroffen wurde, um die „Abschreckungsjustiz" zu dokumentieren (Majer, 1981, S. 784, Anm. 339). Es fällt auf, daß auch die breite ideologiegeschichtliche Darstellung des völkischen Rechtsdenkens wenig quellenkritische Bedenken zeigt. So zitiert Majer ausführlich Rauschnings ‚Gespräche mit Hitler' (u. a. S. 133ff., 320ff.), deren Authentizität schon vor Erscheinen der Arbeit Majers in Frage stand. Mittlerweile ist nicht mehr zu bezweifeln, daß die Gespräche von Rauschning größtenteils erfunden wurden.

21) Majer, 1981, S. 777.

22) BA, R22/1320, Bl. 125.

23) Majer, 1981, S. 784 f., Anm. 342.

24) Vgl. die in Anm. 20 angegebenen Quellen, aus denen man in 170 Fällen zumindest eine grobe Schilderung des Tathergangs entnehmen kann.

25) Madajczyk, 1987, S. 188.

26) BA, R 22/1320, 1321. Vgl. zu den angeführten Fällen Bd. 1320, Bl. 137, lfde. Nr. 4–7 (SG Zichenau gg. Kosowski u. a.); Bl. 133, lfde. Nr. 8, 11, 12 (SG Zichenau gg. Brzesinski und gg. Sterrick u. a.).

27) Die Gesamtzahl der Verfahren vor dem SG Zichenau ist nicht bekannt. Die Zahl der Todesurteile belief sich 1942 auf 175, 1943: 188, 1944: 69 (Majer, 1981, S. 789f.).

6.2. Der Bezirk Bialystok und das Reichskommissariat Ukraine

Sieben Wochen nach dem Angriff auf die UdSSR bestimmte Hitler per Erlaß vom 15. 8. 1941 den Oberpräsidenten Ostpreußens, Erich Koch, zum „Chef der Zivilverwaltung" im inzwischen von der kämpfenden Truppe geräumten Bezirk Bialystok.[28] Mit 31 000 km² war dieses Territorium so groß wie Ostpreußen in den Grenzen von 1937. Die Bevölkerung setzte sich aus 830 000 Polen, 300 000 Weißruthenen, 200 000 Ukrainern, 50 000 Juden[29] und kaum 2000 Deutschen zusammen. Zur Verwaltung dieses Gebiets, das einmal Teil Ostpreußens werden sollte, bildete man acht Landkreise und einen Stadtkreis. An der Spitze der Kreise standen Kreiskommissare. Diese Posten besetzten wiederum ostpreußische Landräte: In Sokolka Landrat Behrendt/Pr. Eylau, in Grajewo Tubenthal/Treuburg, in Augustowo (Augustów) Schmidtsdorff/Sudauen, in Lomscha (Łomża) v. d. Groeben/ Samland, in Bielsk von Bühnau/Allenstein, in Pruzana (Prużany) Nikolaus/Sensburg, in Wolkowysk (Wołkowysk) Crewell/Neidenburg und in Grodno Bochum/Stallupönen. Fast alle gehörten der Partei schon vor 1933 an, bei Tubenthal, Bochum und Schmidtsdorff handelte es sich um langgediente Kreisleiter.[30] Ein alter Parteigenosse, der Insterburger Oberbürgermeister und Kreisleiter Heinz Schwendowius erhielt den Stadtkreis Bialystok übertragen.[31] Zu seinem Stellvertreter als Chef der Zivilverwaltung berief Koch den Mann der „ersten Stunde" in der ostpreußischen NSDAP, den Königsberger Bäckermeister und Präsidenten der Handwerkskammer, Waldemar Magunia, der jedoch bald als Generalkommissar nach Kiew wechselte.[32] Seinen Posten übernahm der Landrat von Tilsit-Ragnit,

---

28) Madajczyk, 1987, S. 143–146.

29) Die Zahl der Juden nach der Angabe von W. Magunias Erinnerungsbericht in BA, Ost-Dok. 8/803. Reitlinger, 1964, S. 257 nimmt dagegen 150 000 Juden im gesamten Bezirk an. Übereinstimmend geben beide die Bewohnerzahl des jüdischen Ghettos in Bialystok mit 39–40 000 an.

30) Wechsel in den Landratsämtern sind nicht berücksichtigt, lassen sich anhand der Akten auch nicht mehr lückenlos rekonstruieren. Im Februar ging v. Bühnau (Bielsk) mit Magunia nach Kiew. Ihm folgte Tubenthal, der seitdem die zusammengelegten Kreise Bielsk und Pruszana verwaltete. Crewell, der zurück nach Neidenburg gehen sollte, um dort auch als Kreisleiter zu fungieren, wurde von Regierungsrat Hieronymus aus dem Landkreis Tilsit-Ragnit abgelöst (dessen Erinnerungsbericht in BA, Ost-Dok. 8/808, der v. Bühnaus Ost-Dok. 8/792). Behrendt, der einer Einberufung Folge leistete, gab den Kreis Sokolka 1942 an Landrat Herbert Seiler ab, der zuvor Kreisleiter in Bartenstein und Angerburg war und seit 1940 das Landratsamt Makeim/Zichenau verwaltete. (GStA, Rep 77/4957, Bl. 170, Koch an RMdI v. 24. 2. 1942 betr. veränderte Besetzung der Landratsämter Bez. Bialystok). Bochum übernahm sein Amt im Frühjahr 1943. Vorgänger war Dietrich von Ploetz, Landrat in Lyck (Rep. 77/4746, Bl. 205). Horst Schmidtsdorff (ab 1939 als Kreisleiter in Goldap nachweisbar – GStA, Rep. 240, B 11a–b, Bl. 234) wurde 1943 einberufen, Landrat v. Buchka/ Goldap – über ihn v. d. Groeben, 1988, S. 512 – zumindest mit seiner Vertretung in Sudauen beauftragt (Rep. 77/4713). Über v. d. Groeben und Behrendt vgl. Bitter, 1988, S. 91, 95. Kurzbiographien von Crewell, Nikolaus und v. Bühnau bei Nobis, 1987, S. 134f, 155, 117. Für v. Bühnau ist die NSDAP-Mitgliedschaft (1. 6. 1929, BDC-Mitgliedskartei) nachzutragen. Nikolaus trat nicht am 1. 8. 1933 (so Nobis, 155), sondern am 1. 8. 1932 in die Partei ein (Rep. 77/4398). – W. Tubenthal, 1900 in Kl. Baltruschehlen/Kr. Pillkallen, Bauernsohn, Altstädt. Gymnasium Königsberg bis Obersekunda, 1918 Kriegsdienst, 1919 Grenzschutz, bis 1929 landw. Beamter, NSDAP: 1. 12. 1930, 1932 Kreisleiter Pillkallen, 1933 Landrat in Treuburg, 12/1939 in Personalunion Landrat in Sudauen, 1944 auch Kreisleiter in Bielsk (GStA, Rep. 77/4735; Rep. 240, D 125 h, Bl. 263; BDC-Mitgliedskartei; BA, R 43 II/647, Bl 87). – O. Bochum, 1897 Lebbeden/Kr. Niederung, Bauernsohn, Kriegsfreiwilliger, mehrfach verwundet, 1917 entlassen, nach 1918 in der väterlichen Landwirtschaft und als Kaufmann tätig, SA: 1929, NSDAP: 1. 4. 1930, Ortsgruppenleiter in Tilsit 1930, Kreisleiter ebd. 1932, Kreisleiter Stallupönen 1934, Landrat ebd. 1934, ab 12/1939 in Personalunion Landrat in Ostrolenka/Zichenau (Rep. 77/4746, fol. 142ff.; Rep. 240, D 125 h, Bl. 263; BA, R 43 II/647, Bl. 87).

31) Vgl. Teil II, Anm. 4 zum Lagebericht v. 31.1943.

32) Vgl. o. Kap. 3, Anm. 36.

Friedrich Brix.[33] Zum Polizeipräsidenten wählte Koch Eugen Dorsch, der diese Funktion bis dahin in Elbing versehen hatte.[34]

Den gesamten bebauten und unbebauten Wohngrundbesitz ließ Koch durch seine „Grundstücksgesellschaft für die Provinz Ostpreußen" verwalten, deren Geschäftsführung in den Händen von Bruno Dzubba lag. Das übrige Vermögen von Russen, Polen und Juden war einer Treuhandstelle übertragen worden, die zeitweise vom Wehlauer Landrat Horst von Einsiedel, einem Parteigenossen von 1925, geleitet wurde.[35] Kommandeur der Sicherheitspolizei und des SD in Bialystok war 1942/43 Wilhelm Altenloh, zugleich Stapo-Leiter in Allenstein. Ihm folgte im April 1943 der Leiter der Stapostelle Bremen, Herbert Zimmermann.[36] Dem Führer der 60. SS-Standarte (Insterburg), Werner Fromm, wurden als SS- und Polizeiführer Bialystok die Kommandeure der Sicherheits- und Ordnungspolizei unterstellt.[37] Einen Sonderstatus bekam der Urwald von Białowieża, den als „Reichsforstgebiet" im Auftrag Görings der Forstmeister Frevert vom Forstamt Nassawen/Rominter Heide verwaltete.[38]

Nach der Einführung des deutschen Rechts im Oktober 1942 nahm das OLG Königsberg auch hier die Aufgaben eines Oberlandesgerichts wahr und führte die Aufsicht über ein Landgericht und zwei Amtsgerichte.[39] Es gelang zwar, auch mit Hilfe polnischer Fachleute und der bis 1943 in den Textil- und Lederfabriken arbeitenden Juden einige Wirtschaftsbereiche, die der Krieg in Mitleidenschaft gezogen hatte, zu reorganisieren und zumindest für die Wehrmachtsversorgung nutzbar zu machen. Auch gab es ein antikommunistisches Potential in der polnischen Bevölkerung, die unter der sowjetischen Besatzung dieses ehemals polnischen Gebiets nach 1939 zu leiden gehabt hatte. Massengräber mit ermordeten Polen und Weißruthenen, u. a. im Schloßgarten und im Stadtpark von Bialystok, blieben aus dieser Zeit zurück. Politisch genutzt wurden diese Ausgangspositionen bekanntlich nicht. Um die Gesundung der Agrarstruktur voranzutreiben, legte die deutsche Verwaltung den landwirtschaftlichen Kleinbesitz zusammen und siedelte 28 000 Polen um, von denen ein großer Teil zur Zwangsarbeit ins Reich deportiert wurde.[40] Um Görings Pläne zu verwirklichen, aus

33) Vgl. unten Anm. 66.

34) E. Dorsch, 1896 Auer/Kr. Insterburg, Bauernsohn, 1914 Kriegsfreiwilliger, Ostfront, mehrfach verwundet, zuletzt Leutnant, 1919/20 Heimatwehr Kr. Darkehmen, Studium der Rechtwiss. in Königsberg abgebrochen, Gutsverwalter, seit 1928 in Kl. Klitten/Kr. Bartenstein Hofbesitzer, bis 1927 DNVP, NSDAP: 1. 9. 1929, SA-Führer im Kr. Bartenstein, Organisator der SA in den Nachbarkreisen, Kreistagsmitglied bis 1933 9/1933 Polizeipräsident in Elbing, 1938 SA-Brigadeführer, seit 1942 Polizeipräsident in Königsberg, seit 8/1941 auch in Bialystok (BDC-SA Personalakten, OPG und GStA Rep. 77/4950, Bl. 284ff).

35) Das Deutsche Reich, 5/1, 1988, S. 149. – Zu Dzubba BDC-Personalblatt der Reichskammer der Wirtschaftstreuhänder. – H. v. Einsiedel, 1904 Zabern, Volljurist, NSDAP: 14. 11. 1925, Tätigkeit beim Landratsamt Rathenow und im RMdI bis 1934, 1937 kommiss. Landrat Wehlau, ab 12/1939 Leiter der Treuhandstelle Zichenau d. HTO, 6/1942 Leiter der Treuhandstelle Bialystok, 4/1943 vorgesehen als Leiter der Treuhandverwaltung Reichskommissariat Ukraine, 9/1943 ins Reichsministerium für die besetzten Ostgebiete abgeordnet (GStA Rep 77/4963, Bl. 241 und BDC Mitgliedskartei).

36) Zu Altenloh s. u. Anm. 71 – H. Zimmermann, 1907 Eisleben, Studium d. Rechtswiss., 1. Staatsex. 1932, Dr. jur. 1933, Assessorex. 1936, Regierungsassess. Provinzialverwaltung Merseburg, 1941–1943 Stapoleiter Bremen, Kommandeur Sipo/SD Bialystok 7/1943 (BDC-SS).

37) Zu Fromm vgl. Teil II, Anm. 4 zum Lagebericht v. 31. 1. 1943.

38) BA, Ost-Dok. 8/797 (Erinnerungsbericht des Wehrmachtsbefehlshabers Bialystok, General Nolte).

39) Die von Koch erlassene Verordnung über die Einführung des deutschen Rechts im Bez. Bialystok v. 30. 9. 1942 (Amtsblatt d. Chefs d. Zivilverwaltung 2. Jg., 29. 10. 1942) erschien auf Veranlassung von Draeger und Capeller nicht im Reichsgesetzblatt, da der Bezirk noch nicht formell ins Reich eingegliedert war (BA, R 22/281).

40) Madajczyk, 1987, S. 518f.

Białowieża einen Naturschutzpark zu machen, evakuierte Frevert in brutaler Manier sämtliche in Urwaldnähe gelegenen Dörfer.[41] Das Verhalten der auf Gemeindeebene eingesetzten deutschen Amtskommissare und „das wilde Verfahren der Arbeitsämter" bei der Erfassung von Arbeitskräften zum Einsatz in Deutschland verschlechterte das anfangs als erträglich geschilderte Verhältnis zwischen Polen und Deutschen und begünstigte wie in Zichenau und Sudauen das Entstehen der Partisanenbewegung. Die jüdische Bevölkerung blieb zunächst weitgehend verschont. Anfang 1943 wurden dann aber Massentransporte nach Treblinka und Auschwitz zusammengestellt. Gegen den bewaffneten Widerstand seiner Bewohner räumte die Sicherheitspolizei im August 1943 das letzte noch verbliebene Ghetto in Bialystok, aus dem etwa 25 000 Juden nach Treblinka deportiert wurden.[42]
Insgesamt, so urteilte im Rückblick Landrat von der Groeben, hätten die Zentralstellen Bialystok zunehmend als „zu melkende Kuh" betrachtet. Das Herausziehen von Wirtschaftsgütern habe zu Mangelerscheinungen wie Schwarzmarkt und Preistreiberei mit allen negativen sozialen Konsequenzen geführt. Auch Koch habe den Standpunkt vertreten, daß es belanglos sei, wenn einige Millionen Angehörige eines fremden Volks verhungerten, und sogar der 1944 hingerichtete Finanzminister Popitz habe die Erhöhung der Lebensmittelsätze für die Einheimischen schroff abgelehnt. Die maßlosen Vergeltungsaktionen der Polizei hätten die immerhin vorhandenen Ansätze zur Kooperation restlos zerstört.[43] Trotzdem gelang es der Sicherheitspolizei, Polen und Weißruthenen gegeneinander auszuspielen und Verbindungen zu nationalpolnischen Partisanengruppen zu knüpfen, um sie für den Kampf gegen den Bolschewismus zu mobilisieren. Obwohl im Frühjahr 1944 nationalpolnische Partisanen tatsächlich an Aktionen gegen sowjetische Partisanen teilnahmen, polnische Verwundete sogar in deutschen Lazaretten behandelt wurden, und, wie von der Groeben glaubhaft versichert, Polen sich beim Herannahen der „Roten Armee" freiwillig zu Schanzarbeiten meldeten, so war doch zu diesem Zeitpunkt der politische Kredit der Besatzungsmacht bereits restlos verspielt.[44]Ein besatzungspolitisches Desaster, das die Entwicklung in Zichenau und Bialystok weit in den Schatten stellte, hatte Koch nach seiner Ernennung zum Reichskommissar in der Ukraine (1. 9. 1941) mitzuverantworten. Zwar engten dort SS, Görings Wirtschaftsverwaltung und andere Zentralbehörden seine Wirkungsmöglichkeiten stärker ein als in den eingegliederten Gebieten. Doch tat er alles, um Sauckels Zwangsaushebungen von Arbeitskräften, die wirtschaftliche Ausnutzung der Ressourcen und den dazu jeweils nötigen Polizeiterror zu unterstützen, ja sich auch im verbalen Radikalismus zur „Rechtfertigung" dieses Vorgehens von niemandem übertreffen zu lassen. Die Beziehungen zu Alfred Rosenberg, dem Minister für die besetzten Ostgebiete, dem Koch eigentlich unterstellt war, konnten nicht schlechter sein. Einen vorsichtig sich anbahnenden Kurswechsel in der Behandlung der „Ostvölker", der sich 1943 im Ministerium andeutete, sabotierte Koch nach Kräften. Er hatte dabei die Rückendeckung Hitlers, mit dem er darin übereinstimmte, ohne politische „Experimente" sich allein um die Beschaffung von Rohstoffen und Arbeitskräften in der Ukraine zu kümmern. [45] Am Ende von Kochs Herrschaft

41) BA, Ost-Dok. 8/797.

42) Hilberg, 1982, S. 361 und Reitlinger, 1964, S. 257f.

43) BA, Ost-Dok. 8/793 (K. v. d. Groeben, Die Verwaltung des Kreises Lomscha 1941–1944, Abschrift eines im Herbst 1944 verfaßten Erfahrungsberichts – „mit einigen Auslassungen"), Bl. 45f.

44) Ebd., Bl. 66 sowie BA, Ost-Dok. 8/800 (Bericht des Kommandeurs der Ordnungspolizei Bialystok, Oberst v. Bredow, über Partisanenkämpfe)

45) Hierzu immer noch maßgebend Dallin, 1958, S. 133–178. Vgl. a. Cecil, 1972, S. 187ff. – Über die Ansätze zur Revision der Ukrainepolitik Bräutigam, 1968.

konstatierten selbst seine alten Rivalen aus der SS, er sei ein Mann, der mit „Gangstermanieren" Politik machen wolle und gehöre „längst möglichst hoch und sichtbar aufgehängt". Ausgerechnet der Höhere SS- und Polizeiführer in Königsberg, George Ebrecht, beschwerte sich in diesem Kontext darüber, daß in der Ukraine und im „Altgau" Koch alle Rechtsbegriffe völlig auf den Kopf gestellt habe.[46)]

Die Justizlageberichte berühren das Thema „Ukraine" nur am Rande (vgl. die Berichte vom 5. 1. 1942, 29. 11. 1943, 29. 3. 1944). Die Beteiligung ostpreußischer Wirtschafts- und Verwaltungsstellen war gleichwohl umfassender, als man an den Berichten ablesen kann. Zwar reichten die personellen Reserven nicht zu ähnlich dichten Stellenbesetzungen wie in Zichenau und Bialystok. Immerhin kamen drei der zehn Generalkommissare aus Ostpreußen: der Königsberger Polizeipräsident Heinrich Schoene (Brest-Litowsk), Waldemar Magunia (Kiew) und Ewald Oppermann (Nikolajew).[47)] Stellvertretender Generalkommissar in Tschernigow war der Mohrunger Landrat Gerhard Pannenborg.[48)]

Als Stadtkommissare tätig waren u. a. Friedrich Schiedat (Allenstein/Kriwoi Rog), Bruno Armgardt (Ortelsburg/Gomel), Helmut Will (Königsberg/Kiew), Fritz Nieckau (Dt. Eylau/Nikolajew) und Alfred Gille (Lötzen/Saporoshje).[49)]Dazu traten Verwaltungsfachleute wie der Allensteiner Landrat v. Bühnau als Magunias Hauptabteilungsleiter im Generalkommissariat Kiew und der 1944 von Partisanen ermordete Leiter der Abteilung Haushalt im Reichskommissariat, Walter Scheibert, ein hochangesehener Beamter der ostpreußischen Provinzialverwaltung, der sich einmal Verdienste um die Errichtung des Tannenberg-Denkmals erworben hatte.[50)]

Dieser knappe Hinweis auf ein Segment ostpreußischer Geschichte im Zweiten Weltkrieg soll hier genügen, da eine Untersuchung auch nur der Organisationsgeschichte des Reichskommissariats Ukraine den Rahmen dieser Einleitung sprengen würde.

---

46) Briefwechsel Ebrecht – R. Hildebrandt (HSSPF Heeresgruppe A) vom Mai 1944. BDC-OPG Koch.

47) Stellenbesetzungsplan Reichskommissariat Ukraine 1942 (BDC-Research), Liste der Generalkommissare (o. D., ca. Ende 1941) BA, R 6/69, Bl. 40. Zu Magunia und Oppermann vgl. o. Kap. 3, Anm. 36 – H. Schoene, 1889 Berlin, NSDAP: 1925, 1934 Führer der SA-Gruppe I Königsberg, seitdem auch Polizeipräsident ebd. bis 15. 2. 1942, seit 9/1941 Generalkomm. Brest-Litowsk (Wolhynien-Podolien) (BDC-SA)

48) G. Pannenborg, 1903 Bünde/Ostfriesland, Studium an Ing.-Akademie Oldenburg u. TH Braunschweig, früh Anschluß an die völkische Bewegung auf Borkum, 1931 Leiter der Rechtsstelle Gauleitung Ostpr., ab 1934 Rechtsberater im SS-Oberabschnitt Südwest (Prützmann), Führer b. Stab SS-OA Nordost ab 1937, Landrat Mohrungen 1937, Landrat Makeim/Zichenau 12/1939-5/1940, stellvertr. Generalkommissar Tschernigow 12/1941 (BDC-SS; GStA Rep. 77/4954).

49) Schwendowius, H. vgl. Tl. II, Anm. 3 zum Bericht vom 31. 1. 1943. – F. Schiedat (vgl. Kurzbiographie bei Nobis, 1987, 111, jedoch unter Aussparung der Parteifunktionen), 1900 Domnauswalde/Kr. Friedland, Stud. d. Rechtswiss., Assessorex. 1926, LGR in Allenstein, bis 1933 Rechtsanwalt ebd., NSDAP: 1. 8. 1931, Ortsgruppenleiter Allenstein 3/1932. Kreisleiter ebd. 1/1933, Oberbürgermeister ebd. 1933–1945, ab 1. 2. 1942 abgeordnet nach Kriwoi Rog (GStA, Rep. 240, C 39a–g, Bl. 1ff; BDC-Mitgliedskartei u. PK). – B. Armgardt, Jg. 1896, Steuersekretär in Königsberg, NSDAP: 10. 9. 1925 (BDC-PK). – H. Will, 1900 Ribben/Kr. Sensburg, Kriegsteilnehmer, Soldat bis 1920, verwundet, EK I, II, Stud. d. Rechtswiss., 1923–1925 Regierungsref. in Königsberg, 1930–1933 Kommunalabteilung im RMdI, 3. 5. 1933 OB Königsberg (Führerlexikon, 1934, S. 528). – F. Nieckau, 1891 Pr. Eylau, Kriegsteilnehmer, EK I, Studium an Tech. Hochschulen, Dipl.-Ing., 1923–1933 selbständiger Fabrikant und Kaufmann, 1933–1937 Bürgermeister in Dt. Eylau, ab 1937 OB Tilsit; NSDAP: 1. 6. 1930, Gauredner (BDC-PK). – A. Gille, 1901 Insterburg, Studium d. Rechtswiss., 1. Staatsex. 1923, Dr. jur., Assessorex. 1927, Bürgermeister in Lötzen 1928, NSDAP: 1. 5. 1937, Gebietskommissar Saporoshje-Stadt 1/1942 (BDC-PK).

50) W. Scheibert, 1889 Wehlau, Rechtswiss. Studium in Königsberg, 1915 russ. Gefangenschaft, 1922 Landesrat, Leiter d. volkswirtschaftlichen Abt. d. Provinzialverwaltung (Hein, 1943, S. 174).

6.3. Die Justiz an der „Heimatfront“

Entscheidende Veränderungen im Aufgabenbereich der Königsberger Justiz ergaben sich, neben der territorialen Ausdehnung des OLG-Bezirks, aus der Kompetenzerweiterung für die Sondergerichtsbarkeit. Im August 1938 war die Kriegssonderstrafrechtsverordnung fertiggestellt worden, die, am 26. 8. 1939 im Reichsgesetzblatt veröffentlicht, den Auftakt zu einer Reihe weiterer strafrechtlicher Bestimmungen für den Kriegsfall gab.[51)] Hierzu gehörte die Verordnung über die außerordentlichen Rundfunkmaßnahmen vom 1. 9. 1939 mit sehr hohen Strafandrohungen gegen das Abhören ausländischer Sender sowie die Verordnung gegen Volksschädlinge vom 5. 9. 1939, die Strafvorschriften über Delikte enthielt, die unter Ausnutzung der Verdunklung verübt wurden.[52)] Im Herbst folgte die Verordnung zur Ergänzung der Strafvorschriften zum Schutze der Wehrkraft des Deutschen Volkes vom 25. 11. 1939, die den Umgang mit Kriegsgefangenen verbot.[53)] Harte Strafbestimmungen enthielten auch die kriegsbedingten Bewirtschaftungsvorschriften vom 4. 9. 1939, die u. a. die Todesstrafe gegen Schwarzschlachter ermöglichten. Diese Kriegswirtschaftsregelungen wurden am 26. 11. 1941 unter enumerativer Aufzählung aller denkbaren leichten Verstöße noch verschärft.[54)] Soweit diese Verordnungen nicht bereits die Zuständigkeit der Sondergerichte begründeten, wurde sie in der Verordnung vom 21. 2. 1940 festgelegt, die auch Vergehen gegen die Kriegssonderstrafrechtsvorschriften den Sondergerichten zur Aburteilung zuwies.[55)]

Folge davon war, daß die Sondergerichtsbarkeit die ordentliche Strafjustiz während des Krieges immer weiter zurückdrängte. Damit verstärkten sich schon vor 1939 erkennbare Tendenzen, das Sondergericht zum Kampfmittel gegen politische Gegner im weitesten Sinne zu machen, das als „Standgericht der inneren Front“ eine Wiederholung des „Dolchstoßes“ von 1918 mit allen Mitteln zu verhindert hatte. Schnelligkeit des Verfahrens und Härte des Urteils prägten die sondergerichtliche Praxis.[56)]

Die Tätigkeit des Königsberger Sondergerichts findet in den Justizlageberichten in den ersten Kriegsjahren kaum Erwähnung. Wie in anderen OLG-Bezirken mußte die erweiterte Zuständigkeit noch nicht in Anspruch genommen werden. Zum einen waren die möglichen innenpolitischen Opponenten nicht mehr handlungsfähig. Zum anderen zerrissen die Einberufungen etwa noch bestehende informelle Beziehungen. Dazu kam in dem von OLG-Präsident Draeger gern als „Soldatenland“ gerühmten Ostpreußen die Identifizierung der Bevölkerung mit Staat und Nation in einem Krieg, der als Konsequenz der Grenzziehungen des Versailler Vertrages aufgefaßt werden konnte.

Mit den militärischen Erfolgen gegen Polen und dann im Frühjahr 1940 gegen Briten und Franzosen kam Kriegsbegeisterung selbst unter hartnäckigen Regimegegnern auf, so daß das Hauptarbeitsfeld der Sondergerichte, die „Heimtücke“-Verfahren, nahezu brach lag.[57)] Die Statistik weist für das Sondergericht Königsberg im ersten Kriegsjahr gut 400 Verfahren

---

51) Gruchmann, 1988, S. 952ff.
52) RGBl. 1939 I, S. 1458, 1683, 1679.
53) RGBl. 1939 I, S. 2319.
54) RGBl. 1939 I, S. 1609; RGBl. 1941 I, S. 734.
55) RGBl. 1940 I, S. 405.
56) Rüping, 1985, S. 109f.
57) Die „Heimtücke“-Verfahren gingen Mitte 1940 reichsweit zurück. Vgl. zur Stimmung in Bayern Kershaw, 1980, S. 146f. sowie allgemein Steinert, 1970, S. 137.

aus, von denen nahezu 80% im Bereich der herkömmlichen Kriminalität lagen. Die neuen kriegsbedingten Schwerpunkte kündigten sich aber schon an: Immerhin 10% der Fälle betrafen Verstöße gegen Kriegswirtschaftsbestimmungen, die dann ab 1941 zum Dauerthema der Berichterstatter wurden. Erstmals im Frühjahr 1940 büßte eine größere Zahl ostpreußischer Frauen den verbotenen Umgang mit Kriegsgefangenen mit hohen Zuchthausstrafen. Auch ein erstes Ansteigen der Verfahren gegen „Schwarzschlachter" war im Herbst 1940 zu beobachten. Die Todesstrafe wurde in drei Fällen gegen „Volksschädlinge" verhängt, die Gewaltverbrechen unter Ausnutzung der Kriegsverhältnisse begangen hatten.[58)]
Über die Besetzung des Sondergerichts in der Kriegszeit ist wenig bekannt. Erst 1944 (Lagebericht vom 29. 3. 1944) beschäftigte sich Generalstaatsanwalt Szelinski eingehender mit Besetzungsfragen und nahm Stellung zur Spruchpraxis. Spätestens zu diesem Zeitpunkt bestand das Sondergericht aus drei Kammern mit je einem Vorsitzenden und zwei Beisitzern, doch ließen Vereinfachungsvorschriften mittlerweile auch eine kleinere Besetzung zu. Als Vorsitzende bestimmbar sind Landgerichtsdirektor Ernst Stoermer, ein hochausgezeichneter Frontkämpfer des Ersten Weltkrieges, ehemals DNVP-Mitglied, in der NSDAP seit dem 1. 5. 1933, als gebürtiger Ostpreuße seit 1910 im Justizdienst seiner Heimatprovinz. Ferner Landgerichtsdirektor Dr. Johannes Tietz, aus dem Grenzkreis Ortelsburg gebürtig, von 1928 bis 1940 fast ununterbrochen am Landgericht Lyck tätig. Die Anklage vertrat neben Oberstaatsanwalt Jentsch hauptsächlich der Erste Staatsanwalt beim Landgericht Königsberg, Erwin Felske, der bereits vor 1933 in Lyck unter Szelinski gearbeitet hatte, wo er bis zu seinem Wechsel nach Königsberg für politische Straftaten zuständig war.[59)]
Die Verfahrenszahl und damit die Häufigkeit der Todesurteile stieg ab 1941 sprunghaft an.[60)] Legt man die Zahlen vom 1. Halbjahr 1942 (Lagebericht vom 29. 6. 1942) und die von 1943/44 (Bericht vom 29. 3. 1944) zugrunde, so verhandelte das Königsberger Sondergericht zwischen 1939 und 1944 etwa 5–6000 Fälle, die für ca. 5–600 Angeklagte mit dem Todesurteil endeten. Verglichen mit der kleineren, bevölkerungsärmeren, wirtschaftlich und sozial aber ähnlich strukturierten Agrarprovinz Schleswig-Holstein (5000 Verfahren, 100 Todesurteile) fällt die relativ geringere Verfahrenszahl neben der sechs Mal so hohen Zahl der Todesurteile auf, die prozentual mit der Todesurteilsrate Berliner Sondergerichte (12 500 Verfahren, 1200 Todesurteile) konkurriert.[61)] Szelinski räumte selber ein, daß in Königsberg eher zu streng als zu milde bestraft werde (Bericht vom 29. 3. 1944). Kritik aus der Bevölkerung an drakonischen Urteilen mußte Oberstaatsanwalt Capeller schon Anfang

58) ZStAP, RJM 9803/1a (Beiheft zum Generalband des Sondergerichtsreferates 11/1939–10/1940).

59) Die Identifizierung der Sonderrichter läßt sich nur ungenau nach den Personalakten der Königsberger Justizjuristen in BA, R 22 vornehmen. Vgl. hier Personalakten Stroemer und Tietz ebd. Mancher Hinweis auch bei Ronge, 1963, passim. Zu Felske, dem Ronge ein Kapitel widmet: geb. 1905 Berlin, Gerichtsassess. in Königsberg und Lyck 1930/31, Staatsanwaltschaftsrat in Lyck bis 1935, Erster Staatsanwalt b. LG Königsberg ab 1938, NSDAP: 1. 5. 1933. Nach dem Krieg wegen seiner Tätigkeit als Leiter der Anklagebehörde beim Sondergericht Königsberg angeklagt, doch wurde 1950 die Eröffnung der Hauptverhandlung vom OLG Schleswig abgelehnt (LAS, Abt. 786/Nr. 758; Abt. 354/Nr. 775 sowie GStA Rep. 84a/25124).

60) Über eine ähnliche Entwicklung beim Sondergericht Danzig vgl. Beurmann, 1942, S. 78f.

61) Vergleichszahlen liegen weder für das Reichsgebiet noch für die meisten OLG-Bezirke vor. Eine statistisch verläßliche Auswertung der Verfahren bei Hanisch, 1977, S. 210–226. Für den bevölkerungsärmsten Reichsgau (257 000 E.) zählt Hanisch zwischen 1939 und 1945 1254 Verfahren mit 67 Todesurteilen. Das Bremer Sondergericht führte von April 1940 bis April 1945 562 Verfahren durch, in denen 49 Todesurteile verhängt wurden (Marßolek/Ott, 1986, S. 195f.). Die Angaben zu Schleswig-Holstein und Berlin bei Bästlein, 1988, 171. Hierbei handelt es sich jeweils um Schätzungen.

1940 melden (Bericht vom 8. 2. 1940). Ebenso stießen Todesurteile gegen Schwarzschlachter auf Unverständnis und Ablehnung in der Landbevölkerung (Bericht vom 11. 6. 1942). Die Königsberger Spruchpraxis wurde sogar im „Völkischen Beobachter" moniert, der berichtete, daß in Ostpreußen das gleiche Delikt zehn Mal höher bestraft werde als in Berlin. Den SD-Meldungen von 1943 kann man entnehmen, daß das Sondergericht Königsberg für verbotenen Umgang mit Polen zehn Jahre Zuchthaus, westdeutsche Gerichte dafür aber nur ein Jahr Gefängnis verhängten.[62] In den wenigen überlieferten Ausgaben der „Königsberger Allgemeinen Zeitung" von 1944 kann man nachlesen, wie ungebrochen die harte Haltung auch noch oder gerade im fünften Kriegsjahr war: Am 2. 3. 1944 verhandelte eine Kammer des Sondergerichts am Tatort, im Reichsbahnbetriebswerk Insterburg, gegen zwei Heizer. Der Haupttäter wurde wegen Diebstahls von Reisekoffern zum Tode verurteilt. Am Tatort verhängte Todesstrafen des in der Provinz umherreisenden Sondergerichts gehörten 1943/44 zum Gerichtsalltag, um die Abschreckungswirkung zu erhöhen. Am 10. 6. 1944 meldete die „KAZ" Todesurteile gegen zwei „Jugendverführer" aus Königsberg und Angerburg sowie gegen zwei litauische Arbeiter, die bei ihrem Ausbruch aus dem Gerichtsgefängnis Ebenrode (Stallupönen) die Wärter schwer verletzt hatten. Hohe Zuchthausstrafen trafen bis dahin unbescholtene Bürger aus Insterburg wegen Abhörens ausländischer Sender. Ein Todesurteil gegen einen Schwarzschlachter aus Motzfelde/Kreis Tilsit wurde am 22. 6. 1944 bekanntgegeben.[63]

Man darf annehmen, daß ein großer Teil der Todesurteile gegen polnische und litauische Zivilarbeiter wegen verbotenen Umgangs mit deutschen Frauen verhängt wurde. Insoweit war die Strafhöhe auch Ausdruck des „Volkstumskampfes". Das schwingt schon in Capellers Bericht vom 8. 2. 1940 mit, wo das Verhalten der deutschen Bevölkerung unter dem Aspekt der Auswirkung auf die angrenzenden Staaten gewertet wurde. Ebenso empfindlich reagierte man auf Äußerung katholischer Geistlicher im Ermland über das mögliche Wiedererstehen des polnischen Staates (Bericht vom 10. 2. 1941).

Mitbedingt war die Härte der Strafjustiz ebenso durch das Konkurrenzverhältnis mit Himmlers Polizei. Himmler erhielt im März 1940 von Göring eine Generalermächtigung zur Überwachung der „Lebensführung" ausländischer, zu der Zeit meist polnischer Arbeiter im Reich. Dies begründete seine Zuständigkeit nicht nur bei der Abwehr von politischen Gefahren, sondern auch bei der Sicherung des „rassischen Bestandes" des deutschen Volkes.[64] Die sich daraus ergebenden massiven Eingriffe der Gestapo in den Kompetenzbereich der Justiz konterte diese mit einer Art „Flucht nach vorn" in eine unnachsichtige Strafpraxis. Das Konzept, es der Polizei gleichzutun, um Kompetenzen zu verteidigen, ging weder im Landgerichtsbezirk Zichenau noch im Bereich des „Altgaus" auf. Wie die Lageberichte zeigen, ließ die Gestapo sich nicht daran hindern, neue Zuständigkeiten zu beanspruchen oder die „Fremdvölkischen" nach Belieben zu bestrafen.

6.4. Polizei und SS in Ostpreußen

Obwohl die politische Polizei im Lauf des Jahres 1933 aus dem Ressort des Preußischen Innenministeriums ausgegliedert und in Gestalt des Geheimen Staatspolizeiamtes (Gestapa) dem Ministerpräsidenten Göring unmittelbar unterstellt wurde, blieben die Staatspolizeistellen in den einzelnen Regierungsbezirken den Regierungspräsidenten nachgeordnet, und

62) Meldungen 1942, S. 3418, 3495.
63) GStA, XX. HA/Zslg., Z 287.
64) Herbert, 1985, S. 74ff; Majer, 1981, S. 667ff.

die leitenden Stapobeamten rekrutierte man noch aus dem höheren Verwaltungsdienst. Erster Leiter der Königsberger Stapostelle war der spätere Landrat in Gerdauen, der aus Pommern stammende Verwaltungsjurist Dr. Wilhelm Casper.[65] In Allenstein und Elbing versahen die Regierungsräte Schütz und Marotzke, in Tilsit der Landrat Dr. Friedrich Brix diese Aufgabe.[66] Nach der Ernennung Himmlers zum Inspekteur der Preußischen Geheimen Staatspolizei stand das Weisungsrecht der Regierungspräsidenten nur noch auf dem Papier. 1936 wurde das Entscheidungsrecht der Geheimen Staatspolizei über politisch-polizeiliche Einzelweisungen der Regierungspräsidenten schließlich gesetzlich fixiert. Bis dahin hatte Himmler weiter personalpolitisch an Boden gewonnen, die Verbindung von SS und Polizei auf allen institutionellen Ebenen vorangetrieben und die meisten in der Kontinuität der preußischen Innenverwaltung stehenden Stapochefs durch SS-Führer abgelöst.[67]
Die Stapo Königsberg übernahm im Februar 1934 SS-Brigadeführer von dem Bach-Zelewski, zugleich Führer des SS-Oberabschnitts Nordost, der die SS-Abschnitte VII (Königsberg), XXII (Allenstein) und XXVI (Danzig) umfaßte.[68]
Sein Nachfolger Redieß als Führer des SS-Oberabschnitts hat die Königsberger Stapostelle nur kurze Zeit geleitet, da bis 1940 der Regierungsrat und Sturmbannführer Dr. Heinrich Vitzdamm auf diesem Posten ausgewiesen wird,[69] bevor er vom ehemaligen Schutzhaftdezernenten der Stapo Berlin, Dr. Walter Albath abgelöst wurde, der sich seit 1938 als Stapochef in Elbing bewährt hatte.[70] Wie Vitzdamm und Albath gehörten auch die Stapoleiter in Tilsit (Dr. Heinz Gräfe, 1937–40; Hans-Joachim Böhme, 1940–43), Allenstein

65) Dr. W. Casper, 1902 Lauenburg/Pommern, Assessorex. 1928, Hilfsarbeiter bei den Regierungen in Köslin und Königsberg, Leiter der Stapostelle in Königsberg bis 2/1934, 7/1934 Regierungsrat im Oberpräsidium, von Koch eingesetzter Untersuchungsführer im Disziplinarverfahren gegen Stadtrat Wolff (s. Kap. 3), Landrat in Gerdauen 10/1937. NSDAP: 7. 4. 1933. Ab 7/1934 war C. Dezernent des Politischen und des Polizeidezernats im Oberpräsidium, daneben stellvertretender Gaufachschaftsgruppenleiter im NSRB im Dienstrang eines Stellenleiters bei der Gauleitung (GStA Rep. 77/4109; BDC-Mitgliedskartei; Wolff, 1948, S. 99).

66) Nähere Angaben über die Regierungsräte Schütz und Marotzke standen vor Drucklegung noch nicht zur Verfügung. – Dr. F. Brix, 1898 Hadersleben, Dr. jur. Kiel 1921, Hilfsarbeiter b. Landratsamt Gerdauen 1925–1927, danach als Hilfsarbeiter b. Regierungspräsidenten Gumbinnen, 1/1933 Regierungsrat, 26. 1. 1933 zum Landrat im Kr. Tilsit-Ragnit vorgeschlagen, in dieser Eigenschaft bis 1934 Stapoleiter in Tilsit, 1937/38 vertretungsweise Polizeidirektor ebd., 5/1939 komm. Landrat im Kr. Pogegen, ab 2/1942 Stellvertreter Kochs als Chef der Zivilverwaltung Bialystok. NSDAP: 1. 5. 1937 (GStA, Rep. 77/4721; BDC-Mitgliedskartei).

67) Vgl. die knapp zusammenfassende Darstellung bei Tuchel/Schattenfroh, 1987, S. 89ff.

68) Zur Frühgeschichte der SS in Ostpreußen vgl. GStA, Rep. 10, Tit. 36, Nr. 29. 1933 bestand lediglich die 18. SS-Standarte unter dem Kommando Hans-Adolf Prützmanns (s. Anm. 78) mit je einem Sturmbann in Königsberg, Tapiau und Allenstein (zusammen ca. 650 Mann). Die erste Meldung über das Auftreten eines kleineren SS-Trupps erstattete der Königsberger Polizeipräsident am 10. 1. 1930.

69) Dr. H. Vitzdamm, 1892 Stralsund, Studium d. Nationalökonomie, Dr. phil. 1915, Kriegsteilnahme 1914–1918, bis 1923 als Volkswirt tätig, als Verwaltungsjurist bei den Regierungspräsidenten in Potsdam, Arnsberg, Stralsund, Stettin, 11/1933 stellvertr. Polizeipräs. in Stettin, Leiter der Stapo Magdeburg (Thévoz: Halle), NSDAP: 1. 5. 1933, SS: 20. 4. 1936, 1938 Oberregierungsrat und Leiter der Stapo Königsberg, 7/1943 Polizeipräsident in Gleiwitz, 1944: SS-Oberführer (Mit einigen Abweichungen, die sich aus der Vita zur Diss. und aus den Pr. Staatshandbüchern ergeben nach Thévoz u. a., Bd. 1, 1974, S. 307).

70) Dr. W. Albath, 1904, Studium d. Rechtswiss. in Göttingen, Dr. jur. ebd. 1930, 10/1935 Schutzhaftdezernent Stapo Berlin, 1937 stellvertr. Stapoleiter Koblenz, 1938 Stapoleiter Elbing, 1940 Königsberg, ab 8/1941 mit der Wahrnehmung der Dienstgeschäfte des Inspekteurs Sipo/SD beauftragt, 10/1941 als Stapoleiter nach Düsseldorf versetzt, 11/1943 Regierungsdirektor u. SS-Standartenführer. SS: 1. 4. 1933, NSDAP: 1. 4. 1933 (BDC-SS sowie Befehlsblatt des Chefs Sipo/SD 1940–1943).

(Richter, 1936–38, Dr. Schefe 1938–41; Dr. Wilhelm Altenloh, 1941–43) und Elbing (Dr. Gerke 1936–38) überwiegend seit 1933 zur SS.[71)]
Die Königsberger Stapo verfügte über Außenstellen in Braunsberg, Lötzen, Neidenburg und Rastenburg, dazu über Grenzpolizeikommissariate in Pillau und Lyck. In die Zuständigkeit der Stapo Tilsit fielen die Außenstellen in Gumbinnen und Insterburg sowie die Grenzpolizeikommissariate Memel, Eydtkau, Sudauen und Tilsit.[72)]
War die Stapo ein staatliches Organ, betraut mit exekutiven Aufgaben zur innenpolitischen Gegnerbekämpfung, blieb der seit 1934 in Ostpreußen sich etablierende Sicherheitsdienst (SD) der SS, ab 1939 eingeteilt in Leitabschnitte mit SD-Stellen in Königsberg und Tilsit, eine reine Nachrichtenorganisation der Partei, bis sich 1939 mit der Eingliederung ins Reichssicherheitshauptamt (RSHA) auch hier die Grenzen zwischen Partei und Staat verwischten. Dem RSHA waren die ostpreußischen Stapo- und SD-Leiter unmittelbar unterstellt. Die Befehlsgewalt bei gemeinsamen Einsätzen der sonst selbständigen Dienste Stapo, SD und Kripo wurde nach Kriegsausbruch dem Inspekteur der Sicherheitspolizei und des SD übertragen, einer 1936 geschaffenen Instanz, die bis 1939 vor allem die Interessen des SD mit denen staatlicher Verwaltungsstellen und der Wehrmacht zu koordinieren hatte.[73)]
In den Vorkriegsjahren bekleidete SS-Brigadeführer Jakob Sporrenberg, Rheinländer und Ruhrkämpfer wie Koch und Redieß, dieses Amt.[74)] Ihm folgte 1939 Standartenführer Dr. Dr. Otto Rasch, der beim Anschluß Österreichs, der Besetzung der Tschechoslowakei und der Rückgliederung des Memellandes bereits mobile Einheiten der Stapo und des SD befehligt hatte.[75)] Sein in Personalunion auch als Stapochef in Königsberg fungierender Nachfolger war seit November 1941 Regierungsrat und Sturmbannführer Dr. Constantin Canaris, ein gebürtiger Duisburger, der gleich nach dem Assessorexamen 1935 ins Gestapa eintrat, danach die Stapostelle Liegnitz leitete und 1940/41 in der Dienststelle Brüssel des Beauf-

71) Dr. H. Gräfe, 1908 Leipzig, seit 1933 beim SD, ab 1935 hauptberuflich, seit 1937 in Personalunion Leiter der Stapostelle und Führer des SD-Abschnitts Tilsit, ab 9/1940 zum RSHA versetzt, 3/71942 zum sicherheitspolizeilichen Einsatz im Osten abgeordnet (Kurzbiographie bei Krausnick/Wilhelm, 1981, S. 640). – Ebd. die Kurzbiographie H. J. Böhmes, genauer jedoch sein Lebenslauf in: KZ-Verbrechen, 1966, S. 28–30: geb. 1909 Magdeburg, Studium d. Rechtswiss., 1. Staatsex. 1933, Assessorex. 1936; SS: 1. 11. 1933, NSDAP: 1. 5. 1933. 1938 der Stapo Kiel „zur Einarbeitung" zugewiesen, 10/1940 Leiter der Stapo Tilsit, ab 10/1943 Kommandeur Sipo/SD Generalbezirk Shitomir/Ukraine. – Dr. W. Altenloh, 1908 Hagen, Dr. jur. Erlangen 1932, NSDAP: 1. 5. 1933, SS: 1935. Seit 1941 Leiter der Stapo Allenstein, ab 4/71942 auch Kommandeur Sipo/SD im Bezirk Bialystok, dort vertreten durch Regierungsrat Dr. Theodor Paeffgen, der von der Stapo Tilsit nach Allenstein unter gleichzeitiger Abordnung nach Bialystok versetzt worden war (BDC-Research O 458 A; NSDAP-Mitgliedskartei; Befehlsblatt Chef Sipo/SD 1941–1943).

72) BDC-Research O 458 A Dienststellenverzeichnis des Chefs Sipo/SD, 1943. Vgl. a. Handbuch Zichenau, 1943.

73) Ramme, 1970, S. 64, 123f.; Birn, 1986, S. 79ff.

74) J. Sporrenberg, 1902 Düsseldorf, 1919/20 Freikorps, Kapp-Putsch, 1924 von einem frz. Kriegsgericht im „Ruhrkampf" zu zwei Jahren Haft verurteilt. NSDAP: 1925, SS: 1930. 1936 Brigadeführer, 1936–1939 Inspekteur Sipo/SD Nordost (Königsberg), 1939/40 HSSPF Rhein, 6/1940-5/1941 HSSPF Nordost, danach SSPF in Minsk, Lublin und Oslo (nach Birn, 1986, S. 346f.).

75) Dr. Dr. O. Rasch, 1891, Dr. phil. Leipzig 1922, bis 1933 Rechtsanwalt und Syndikus eines sächsischen Unternehmerverbandes, 1938 Stapoleiter in Frankfurt/M., 9/1939 Führer einer Einsatzgruppe z. b. V. der Sipo und des SD in Ostoberschlesien, ab 5/1941 Leiter der Einsatzgruppe C im Südabschnitt der Ostfront. Bereits Herbst 1941 Zerwürfnis mit Koch, Rückkehr in die Privatwirtschaft. Nach 1945 im Nürnberger „Einsatzgruppenprozeß" angeklagt, 1950 wg. Krankheit entlassen (Krausnick/Wilhelm, 1981, passim; Reitlinger, 1964, S. 170f.; biogr. Angaben nach Ramme, 1970, S. 269f.).

tragten Heydrichs beim Militärbefehlshaber Belgien-Nordfrankreich tätig war.[76] In seine Zuständigkeit als Inspekteur Sipo/SD fielen die eingegliederten Ostgebiete und der Bezirk Bialystok. Ihn kann man wohl als den mächtigsten Kontrahenten der Justiz bei der Stabilisierung der „inneren Front" in Ostpreußen einstufen. De jure war Canaris Untergebener des Höheren SS- und Polizeiführers (HSSPF) Nordost, der im Mobilmachungsfall im Wehrkreis I die gesamte SS, die Polizei (Sipo, Kripo, Ordnungspolizei) und den SD zusammenfassend zu führen hatte, faktisch im „Altgau" jedoch Koordinationsinstanz ohne Weisungsrecht gegenüber Stapo und SD blieb. Erweiterte Kompetenzen bestanden in Zichenau und Bialystok als regionaler Beauftragter des „Reichskommissars zur Festigung des deutschen Volkstums" (Himmler), der als solcher u. a. für die Umsiedlung der polnischen Bevölkerung verantwortlich war.[77] Nachdem Redieß 1940 als HSSPF nach Norwegen gegangen war, nahm bis Mai 1941 der zwischenzeitlich wieder ins Rheinland gewechselte Sporrenberg dessen Posten ein. Sein Nachfolger wurde der in Tolkemit geborene SS-Gruppenführer Hans-Adolf Prützmann, der schon vor der Machtergreifung die 18. SS-Standarte in Königsberg befehligt hatte.[78] Nur wenige Monate nach Amtsantritt ernannte Himmler Prützmann auf Wunsch Kochs zum HSSPF im Reichskommissariat Ukraine, so daß er sich in Ostpreußen bis Ende 1944 ständig vom ehemaligen SS-Abschnittsleiter Danzig, George Ebrecht, vertreten lassen mußte.[79] Ebrecht und Prützmann hatten wie vordem von dem Bach ein äußerst gespanntes Verhältnis zu Koch, der ihre relative Selbständigkeit als Untergebene Himmlers beharrlich zu untergraben versuchte.[80]

Der „Volkstumskampf", den die ostpreußischen Gestapobehörden seit Kriegsbeginn führten, beschränkte sich nicht auf das Vorgehen gegen polnische Zivilarbeiter und Kriegsgefangene im „Altgau" oder das Willkürregime der Stapostelle Zichenau. Wo die Grenze zur Teilnahme am Völkermord überschritten wurde, schweigen sich die Justizlageberichte allerdings aus. Doch schon kurz nach dem Einmarsch in Polen hatten die Einsatzkommandos des RSHA mehrere hundert Angehörige der polnischen Intelligenz der Stapoleitstelle Königsberg überstellt, die sie in den Reichsautobahnlagern Beydritten und Rudau/Kreis Samland sowie im Lager Hohenbruch in der Nordostecke des Kreises Labiau, am Rande des Großen Moosbruchs einlieferte, einem Lager, das von Stapochef Vitzdamm eigentlich zur Unterbringung von „Staatsfeinden" im Mobilmachungsfall vorgesehen war.[81] Nach der

76) Dr. C. Canaris, 1906 Duisburg, Stud. d. Rechtswiss., 1. Staatsex. 1931, Dr. jur. Köln 1933, Assessorex. 1935, 10/1935 Dienstantritt im Gestapo, 9/1936 Stapoleiter Liegnitz, 11/1941 Inspekteur Sipo/SD Nordost, 9/1942 Standartenführer, 2/1944 Beauftragter des Chefs Sipo/SD b. Militärbefehlshaber Nordfrankreich/Belgien. NSDAP: 1. 4. 1932 (BDC-SS; Research O 458 A u. O SL 47 C sowie Befehlsblatt Chef Sipo/SD).

77) Birn, 1986, S. 10f., 16ff.

78) H. A. Prützmann, 1901 Tolkemit/Kr. Elbing, SA u. NSDAP: 1929, SS: 1930, seit 1932 Reichstagsmitglied, 1934 SS-Gruppenführer, 1934–1941 Führer der SS-Oberabschnitte Süd- und Nordwest (Stuttgart, Hamburg), 5/1941 HSSPF Nordost, 10/1941 HSSPF Rußland-Süd, 10/1943 Höchster SSPF im Reichskommissariat Ukraine u. HSSPF b. d. HGr. Süd (nach Krausnick/Wilhelm, 1981, S. 641f und Birn, 1986, S. 342).

79) G. Ebrecht, 1895 Hamburg, Weltkriegsteilnahme, bis 1924 verschiedene Wehrverbände, 1926–1931 Sisalpflanzer in Ostafrika, NSDAP: 1931, SS: 1935, 1939–1941 Abschnittsführer Danzig, 12/1941–12/1944 ständiger Vertreter HSSPF Nordost (nach Birn, 1986, S. 333).

80) Vgl. Prützmanns Aktenvermerk über eine Besprechung mit Koch vom 27. 9. 1942 und Himmlers Verwahrung gegen Kochs Versuch, sich Prützmann gefügig zu machen („Lieber Erich! ...Hast Du Dir eigentlich überlegt, daß ein wirkliches Verfolgen dieser Absichten auch beim besten Willen meinerseits einen ernsten Streit zwischen uns hervorrufen muß. Was versprichst Du Dir davon?", Himmler an Koch, 9. 10. 42) BDC-Research, O. 342.

Entscheidung Heydrichs, die inhaftierten Polen als Vergeltung für den „Bromberger Blutsonntag“ zu liquidieren, bestimmte SS-Brigadeführer Rasch im Januar 1940 170 Polen zum Abtransport in den Regierungsbezirk Zichenau, um sie von einem SS-Kommando exekutieren zu lassen. Da die Einsetzung der deutschen Verwaltung die Geheimhaltung dieser Mordaktion in Frage stellte, verlegte Rasch die übrigen Gefangenen in die ehemaligen polnischen Militärkasernen nach Soldau, um dort die Exekutionen fortzusetzen. Lagerkommandant war der Hauptsturmführer Krause. Das Wachpersonal wurde auf Veranlassung des HSSPF Redieß von der Ordnungspolizei gestellt. [82] Ab Februar 1940 überwiesen dann die Stapostellen Zichenau und Allenstein [83] weitere Polen ins Lager Soldau, die aufgrund von Polizeistandgerichtsurteilen, die Redieß bestätigt hatte, von Krause erschossen wurden. Auch nach der vorübergehenden Einstellung der Standgerichtsbarkeit ging die Einlieferung von polnischen „Staatsfeinden, Verbrechern und Asozialen“ weiter, über deren Erschießung Rasch nach Vortrag von Krause entschied. Im Frühjahr 1940 erhielt Rasch die bei Heydrich beantragte Genehmigung, in Soldau polnische „Arbeitsverweigerer“ unterzubringen. Die Verwaltungszuständigkeit übertrug Heydrich der Stapoleitstelle Königsberg, doch übte Rasch solange die Befehlsgewalt aus, bis er im Mai 1941 das Kommando über die zur „Gegnerbekämpfung“ in der UdSSR bestimmten Einsatzgruppe C übernahm und vom Königsberger Stapoleiter Albath vertreten werden mußte, den dann Canaris ablöste. [84]
Das Lager, das zeitweilig auch als Durchgangslager für die in Zichenau und Sudauen betriebene Umsiedlung der polnischen Bevölkerung diente, wurde vermutlich von allen ostpreußischen Stapostellen bis 1944 als sogenanntes Arbeitserziehungslager genutzt.[85] Auch lieferte die Stapo Zichenau polnische Häftlinge in Soldau ein, die zum Weitertransport in Konzentrationslager oder zur Exekution im KZ Stutthof bestimmt waren.[86]
SD und Stapo Tilsit erhielten mit Beginn des Rußlandfeldzuges vom Leiter der Einsatzgruppe A, SS-Brigadeführer Stahlecker, den Befehl, den litauischen Grenzstreifen von Juden und Kommunisten zu „säubern“. Ein Auftrag, der bis zum Herbst 1941 unter Beteiligung eines Kommandos der Memeler Schutzpolizei ausgeführt wurde und dem über 5000 Menschen zum Opfer fielen.[87]
Während diese Kapitel ostpreußischer Polizeigeschichte weitgehend erhellt werden konnten, ist bislang nicht erforscht, welche Aufgabe der Stapo Königsberg im Zusammenhang mit der Verlegung von 18 000 Juden in Arbeitslager zugefallen war, die im Raum Königsberg möglicherweise bis zum Sommer 1944 bestanden. Ein Lager dieser Art war dann

81) Über die allgemeinen Kriegsvorbereitungen und die geplante Verhaftung aller zuvor karteimäßig erfaßten politischen Gegner bei Kriegsausbruch s. Tuchel/Schattenfroh, 1987, S. 125ff.

82) Aus dem Verhandlungsprotokoll des SS-Richters beim RFSS, Berlin 3. 6. 1943 betr. Vorkommnisse im Lager Soldau. BDC-Research SL 1.

83) Die Stapo Allenstein war seit 9/1939 zuständig für das wieder zum Kreis Neidenburg gehörende Soldau-Gebiet.

84) Aussage von O. Rasch vom 16. 6. 1943. Über die Zustände im Lager Soldau vgl. a. IfZ NO-1069, NO-1073, NO-1074, NO-1076.

85) Grundlage des Vorgehens der Stapo waren die Erlasse betr. Arbeitsverweigerer vom 14. 6. 1940, 28. 5. 1941, 12. 12. 1941. In welchem Umfang die ostpreußischen Stapostellen diese Vorschriften zur Errichtung von weiteren Arbeitserziehungslagern genutzt haben, ist nicht bekannt. Vgl. Auerbach, 1966, S. 196–200.

86) Eine Sammlung von Schutzhaftvorgängen, Anträgen zur „Sonderbehandlung“ (= Exekution) und Vollzugsmeldungen der Stapo Zichenau von 1942/43 im Archiv der Zentralstelle Ludwigsburg, Sig. Polen-Ord. Nr. 365 u.

87) KZ-Verbrechen, 1966.

offenbar auch das ehemalige Internierungslager Hohenbruch/Kreis Labiau (s. Kap. 6.5.)[88] Ebenso im dunkeln liegt die Beteiligung der ostpreußischen Stapo- und SD-Stellen an der Selektion von sowjetischen Kriegsgefangenen. Bekannt sind lediglich Erschießungen in den Lagern Fischborn/Kreis Johannisburg und Prostken/Kreis Lyck, die im Oktober 1941 nicht von der Stapo, sondern von einer mobilen Polizeieinheit durchgeführt wurden.[89]

6.5. Der Krieg im Alltag der ostpreußischen Bevölkerung

In Dutzenden von Heimatchroniken über ostpreußische Landkreise und einzelne Gemeinden sind die Kriegsjahre bis 1944 Jahre der Kriegsferne. Friedensbilder bestimmen die Erinnerung und werden bestätigt und verfestigt bei der Lektüre etwa von Gräfin Dönhoffs „Ritt durch Masuren“ im Herbst 1941, der Briefe einer jungen Landlehrerin im Kreis Labiau, die Marianne Peyinghaus unter dem bezeichnenden Titel „Stille Jahre in Gertlauken“ herausgab, oder nur beim Betrachten der Farbphotographien Wilhelm Heises, die mit dem östlichen Licht stets ein wenig vom vielbesungenen „ewigen Feiertag“ präsent halten, der über Ostpreußens Landschaften zu liegen schien.[90] Dagegen vermitteln die Justizlageberichte ein geradezu düsteres Bild vom Kriegsalltag, der nicht erst 1944 begann. Dabei spielen die unmittelbaren Kriegseinwirkungen tatsächlich eine untergeordnete Rolle, obwohl die sowjetischen Luftangriffe ab 1943 häufiger wurden. Die Besatzungspolitik in Polen und in der Sowjetunion blieb die Sache einer Minderheit von Parteifunktionären, Verwaltungs- und Wirtschaftsfachleuten. Die Spannungen zwischen Wehrmacht und Bevölkerung, 1939 und 1941, als Ostpreußen Bereitstellungsraum für den Krieg im Osten war, hielten sich im Rahmen des üblichen. Es waren vielmehr die mittelbaren Kriegsauswirkungen, die den Alltag veränderten und so Schwerpunktthemen für die Berichterstatter bildeten: Die Jugendkriminalität als die eine Folge der Einberufungen, das sittliche Betragen der „Kriegerfrauen“ als die andere. Dazu die Anwesenheit einer großen Zahl von Kriegsgefangenen und ausländischen Zivilarbeitern, die unter rassenideologischen und polizeilichen Aspekten ein Gefährdungspotential darstellten. Die Einquartierung von mehreren zehntausend bombengeschädigten Großstädtern brachte vielen Ostpreußen persönliche Einschränkungen, wenn auch die negativen Konsequenzen ausblieben, die man nach anfänglichen Reibereien befürchten mußte.

Steigende Kriminalität, Verwahrlosungserscheinungen, offenkundige Diskrepanzen zwischen ideologisch gefordertem und tatsächlich gezeigtem Verhalten an der „Heimatfront“, ausländische Arbeiter in allen Wirtschaftsbereichen und das Zusammenleben mit den Evakuierten rangierten in den Berichten jedoch hinter den ausführlichen Rapporten zur Versorgungslage. Die Königsberger Behördenleiter und die sie informierenden Vorstände in den Landgerichtsbezirken geben dabei deutlich die Alltagserfahrung des Städters wieder, während etwa Marianne Peyinghaus aus der Perspektive der Landbevölkerung von einem ganz anderen Kriegsalltag erzählt, wo z. B. die Folgen der Kriegsbewirtschaftung kaum spürbar waren.

Auch die anderen Phänomene des hier geschilderten Alltags geben natürlich nur einen Ausschnitt der Wirklichkeit wieder. Das professionelle Interesse der Juristen an strafrecht-

88) Reitlinger, 1962, S. 144.

89) Streit, 1978, S. 94. – Kriegsgefangenenlager im Wehrkreis I gab es im August 1941 in Prökuls, Schirwindt, Heydekrug, Schützenort/Ebenrode, Suwalki, Fischborn und Ostrolenka (Verzeichnis aus dem RSHA, Amt IV in R 58/272, Bl. 59).

90) Dönhoff, 1977; Peyinghaus, 1985; Heise, 1982.

lich relevanten Formen abweichenden Verhaltens – und hierzu zählte bis 1969 auch der Ehebruch (§ 172 StGB) – verführte zu Überzeichnungen und dramatisierenden Schlußfolgerungen. So gewinnt man anhand einiger Lageberichte ab 1942 den Eindruck, die patriarchalisch-autoritär gefestigten Lebensformen der ostpreußischen Vorkriegsgesellschaft seien in rapider anarchischer Auflösung begriffen gewesen. Wenn dabei die ständig steigende Kriminalität, insbesondere bei Jugendlichen, im Vordergrund steht, so ist zu bedenken: 1. Die Kriegsgesetze vermehrten die Zahl der Straftatbestände erheblich. 2. Beträchtlich war der Anteil ausländischer Straftäter an den Verurteilungen. Im ersten Quartal 1942 gingen z. B. im Landgerichtsbezirk Memel 1021 Anzeigen ein, davon 419 gegen Litauer (Bericht vom 16. 4. 1942). Fast ein Drittel der 1943 anfallenden Sondergerichtssachen betraf Straftaten von Ausländern (Bericht vom 28. 11. 1943). 3. Die absoluten Zahlen boten, wie der Braunsberger Oberstaatsanwalt Kühn einräumte, keinen Anlaß zur Beunruhigung. In diesem, neben Tilsit und Memel kleinsten Landgerichtsbezirk stieg die Jugendkriminalität im Vergleich zu 1933/34 zwar im Winterhalbjahr 1940/41 um fast 300%, doch bedeutete dies statt 43 nunmehr 112 Verfahren. Ebenso „häuften" sich prozentual die Fälle von Arbeitsvertragsbruch bei weiblichen Jugendlichen. Tatsächlich stieg die Zahl von 5 auf 9 Verfahren, während die Zahl der Vertragsbrüche bei männlichen Jugendlichen sogar von 6 (1940) auf 4 (1942) absank! Dieses Zahlenmaterial reichte Kühn jedoch bereits, um damit die „sinkende Arbeitsmoral der weiblichen Jugendlichen" zu belegen (Bericht vom 31. 1. 1943). 4. Absolut niedrig blieb auch die Verfahrenszahl, die bei den Behördenchefs als Gradmesser für das sittliche Niveau galt: die Anklagen wegen verbotenen Umgangs mit Kriegsgefangenen. Im Landgerichtsbezirk Braunsberg waren 1942 nur 56 Verfahren anhängig, von denen 36 zu Verurteilungen führten. Dazu kamen 13 Verfahren gegen weibliche Jugendliche (Bericht vom 31. 1. 1943). Rechnet man dieses Resultat entsprechend den höheren Bevölkerungszahlen für die sieben anderen Landgerichtsbezirke des „Altgaus" hoch und setzt ein Maximum von 1600 verurteilten Frauen pro Jahr, beträfe dies 0,07% der weiblichen Bevölkerung, respektive höchstens 0,3% der in Betracht kommenden Altersgruppen. Zu weiteren Indikatoren, die nach Ansicht der Berichterstatter den fortschreitenden Sittenverfall anzeigten, liegt kaum Zahlenmaterial vor. Teils handelt es sich um subjektive Einschätzungen, etwa wenn in Bartenstein das „liederliche Leben der Kriegerfrauen, die sich ständig beim Friseur oder im Kino" aufhielten, beobachtet wurde (Bericht vom 12. 10. 1942), teils hielten sich die absoluten Zahlen vermutlich wieder in Grenzen, wie bei der Zunahme der Ehescheidungsklagen (Berichte vom 26. 11.1942 und 29. 3. 1944) oder bei der erhöhten Kindersterblichkeit im Landgerichtsbezirk Tilsit (Bericht vom 11. 6. 1942), die eher den regionalen Mängeln der öffentlichen Gesundheitsfürsorge als gleichgültigen Müttern zugeschrieben werden kann.[91)]

Selbst wenn man für 1943 und 1944 ein weiteres „Absinken des moralischen Niveaus" (GStA Szelinski am 29. 3. 1944) oder gar ein „Absinken der weiblichen Jugend in die Prostitution" (Szelinski am 26. 1. 1944) konstatieren durfte, legen die greifbaren absoluten Zahlen den Schluß nahe, daß gerade, weil die „Gesamthaltung der Bevölkerung" mehr als in anderen Regionen des Reiches den Erwartungen entsprach (so OLG-Präsident Draeger am 23. 7. 1943), abweichende Verhaltensweisen umso auffälliger wirken mußten.

Noch Anfang 1944 relativierte Szelinski seine eigene Meldung über steigende Jugendkriminalität mit der Bemerkung, daß von einem „allgemeinen Abgleiten" der Jugend in die Verwahrlosung keine Rede sein könne und es sich meist um harmlose und geringfügige Straftaten handle (Bericht vom 26. 1. 1944). So wenig wie in den anderen OLG-Bezirken

91) Vgl. dazu Teil II. Anm. 3 zum Bericht v. 19. 2. 1942.

stützt die Zunahme der Jugendkriminalität schon die pauschale Behauptung, das NS-System habe unter jungen Leuten an Kredit verloren. Darüber hinaus kamen andere „unpolitische Ausdrucksformen jugendlicher Nonkonformität" wie die in west- und mitteldeutschen Großstädten anzutreffende „Swing-Jugend" den Lageberichten zufolge in Ostpreußen gar nicht vor.[92] Das Problem scheint sich überdies spätestens im Juli 1944 mit dem Jugendeinsatz am „Ostwall" in nichts aufgelöst zu haben.

Wenn man die öffentliche Meinung nach „Stimmung und Haltung", also eine durch emotionale, augenblicksgebundene und eine dauerhaftere, durch Erziehung und Erfahrung geprägte Gemütsverfassung differenziert[93], dann ist an den Berichten aus Ostpreußen hervorzuheben, daß tiefe Unzufriedenheit oder Beunruhigung als Stimmungsphänomene so selten waren wie Begeisterung. Die „Haltung" neutralisierte positive und negative „Stimmungen". So löst z. B. die „Euthanasie"-Aktion kein mit westdeutschen Regionen vergleichbares Echo aus. Ebensowenig fanden die aus dem Rheinland oder aus Bayern bekannten Protestsymptome in der katholischen Bevölkerung des Ermlandes eine Entsprechung. Wenig konfliktträchtig schien auch das Verhältnis zur Partei. Kritik am korrupten Verhalten der Funktionäre wird in den Berichten selten erwähnt, wobei allerdings deren Absorption durch die Besatzungspolitik und die parteikonforme Einstellung der Berichterstatter zu berücksichtigen ist. Nennenswerte Anzeichen von Kriegsmüdigkeit, wie man sie etwa im OLG-Bezirk Bamberg bereits Mitte 1942 wahrnahm, gab es in Ostpreußen nicht.[94] Der erste allgemeine Stimmungseinbruch während der Winterschlacht im Osten 1941/42 schien sich in Ostpreußen nur deshalb besonders auszuwirken, weil mit Generalfeldmarschall von Brauchitsch der ehemalige Wehrkreisbefehlshaber der Provinz abgelöst wurde, mit dem man sich verbunden fühlte. Nur vorübergehend schwand nach Stalingrad das Vertrauen zum Führer. Man könnte daher aus alledem eine besondere Regimetreue der Ostpreußen ableiten und auf 56% NSDAP-Stimmen im März 1933 oder die 60–70%-Wahlerfolge in Masuren schon vor der Machtergreifung verweisen.

Doch nicht zufällig knüpften Draeger und Szelinski an tradierte Vorstellungen an, wenn sie Garanten des Durchhaltewillens benennen mußten. Nicht auf die NS-Ideologie vertraute man, sondern auf die „soldatische Grundhaltung" der „abgehärteten Grenzbevölkerung" (Bericht vom 29. 5. 1943). Also auf die „seit Generationen gepflegten Erziehungsideale", die preußischen Tugenden, deren Kennworte Gehorsam und Pflichterfüllung waren (M. Steinert)[95] sowie auf den in den Jahren des ostpreußischen „Inseldaseins" noch gewachsenen nationalen Selbstbehauptungswillen. Schließlich hing auch die Einschätzung der Kriegslage an der Ostfront nicht von der NS-Propaganda ab. Andreas Hillgruber hat zutreffend auf die „Lebendigkeit des Tannenberg-Mythos" in Ostpreußen, der die Erfahrungen des Ersten Weltkrieges bündelte, und auf ein eingewurzeltes Überlegenheitsgefühl gegenüber den Slawen hingewiesen, das die Überzeugung trug, „auch diesmal mit den Russen fertig zu werden."[96] Darauf konnte die Propaganda sich dann stützen. Der so im Osten länger aufrechterhaltene Endsiegglaube schien selbst Draeger und Szelinski schon unverständlich, als sie zuletzt über die Rückkehr in Evakuierungsgebiete und über zögernd befolgte Räumungsaufforderungen berichteten (Berichte vom 11./19. 10. 1944). Im Unterschied zum Westen gab es auch kein Wiederaufleben des Widerstands in den Oppositionskreisen der

92) Klönne, 1981, S. 597.
93) Steinert, 1970, S. 26.
94) Schütz, 1983, S. 52.
95) Steinert, 1970, S. 23f.
96) Hillgruber, 1986, S. 27ff.

Vorkriegszeit. Erst Mitte 1943 nahmen „Heimtücke"-Verfahren wieder zu. Ihren Anteil daran hatten erstmals Kreise, an deren Loyalität lange nicht zu zweifeln gewesen war. Gleichwohl nur einen spektakulären Einzelfall stellt das Volksgerichtshofverfahren gegen den Chefarzt des Kreiskrankenhauses in Pr. Holland, Dr. Emil Mertens, dar. Mertens, ein hochdekorierter Kriegsfreiwilliger von 1914, Leutnant d. R., war seit 1920 im Deutschvölkischen Schutz- und Trutzbund, ab 1930 in der NSDAP aktiv, hatte Verdienste um die „Bewegung" im Kreis Pr. Holland vorzuweisen und genoß als Kreisparteirichter hohes Ansehen. Er ließ sich jedoch im Sommer 1943 gegenüber alten Parteigenossen mehrfach zu Äußerungen hinreißen, in denen er Hitler als „Teppichbeißer" titulierte, dessen Dilettantismus die Niederlage des Reiches geradezu unausweichlich herbeiführen werde. Unter Freislers Vorsitz verurteilte ihn der Volksgerichtshof wegen „Wehrkraftzersetzung" zum Tode.[97)]

Auch der schwerste bislang bekannt gewordene Fall politisch motivierter Opposition, sieht man einmal von den am Attentat auf Hitler beteiligten Ostpreußen ab,[98)] läßt sich bezeichnenderweise nicht den alten Oppositionskreisen zuschreiben: Anfang August 1944 nahm der Sprengmeister Hermann Kurras aus Grünau, Kreis Elchniederung, dreizehn aus dem nahen Lager Wasserburg geflohene Juden bei sich auf. Kurras war für die Moorverwaltung Hohenbruch tätig, die ihm gelegentlich jüdische Häftlinge als Hilfskräfte zur Verfügung gestellt hatte. So entwickelten sich seit 1943 die Kontakte über den Austausch von Dienstleistungen und Lebensmitteln bis zu Kurras' Bereitschaft, die kurz vor Lagerauflösung geplante Flucht zu unterstützen. Auf seinem abgelegenen Gehöft beherbergte und verpflegte Kurras die Flüchtlinge, die sich in einem eigens angelegten Bunker versteckt hielten. Mit seiner Familie und einem Gehilfen erwartete er den Einmarsch der „Roten Armee", die sich im Oktober 1944 Grünau bis auf 40 km näherte. Kurras half den Flüchtlingen zum Teil aus eigennützigen Erwägungen, weil er auf eine Belohnung spekulierte und sich einen guten Leumund bei den Sowjets versprach. Doch handelte er auch als überzeugter Gegner des Nationalsozialismus, was wohl nicht zuletzt auf sein „eifriges Bibelstudium" zurückging, das im Prozeß Erwähnung fand. Abfällige Äußerungen über die Staatsführung wurden ihm dann sogar zum Verhängnis. Sie erregten Ende Oktober 1944 die Aufmerksamkeit der Gendarmerie, die als russische Partisanen verkleidete ukrainische Hilfspolizisten aufs Gehöft schickte, um Kurras' politische Ansichten näher kennenzulernen. Um sich als Regimegegner auszuweisen, verriet er den vermeintlichen Partisanen das Versteck der geflohenen Juden. Elf von ihnen wurden bei der umgehend eingeleiteten Razzia erschossen. Kurras kam samt Ehefrau und Gehilfen wegen Feindbegünstigung vor den Volksgerichtshof, der alle drei Angeklagten am 15. 12. 1944 zum Tode verurteilte. Entgegen der Anregung Kochs, das Urteil zur Abschreckung in Grünau durch öffentliches Erhängen zu vollstrecken, erfolgte die Hinrichtung des Ehepaares noch vor Weihnachten im Königsberger Gerichtsgefängnis.[99)]

97) Urteil des VGH in BA, R 60 II/77. Vgl. a. das Schreiben von Mertens an Staatssekretär Grauert (RrMdI) v. 20. 6. 1933, in dem er sich erfolgreich für die Ernennung des Pg. Joachim Schulz zum Landrat von Pr. Holland einsetzt und stolz darauf hinweist, daß der Kreis als einer der ersten in Ostpreußen für den Nationalsozialismus gewonnen werden konnte (GStA, Rep. 77/4959, Bl. 266). Vielleicht schon ein Anzeichen für den Stimmungsumschwung unter den Honoratioren Pr. Hollands kann in dem scharf formulierten Beschwerdebrief an Minister Frick v. 15. 9. 1938 gesehen werden, der den Bestrebungen des Kreisleiters Damerau entgegentrat, anstelle von Schulz das Landratsamt zu übernehmen (ebd., Bl. 279).

98) Dazu knapp Gause, 1971, 159; Matull/Sommerfeld, 1967, S. 177.

99) Anklageschrift und Urteil des VGH in BA, All. Proz. 1, XVIIB/43.

Die Singularität des Falles Kurras belegen die „Meldungen wichtiger staatspolizeilicher Ereignisse“, in denen die Stapostellen zwischen November 1941 und November 1944 insgesamt 73 Vorfälle aus dem OLG-Bezirk Königsberg und dem Bezirk Bialystok anzeigten.[100] Oppositionelle Aktivitäten aus bürgerlichen oder kirchlichen Kreisen wurden kaum bemerkt. Was an vereinzeltem Widerstand aus Arbeiterkreisen[101] zu melden war, ist als Arbeitssabotage nicht eindeutig politisch einzustufen. So beispielsweise wenn im August 1942 ein Monteur an einem Großtransformator der „Ostpreußenwerke“ das Ölstandsglas zertrümmerte, um die Inbetriebnahme zu verzögern oder drei Zimmerlehrlinge aus Peyse und Königsberg auf einer Bunkerbaustelle im März 1943 die Weichenzungen verstopften und den Baubetrieb kurzzeitig lahmlegten. Deutlicher läßt sich das Verhalten der ausländischen Zivilarbeiter als politisch motiviert klassifizieren: „Die Stapoleitstelle Königsberg nahm den aus dem Gebiet Bialystok vermittelten Arbeiter Nikolaj Sujetow, geb. 3. 2. 1916 Saratow, in Haft. S. hatte bei der Ostdeutschen Kühlerfabrik in Königsberg etwa 20 Autokühler zerstört sowie insgesamt 100 Kurbelwellen und 10 Zylindergehäuse für Automotoren unbrauchbar gemacht. Außerdem hatte er Werkzeug- und Bearbeitungsmaschinen durch Entfernen wichtiger Teile stillgelegt. Der angerichtete Schaden beläuft sich auf insgesamt 10 000 RM. S. war zunächst nach Durchführung der Sabotageakte geflüchtet, konnte jedoch nach vier Tagen festgenommen werden, wobei er mit einem Dolch Widerstand leistete und hierauf durch mehrere Schüsse niedergestreckt wurde. Er ist geständig, die Sabotagehandlungen allein und ohne Aufforderung von dritter Seite durchgeführt zu haben; er habe in ständiger Furcht gelebt, daß die Bolschewisten ihn nach ihrem etwaigen Einmarsch in Deutschland zur Rechenschaft ziehen würden, wenn er es unterlassen hätte, die Deutschen durch Sabotage zu schädigen.“[102] Der „Rehabilitierung“ für den Fall eines weiteren Vorrückens der Sowjetarmee sollte auch eine illegale Organisation unter Kriegsgefangenen und Ostarbeitern dienen, die im Juli 1944 im Bereich der Stapo Königsberg entdeckt wurde.[103]

Welche neue Qualität des Widerstands der Krieg schuf, ist daran abzulesen, daß sich allein 36 der 73 Meldungen mit der Partisanentätigkeit in den annektierten Gebieten befaßten. Bandengefechte und Gleissprengungen bestimmten schon im Sommer 1942 den Kriegsalltag im Bezirk Bialystok. Im März 1943 waren durchschnittene Fernsprechleitungen in Sudauen ein erstes Anzeichen für das Vordringen der Partisanen in Richtung „Altgau“. Bei Goldenau, Kreis Lyck, überschritten sie erstmals die Reichsgrenze, zündeten das Wohnhaus des Ortsbauernführers an und beschossen die zum Löschen herbeigeeilte „Landwacht“.[104]
Ungeklärt ist, ob der blutigste Überfall dieser Art auf das Konto von Partisanen oder von Kriminellen ging: In der Nacht vom 15./16. 8. 1943 drang eine polnische Bande in die Revierförsterei Eichenwalde, Kreis Johannisburg, ein, ermordete den Beamten, seine Frau und zwei kleine Kinder. Danach überfiel sie das nur 2 km entfernte Dorf Mittenheide, plünderte dort, steckte mehrere Gebäude an, raubte Waffen und Munition und ermordete acht Dorfbewohner.[105]

---

100) BA, R. 58/195–213, 358.
101) Hierzu noch über die Verhaftung von zwei Königsberger Sozialdemokraten, die 1943 zum Tode verurteilt wurden: Matull, 1967, S. 177.
102) BA, R 58/195, Meldung Nr. 12 v. 26. 6. 1942.
103) Ebd. Nr. 3 v. 18. 8. 1944.
104) Ebd, Nr. 2 v. 13. 8. 1943.
105) GStA, Rep. 240, C 52 a–c, Bl. 46–51.

Die Justizlageberichte meldeten überraschend früh das Absetzen sowjetischer Agenten (Bericht vom 11. 6. 1942) und die Anfänge ihrer Sabotagearbeit (11. 8. 1942). Bei den im Mai 1942 im Kreis Insterburg abgesprungenen Agenten handelte es sich um deutsche Emigranten, die sich mit den Auftrag nach Berlin durchschlagen sollten, die Schulze-Boysen/Harnack-Organisation („Rote Kapelle") zu unterstützen. Mit dem „Vorfall" auf den sich Capeller in seinem Bericht (11. 6. 1942) bezog, war der Schußwechsel mit drei weiteren Emigranten am 18./19. 5. 1942 gemeint, von denen zwei lebend in die Hände der Stapo fielen und Aussagen machten, die zur Zerschlagung der „Roten Kapelle" beitrugen.[106)]
Größere Sabotagetrupps operierten in Ostpreußen selbst etwa seit Frühjahr 1944. Generalstaatsanwalt Szelinski wies im Oktober 1944 darauf hin, in welchem Ausmaß sie auch die Bevölkerung terrorisiert hätten (19. 10. 1944). Deutsche Gegenmaßnahmen in den Waldgebieten bei Insterburg, Pr. Eylau und Neidenburg waren zumeist recht erfolgreich, da die Unternehmen von sowjetischer Seite nicht gründlich vorbereitet worden waren, der Nachschub in deutsche Hand fiel oder Trupps aus deutschen Kriegsgefangenen bestanden, die die Gelegenheit nutzten, um sich den Behörden zu stellen.[107)] Die Ereignisse, die in den Lageberichten seit dem Sommer 1944 das Bild vom ostpreußischen Kriegsalltag bestimmen, weisen vielfach schon voraus auf Flucht und Vertreibung. Neu dürfte die staatsanwaltliche Perspektive auf Begleiterscheinungen wie die Plünderungen in den Evakuierungsgebieten sein. Nach anderen Anzeichen von Unordnung und Auflösung sucht man in den Berichten jedoch vergebens. Auch unter der äußersten Bedrohung schien die Haltung nicht durch Stimmungen beeinflußbar. Ein anschauliches Beispiel dafür liefert Szelinskis Bericht vom 18. Januar 1945. Unbeeindruckt von der Gesamtlage widmet er sich darin mit einer in Jahrzehnten eingeübten Gründlichkeit praktischen Fragen der Strafverfolgung. Eine ähnliche Haltung spricht aus der lakonischen Notiz vom 26. Januar 1945, die Familien einiger Justizbeamten hätten sich entschlossen, in Königsberg zu bleiben. Die allseits erkennbare bewußte Fortsetzung des Gewohnten läßt ahnen, wie das bevorstehende Abbrechen der jahrhundertealten deutschen Geschichte und Kultur Ostpreußens das Vorstellungsvermögen der meisten seiner Bewohner überforderte.

106) Nollau/Zindel, 1979.
107) Zur Partisanenbekämpfung in Ostpreußen Bericht v. Bredow Ost-Dok. 8/552 und Kramer ebd. 8/556.

Die ostpreußische Justiz

Nord- und Ostflügel des Königsberger Schlosses mit dem achteckigen Haberturm. Sitz des Königsberger Oberlandesgerichtes bis 1944.

Das Land- und Amtsgericht am Hansaplatz (nach 1933: Adolf-Hitler-Platz). Links der 1931 fertiggestellte Gerichtserweiterungsbau, daneben Polizeipräsidium und Nordbahnhof.

Dr. Max Draeger. Oberlandesgerichtspräsident in Königsberg (1937–1945).

.Dr. Günther Vollmer. Generalstaatsanwalt beim Oberlandesgericht in Königsberg (1937–1943).

Dr. Alfred Funk. Vorsitzender des Sondergerichts am Landgericht Königsberg (1936–1939). Kommissarischer Leiter des Landgerichts Zichenau (1939–1941).

Fritz Szelinski. Generalstaatsanwalt beim Oberlandesgericht in Königsberg (1943–1945).

Zur ostpreußischen NSDAP

Die Anfänge der NS-Bewegung in Ostpreußen: Aufmarsch in einer Kleinstadt um 1930.

„Die letzte Sitzung des Provinzial-Landtages vor der Machtübernahme“ (Originalbildunterschrift)

Königsberg, Juni 1938. Erich Koch und sein „Gaustab“. Von rechts: Waldemar Magunia (Präsident der Handwerkskammer), Wilhelm Redieß (Höherer SS- und Polizeiführer Nordost), Alfred Lau (Intendant des Reichssenders Königsberg). 6. v. r.: Ferdinand Grossherr, der stellvertretende Gauleiter.

Das politische Führungspersonal in Ostpreußen und den besetzten Ostgebieten

Dr. Hermann Bethke. Vizepräsident des Oberpräsidiums (1933–1940), Regierungspräsident in Zichenau (1939/40).

Dr. Paul Hoffmann. Vizepräsident des Oberpräsidiums Ostpreußen (1940–1945).

Paul Dargel. Gauorganisationsleiter der NSDAP in Ostpreußen. Regierungspräsident in Zichenau, ab 1942 ständiger Vertreter des Reichskommissars Ukraine.

Clemens Rossbach. Regierungsvizepräsident in Zichenau (1939–1944).

Dr. Bruno Dzubba. Geschäftsführer der „Erich-Koch-Stiftung".

Die „Machtergreifung“ und ihre Folgen in Ostpreußen (1933–1939)

Königsberg nach der „Reichskristallnacht“: Eingeschlagene Schaufenster und geplünderte Auslagen bei jüdischen Geschäftsleuten, hier das Bekleidungshaus Michaelis & Britz in der Vorstädtischen Langgasse 32, Ecke Borchertstraße, gegenüber der Reichsbahndirektion.

Königsberg nach der „Reichskristallnacht" vom 9. und 10. 11. 1938: Außenansicht der zerstörten Synagoge in der Lindenstraße.

Königsberg nach der „Reichskristallnacht“: Die zerstörte Inneneinrichtung der Synagoge in der Lindenstraße.

Polenfeldzug und Besatzungspolitik im Regierungsbezirk Zichenau

Kreis Osterode, Ostpreußen im Oktober 1939: Dargel (2. v. l.), Koch (3. v. l.) und Großherr (4. v. l.) in einem Lager für polnische Kriegsgefangene.

Herbst 1939: Gauleiter Koch mit Stab auf dem Bahnhof in Soldau.

Regierungsbezirk Zichenau 1939/40: Polnische Juden fegen den Marktplatz von Makeim (Maków).

Regierungsbezirk Zichenau im Frühjahr 1940: Mit einem Stoffetzen gekennzeichnete polnische Juden im Arbeitseinsatz.

Regierungsbezirk Zichenau: Polnische Juden beim Arbeitseinsatz in Makeim (Maków).

Regierungsbezirk Zichenau: Jüdische Wohnviertel in Makeim (Maków).

Regierungsbezirk Zichenau im Frühjahr 1940: Arbeitseinsatz polnischer Zivilisten im Straßenbau.

Deutsch-sowjetische Nachbarschaft 1940

Eydtkau 1941: Volksdeutsche aus Litauen erhalten an der Grenze eine erste Erfrischung.

Ankunft volksdeutscher Umsieder in Eydtkau, Anfang 1941.

Vorbereitungen zum Empfang der Volksdeutschen aus dem Baltikum. Aufgenommen in Eydtkau im März 1941 von der Grenze Richtung Marktplatz.

Blick auf die Deutsche Ostmesse in Königsberg.

Königsberg, August 1940: Pavillon der UdSSR auf der 28. Deutschen Ostmesse.

Grenzbahnhof Prostken, Frühjahr 1941: Ein russischer Getreidezug trifft ein.

Grenzpfähle an der neuen deutsch-sowjetischen Grenze 1940.

Die Leiter des Sicherheitsapparats an der „Heimatfront"

Hans-Adolf Prützmann. Höherer SS- und Polizeiführer Nordost (1941–1944). Höchster SS- und Polizeiführer im Reichskommissariat Ukraine (1941–1944).

Dr. Walter Albath. Leiter der Staatspolizeistelle Königsberg (1940–1941).

Dr. Constantin Canaris. Inspekteur der Sicherheitspolizei und des SD in Königsberg (1941–1944).

Eugen Dorsch. Polizeipräsident in Elbing (1933–1942), Königsberg und Bialystok (1942–1944).

Bilder vom Kriegsalltag

Getroffene Tankstelle in der Hindenburgstraße 9 nach dem sowjetischen Luftangriff auf Königsberg am 23. 6. 1941.

Königsberg, Hufenallee 44–46: Zerstörungen nach dem sowjetischen Luftangriff auf die Stadt am 23. 6. 1941.

Gumbinnen, Magazinplatz 3 nach dem ersten sowjetischen Luftangriff am 23. 6. 1941.

Sommer 1941: Besuch von Gauleiter Koch in einer zerstörten Textilfabrik in Bialystok.

Königsberg, Dezember 1941. Sammlung der Wintersachen für die Soldaten der Ostfront. Annahmestelle NSDAP-Ortsgruppe Saarlandring (Vorderhufen).

Der Reichsminister für die besetzten Ostgebiete, Alfred Rosenberg (Bildmitte) auf einer Besuchsreise durch das Reichskommissariat Ukraine, Juni 1942. Sichtlich auf Distanz, der Reichskommissar Ukraine Erich Koch (am Wagen, ganz links).

Hauptbahnhof Königsberg, Weihnachten 1942. Ausgabe von Geschenkpaketen der Gauleitung an Fronturlauber.

Tilsit, Luisenallee 1–2 nach dem sowjetischen Luftangriff vom 20. 4. 1943.

Tilsit, Große Gerberstraße 3 nach dem sowjetischen Luftangriff vom 20. 4. 1943.

Nach einem sowjetischen Luftangriff auf Tilsit am 20. 4. 1943 (Große Gerberstraße).

Elchniederung, Dezember 1943: SA-Obergruppenführer Heinrich Schoene (3. v. r.) informiert sich über den Stand der vormilitärischen Ausbildung bei der SA im Kreis Elchniederung. Ganz rechts Kreisleiter Meyer.

Rastenburg um 1943. Propagandaveranstaltung der Kreisleitung mit einem Ritterkreuzträger.

„Der Städter hilft dem Landmann. Bombengeschädigte aus dem Westen bei der Getreideernte in einem Dorf der fruchtbaren Elchniederung. Die Arbeit hinter dem Garbenleger war in der ersten Zeit schwer. Mit gutem Willen wurde auch sie bewältigt." (Originaltext)

Gauleiter Koch bei der Kriegsweihnachtsfeier in Königsberg (vermutlich 1943).

Ostpreußen, Sommer 1944. Gauleiter Koch am „Ostwall".

Cranzbeek im August 1944. Aus Memel evakuierte Frauen und Kinder verlassen einen Dampfer, der sie übers Haff gebracht hat.

Königsberg: Straßenbahnhaltestelle am Kaiser-Wilhelm-Platz (September 1944).

Zerstörter Straßenzug (Münzstraße) in Königsberg (August 1944).

Zerstörte Geschäftshäuser in Königsberg gegenüber dem Kaiser-Wilhelm-Denkmal am Schloß (September 1944).

Zerstörte Häuser in der Nähe der Steindammer Kirche (Königsberg, August 1944).

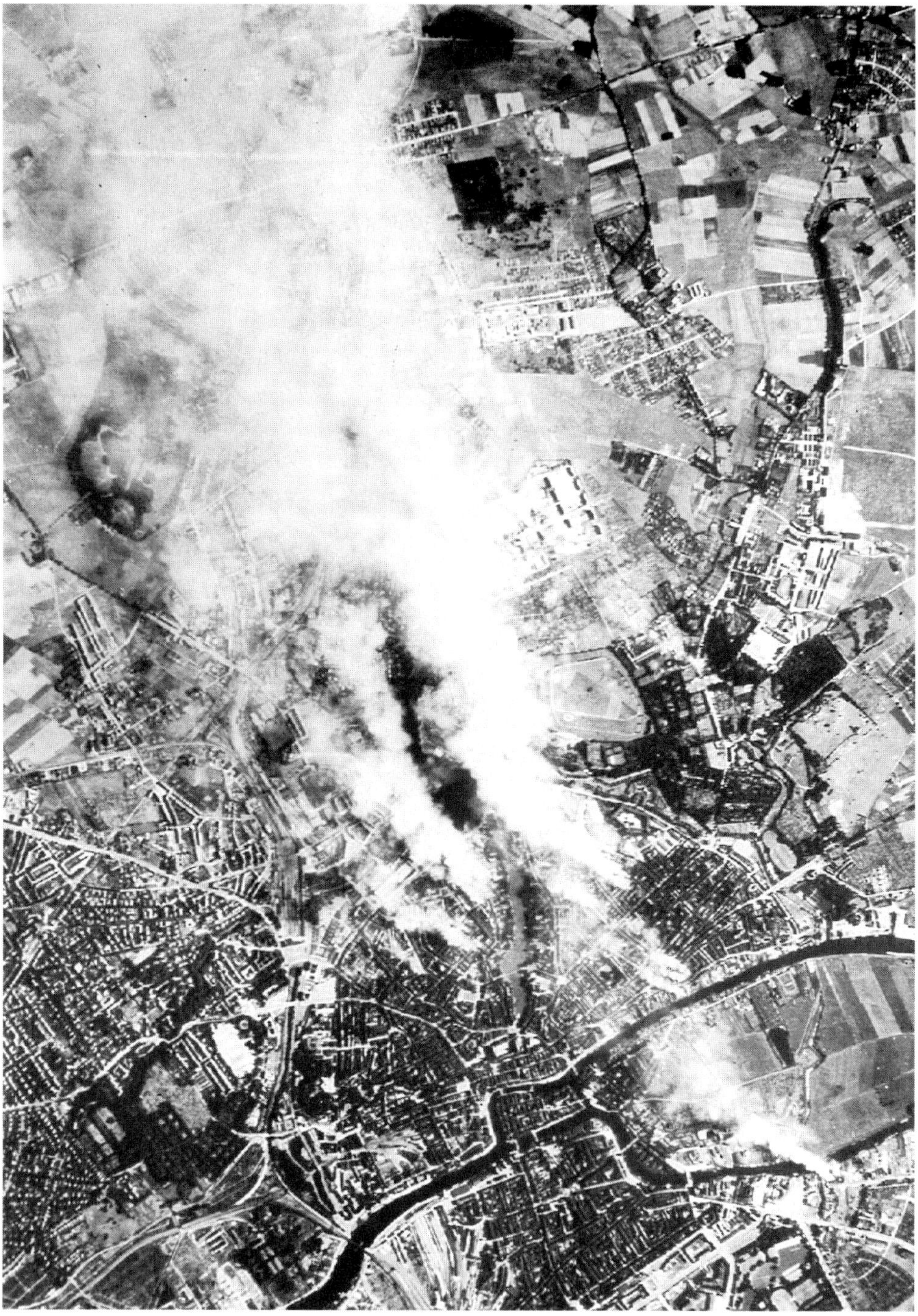

Luftaufnahme der britischen Luftwaffe nach dem Angriff auf Königsberg am 26. August 1944.

Hinweise des Herausgebers

Insgesamt sind im Bundesarchiv 52 Lageberichte aus dem OLG-Bezirk Königsberg vom 5. 1. 1940 bis zum 18. 1. 1945 überliefert. Die Überlieferung der regulären Lagerberichte weist bis zum März 1944 keine Lücken auf. Die Berichte vom Mai und Juli 1944 fehlen. Ebenso einige Sonderberichte, worauf in den Anmerkungen hingewiesen wird. Um die Auflösungsphase der Königsberger Justiz zu dokumentieren, sind einige Aktenvermerke aus dem Reichsjustizministerium mit abgedruckt worden. Der Inhalt wird dort in Regestenform wiedergegeben, wo die Berichterstatter Sachbereiche wiederholt ausführlich behandeln wie etwa Fragen der Justizverwaltung oder die Sicherheitslage in den annektierten Gebieten. Knapp die Hälfte des Textbestandes wird im Original abgedruckt. Die Aufteilung in Originalwiedergabe und Regest bringt es mit sich, in einigen Berichten die Themenreihenfolge zu unterbrechen, was aber nicht besonders gekennzeichnet wird.

Briefkopf („Der Oberlandesgerichtspräsident, Königsberg (Pr.), Schloßplatz 1" resp. „Der Generalstaatsanwalt bei dem Oberlandesgericht Königsberg (Pr.), Schloß"), Geschäfts- und Aktenzeichen, Betreff („Berichte über die allgemeine Lage in den Bezirken" resp. „Lageberichte") und Sichtvermerke des Empfängers („Herrn Reichsminister der Justiz, Berlin W 8, Wilhelmstr. 65") werden nicht abgedruckt. Orthographie und Zeichensetzung bleiben bis auf die Verbesserung offenkundiger Schreibfehler unverändert. Die Person des Berichterstatters wird in der Überschrift dann in Klammern genannt, wenn der Bericht von einem Stellvertreter des Amtsinhabers abgefaßt worden ist.

1. Bericht des OLG-Präsidenten vom 5. Januar 1940

Von dem befreiten Polen sind in meinen Bezirk eingegliedert: der Regierungsbezirk Zichenau, der Kreis Suwalki und der (früher preußische) Amtsgerichtsbezirk Soldau.
Aus dem Kriege 1914/18, besonders aber aus der Zeit meiner Tätigkeit in Danzig in den Jahren 1933 und 1934 kannte ich Polen recht genau und wußte, daß dort viel Armut, Unkultur und Schmutz herrscht. Aus dieser meiner Kenntnis heraus möchte ich behaupten, daß der elendste Teil des jetzt zum Reich gekommenen Polens der Norden und der Osten des Regierungsbezirks Zichenau ist. Mit Ausnahme der Weichselniederung ist der Boden minderwertig und schlecht bewirtschaftet; es herrscht deshalb dort eine Armut, wie sie kaum vorstellbar ist.
Einzelne Orte, in denen zur polnischen Zeit Amtsgerichte waren, sind so trostlos, daß man auch dem bestwilligsten Richter nicht wird zumuten können, dorthin zu gehen. Auch die etwas größeren Städte (Plock ausgenommen) haben nur wenige massive Gebäude; die meisten Häuser sind einstöckig und aus Holz gebaut.
Zichenau, die Regierungshauptstadt, die auch den Sitz des Landgerichts erhalten soll, hat zwar, den Vorteil, daß sie an zwei Bahnlinien und in der Mitte des Bezirks liegt; es ist aber ein elendes Nest; um die wenigen besseren Häuser besteht, da alle Verwaltungen dort ihre Zentralstelle haben müssen, heftiger Streit. Wir haben eine frühere Handelsschule belegt, mit der wir vorläufig zur Not auskommen werden (ein Sitzungssaal und etwa zwanzig Zimmer).
Plock wäre, und sei es nur zur vorläufigen Unterbringung des Landgerichts, unvergleichlich besser gewesen. Am hohen Ufer der Weichsel gelegen, mit fast ausschließlich massiven Gebäuden, entspricht es etwa unseren Begriffen von einer städtischen Niederlassung. Das dortige Justizgebäude, kurz vor Ende der russischen Herrschaft erbaut, würde in jeder Beziehung, auch räumlich, unseren Ansprüchen genügen; sogar einige Dienstwohnungen hätte man dort einrichten können. Im Interesse der Zentralisierung aller Behörden in der neuen Regierungshauptstadt mußte dieser Plan aufgegeben werden.
Der Regierungsbezirk Zichenau ist 12 000 Quadratkilometer, der Kreis Suwalki etwa 2600 qkm groß. Die Volkszählung ist zwar mit

dem 23. 12. 1939 abgeschlossen, die Ergebnisse liegen jedoch noch nicht vor. Man schätzt den Regierungsbezirk Zichenau auf 800 000, den Bezirk Suwalki auf 90 000 Einwohner. Vor dem Kriege waren die Zahlen größer; die von Polen eingezogenen Soldaten sind nicht zurückgekehrt; viele Familien, insbesondere Beamte und Juden, sind vor den anrückenden deutschen Truppen ostwärts geflüchtet; ein weiterer Teil der Bevölkerung ist jetzt schon durch die Verwaltungsbehörden ausgesiedelt.
Ein eigentlicher Mittelstand, wie wir ihn in Deutschland kennen, fehlt fast ganz. Die Städte sind sehr stark verjudet, bis zu 50 % und mehr, Mischlinge nicht mitgerechnet. Das flache Land besteht zum großen Teil aus riesig großen Gütern; daneben gibt es Bauerngehöfte elendster Art, die so klein sind, daß sie eine Familie nicht ernähren können.
Die armen Landarbeiter und Bauern, die den weitaus größten Teil der Bevölkerung bilden, sind völlig anspruchslos, slawisch kriechend und stumpf; ihnen ist es gleichgültig, wer ihr Herr ist; sie sind an sehr schlechte Behandlung gewöhnt und sind zufrieden, wenn sie ein, und sei es ein noch so elendes Dach über dem Kopf haben und sich sattessen können.
Die Oberschicht, insbesondere der Großgrundbesitz und die römisch-katholische Geistlichkeit, verhält sich äußerlich zwar korrekt, aber sichtlich ablehnend. Sie sind Fanatiker, die immer noch auf die Hilfe der Westmächte rechnen. Volksdeutsche sind in meinem neuen Bezirk nur in ganz verschwindend kleiner Zahl vorhanden.
Wie verlautet, sollen die Juden, die römisch-katholischen Geistlichen, die Großgrundbesitzer, die Beamten in gehobener Stellung, sonstige Akademiker und Gebildete in das Generalgouvernement Warschau abgeschoben werden. Dieses soll angeblich nach und nach geschehen, beginnend mit den bis 1920 zum Reich gehörenden Gebieten, dann ostwärts fortschreitend, so daß der Regierungsbezirk Zichenau erst spät bereinigt werden wird. Während man in den früheren preußischen Gebieten jetzt schon Volksdeutsche in großer Zahl angesiedelt hat, soll dies im ehemals russischen Teilgebiet vorläufig nicht geschehen. Dieses Land sollen die zweiten, dritten usw. Söhne reichsdeutscher Bauern bekommen. Bei dem fast völligen Fehlen von Volksdeutschen will man durch die reichsdeutschen Bauernjungen hier eine deutsch nationalsozialistisch zuverlässige Bevölkerungsschicht schaffen. Die einzelnen Grundstücke sollen etwa 300 Morgen groß werden; als Arbeiter für diese Erbhöfe will man die polnischen Landbevölkerung verwenden, die in geeigneter Weise an die

Arbeitsstelle gebunden werden soll. Da die künftigen Siedler zum großen Teil zum Heere einberufen sind, wird mit der Aufteilung des Landes bis zum Friedensschluß gewartet werden; bis dahin wird der Grundbesitz treuhänderisch verwaltet.
Polen hatte im jetzigen Regierungsbezirk Zichenau ein Landgericht (Plock), eine landgerichtliche Zweigstelle (Mlawa) und 15 Amtsgerichte mit zusammen 43 Richtern; im jetzigen Kreis Suwalki eine landgerichtliche Zweigstelle und 2 Amtsgerichte mit zusammen 9 Richtern, in Soldau ein Amtsgericht mit 2 Richtern. In dem jetzt neu eingegliederten Teil waren also insgesamt 54 Richter tätig. Dazu kamen noch 14 Hypothekenschreiber. Diese 54 + 14 = 68 Richterkräfte waren sehr gering gegenüber der damaligen Einwohnerzahl von über einer Million.
Im Zichenauer Regierungsbezirk sind 9 Kreise errichtet; ich beabsichtige vorzuschlagen, daß nur in den Kreisstädten Amtsgerichte errichtet werden, so daß 6 Orte das bisherige Amtsgericht verlieren würden. Aus demselben Grunde soll der Kreis Sulwalki nur ein Amtsgericht erhalten, das zugleich das Gebiet des bisherigen zweiten polnischen Gerichtes umfaßt.
Das Amtsgericht Soldau, das bis 1920 zum Reich gehörte, arbeitet bereits seit längerer Zeit in ähnlicher Weise wie die Gerichte im Warthe-Gau und in Westpreußen.
Im Gebiet Zichenau und Suwalki wird die Strafgerichtsbarkeit durch ein Sondergericht ausgeübt, das zum Landgericht Zichenau gehört. Es soll in den nächsten Tagen erheblich erweitert werden, so daß dann dort mehrere Kammern arbeiten.

Die übrige Gerichtsbarkeit ruht noch in diesem Bezirk; es wird auch noch einige Monate dauern, bis die Tätigkeit voll aufgenommen sein wird. Wie oben ausgeführt, wird in Kürze ein Teil der Bevölkerung ausgesiedelt werden. Bevor dieses nicht wenigstens im Hauptumfang erfolgt ist, ist eine bürgerlich-rechtliche Rechtsprechung unmöglich und auch im Interesse der Verwaltung unerwünscht.

Unterbringungsprobleme im neuen LG-Bezirk Zichenau.
Senatspräsident Dr. Funk dort als kommissarischer Landgerichtspräsident tätig. – Versetzungen in eingegliederte Ostgebiete verschärfen Personalnöte. Da Einberufungen in Ostpreußen größeren Umfang haben als im übrigen Reichsgebiet, sind nur 52 % der Richterstellen (211 von 386) besetzt. Daher besondere Schwierigkeiten, geeignete Kräfte für das Sondergericht Königsberg zu finden, wo der Geschäftsanfall stark angestie-

gen ist. – Überleitung des Memelgebiets beendet. Das übernommene Justizpersonal mit reichsdeutscher Rechtspraxis nicht mehr genügend vertraut. Die fortwährende Opposition zum litauischen Staat hat Verständnis für das Treueverhältnis Staat-Beamtenschaft bei manchen überhaupt erschüttert. Straftaten erheblich über dem Reichsdurchschnitt.[1]

1) Schon kurz nach der Rückgliederung hatte OStA Rode dem RJM gemeldet, daß der Bezirk „außerordentlich rege" sei. Da die litauische Einwanderung bedeutend sei, gebe es zwar keinen Arbeitskräftemangel in der Landwirtschaft, doch würden die Litauer auch den Hauptanteil der Rechtsbrecher stellen. Zahlreiche Fälle schwerer und schwerster Kriminalität seien zu verzeichnen. Die Justizarbeit werde zudem durch die Schwerfälligkeit der Landbevölkerung behindert, zumal viele Deutsche nur die litauische Sprache fließend beherrschten (Bericht v. 20. 6. 1939, ZStAP, RJM 8666).

2. Bericht des Generalstaatsanwalt (i. V.: OStA Capeller) vom 8. Februar 1940

Die Stimmung der Bevölkerung ist im allgemeinen gut und zuversichtlich. Das Vertrauen auf den Führer kann man als unbegrenzt bezeichnen. Deshalb wird auch mit einem glücklichen Ausgang des Krieges mit Sicherheit gerechnet, zumal bei allen Angelegenheiten des täglichen Lebens Überlegung und die sofort ordnende Hand zu spüren ist.
Etwas Bedrückung hat bei den Verkehrsschwierigkeiten und dem strengen und anhaltenden Frost die sehr empfindlich große Kohlenknappheit in unserer Provinz hervorgerufen. Die zuständigen Wirtschaftsbehörden tuen aber alles Menschenmögliche, um der Schwierigkeiten Herr zu werden. In Königsberg wird teilweise auch die Jugend zur Kohlenverteilung herangezogen, da die Schulen zur Zeit wegen Kohlenmangels geschlossen sind. Bei anhaltendem Frost werden alsbald auch die Behörden mit Schwierigekeiten zu kämpfen haben.
Nach dem Bericht des Oberstaatsanwalts in Tilsit wird vielfach die Tatsache nicht verstanden, daß eine große Anzahl älterer Männer eingezogen ist, während zahlreiche junge Leute noch zu Hause herumlaufen. Neuerdings soll sich bei Beamtenfrauen, deren Männer eingezogen sind, große Unruhe bemächtigt haben, weil Gerüchte umlaufen sollen, daß statt des Gehalts nur noch Familienunterstützung gezahlt werden soll.
Im Tilsiter Bezirk ist es aufgefallen, daß Litauer zahlreich die Grenze überschreiten und sich dem Schmuggel widmen. Die Kaufleute scheinen zum Teil hierin eine Verdienstmöglichkeit zu sehen, die der Überwachung entzogen ist. Es besteht auch der Verdacht, daß diese litauischen Grenzläufer ihre Anwesenheit in Deutschland zu größeren Diebstählen benutzen wollen. Eine Verstärkung der Gendarmerien in den Grenzbezirken ist nach wie vor dringend erforderlich.
Zur Verhütung von Ausschreitungen Jugendlicher hat der Oberstaatsanwalt in Braunsberg inzwischen mit den Landräten und Kreisleitern der Kreise Braunsberg, Pr. Holland und Mohrungen Fühlung genommen. Mit den entsprechenden Stellen in Heiligenbeil wird er dies demnächst ebenfalls tun. Die beabsichtigten und zum Teil schon in

Gang gesetzten Maßnahmen werden, wie er hofft, erfolgreich sein. Es sollen nunmehr Streifen eingerichtet werden, um vor allem zu verhindern, daß das abendliche und nächtliche Umhertreiben Jugendlicher auf den Straßen energisch unterbunden wird. Diese Streifen werden in den Städten etwa ab 7 Uhr abends eingesetzt und bestehen möglichst aus einem SA- oder SS-Führer, einem politischen Leiter, einem HJ-Führer und einem Hilfspolizisten, und zwar z. T. in Zivil. Die Streifen haben dafür zu sorgen, daß die Jugendlichen abends von der Straße und aus den Lokalen verschwinden. Evtl. werden die Eltern aufmerksam gemacht, in unübersichtlichen Fällen jedoch sollen die Jungen und Mädel nach Hause gebracht und, wo erforderlich, das Jugendamt, das Vormundschaftsgericht oder andere zweckmäßig erscheinende Stellen eingesetzt werden. Auf den Dörfern werden stichprobeweise Streifen in ähnlicher Zusammensetzung eingesetzt werden, die mit dem jeweiligen Ortsgruppenleiter Hand in Hand arbeiten und überraschend auftreten. Besonders im Kreise Mohrungen sind hiermit bereits gute Erfolge erzielt worden. Z. Zt. aber hat das kalte Wetter dazu beigetragen, daß die Klagen etwas zurückkgegangen sind. Die oben angeführten Maßnahmen werden aber bei Nachlassen des Frostes überall im Bezirk in Angriff genommen werden und sind vom Herrn Oberpräsidenten und Gauleiter genehmigt. Vielleicht können sie die Anregung für ähnliche Anordnungen in der ganzen Provinz werden.
Im hiesigen Bezirk ist immer noch in gewissem Umfange bemerkbar, daß von der Bevölkerung unsinnige Käufe vorgenommen werden aus der Befürchtung einer Verknappung der eingekauften Sachen oder der Einführung der Bezugscheinpflicht für diese Sachen.
Die scharfe Strafjustiz in den Sondergerichtssachen findet weiterhin allgemeines Verständnis. Die Zahl der Todesurteile wird allerdings kritisiert. Das liegt zum Teil daran, daß es noch an dem notwendigen Verständnis dafür fehlt, wie gemeinschädlich das Treiben des asozialen Kriegsverbrechers ist und wie wichtig es für den Bestand der inneren Front in dem uns aufgezwungenen Lebenskampf ist, solche Volksschädlinge endgültig auszumerzen. Ein aufklärender Rundfunkvortrag von zentraler Stelle durch einen hohen Beamten der Reichsjustizverwaltung wäre vielleicht erwägenswert.
In den Kreisen Lötzen und Lyck häufen sich noch immer die Verfahren, die einen Verstoß gegen § 4 der V.O. vom 25. 11. 1939 zum Gegenstande haben.[1] Es ist wiederholt vorgekommen, daß die Bauern sich von polnischen Kriegsgefangenen haben einladen lassen, mit ihnen gezecht haben und daß sie die Gefangenen geradezu als zur

Familie gehörig betrachtet haben. Auf Grund dieser Vorkommnisse hat sich bereits der Landrat in Lyck veranlaßt gesehen, die Bürgermeister, Amtsvorsteher und Gendarmeriebeamten des Kreises in einem Rundschreiben auf diese Mißstände hinzuweisen mit dem gleichzeitigen Ersuchen, der Bevölkerung die Strafbarkeit eines solchen Verhaltens nachdrücklich vor Augen zu führen.
Es wäre eine Verschärfung der Bewachung der Kriegsgefangenen durch die dafür bestimmten militärischen Posten erwünscht, desgleichen eine schärfere Kontrolle der Posten durch ihre militärischen Vorgesetzten. Eine solche schärfere Überwachung scheint bereits jetzt im Gange zu sein.

Gerüchtebildung über Zukunft des Memelgebiets, das auf Druck der UdSSR angeblich wieder an Litauen zurückgegeben werden soll. – Litauen ist in Memel ein Freihafen eingerichtet worden. Litauische Konsuln geben auf der Eröffnungsfeier im kleinsten Kreis zu verstehen, „daß sie alle die größte Angst vor Rußland hätten.“[2] – Unverhältnismäßig hohe Kriminalitätsrate im neuen LG-Bezirk Memel. Dies sei auf das litauische Bevölkerungselement zurückzuführen. – Der OStA Bartenstein berichtet, daß kriminelle Wehrmachtsangehörige ihr in Polen „eingeübtes“ Verhalten gegenüber der eigenen Bevölkerung fortsetzen. Auch Verschiebung von Plünderungsgut aus Polen in den Kreisen Mohrungen und Lyck durch Angehörige der 61. Infantrie-Division sei vorgekommen.

---

1) Verordnung zur Ergänzung der Strafvorschriften zum Schutz der Wehrkraft des Deutschen Volkes vom 25. 11. 1939 (RGBl. I, S. 2319). § 4 der VO stellte den Umgang mit Kriegsgefangenen unter Strafe. Auf die besonderen ostpreußischen Probleme für die Justiz bei der Verfolgung dieses Delikts machte, mit leichten Überzeichnungen, ein Bericht aus sozialdemokratischen Kreisen aufmerksam: „Die Nazis versuchen mit allen Mitteln, einen Kontakt zwischen der deutschen Bevölkerung und den polnischen Gefangenen zu verhindern. Trotzdem nehmen die Beziehungen... immer engere Formen an. In Ost- und Westpreußen zum Beispiel, wo gewiß nicht die meisten Gefangenen hingebracht worden sind, werden die Nazis kaum noch mit der Bestrafung all jener Personen fertig, die den Gefangenen Hilfe in irgendeiner Weise leisten. ... Ziemlich großen Umfang scheinen auch Liebesverhältnisse zwischen polnischen Gefangenen und deutschen Frauen und Mädchen anzunehmen... Die Bevölkerung findet, daß es gar nicht verwunderlich sei, wenn die Landbevölkerung sich so schnell mit den Polen einlasse. Es wurden doch schon in Friedenszeiten immer Polen auf die Güter zum Arbeiten geholt. Eine große Rolle spielt aber auch die Überlegung, daß Deutschland im Fall einer deutschen Niederlage Ostpreußen an Polen oder Rußland verlieren würde. Daraus entsteht eine gewisse Tendenz, sich rechtzeitig sozusagen polnische Bürgen zu verschaffen. Die Landarbeiter möchten übrigens, wenn Ostpreußen schon von Deutschland abgetrennt wird, lieber an Rußland angeschlossen, als den polnischen Magnaten ausgeliefert werden.“ (Deutschlandberichte 7, 1940, S. 101 f).

2) Vgl. Anm. 1 zum Bericht v. 11. 10. 1940

3. Bericht des OLG-Präsidenten vom 4. März 1940

Auch Ostpreußen stand in den letzten Wochen im Zeichen der Kohlenknappheit, vielleicht noch stärker als das übrige Reich; das erklärt sich dadurch, daß hier die Kälte größer ist – ich habe an einem Nachmittag in Treuburg minus 38° festgestellt –, daß der gewöhnliche Zufuhrweg über See seit Monaten ganz fortgefallen ist, und daß über die Weichsel nur ein einziger Eisenbahnübergang (bei Dirschau) besteht, der nicht in der Lage ist, den gesamten Güterverkehr nach Ostpreussen zu bewältigen. Die Bevölkerung hat die Not ruhig hingenommen, zu Ausschreitungen ist es nicht gekommen, obwohl z. B. in Königsberg an einem Tage 75 000 Familien keine Heizmöglichkeit hatten. Durch Eintritt der milderen Witterung und durch stärkere Zufuhr von Kohlen sind die Verhältnisse etwas besser geworden.

Langsamer, durch schlechte Infrastruktur behinderter Aufbau der Gerichtsorganisation in den eingegliederten Ostgebieten. Hauptarbeit besteht aus Strafsachen. 17 Richter und 3 bis 4 Staatsanwälte ständig tätig. Schon wegen Personalknappheit sollte mit Einführung des deutschen Rechts noch einige Zeit gewartet werden. Unvorstellbar schlechte Unterbringung der Gerichte und Beamten. Einrichtung muß von Behörden des „Altgaus“ gestellt werden. Sorge um die Sicherheit der Beamten, da mit polnischen Einzelaktionen zu rechnen ist. – Militärbehörden haben Grenze gegen die UdSSR stärker besetzt als bisher.

4. Bericht des Generalstaatsanwalts (i. V.: OStA Capeller) vom 14. April 1940

Die Stimmung der Bevölkerung hat sich in letzter Zeit in Beziehung auf Zuversichtlichkeit und das Vertrauen auf den günstigen Ausgang des uns aufgezwungenen Krieges noch erheblich gesteigert. Die Zahl der Zweifler verkleinert sich immer mehr. Die politischen und militärischen Erfolge der letzten Zeit waren ja auch so offensichtlich, daß sie auch den größten Schwarzsehern in die Augen fallen mußten, die sich noch nicht von ihrer Vorstellung von der Unbesiegbarkeit des reichen englischen Weltreichs freimachen konnten.
Hatte schon die Beendigung des finnisch- russischen Krieges tiefen und beruhigenden Eindruck gemacht, so löste die gelungene blitzartige Aktion der Besetzung Dänemarks und Norwegens Freude und Begeisterung aus. Man ist sich hier völlig klar über die militärische und wirtschaftliche Bedeutung dieses Ereignisses und zollt dem Führer unbegrenzte Bewunderung für den von ihm gefassten Entschluß und die Art seiner Durchführung. Die Kohlen-knappheit hatte in der letzten Winterzeit doch ernste Folgen gehabt. Als die Kälte nicht weichen wollte und die letzten Vorräte geschwun-den waren, war in der Bevölkerung doch eine recht ernste Stimmung eingetreten. Auch Unmutsäußerungen konnte man zuweilen auf den Straßen, namentlich vor den Kohlenhandlungen hören.
Auf den Behörden waren auch einschränkende Maßnahmen nötig geworden. Eine Verkürzung der Dienststunden, das teilweise Stillegen der Heizung, die Zusammenlegung der Diensträume, das Zusammenziehen mehrerer Beamten in einen Raum, die Erledigung der Arbeit in der Wohnung des einzelnen Beamten und anderes mehr. So berichtete der Oberstaatsanwalt in Insterburg:
„Das geordnete Arbeiten litt in der vergangenen Zeit sehr unter den unzulänglich geheizten Diensträumen. Nicht unerhebliche Erkrankungen der Beamten und Angestellten waren eine unangenehme Folge der Brennmaterialsparmaßnahmen, die früher hätten einsetzen müssen. Auch im übrigen ist der Gesundheitszustand der Beamten und Angestellten in Folge der übermäßigen Inanspruchnahme nicht gut."
Der Oberstaatsanwalt in Memel teilte mir mit:

„Der Kohlenmangel war auch in Memel sehr fühlbar. Memel wurde vorwiegend auf dem Seeweg beliefert. In diesem Winter fror der Hafen und die See auf Meilen hinaus zu, so daß der Seetransport völlig aussetzte. Die Memeler Zellulosefabrik hat allein einen monatlichen Bedarf an Kohlen von 5000 Tonnen.
Das sprunghafte Anziehen der Lebensmittelpreise bei gleichbleibendem Einkommen hat dazu beigetragen, daß mehr Einwohner als in früheren Jahren ihren Kohlenvorrat nur in kleinen Raten und nicht im Sommer auf einmal beziehen konnten. Das führte dazu, daß viele Familien im kalten Winter ohne Kohlen waren und bitter froren. Einmal war die Knappheit bereits so kritisch, daß nur noch für eine Woche Kohlen für die Bäcker zum Backen vorhanden waren. Theater und Schulen mußten schließen.
Für die Arbeit an der Behörde wirkte sich der Kohlenmangel sehr störend und hemmend aus. Da die Arbeitszeit für die knapp besetzte Behörde bei dem reichlichen Arbeitsanfall ohnehin nicht ausreichte, ist bei der derzeitigen Beschränkung nicht auszukommen."
Sehr schwarz schilderte der Oberstaatsanwalt in Lyck den eingetretenen Notstand, wenn er schreibt:

„Die in diesem Jahr besonders lang anhaltende und besonders abnorme Kälteperiode hat auf allen Gebieten überaus schwierige Zustände hervorgerufen. Eine reibungslose Durchführung von Strafsitzungen war in den letzten drei Monaten fast unmöglich, weil durch den plötzlichen Ausfall von Zügen oder infolge von großen Zugverspätungen Termine aufgehoben oder vertagt werden mußten, so daß sich dadurch eine erhebliche und merkliche Mehrbelastung für die an sich mit Kräften nur unzureichend besetzte Behörde ergab. Das völlige Ausbleiben jeglicher Kokszufuhr hat zur Folge gehabt, daß die Staatsanwaltschaft Anfang Februar die von ihr in dem Strafgerichtsgebäude innegehabten Räume aufgeben und mit sämtlichem Inventar und Aktenmaterial in die Räume des Landgerichtsgebäudes übersiedeln mußte. Seit etwa 4 Wochen sind auch die für die Beheizung dieses Gebäudes vorhandenen Koksvorräte derart zusammengeschmolzen, daß von einer Beheizung der Räume überhaupt nicht mehr gesprochen werden kann. In den fast ungeheizten Räumen ist naturgemäß die ordnungsgemäße Aufrechterhaltung des Arbeitsbetriebes praktisch kaum durchführbar. Es ist daher auch nicht zu vermeiden, daß bei der gekürzten Arbeitszeit das anfallende Arbeitspensum nicht erledigt werden kann. Eine Aufarbeitung der anfallenden Reste in der privaten Häuslichkeit kommt nicht in Betracht, weil, abgesehen von sonstigen Schwierigkeiten, die Privathaushaltungen schon seit langer Zeit mit Brennstoff derart ungenügend versorgt werden, daß den meisten Beamten und Angestellten überhaupt nur ein bis zwei Zimmer zur Verfügung stehen und auch diese nur in einem Maße beheizt werden können, daß die Verrichtung schriftlicher Arbeiten unmöglich erscheint. In den Kreisen der Beamten und Angestellten hat daher die Anordnung, daß Reste notfalls zu Hause aufgearbeitet werden müssen, die Vermutung aufkommen lassen, es sei nicht bekannt, in wie hohem Maße die Bevölkerung bereits unter der Kohlenknappheit zu leiden habe. Nach einer Äußerung des mit der Kohlenversorgung betrauten Beamten des Wirtschaftsamtes sind ihm Fälle bekannt geworden, daß infolge der völlig ungenügenden Kohlenversorgung Kinder in ihren Betten die Hände angefroren sind. Ein Beamter erklärte mir auf den Hinweis, daß er Reste zu Hause abarbeiten müßte, er sei angesichts der Kälte in seinem Zimmer nicht einmal in der Lage, seine Morgentoilette vollständig durchzuführen und sei deshalb gezwungen, sich erst auf der Behörde zu rasieren. In der Bevölkerung ist allgemein aus Anlaß der völlig ungenügenden Kohlenzufuhr eine spürbare Erbitte-rung festzustellen. Diese Erbitterung ist insbesondere hervorgerufen durch die in der Presse wiederholt erschienenen Hinweise, daß die mangelnde Kohlenzufuhr durch den lang anhaltenden Frost und die durch diesen bedingten Transportschwierigkeiten verursacht worden sei. Von der Bevölkerung wird diesen Hinweisen gegenüber geltend gemacht, daß das unzutreffend sei, weil in Südostpreußen bereits Mitte November, als noch kein nennenswerter Temperatursturz zu verzeichnen war, die Kohlenzufuhr völlig unzulänglich war und daß bereits damals von maßgebenden Stellen immer wieder, leider aber erfolglos, auf diesen Übelstand aufmerksam gemacht worden sei, mit dem Hinweis, daß sich dieser Übelstand zu einer Katastrophe auswachsen müsse, wenn mit erheblichem Kälteeinbruch zu rechnen sei. Ange-sichts dieser Tatsache wird in der Bevölkerung allgemein die Meinung vertreten, daß die tatsächlichen Ursachen dieses nervenaufreibenden Zustandes in einem Versagen der Organisation zu suchen sei. Dieser an sich höchst unerwünschte Zustand wird durch die Tatsache noch erheblich verschlimmert, daß die Organisation hinsichtlich der Kohlenverteilung in der Stadt Lyck selbst zu größten Bedenken Anlaß geben muß. Da ein, höchstens zwei Zentner Brennmaterial je Haushalt ausgegeben werden, eine ausreichende Zahl von Beamten oder Angestellten für die Ausgabe der Bezugscheine nicht zur Verfügung steht, wiederholt sich immer wieder das Bild, daß die Bevölkerung in langen Schlangenreihen am Tage vier Stunden nach der Ausgabe von Bezugs-scheinen ansteht. Es ist dann aber wiederholt vorgekommen, daß Volksgenossen nach mehrstündigem Warten erklärt wurde, für heute sei die Ausgabe abgeschlossen, weil der vorhandene Vorrat erschöpft sei. Diese Behandlung, die einen wohl vermeidbaren und unnötigen Raubbau an der Nerven- und Arbeitskraft der Bevölkerung darstellt, erfüllt die Öffentlichkeit mit erheblicher Erbitterung."

In der Bevölkerung gingen Gerüchte um, daß für Ostpreußen bestimmte Kohlenzüge im Warthegau und im Danziger Bezirk angehalten sind und in den dortigen Bezirken Verwendung gefunden haben. Ich habe diese Gerüchte auf ihre Wahrheit nicht überprüfen können. Sollten sie wahr sein, so würde in solchen Maßnahmen eine unverantwortliche Leichtfertigkeit und Eigensucht zu erblicken sein.

Über den Arbeitseinsatz polnischer Elemente im Grenzbezirk berichtet mir der Oberstaatsanwalt in Lyck folgendes:

„Ein Übelstand ist die in sehr vielen Fällen zu beobachtende völlig unzureichende Bewachung der polnischen Kriegsgefangenen. Es wäre dringend erwünscht, wenn die maßgeblichen vorgesetzten militärischen Dienststellen auf diese Tatsache hingewiesen und gebeten würden, dafür Sorge zu tragen, daß der Bewachung der Kriegsgefangenen mehr Sorgfalt zugewendet wird, damit ein reger Verkehr mit den Gefangenen und der Zivilbevölkerung, wie er immer wieder bemerkt wird, wirksam unterbunden wird. Wenn trotz der in vielen Fällen unzureichenden und meistenteils auch nachlässigen Bewachung bisher Entweichungen von Kriegsgefangenen das Maß des Erträglichen noch nicht überschritten haben, so ist das augenscheinlich lediglich auf die zur Zeit für derartige Fluchtversuche ungünstige Witterung zurückzuführen. Es muß jedoch nach den bisher gemachten Erfahrungen damit gerechnet werden, daß mit fortschreitender günstiger Witterung die Entweichungen überhand nehmen werden. Es liegt auf der Hand, daß diese auf der Straße herumvagabundierenden und in Scheunen heimlich übernachtenden Flüchtlinge eine ernste Gefahr für die Sicherheit auf der Landstraße und für das Eigentum der heimischen Bevölkerung bilden müssen. Die unverständliche Nachsicht der Wachmannschaften hat es neben dem noch unverständlicheren Entgegenkommen der Bevölkerung mit sich gebracht, daß die polnischen Kriegsgefangenen teilweise ihren einheimischen Arbeitsgebern gegenüber ein Verhalten an den Tag legen, das gleichfalls zu ernsten Befürchtungen Anlaß geben muß. Von Beamten der Staatspolizei wurde mir kürzlich mitgeteilt, daß polnische Kriegsgefangene von dem Bauern, dem sie zur Arbeit zugewiesen waren, in herausforderndem Ton bessere Verpflegung, insbesondere gesüßten Kaffee verlangt haben mit der Drohung der Brandstiftung im Weigerungsfall.

Zunahme von Arbeitsvertragsbrüchen im Arbeitsamtsbezirk Tilsit. OStA geht dagegen im Wege des Schnellverfahrens vor. Hälfte der Strafgefangenen in Birkenwalde und Memel sind Litauer. Zunahme gewerbsmäßiger Abtreibungen an litauischen Arbeiterinnen. Eingriffe werden in litauischen Grenzorten vorgenommen, „daher keine Möglichkeit, von Memel aus strafrechtlich gegen Arbeiterinnen vorzugehen". – Kommunistische Propaganda in Memeler Zigarettenfabrik Werblowski, wo handschriftlich gefertigte Zettel mit „klassenkämpferischem Inhalt" in Zigarettenpäckchen gesteckt wurden, die für die Front bestimmt waren. Beziehungen der Arbeiterinnen zur KPD lassen sich nicht nachweisen. – Sondergerichtsverfahren gegen HJ-Führer wegen krimineller Delikte. Beunruhigung in Elternkreisen. – Maßnahmen von Gauleitung getroffen, um zunehmende Ausschreitungen Jugendlicher zu bekämpfen. – Arbeit der NSDAP hat gegenüber Vorkriegszeit erheblich zugenommen. Ansehen der Partei in allen Kreisen dank gemeinnütziger Hilfe gestiegen (Meldung des OStA Tilsit). – Gerüchte um Allensteiner Kreisleiter Horstmann, der Plünderungsgut aus Polen nach Ostpreußen geschafft hat und früher schon durch fragwürdige Übernahme der Allensteiner Zündholzfabrik aus jüdischem Besitz ins Gerede gekommen war. – Weigerung Probst Dauters in Bischofstein, für das Winterhilfswerk zu spenden.[1] – Probleme des Memeler Einzelhandels, Waren aus dem „Altreich" zu erhalten.

1) Vgl. Reifferscheid, 1975, S. 228. Dauter wurde verhaftet und für die Dauer des Krieges aus Ostpreußen ausgewiesen.

5. Bericht des OLG-Präsidenten vom 3. Mai 1940

Im LG-Bezirk Zichenau bisher neun Amtsgerichte und das Landgericht, in Zichenau sowie in Soldau ein Amtsgericht eingerichtet. Starke Truppenbelegung im Bezirk. – Weiter angespannte Personallage im gesamten OLG-Bezirk, da sich Einberufungen wieder häufen (von 483 Richterstellen nur 265 besetzt). – 35 Verfahren wegen verbotenen Umgangs mit Kriegsgefangenen vor dem Sondergericht Königsberg abgeschlossen. 19 weibliche Angeklagte zu hohen Zuchthausstrafen verurteilt. Weitgehende Aufklärung der Bevölkerung über dieses Delikt dringend erwünscht.

6. Bericht des Generalstaatsanwalts (i. V.: EStA Bringmann)[1] vom 9. Juni 1940

Die großen Waffentaten der Wehrmacht des jungen Reiches in Dänemark und Norwegen, in Holland, Belgien und Frankreich haben die Stimmung der Bevölkerung ruhiger und zuversichtlicher als je zuvor gemacht. Dazu hat auch die Besserung der wirtschaftlichen Verhältnisse durch den Eintritt der wärmeren Jahreszeit beigetragen. Die Kohlenverknappung im vergangenen Winter hatte häufig genug zu Klagen über die mangelhafte Organisation bei der Brennstoffzuteilung geführt. Das ist nun überwunden und vergessen. Allerdings wird nach wie vor in Verbraucherkreisen über die unfreundliche Haltung zahlreicher Kaufleute gegenüber dem Käufer geklagt, der durchaus nicht selten in barscher, ungezogener Weise mit seinen Wünschen abgewiesen wird. Der Käufer würde manche Verknappung von Waren leichter und williger tragen, wenn er auf sie in weniger unfreundlicher Weise hingewiesen würde. Die Neigung vieler Jugendlicher zum Herumtreiben läßt eine scharfe Handhabung der Polizeiverordnung zum Schutze der Jugend vom 9. 3. 1940 geboten erscheinen.[2] Die Parteidienststellen leisten hier den Polizeiorganen wertvolle Unterstützung.

Die Zahl der Entweichungen polnischer Kriegsgefangener von ihren Arbeitsstellen ist außerordentlich groß. Gefördert wird in diesen Fällen die Flucht erheblich durch die verständnislose Haltung einzelner Teile der Zivil-, insbesondere Landbevölkerung, die auch jetzt noch – nach drakonischen Freiheitsstrafen gegen ähnliche Rechtsbrecher – oft das richtige Gefühl für die Wahrung des gebotenen Abstandes zu den feind-

1) Walter Bringmann, 1900 Elberfeld, Examina in Köln (1924) und Berlin (1928), Hilfsarbeiter bei den Staatsanwaltschaften der Landgerichte in Guben und Berlin, 12/1932 StA b. Staatsanwaltschaft des LG Königsberg, 1/1938 EStA d. Staatsanwaltschaft beim OLG ebd., Leiter des Dezernats für Hoch- und Landesverratssachen, „hat mit erheblichem Geschick die Mob.-Sachen des Bezirks erledigt". NSDAP: 1. 5. 1937, als Blockleiter tätig, „galt schon vor dem Umsturz als Freund der nationalsozialistischen Bewegung" (Daten und die mit Vorsicht zu bewertende Einschätzung Capellers, die für einen Beförderungsvorschlag am 3. 2. 1941 abgegeben wurde, in BA, R 22, Personalakte Bringmann)

2) Darin wurde u. a. festgelegt: Jugendliche unter 18 Jahren dürfen sich während der Dunkelheit nicht auf „öffentlichen Straßen und Plätzen oder an sonstigen öffentlichen Orten herumtreiben". Der Besuch öffentlicher Lokale und Kinos nach 21 Uhr ohne Begleitung von Erziehungsberechtigten war generell verboten. Untersagt wurde auch der „Genuß von Tabakwaren in der Öffentlichkeit" (Zitiert n. Klönne, 1981, S. 594).

lichen Soldaten vermissen läßt. Besonders groß ist die Zahl solcher Verfehlungen im Kreise Tilsit-Ragnit. Sie macht das Vielfache von dem aus, das in anderen Bezirken zu verzeichnen ist.
Der Oberstaatsanwalt bei dem Landgericht in Lyck berichtet:
„Die mittelschweren und leichteren Fälle unerlaubten Polenverkehrs haben nicht nachgelassen. Verschiedentlich, z. B. beim Ausschenken von Alkohol an polnische Zivilgefangene, ist auch die Einlassung gebraucht worden: Die Gäste hätten zwar polnisch gesprochen, seien aber vom Gastwirt als Masuren, die ja auch polnisch sprächen, angesehen worden, zumal sie Zivilkleidung trugen. Bei fast allen Fällen unerlaubten Polenverkehrs hat der betreffende Wachmann, und noch mehr der eingesetzte Hilfswachmann, die Straftat überhaupt erst ermöglicht. Die Pflichtvergessenheit einzelner Wachmänner hat sich nicht wesentlich gebessert. In einem hier abgeurteilten Fall hat der Wachmann zusammen mit einem polnischen Kriegsgefangenen auf einer ausgedehnten Kneiptour durch mehrere Gastwirtschaften Angerburgs etwa 20 Reichsmark vertrunken, so daß der Pole am Schluß nichts mehr trinken wollte. Derselbe Pole, den der Wachmann sodann allein auf einem Pferdeschlitten nach Hause fahren ließ, hat anschließend einen Notzuchtsversuch an einem BDM-Mädchen begangen. In mehreren anderen Fällen haben die Wachmänner nicht verhütet, daß deutsche Frauen die Unterkünfte der Polen betraten. Andere wieder haben zusammen mit den Bauersleuten und den Polen Schnaps aus einer Flasche oder aus einem Schnapsglas reihum getrunken; wobei sich ein Wachmann derartig betrank, daß ihm die Bauerntöchter das Gewehr entwanden. In allen derartigen Fällen lassen sich natürlich die betreffenden Bauersleute dahin ein, daß sie sich infolge der Anwesenheit oder Duldsamkeit des Wachmannes keiner strafbaren Handlung bewußt gewesen wären. Auch in verschiedenen anderen Fällen sind die neuerdings zahlreich eingesetzten Hilfsbeamten mit polizeilichen Befugnissen durch Disziplinlosigkeit aufgefallen: letztere war durchweg durch Alkoholgenuß, meist während des Dienstes, hervorgerufen."
Auch ich habe die Beobachtung machen können, daß wohl ein Hauptteil der Schuld an dem würdelosen Verhalten einzelner Teile der Zivilbevölkerung den Polen gegenüber einzelne Wachmänner der Wehrmacht tragen, vor deren Augen sich das schamlose Treiben einzelner Teile der Bevölkerung mit den Polen abspielt und die aus Bequemlichkeit dagegen nichts machen. Der Einsatz der belgischen und französischen Kriegsgefangenen hier in Ostpreußen, der vor wenigen Tagen erfolgt ist, wird wohl etwas Abhilfe schaffen, weil die sprachlichen Bindungen, die einzelne Bevölkerungsteile Ostpreußens zu den Polen haben, dann wegfallen werden.

7. Bericht des OLG-Präsidenten vom 4. Juli 1940

Wiederaufnahme der Gerichtsbarkeit in den eingegliederten Ostgebieten nach Intervention des Reichsjustizministers beim Oberpräsidenten Koch. Tätigkeit der polizeilichen Standgerichte endete mit Einführung des Strafrechts am 15. 6. 1940.[1]

7 a. Bericht von Oberstaatsanwalt Rode (Memel)[2] vom 26. Juli 1940

Änderung der Lage an der Grenze nach Besetzung Litauens durch die Rote Armee.[3] Rechtshilfsabkommen jetzt schwer durchführbar. Untere Organe der Roten Armee haben Redeverbot, politische Kommissare verhalten sich zwar korrekt, aber sind nicht so kooperativ wie vormals die litauischen Beamten. Grenzbevölkerung, die russische Invasion im Ersten Weltkrieg und Verschleppungen nach Sibirien noch in lebhaftester Erinnerung hat, ist auch wegen deutscher Truppenverstärkungen auf das Äußerste beunruhigt. Ständige Grenzverletzungen russischer Flieger und Truppen. Furcht vor russischem Überfall, erst Nachrichten über desolaten Zustand der Roten Armee wirken beruhigend. Ankunft russischer Deserteure. – Friedhofstimmung in den baltischen Staaten. In Memel und in Litauen Enttäuschung darüber, daß Reichsgrenze nicht bis zur Dubissa vorverlegt wurde. Russischer Herrschaft sieht man mit „Furcht und Grauen“ entgegen. – Gerüchte über die Umsiedlung der Volksdeutschen aus Litauen in den Warthegau.[4] Eine führende Person der Deutschumsbewegung in Memel als von Litauen ständig bezahlter Landesverräter entlarvt. – In bäuerlichen Kreisen Klagen über polnische Arbeitskräfte, die kaum Kenntnisse der Landarbeit mitbringen.

---

1) Vgl. o. Kap. 6 und Broszat, 1961, S. 140 ff.

2) Dr. Wilhelm Rode, Jg. 1900, Gerichtsassessor 1926, StA Altona 1930, EStA in Königsberg 1. 6. 1934, in Halle 1937, OStA in Memel 1939. Die Personalakte Rodes wurde vom Bundesjustizministerium ans Justizministerium Niedersachsen abgeben und stand für nähere Angaben nicht zur Verfügung.

3) Während des deutschen Westfeldzuges bot sich der UdSSR die Chance, der litauischen Regierung am 14. 6. 1940 die Zustimmung zum Einmarsch der „Roten Armee" abzunötigen. Am 14./15. 7. 1940 wurden in allen drei baltischen Staaten Wahlen abgehalten. In Litauen erhielt die kommunistische „Liste des werktätigen Volkes" erwartungsgemäß 99,2 % der Stimmen. Der sich am 21. 7. 1940 konstituierende Landtag „bat" dann um Aufnahme in die UdSSR, die am 3. 8. 1940 erfolgte. Vgl. Hellmann, 1986, S. 169 ff.

4) Bereits im November 1939 waren von der deutschen Volksgruppe in Litauen Umsiedlungsvorbereitungen getroffen worden. Im April 1940 wurden „zunächst nur wegen ihrer besonders schwierigen Lage die wenigen Hundert in Wilna ansässigen Volksdeutschen ins Reich umgesiedelt". Die nach der Annexion Litauens am 22. 9. 1940 aufgenommenen deutsch-sowjetischen Umsiedlungsverhandlungen zogen sich bis 1941 hin. Vgl. Die Umsiedlung der Volksdeutschen in das Großdeutsche Reich, in: Dokumente, 1944, S. 700-704.

8. Bericht des Generalstaatsanwalt (i. V. EStA Bringmann) vom 14. August 1940

Die Gauhauptstadt wie überhaupt die ganze Provinz Ostpreußen werden in diesen Tagen beherrscht von der 28. Deutschen Ostmesse 1940 in Königsberg, die trotz der Kriegsverhältnisse zu einer machtvollen Kundgebung des deutschen Schaffens während dieses Kampfes um Deutschlands Bestehen geworden ist und eine regere Beteiligung des Auslandes als je zuvor erkennen läßt.[1]
Dem Wehrmachtspavillon, der durch Beutestücke – höchst wirkungsvoll ergänzt durch Lichtbilder und durch Schöpfungen des Königsberger Kunstmalers Ernst Schaumann – den ruhmreichen Polenfeldzug 1939 den Messebesuchern noch einmal eindringlichst in Erinnerung ruft, gilt wohl der Hauptanteilnahme der Schaulustigen.[2]
Eine besonders rege Beachtung findet aber auch die Auslandschau auf der Messe und in ihr vor allem die Ausstellung der UdSSR, die als eine sehr beachtliche propagandistische Leistung angesprochen werden muß. Sie nimmt räumlich den bei weitem größten Platz in den Auslandshallen ein, fällt durch eine betonte Großzügigkeit in der Raumausnutzung und in der künstlerischen Ausgestaltung auf und knüpft an bekannte Gedankengänge der UdSSR an. Der Darstellung der Kollektivwirtschaft in der Sowjetunion ist breitester Raum gewidmet; die Bodenschätze des russischen Areals und seine landwirtschaftlichen Erzeugnisse sind mit peinlichster Vollständigkeit dargestellt; die kulturellen Leistungen der Sowjetunion, vor allem

1) Aus technischen Gründen mußte die unter Görings Schirmherrschaft stehende Ostmesse 1940 um eine Woche vorverlegt werden. Sie fand vom 11.-14. 8. statt, die Eröffnungsrede hielt Reichswirtschaftsminister Funk, der u. a. erklärte, daß Deutschland sich ernährungswirtschaftlich „in einer absolut gesicherten Lage" befinde und daß nunmehr die Achsenmächte die Garanten der wirtschaftlichen Neuordnung Europas seien. Gauleiter Koch hob in seiner Rede hervor, daß diese erste „Kriegsmesse die größte Auslandsbeteiligung aufzuweisen hat, die seit der Gründung der Deutschen Ostmesse jemals erreicht worden" sei und entwarf für Ostpreußen die Perspektive, sich zum entscheidenden „Schnittpunkt des europäisch-asiatischen Handelsverkehrs" in engster Zusammenarbeit mit der UdSSR entwickeln zu können. Reden von Funk und Koch abgedruckt im Mitteilungsblatt des NSLB (Gauwaltung Ostpreußen) 1940, Nr. 9, S. 65-67.

2) Ernst Schaumann, 1890 Königsberg, Ausbildung an den Kunstakademien in Königsberg und Berlin, Landschafts- und in erster Linie Pferdemaler. Wünsche, 1967, S. 599. Vgl. a. „Kriegsmaler Schaumann erzählt" über die „reiche Ausbeute der Fronterlebnisse" in „Königsberger Allgemeine Zeitung" v. 12. 11. 1942.

ihre Bucherzeugnisse und ihre Filmindustrie, nehmen in dieser Ausstellung einen gewaltigen Raum ein. Die UdSSR betont denn auch:

„Als Ergebnis der gewaltigen Kapitalinvestierung in die Volkswirtschaft, deren Ausmaß das Diagramm des Empfangsstandes veranschaulicht, verwandelt sich die Sowjetunion aus einem Agrarland in eine mächtige Industriemacht. Im Verlaufe zweier Planjahrfünfte der UdSSR 1928–1937 wurden gänzlich neue Industriezweige geschaffen

Metallurgie
Auto-Traktoren
Chemische Industrie
Flugzeugindustrie
Werkzeug- und landwirtschaftlicher Maschinenbau.

Die Maschinenbauindustrie wuchs sich aus ihren unbedeutenden Anfängen zu einem der größten Industriezweige der Sowjetunion aus."

Die Besucher dieses Raumes, der übrigens in den ersten Tagen der Ausstellung mit einer Fülle, vielleicht 40–60, von echten Brücken ausgelegt war, sind sehr zahlreich, und der Eindruck der Schau auf sie ist unverkennbar stark.[3]

Zwei Prospekte „Moskau" und „Landwirtschaftliche Ausstellung der UdSSR" werden ihre Wirkung auf einzelne Teile der Bevölkerung nicht verfehlen und sicherlich zu zahlreichen politischen Debatten über die Sowjetunion führen. Diese Propagandaschriften, reich mit wirksamen Bildern ausgestattet, zeigen das „Sowjetparadies" so, wie es unsere Kommunisten ihren Mitarbeitern zu schildern pflegen.

Die auf dem Gauleiterempfang am 12. 8. 1940 anläßlich der Messe namens der bei der Deutschen Reichsregierung akkreditierten diplomatischen Vertreter ausgesprochenen Dankesworte des Sowjetrussischen Botschafters Schkarzew fanden besonders lebhaften Widerhall, als er in ihnen auf die enge wirtschaftliche und politische Zusammenarbeit zwischen Deutschland und der UdSSR. hinwies.[4]

---

3) Für Goebbels war die sowjetische Selbstdarstellung in Königsberg sogar Anlaß, vor „philobolschewistischen Kreisen" in Deutschland zu warnen (Boelcke, 1969, S. 114). - Ähnlichen Zuspruch erfuhr der Sowjet-Pavillon auf der Leipziger Herbstmesse 1940. Die Komintern wertete dies als Zeichen eines gestiegenen Interesses an der UdSSR und gelangte dadurch zu einer übertrieben positiven Einschätzung der Möglichkeiten illegaler Arbeit in Deutschland (Herlemann, 1986, S. 49 f.).

4) Alexander Schtkarzew, 1900 Rybinsk, techn. Studium am Moskauer Textilinstitut. Löste den Botschafter Merekalow am 3. 9. 1939 ab. Vgl. die ausführliche Berichterstattung über seinen Empfang in Berlin in der „Deutschen Allgemeinen Zeitung" v. 4./5. 9. 1939. Seine Abberufung erfolgte 1940, kurz nach dem Molotow-Besuch in Berlin.

Allerdings war unsere zukünftige Haltung zur Sowjetunion seit der letzten politischen Erklärung des Führers im deutschen Reichstag vom 19. 7. 1940 nicht mehr so sehr der Gegenstand der Erörterungen innerhalb der hiesigen Bevölkerung.[5] Bis zu diesem Zeitpunkt allerdings galt, was der Oberstaatsanwalt bei dem Landgericht in Allenstein ausführt: „Truppenverschiebungen von Frankreich an die ostpreußisch-russische Grenze haben in der hiesigen Bevölkerung Unruhe hervorgerufen. So wurde erzählt, es beständen erhebliche Differenzen zwischen uns und den Russen. Russische Maßnahmen in den Randstaaten sowie das russische Ultimatum an Rumänien wären gegen unseren Willen erfolgt. Andere behaupteten, die Truppenverschiebungen seien erfolgt, um Litauen zu besetzen, das der Reichsregierung gegenüber den Wunsch ausgesprochen hätte, sich in den Schutz des Großdeutschen Reiches zu begeben. Allgemein fiel auf, daß die Bevölkerung sich über die Zahl der Truppentransporte, die durch Allenstein liefen, genau unterrichtet zeigte. Das soll darauf zurückzuführen sein, daß von Beamten der Reichsbahn die genauen Zahlen der durchgekommenen und erwarteten Transportzüge offen erzählt worden sind. Nachdem wenige Tage später auch noch das Gerücht in Umlauf gesetzt wurde, Molotow wäre in Berlin gewesen, in Verhandlungen mit dem Führer sei eine Einigung erzielt worden, hat sich die Bevölkerung wieder beruhigt..."
Die Verlegung größerer Truppeneinheiten von dem westlichen Kriegsschauplatz an die deutsch-litauische bzw. deutsch-russische Grenze hat natürlich zu Vermutungen Anlaß gegeben und zu Erörterungen hinsichtlich der politischen Haltung unseres großen östlichen Nachbarn geführt.
Diese Gerüchte, die durch Mitteilungen ergänzt wurden, daß bestimmte noch im Amte befindliche oder ehemalige Mitglieder der litauischen Regierung im Kurhause Jägerhöh bei Angerburg bzw. im Parkhotel in Königsberg abgestiegen seien und dort bereits einige Tage lang wohnten, sind völlig abgeklungen, hatten aber die Unterhaltungen der Bevölkerung ganz Ostpreußens während der letzten Wochen beherrscht. Sie sind durch die Führerrede weggefegt worden. Die Stimmung der Bevölkerung ist sehr zuversichtlich.

5) Zum deutsch-sowj. Verhältnis trat Hitler am Schluß seiner Rede Spekulationen über eine mögliche Entfremdung entgegen und erklärte, daß eine Abgrenzung der Interessensgebiete erfolgt und daher jede Hoffnung auf deutsch-russische Spannungen „kindisch" sei. Wortlaut im Reichsanzeiger Nr. 168 v. 20. 7. 1940.

Folgenden Darlegungen des Oberstaatsanwalts bei dem Landgericht in Lyck kann für die ganze Provinz beigetreten werden:

„Seit einigen Tagen ist in Südostpreußen die Ernte in vollem Gange. Angesichts der viele Wochen hindurch anhaltenden Trockenheit wird allenthalben mit einer unterdurchschnittlichen Ernte gerechnet. Auch die Weiden haben unter der Dürre außerordentlich gelitten. Diese, seit Jahren in diesem Umfange nicht spürbar gewesene Trockenheit hat auch dazu geführt, daß die Beerenernte fast vollkommen ausfällt. Dieser Ausfall wird sich umso fühlbarer bemerkbar machen, weil auch im Herbst mit einer Obsternte so gut wie gar nicht gerechnet werden kann. Denn infolge des außerordentlich starken und anhaltenden Winters sind die meisten Obstbäume erfroren."

Die Sorgen der ostpreußischen Landwirte sind auch durch die jetzige Witterung nicht geringer geworden. Es gewinnt den Anschein, als wolle die jetzige Regenperiode von ähnlich langer Dauer sein wie in der Vergangenheit die Zeit der Trockenheit. Die Lebenshaltung der Bevölkerung hat unter den Witterungseinflüssen erheblich gelitten. Der Oberstaatsanwalt bei dem Landgericht in Allenstein führt hierüber folgendes aus, was für die ganze Provinz gelten kann:

„Viel geklagt wird auch über die Versorgung der Bevölkerung mit Gemüse. Die Anlieferungen sind auch derart gering, daß es auf den Märkten mitunter zu Tätlichkeiten unter den einkaufenden Hausfrauen kommt, die mit Gewalt den Markthändlern die Waren wegzureissen versuchen. Obst sieht man auf den Märkten fast gar nicht. Die Preise, die hier für Gemüse verlangt werden, sind unerschwinglich hoch. Preisüberschreitungen haben sich indes nicht feststellen lassen, weil die Erhöhung der Preise in den meisten Fällen behördlich genehmigt worden ist.

Auch im übrigen wird von der Bevölkerung allgemein darüber geklagt, daß die Lebenshaltungskosten stark gestiegen sind. Nicht verstanden werden die außergewöhnlich hohen Preise für Erzeugnisse der Ersatzstoffindustrie. Aus der Konfektion hört man Äußerungen von Kaufleuten, daß zur Zeit ein rasendes Geld verdient werde. Man kann sich des Eindrucks nicht erwehren, daß die Preisbildungsstellen bei der Festsetzung der Preise bezw. der Verdienstspannen zum Schaden des Verbrauchers zu großzügig verfahren."

Ich kann diese Ausführungen nur besonders unterstreichen. Auffallend ist das Fehlen jeder Art von Obst im Handel; es wird fast nur aus den Beständen unter dem Ladentisch verkauft.

Ungeheuerlich sind die Preise für Erzeugnisse der Ersatzstoffindustrie. Es erfüllt große Teile der Bevölkerung mit unendlicher Verbitterung, daß die Preise hierfür die der ersetzten Waren nahezu erreicht haben, daß aber die Güte dieser Ersatzstücke bei weitem nicht an die heranreicht, die bei den ersetzten Stücken festzustellen war.
Hinsichtlich des Bezirks der Staatsanwaltschaft in Zichenau habe ich folgendes zu bemerken:
Seit dem 15. 6. 1940, dem Tage des Inkrafttretens des deutschen Strafrechts in dem genannten Bezirk, haben die Standgerichte ihre Tätigkeit vollständig eingestellt. Damit sind auch die Vergehen des verbotenen Waffen- und Munitionsbesitzes in die Zuständigkeit des Oberstaatsanwalts übergegangen, während für diese Straftaten bis zu dem genannten Zeitpunkt die Standgerichte gesetzlich zuständig waren.
Die im Zichenauer Bezirk bisher anhängig gewordenen Strafsachen dieser Art lassen erkennen, daß nicht unbedeutende Mengen von Waffen und Munition von den Polen versteckt, hauptsächlich vergraben worden sind.

Rückgang der schweren Kriminalität im LG-Bezirk Zichenau. Sondergericht Zichenau hat mit strengen Urteilen dazu beigetragen. – Einrichtung von Arbeitserziehungslagern durch Gestapo, um gestellte Schmuggler jeweils drei Wochen in Verwahrung zu nehmen.[6] – Auch Verfahren gegen Reichsdeutsche, die zeigen, daß „nicht die wertvollsten Kräfte in die eingegliederten Ostgebiete strömen“: „Diese Elemente werden mit rücksichtsloser Energie angefaßt und zur Strecke gebracht werden.“

---

6) Das Arbeitserziehungslager Soldau (s. Tl. I, Kap. 6. 4.) blieb nicht das einziger Lager dieser Art im Bezirk Zichenau. Daneben gab es mindestens ein Lager in Steinhausen (Bielsk) im Kr. Schröttersburg, das im Juli 1940 eingerichtet wurde: „Während hier in der ersten Zeit Juden einer nutzbringenden Beschäftigung zugeführt wurden, erfolgte dasselbe später für asoziale und arbeitsscheue polnische Elemente. Die Zahl der Häftlinge schwankte zwischen 150 und 200 Insassen. Die Häftlinge wurden für dringende Gemeindearbeiten herangezogen. Das Lager unterstand dem Herrn Landrat in Schröttersburg und wurde von der Gendarmerie mit Unterstützung der SA geführt." Die Auflösung erfolgte im Herbst 1942. GStA, Rep. 240, 85 a-f, Bl. 292 („Gesamtbericht über den Aufbau Steinhausens nach dem Polenfeldzug vom 31. 1. 1943")

9. Bericht des OLG-Präsidenten vom 4. September 1940

Mitteilung über Demarche Kochs bei Heß und Himmler, mit dem Ziel, Aufhebung VO über die Strafrechtseinführung vom 6. 6. 1940 zu erwirken. – Lebhafte Erörterung der litauischen Verhältnisse unter sowj. Herrschaft. Der ehemalige Staatspräsident Smetona hat sich längere Zeit in Jägerhöhe bei Angerburg aufgehalten, Finanzminister Galvanauskas sei nach Memel emigriert, wo er ein Haus besitzt.[1] – Scharfe Grenzkontrollen der Sowjets. Mannschaften ist jeder Verkehr mit deutschen Beamten untersagt. Sie sind angewiesen bei jeder Grenzverletzung sofort von der Schußwaffe Gebrauch zu machen. – Bemühungen der UdSSR, Rechtsnachfolge der Republik Litauen anzutreten, insbesondere die Rechte im Memeler Freihafen zu erlangen.[2]

9 a. Bericht des kommissarischen Landgerichtspräsidenten Funk (Zichenau) vom 6. September 1940

Leiter des SD Ostpreußen, SS-Oberführer Gerlach, fragt im Auftrag Himmlers an, ob Strafrechtseinführung nicht die Wirtschafteingliederung der neuen Ostgebiete behindere.[3] Funk weist Gerlach darauf hin, daß die „niederträchtig und gehässig gesinnte“ polnische Bevölkerung nur einem „klaren und strengen deutschen Recht regiert“ werden kann. Psyche der Bevölkerung und Endziel der Okkupation hätten daher Strafrechtseinführung zwingend notwendig gemacht.

---

1) Antanas Smetona (1874-1944), Schulzeit in Polangen und Mitau, Studium in St. Petersburg, Publizist, führender Kopf der litauischen Nationalbewegung, 1919 erster Staatspräsident der Republik Litauen und wieder nach dem Staatsstreich von 1926, der sein autoritäres Regime, das zeitweise im Memelland mit dem Kriegsrecht regierte, etablierte. Ernst Galvanaukas, früherer litauischer Außenminister, der 1923 maßgeblich bei der Annexion des Memelgebietes mitgewirkt hatte, vgl. Plieg, 1962, S. 19 ff.

2) Vgl. Anm. zum Bericht v. 11. 10. 1940

3) Walter Gerlach, 1896 Gusow/Kr. Lebus, Kriegsfreiwilliger, 1920 Übernahme der väterlichen Holzwarenfabrik in Frankfurt/O., NSDAP: 1. 9. 1930, Führer eines Sturms d. SS-Standarte in Frankfurt/O. 1931-1934, 1934 Kommandant des KZ Columbia-Haus in Berlin, 12/1934-1/1935 Kommandant KZ Sachsenburg, 4/1935 Schutzhaftlagerführer KZ Lichtenburg, 4/1935-1/1936 Adjutant des Kommandanten KZ Dachau. Führer der 64. SS-Standarte (Königsberg) 9/1936-11/1938. Führer des SS-Abschnitt VII (Königsberg) bis 1939, seit 30. 1. 1939 SS-Oberführer, Stabskommissar des Reichskommissars für die Festigung des deutschen Volkstums beim Oberpräsidenten von Ostpreußen bis 1944 (Angaben nach Spruchkammerakte BA, Z 42/III, 2591). Auch das umfangreiche Material im BDC enthält keinen Hinweis darauf, daß Gerlach auch „SD-Leiter" gewesen sein könnte. 1936 wurde ein Aufnahmeantrag Gerlachs vom SD sogar negativ beschieden. Trotzdem ist zu beachten, daß Funk hier Gerlachs Namen in Verbindung mit dem Dienstsitz des Königsberger SD (Metgethen) wiedergibt.

10. Bericht des Generalstaatsanwalts (i. V.: OStA Capeller) vom 11. Oktober 1940

Auszug aus Vernehmung eines Volksdeutschen, der bei illegalem Grenzübertritt verhaftet und von den Sowjets in Polangen intensiv verhört wurde. – Grenze bei Memel am 20. 8. 1940 geschlossen. Danach Litauische Freihafengesellschaft im Vereinsregister gelöscht.[1] – Schilderung sowj. Kontrollmethoden am Grenzbahnhof Bajohren. – Allgemeine Mißstimmung wegen der sich abzeichnenden ungenügenden Kohleversorgung. In Lyck Mehrbedarf wegen Einquartierung offenbar nicht berücksichtigt. Ungleichmäßige Versorgung der Behörden. Gerichtsgefängnis in Insterburg noch ohne Kohlevorrat. Oberpräsident Koch bereits beim Reichskohlenkommissar vorstellig geworden. Erhebliche Zunahme der Jugendkriminalität. Im LG-Bezirk Braunsberg seit 1933/34 um 100% gestiegen. Auch Zunahme der fahrlässigen Brandstiftungen durch kleine Kinder. Todesurteil im LG-Bezirk Lyck gegen einen Bauern, der sein eigenes Gehöft angesteckt hatte.[2] – Öffentliche Erschießungen von Polen in Makow (20 Opfer) und Schirps (40 Opfer), für die Gestapo verantwortlich ist. Nachfrage des OStA Zichenau beim Leiter der Gestapo Zichenau. Stellungnahme abgelehnt. Auskünfte würden nur vorgesetzter Behörde erteilt.[3] Nach Einschätzung des OStA handelt es sich um Vergeltungsmaßnahmen für Überfälle auf Gendarmeriebeamte. Erschießungen haben wegen der unwürdigen Form überall großes Aufsehen erregt.

---

1) Nach der Rückgliederung des Memellandes im März 1939 war für Litauen in Memel eine Freihafenzone eingerichtet worden, um die Rückgabe des für Litauen bis dahin wichtigsten Hafens zu erleichtern (Vertragstext in AdDAP Ser. D, Bd. V, Dok. 405 sowie die ‚Richtlinien für die Einrichtung einer litauischen Freihafenzone in Memel', Anlage zu Artikel 3 des Vertrages vom 22. 3. 1939 in RGBl. 1939 II, S. 610 f.). Deutscherseits war man nach der Annexion Litauens nicht bereit, die UdSSR als Rechtsnachfolger anzuerkennen. Am 28. 8. 1940 rückten deutsche Truppen demonstrativ in das Freihafengebiet ein, am 30. 8. 1940 übermittelte die Deutsche Botschaft in Moskau eine Protestnote Molotows wegen dieses Vorgehens (AdDAP Ser. D, Bd. X, Dok. 317 und 414).

2) Von Kindern fahrlässig herbeigeführte Brandstiftungen beschäftigten die Polizei in steigendem Maße: Auch dies eine Auswirkung der kriegsbedingt unzureichenden elterlichen Aufsicht. Den „Vertraulichen Informationen" der ostpreußischen Gauleitung ist zu entnehmen, daß die Kripoleitstelle Königsberg durch Aufruf in der Presse die Wahrnehmung der Aufsichtspflicht anmahnen mußte, da Kinder häufig Großbrände verschuldet hatten (GStA, Rep. 240, B 8 d, Bl. 165, 6. 4. 1943, und Bl. 190, 12. 5. 1943).

3) Auch nach Einführung des deutschen Strafrechts behielt sich die Polizei die Durchführung von sogenannten „Sühnemaßnahmen" zur Vergeltung von Überfällen auf Deutsche vor. Majer, 1981, S. 803 f.

11. Bericht des OLG-Präsidenten vom 4. November 1940

Unsere Beziehungen zu Rußland bilden auch jetzt noch den Gegenstand lebhafter Erörterungen. Die Russen haben einen etwa ein km breiten Streifen an der Grenze in freies Schußfeld verwandelt. Das dahinter liegende Gebiet ist bis zu einer Tiefe von 30–50 km evakuiert worden. In ganz kurzen Abständen sind Beobachtungstürme errichtet; auf jeden, der die Grenze zu überschreiten versucht, wird ohne Anruf geschossen; der kleine Grenzverkehr ruht vollständig.

Auf deutscher Seite wird mit großem Nachdruck von Schirwindt (nördlich Eydtkau) bis Ostrolenka am Ostwall gearbeitet; in diesem Grenzgebiet werden Bunker gebaut. Auch im nördlichen Teil bis nach Memel sind große Erdarbeiten im Gange. Südlich von Ostrolenka in Richtung auf Modlin werden Anfangsstellungen vorbereitet.[1] Dem Vernehmen nach befinden sich 15 deutsche Divisionen im östlichen Grenzgebiet, von denen 8 in Ostpreußen liegen.[2] Die Unterbringung der großen Truppenmassen ist nicht ohne Schwierigkeiten durchführbar gewesen. In fast jedem Hause ist Einquartierung; in den meisten Gerichten habe ich Räume zur Verfügung gestellt. Die Bevölkerung zeigte zunächst eine gewisse Beunruhigung, die aber jetzt nicht mehr besteht.

Die Russen betrachten sich als Rechtsnachfolger des früheren litauischen Staates und sind bestrebt, ihrer Rechtsansicht in jeder Beziehung nach außen hin Ausdruck zu verleihen. Dies zeigt sich auch beim Rechtshilfeverkehr, der recht lebhaft geblieben ist. Nach wie vor werden die auf das deutsch-litauische Rechtshilfeabkommen vom 30. Oktober 1928 verweisenden Formulare benutzt. Die Briefköpfe und die Dienststempel werden weiterverwendet, aber mit Zusätzen, die zum Ausdruck bringen, daß Absender die Sozialistische Räterepublik Litauen ist. Die frühere litauische Abkürzung TN = Justizministerium ist in TLK = Volkskommissariat der Justiz verwandelt worden. Die Rechte Litauens

1) Am 9. 12. 1940 meldete der SD Beunruhigung über den Bau von Luftschutzbunkern, der bewirke, daß vom angeblich schlechter gewordenen Verhältnis zur UdSSR geredet werde. Am 16. 12. hieß es, in Ostpreußen verstärkten sich die Gerüchte über zu erwartende Auseinandersetzungen im Osten. Dabei verweise man ständig auf das „Bauvorhaben Ostwall" und die Anlage sicherer Unterstände auf großen Plätzen im Stadtgebiet von Königsberg sowie auf die schlagartige Durchführung der Verdunklung auf allen ostpreußischen Bahnhöfen (MadR 1940, S. 1848, 1868).

2) Am 21. 8. 1940 hatte Hitler die Verstärkung der Kräfte in Ostpreußen angeordnet. Zum Bereich des Armeeoberkommandos 18 in Königsberg gehörten Ende September 1940 sechs Infantrie- und zwei Panzerdivisionen (Das Deutsche Reich, 4, 1983, S. 217 f.).

an der Hafengesellschaft in Memel, die im Handelsregister bereits gelöscht worden ist, nehmen nunmehr die Russen für sich in Anspruch. Sie wollen die Wiedereintragung der Gesellschaft herbeiführen.
Mitte September d. J. hat sich ein aufsehenerregender Fall behördlichen Eingreifens in den Zuständigkeitsbereich der Reichsjustizverwaltung zugetragen. Ein polnischer Freiarbeiter im Alter von 19–20 Jahren wurde auf Anordnung des Reichsführers SS und Chefs der Deutschen Polizei in der Nähe von Kerwienen bei Heilsberg erhängt, weil er ein deutsches Mädchen im Alter von 15–16 Jahren verführt und mit ihm mehrfach geschlechtlich verkehrt hatte. Der Strafvollstreckung wohnten auf Ersuchen der Polizeibehörde 30–40 Ortsbewohner, darunter einige Amtspersonen und politische Leiter bei. Nach Vollzug der Todestrafe wurde eine Anzahl polnischer Arbeiter an die Richtstätte geführt, um sie durch den Anblick des Erhängten von ähnlichen Handlungen abzuschrecken. Ein Dolmetscher gab ihnen Auskunft über die Art der Verfehlung und deren Folgen. Der Leichnam wurde in der Nähe beerdigt.
Die in den neuen Ostgebieten zur Verwaltung fremden Vermögens eingesetzten Treuhänder erweisen sich vielfach als ungeeignet. Die Eroberung weiter Landesteile mit vielfach geflohener Bevölkerung brachte es mit sich, daß mit größter Schnelligkeit Treuhänder eingesetzt werden mußten, ohne daß eine sorgfältige Auswahl der Personen und eine ausreichende Überwachung ihrer Tätigkeit möglich war. In meinem Bezirk sind gegen einen Treuhänder und gegen den Leiter des Wirtschaftsamts Plock vom Sondergericht in Zichenau Todesurteile gefällt worden. Wegen Veruntreuungen bei der Verwaltung einer Mühle im Regierungsbezirk Zichenau ist der bisherige Geschäftsführer des NSRB. in Königsberg, Dr. Kanzler, mit 9 Monaten Gefängnis bestraft worden.[3]
Die ostpreußische Landwirtschaft ist in diesem Jahre durch Dürre- und Nässeschäden schwer betroffen worden. Nach den vorläufigen Feststellungen der Landesbauernschaft belaufen sich die Schäden auf insgesamt 224,75 Millionen RM. Die Ernteverluste machen etwa 41 v. H. der Verkaufserlöse der altostpreußischen Landwirtschaft im Wirtschaftsjahre 1938/39 aus. Zu Rücklagen aus guten Jahren ist die ostpreußische Landwirtschaft wegen ihrer hohen Verschuldung – nach Angabe der Landesbauernschaft 83 v. H. des Einheitswertes – nicht in der Lage

3) Dr. Max Kanzler, 1900 Nemdorf/Kr. Querfurt, 1921 Dr. sc. pol. in Würzburg, 1930 Kreisleiter der NSDAP, 1934 stellvertr. Landrat in Gardelegen, 1938 Gaugeschäftsführer des NSRB in Königsberg. Nach Freistellung vom Heeresdienst Leiter der Stadtmühle Putulsk. In einem Bewerbungsschreiben an Rosenbergs Ostministerium vom 4. 5. 1942 stellte der mittlerweile aus der Haft entlassene Kanzler die Vorgänge in Putulsk als Resultat einer Intrige Kochs und Dargels dar. Kanzler wurde 1942 vom Gaugericht Ostpreußen aus der NSDAP ausgeschlossen, ein Urteil, das 1943 vom Obersten Parteigericht bestätigt wurde (BA, R 21/846).

gewesen. Die zuständigen Stellen in Ostpreußen sind unter Leitung des Oberpräsidenten bestrebt, für die ostpreußische Landwirtschaft eine möglichst wirksame Hilfe herbeizuführen. Die Kartoffel- und Rübenernte ist sehr groß.
Die Verpflegung der Bevölkerung ist ausreichend; sie wird hier jedoch als schwach empfunden, weil die bisherigen Zusätze fehlen. Die zahlreichen Soldaten kaufen alles, insbesondere Geflügel auf, um es nach Hause zu schicken. Seefische gibt es hier nicht mehr, weil die Fischer eingezogen sind und die Fischkutter, von der Wehrmacht beschlagnahmt, nach dem Westen abtransportiert sind.[4] Dem Winter sieht die Bevölkerung mit gewisser Sorge entgegen; die Kälte hat früh eingesetzt; der Kohlenbedarf ist noch nicht zur Hälfte gedeckt.

---

4) Schon zu Kriegsbeginn wurde das Gros der Hochseefischdampfer für Wehrmachtszwecke eingesetzt, so daß die regelmäßige Fischversorgung nicht mehr gewährleistet war (MadR 1939, S. 942; SD-Bericht v. 20. 12. 1939). Im Frühjahr 1941 beruhte die Fischversorgung Ostpreußens überwiegend auf Einfuhren aus Norwegen (GStA, Rep. 240, B 8b, Bl. 102). Vgl. a. Plesse, 1941 und Willer, 1944, S. 16-18 zur weiteren Entwicklung der Fischversorgung im Kriege.
In Ostpreußen konnte die Binnen-, Haff- und Küstenfischerei noch aufrechterhalten werden, wenn auch die Betriebe unter Einberufungen, Rohstoffknappheit und Ersatzteilmangel zu leiden hatten (vgl. MadR 16. 11. 1942, S. 4476). Wie in anderen Wirtschaftsbereichen prägte verstärkt seit 1943 der „Schwarz- und Schleichhandel" das Bild. Die Kontrollbehörde, die Außenstelle der Hauptvereinigung der deutschen Fischwirtschaft in Königsberg, konnte, wie aus ihren Quartalsberichten hervorgeht, dem kaum wirksam begegnen und mußte sich auf Stichproben beschränken: „Am Fischereihafen in Memel fanden sich beim Landen der Fischer Hunderte von Personen mit Taschen, Netzen und Körben ein, die versuchten Fische zu kaufen. Durch mein Dazwischentreten wurde dieses aber verhindert. Die Polizei wurde von diesem Zustand von mir in Kenntnis gesetzt und will nun den Hafen überwachen. Am Spätnachmittag wurde der von Nidden kommende Dampfer auf Fischversendung überprüft. Auf dem Dampfer befanden sich Hunderte von Passanten mit Fischpaketen und Säcken. Als man merkte, daß eine Kontrolle stattfinden sollte, verließen diese fluchtartig das Schiff und ließen z. T. Fische in Säcken und Körben stehen. Ca. 1 Ztr. Quappen, Zander, Barsche und Seestint wurden von mir beschlagnahmt und der Fischverwertungsgenossenschaft in Memel zugeführt." (16. 12. 1943; BA, R 17 III/6) - „Leider wird in Ostpreußen bis in einige Regierungsstellen hinein der Notwendigkeit einer exakteren Ablieferung... wenig Verständnis entgegengebracht. Die Außenstelle hat verschiedene Maßnahmen zur Erhöhung der Fischandienung und damit der Fischversorgung getroffen: Es wurde am 6. 4. 1944 eine Razzia auf Hamsterer und schwarz verkaufende Fischer in dem Fischerdorf Peyse veranstaltet, der Erfolg war sehr gut, und die Auswirkung der Unternehmung sind bereits auf dem Königsberger Fischmarkt spürbar." (5. 5. 1944; BA, R 17III/218). - „Infolge der geringen Fischzuteilungen haben die Schwarzverkäufe an den Küstenplätzen unglaubliche Formen angenommen. Die Anlandungsplätze werden von der Bevölkerung in einem unvorstellbaren Maße belagert. Eine Kontrolle der Schwarzverkäufe durch einen Polizeibeamten und einen Angestellten der Außenstelle, wie dies bisweilen früher geschehen ist, würde deshalb völlig erfolglos sein." Man habe daher aus Beamten von Kripo, Schupo, Preisüberwachung und Außenstelle einen „Kontrollstab" gebildet. (6. 11. 1944 (ebd.). - Im August 1944 mußte die Fischerei wegen des Einsatzes am „Ostwall" eingestellt werden, im Oktober wegen der Einziehungen zum Volkssturm. Jedoch konnte im Dezember 1944 noch gemeldet werden: „Die bisher stilliegende Fischerei an den Plätzen Labiau, Gilge, Pillkoppen, Julchenhöhe, Elchwerder, Rossitten und Sarkau ist Ende dieses Monats voll aufgenommen worden,

12. Bericht des Generalstaatsanwalts (i. V.: EStA Bringmann) vom 9. Dezember 1940

Die außenpolitischen Erfolge des Führers werden in weiten Volkskreisen voll gewürdigt und aufrichtig begrüßt. Das Vertrauen zu seiner vollendeten Staatsführung ist unbegrenzt.
Daß die Verträge mit Rumänien, der Slowakei und Ungarn unsere politische Stellung in Europa weiter erheblich erweitert und gefestigt haben, ist auch dem einfachen Menschen klar.[1]
Sehr enttäuscht ist man in manchen Kreisen über die Rückschläge, die Italien in seinem Feldzug mit Griechenland gehabt hat. Man hatte das angesichts der stolzen und siegesbewußten Reden des Duce nicht erwartet. Man befürchtet, daß diese Rückschläge recht erheblicher Natur gewesen sein müssen angesichts der Eingeständnisse der italienischen Wehrmachtsberichte und der weiteren Tatsache, daß maßgebliche Persönlichkeiten der italienischen Heer- und Marineleitung ihre Posten an andere Männer abtreten mußten. Man befürchtet weiterhin, daß diese Rückschläge in Verbindung mit dem Stillstand der Kampfhandlungen in Nordafrika nicht ohne Einfluß auf die Haltung der Türkei, der Araber und Ägyptens bleiben würde und daß Deutschland seine Truppen wird zum Einsatz bringen müssen, um derart unangenehme Folgen zu verhindern.[2]
Der Besuch Molotows in Berlin wird sehr verschieden beurteilt. Viele sehen darin eine wachsende Annäherung Rußlands an Deutschland. Andere weisen darauf hin, daß dieser Besuch im Verhältnis zu dem großen Beamtenstabe, den Molotow für die in Aussicht genommenen Verhandlungen mitgebracht hatte, auffällig kurz gewesen sei und

---

nachdem die Fischer auf Grund der der Außenstelle vom Gauleiter erteilten Vollmacht vom Einsatz-Volkssturm zurückgerufen werden konnten. Dagegen ruht die Fischerei noch ganz in Karkeln, Loye, Inse und Tawe. Der für diesen Bezirk zuständige Kreisleiter ist dem Befehl des Gauleiters wegen Freigabe der Fischer... nicht nachgekommen... Beim Adjutanten des Gauleiters wurde der Außenstelle Abhilfe zugesagt." (Tätigkeitsbericht für November 1944, ebd.).

1) Ungarn, Rumänien und die Slowakei waren zwischen dem 20. und 24. 11. 1940 dem Dreimächtepakt beigetreten.

2) Italienische Truppen waren am 28. 10. 1940 von Albanien aus in Griechenland eingefallen. Bereits nach 14 Tagen endete der Feldzug in einem desaströsen Rückzug. Der Oberkommandierende Visconti Prasca wurde am 9. 11., der Chef des Generalstabs Badoglio am 6. 12. 1940 abgelöst (Das Deutsche Reich, 3, 1984, S. 394 ff.).

offenbar nicht die günstigen Ergebnisse gezeitigt hätte, die man erwartet hatte.[3]
Über die Stimmung an der russischen Grenze berichtet mir der Oberstaatsanwalt in Memel folgendes:
„Ab und zu kommen Deserteure der Russischen Armee über die Grenze. Aus ihren Vernehmungen kann man einige Einblicke in die Gesinnung und Haltung der Russen gewinnen. In den Köpfen der mittleren und unteren Instanzen ist von einer Annäherung an Deutschland noch nichts zu spüren. In Instruktionsstunden schimpfen sie über die letzte deutsche Einmischung in Rumänien, durch die es verhindert worden sei, daß Rumänien ganz an Rußland fiel.[4] Im übrigen sei es aber Molotow gelungen, uns gehörig zu übervorteilen. Sie ‚trösten' dann ihre Zuhörer noch mit Ausführungen (Einfluß englischer Rundfunkpropaganda?), die dahin gehen, daß Deutschland innerlich in absehbarer Zeit zerfallen werde trotz aller äußeren Erfolge. Ja, es werden sogar Zeiten genannt, in denen das geschehen soll. So sprach ein Kommissar von 6 Monaten und mit dem Memelgebiet würde es sogar noch schneller gehen. Es scheint also eine recht unfreundliche Gesinnung zu herrschen.
Aus gleichen Vernehmungen war zu ersehen, daß die Stimmung unter der Bevölkerung jenseits der Grenzen, obwohl niemand es wagt, laut seine Meinung zu äußern, auch in den Kreisen stark gesunken ist, die zuerst den Russen nicht ablehnend gegenüber standen. Zwar sind die Löhne etwas höher geworden. Dafür aber haben die Preise erheblich angezogen, so daß der Lebensstandard auch der vermögenslosen Arbeiterschaft sich erheblich verschlechtert hat.

3) Molotow traf am 12. 11. 1940 in Berlin ein, um über die noch ungeklärten Fragen des deutsch-sowjetischen Verhältnisses, insbesondere über Interessensabgrenzungen auf dem Balkan, die deutsche Garantie für Rumänien und die Ziele des Dreimächtepaktes zu sprechen. Der von Hitler angestrebten Einbeziehung der UdSSR in die antibritische Front hielt Molotow Maximalforderungen entgegen, die auf die Beherrschung des Balkans und der Ostsee und damit auf die Abhängigkeit des Reiches von der UdSSR hinausliefen. Zu den Berliner Gesprächen und den anschließenden Notenwechseln Fabry, 1962, S. 343-364. Der Molotow-Besuch nimmt in der Interpretation von „Hitlers Strategie" gegenüber der UdSSR eine Schlüsselstellung ein. Wie Stegemann (Das Deutsche Reich..., 1979, S. 37 f.) vor allem gegen Hillgruber ausführt, war es eben nicht die Programmatik („Lebensraum im Osten"), sondern die pragmatische Reaktion auf die Außenpolitik Stalins, die Hitlers Entschluß, die UdSSR anzugreifen, bedingte. Vgl. a. Schustereit, 1988 und Stegemann, 1987, S. 73-97.

4) Stalin erzwang im Juni 1940 die Abtretung Bessarabiens und der Nordbukowina. Diese Gebiete waren im Geheimen Zusatzprotokoll zum Moskauer Abkommen vom 23. 8. 1939 der sowjetischen Einflußsphäre zugeschlagen worden. Um einer weiteren sowjetischen Expansion vorzubeugen, übernahm das Reich im Wiener Schiedsspruch vom 30. 8. 1940 die Garantie der territorialen Integrität Rumäniens und entsandte im Herbst 1940 Heeres- und Luftwaffeneinheiten vor allem zum Schutz der Erdölfelder ins Land.

Die Deserteure finden daher bei der litauischen Bevölkerung Unterstützung. Kürzlich kam ein Deserteur aus Lettland. Er war in voller Ausrüstung. Er hatte vorgegeben, kommandiert zu sein und war damit sogar auf der Eisenbahn weitergekommen. Erst bei einem Grenzbauern hat er den Rock gewechselt.
Gelegentlich erlauben sich die Russen auch kleine Propagandatricks. So waren vor einiger Zeit deutsche Kinder, die aus Neugierde, mal Russen aus der Nähe zu sehen, über die Grenze geraten waren, festgenommen worden. Sie wurden auf energische Vorstellungen des hiesigen Leiters der Grenzpolizei nach einigem Zögern – angeblich sollten sie drüben strafmündig sein – wieder freigelassen. Man hatte sie auf einem Gut aufs Beste einquartiert, gut verpflegt und sogar bedient, so daß sie begeistert zurückkamen."
Nach Mitteilung der Staatspolizei an den Oberstaatsanwalt in Lyck ist die polnische Bevölkerung in den jetzt zu Rußland gekommenen Gebieten mit dem neuen Regime sehr unzufrieden. Insbesondere herrscht unter den größeren Bauern große Mißstimmung, weil die Russen dazu übergegangen sind, die größeren landwirtschaftlichen Betriebe zu enteignen und Kollektivwirtschaften zu bilden. Infolge der unsicheren Verhältnisse mehren sich in letzter Zeit die Fälle, in denen Polen aus dem russischen Gebiet illegal nach Deutschland flüchten. Vereinzelt sind auch russische Soldaten nach Deutschland desertiert. Alle geben übereinstimmend an, daß sie wegen der ungünstigen politischen und wirtschaftlichen Verhältnisse geflüchtet sind.[5]
In innerpolitischer Hinsicht wäre hervorzuheben, daß die Kohlen- und Koksversorgung der Provinz sich etwas verbessert hat, keinesfalls aber als ausreichend und zufriedenstellend angesehen werden kann. Hier fällt manches scharfe Wort in der Kritik.
Der Oberstaatsanwalt in Bartenstein berichtet mir folgendes:
„Die Brennstoffversorgung ist noch immer unzureichend und eine Quelle ständiger Sorge bei weiten Bevölkerungskreisen.
Das Gebot schleunigster Abladung der eingehenden Waggons – auch am Sonntag – entspricht sicher den dringenden Belangen des überlasteten Reichsbahnbetriebes. Bei gutem Willen wäre es aber zu vermeiden, daß die dem Abtransport dienenden Fahrzeuge derart überladen werden und ein Tempo anschlagen, daß erhebliche Mengen des wertvollen Brennstoffes herunterfallen und auf den Straßen herumliegen für die Sammler, die sich kostenlos und ohne Bezugsschein Brennmaterial verschaffen wollen. Solche Erscheinungen, die wohl

5) Zur sowjetischen Okkupationspolitik im ehemaligen Ostpolen vgl. Gross, 1988.

weniger die Folge der befohlenen Eile als die Ärgers über die befohlene Sonntagsarbeit sein dürften, müssen Mißstimmung erregen. Ich habe solche Transporte selbst beobachtet.
Auch die Kürzung der Butterration wird namentlich bei kinderreichen Familien sehr schmerzlich empfunden."
Über eine gewisse Trübung in der Stimmung berichtet der Oberstaatsanwalt in Bartenstein, wenn er schreibt:
„Die Länge des Krieges drückt auf die Stimmung derjenigen Bevölkerungsteile, die aus dem Kriegszustand nicht besondere Vorteile ziehen oder sich nicht besonderer Förderung seitens maßgeblicher Stellen erfreuen. Recht zahlreiche Stimmen aus dem Gros der Kaufleute, Handwerker und sonstigen Gewerbetreibenden lassen erkennen, daß die Organisation im Wirtschaftsleben mit ihren die Einzelinitiative hemmenden, ja lähmenden Anordnungen, sowie der steigende Rohstoff- und Warenmangel als sehr drückend empfunden werden. Es wird heimlich viel geschimpft. Die Verärgerung ist groß."
Ich habe solche Beobachtungen nicht gemacht, sie sind mir auch von anderer Seite nicht berichtet worden.
Klage geführt wird in der einheimischen Bevölkerung, daß gewisse Wehrmachtsangehörige Gänse in großer Zahl zum Versand in ihre Heimat aufkaufen und dabei jeden Preis zahlen. Man spricht von 30–40 Mark.
Auch wird von der Bevölkerung festgestellt, daß die Lebenshaltung immer teurer wird. Das bezieht sich zwar nicht so sehr auf die Lebensmittel. Aber auch der kleine Mann hat längst erkannt, daß die Ausgaben hierfür nur einen geringen Anteil an den Gesamtkosten der Lebenshaltung ausmachen. Die Preise für Kleidungsstücke jeder Art sind derart gestiegen, daß die weniger Bemittelten sie nicht bezahlen können. Wenn demgegenüber in Kaufmannskreisen darauf hingewiesen wird, daß die Preise in der Konfektion absichtlich in die Höhe geschraubt werden, um die Kauflust einzudämmen, so wäre eine solche Maßnahme nur geeignet, im höchsten Maße Unzufriedenheit bei den weniger Begüterten hervorzurufen, da diese von einer solchen Maßnahme doch allein betroffen würden.
Angesichts der schlechten Mittelernte und des Mangels an Rauhfutter herrscht in der Landwirtschaft erhebliche Besorgnis, ob der Viehbestand wird durchgefüttert werden können; einzelne Bauern sehen sich schon jetzt genötigt, ihren Viehbestand zu verringern.
Die Tätigkeit des politischen Katholizismus hat nach einem Bericht des Oberstaatsanwalts in Braunsberg in der letzten Zeit außerordentlich zugenommen. Insbesondere soll der Bischof Kaller

persönlich sehr tätig geworden sein; fast täglich soll er von früh bis spät zu Besuchen von Kirchen und neuerdings auch Schulen unterwegs sein. Beispielsweise soll er jetzt an dem Religionsunterricht in den Schulen von Heinrichsdorf und Vierzighuben (Kreis Braunsberg) teilgenommen haben, Schulen, die er seit vielen Jahren nicht mehr besucht hatte. Bei dieser Gelegenheit soll der Bischof sein Hauptaugenmerk ganz besonders auf die jüngsten Jahrgänge gerichtet und die Lehrer auf die Wichtigkeit der religiösen Erziehung gerade dieser Kinder hingewiesen haben.

Sehr stark wird nach dem Bericht desselben Oberstaatsanwalts z. Zt. von kirchlicher Seite an der Erfassung aller Katholiken durch das sogenannte „Laienapostolat" gearbeitet. Zu diesem Zweck werden die Gemeinden, ganz ähnlich wie die Ortsgruppen der N.S.D.A.P., in kleine Einheiten eingeteilt, für die jeweils ein besonders zuverlässiger und aktiver Katholik verantwortlich ist. Die zu seiner Einheit gehörenden Katholiken hat er im Auge zu behalten und jede wichtige Wahrnehmung sofort dem zuständigen Pfarramt zu melden. Wenn der Bischof in einer Ansprache in der hiesigen Katharinenkirche auch betonte, daß der Zweck dieser Betreuung nur rein seelsorgerischer Art wäre und der Förderung der Liebestätigkeit der Kirche dienen sollte, so ist doch der Oberstaatsanwalt der Ansicht, daß hier die Kirche der N.S.D.A.P. eine getarnte Organisation entgegenstellen will, die jederzeit auch politischen Zwecken dienstbar gemacht werden kann.[6]

Diesem Ziel entspricht auch die Haltung des „Ermländischen Kirchenblattes", das in seinen letzen Ausgaben sich besonders lebhaft für ein Führertum des Bischofs und der Geistlichkeit einsetzt. So heißt es beispielsweise in einem mit mehreren Bildern des Bischofs illustrierten Artikel „Der Bischof kommt!"

„Denn das ist eine Einheit, die unzerreißbar ist und alle Zeiten überdauern wird; Bischof und gläubiges Volk."

Auch in den Kreisen des politischen Protestantismus beginnt es sich in der letzten Zeit wieder lebhafter zu regen. So teilte dem Oberstaatsanwalt in Braunsberg der Kreisleiter aus Pr. Holland kürzlich bei einer Besprechung mit, daß einige Bekenntnispfarrer seines Kreises neuerdings wieder sehr aktiv geworden wären. Insbesondere hätten sie gegen Partei- und Volksgenossen, die aus der Kirche ausgetreten sind, deswegen öffentlich und privat Vorwürfe erhoben, hätten andere Volksgenossen, die kirchlichen Dingen fernstehen,

6) Hierzu Reifferscheid, 1976, S. 223 f.

unaufgefordert und ohne jede Veranlassung mit langatmigen Darstellungen des Kirchenstreites behelligt usw.
Strafanzeigen sind jedoch bisher noch in keinem Falle eingegangen.

Jugendkriminalität in Allenstein und Osterode unter maßgeblicher Beteiligung von HJ-Angehörigen. – Klagen über freches Benehmen jugendlicher Verkäufer in Bartenstein. – In Braunsberg häufen sich Fälle verbotenen Umgangs deutscher Frauen mit polnischen Zivilarbeitern. In einigen Orten des LG-Bezirks Braunsberg deswegen Selbstjustiz: Frauen werden mit geschorenen Haaren und Plakaten („Wir sind Säue") durch die Straßen geführt.

13. Bericht des OLG-Präsidenten vom 4. Januar 1941

Im früheren Memelland hat es Enttäuschungen hervorgerufen, daß die große wirtschaftliche Hilfe, die den Deutschen in den eingegliederten Ostgebieten durch die Steuerhilfeverordnung vom 9. Dezember 1940 zuteil geworden ist, nicht auch auf das Memelland ausgedehnt worden ist.[1] Die Bevölkerung des Memelgebiets ist in der Zeit der Zugehörigkeit zu Litauen einer schweren wirtschaftlichen Notlage ausgesetzt gewesen. Nach der Rückgliederung des Gebiets stiegen die Preise vielfach über die des Altreichs, so daß sie jetzt den Stand der Preise in den größten Reichsstädten nicht nur erreichen, sondern häufig übersteigen. Dieser Umstand macht sich noch deshalb besonders empfindlich bemerkbar, weil die Bevölkerung bei der Währungsumstellung einen erheblichen Teil der Kaufkraft ihres Vermögens eingebüßt hat. Die Bevölkerung des Gebiets kann es nicht verstehen, weshalb das Memelland anders behandelt wird als die übrigen, wenige Monate später zurück- bzw. neu erworbenen Gebiete.
Bemerkbar macht sich ein Ansteigen der Jugendkriminalität. Es sind mehrere Fälle vorgekommen, in denen Jugendliche im Alter von etwa 15 bis 16 Jahren sich zu Banden zusammengeschlossen und Einbrüche begangen haben. Die Täter sind vielfach Schüler höherer Lehranstalten und Söhne gehobener Berufsschichten, die auch der H. J. angehörten.
Eine größere Zahl unter Vormundschaft oder Pflegeschaft stehender Geisteskranker und Geistesschwacher, die sich in Provinzialanstalten befanden, sind vor längerer Zeit, meist im Mai v. Js. in außerostpreußische Anstalten verlegt worden. Anfragen eines Amtsgerichts von Vormündern und Pflegern nach dem Aufenthaltsort sind erfolglos geblieben. Streng vertraulich ist dem Landgerichtspräsidenten in Königsberg von einem Sachbearbeiter des Landeshauptmanns Anfang November mitgeteilt worden, daß der Aufenthaltsort der Pflegebefohlenen zur Zeit nicht bekannt sei. Die Anfragen des Amtsgerichts und der sonst Beteiligten seien weisungsgemäß ohne Abgabennachricht an andere Stellen weitergegeben worden. Es sei damit zu rechnen, daß die Angelegenheit durch

1) Vgl. Anm. 1 zum Bericht v. 6. 3. 1942

Übersendung der Sterbeurkunden der in Frage kommenden Personen demnächst ihre Erledigung finden würde. Die Rentenzahlungen für die Pflegebefohlenen seien eingestellt worden.[2]
In den letzten Monaten sind in meinem alten Bezirk mehrere Fälle öffentlicher Erhängungen von polnischen Zivilarbeitern und Kriegsgefangenen, die mit deutschen Frauen Geschlechtsverkehr gehabt haben, vorgenommen. Ein Einzelfall ist mir näher geschildert worden. Der Pole wurde auf einem Lastkraftwagen unter einen Baum gefahren, an dem ein Seil befestigt war. Nach Ankunft eines SS-Sturmbannführers, der das Verfahren leitete, wurde dem Polen die Schlinge umgelegt. Er wurde dadurch erhängt, daß der Lastkraftwagen unter ihm wegfuhr. An seinem Oberkörper war ein Schild befestigt mit folgender Aufschrift in deutsch und polnisch: Dieser Pole hat die deutsche Ehre geschändet. Kurz nach dem Aufhängen wurden etwa 100 bis 150 Polen aus der Umgebung in geschlossenem Zuge an dem Erhängten vorbeigeführt. Dem Vorgang wohnte eine größere Anzahl von Zuschauern bei.
Aus einem Bezirk wird mir berichtet, daß Frauen, die Umgang mit Polen gehabt haben, vor ihrer gerichtlichen Bestrafung durch ihr Dorf geführt wurden, nachdem ihnen vorher die Haare abgeschnitten worden waren.[3]

---

2) 1588 Kranke aus den Anstalten bei Rastenburg waren im Mai 1940 ins Lager Soldau (vgl. Tl. I, Kap. 6. 4.) gebracht worden. Zwischen dem 21. 5. und dem 8. 6. 1940 wurden sie von einem SS-Kommando der Stapoleitstelle Posen in „Gaswagen" ermordet. Die im Rahmen der von Hitler bei Kriegsbeginn angeordneten Tötung von Geisteskranken („Aktion T 4") durchgeführte Mordaktion war zwischen dem HSSPF Warthe, Wilhelm Koppe, und dem HSSPF Nordost, Redieß vereinbart worden, wobei Redieß die Kosten für das Posener Kommando zu tragen hatte. Klee, 1983, S. 190-193. - Nach dem Erinnerungsbericht von Oberbaurat Dieckert über die Provinzialanstalten im Kreis Wehlau, hätten die Transporte großes Aufsehen erregt, da es kein Geheimnis gewesen sei, daß die Kranken ermordet werden sollten (BA, Ost-Dok. 10/99). - Im Heimatbuch des Kreises Wehlau, 1975, S. 187 findet man nur einen Hinweis auf die Auflösung der Anstalt Allenberg, wonach die Kranken auf andere ostpreußische Anstalten verteilt worden seien. Über das Schicksal der Kranken aus der Wormditter Heil- und Pflegeanstalt St. Andreasberg vgl. Reifferscheid, 1975, S. 245-249. Dort die Aussage eines Beamten der Provinzialverwaltung, der Ohrenzeuge von Erschießungen in Soldau war. Ein Teil der Kranken sei jedoch nicht nach Soldau gelangt, sondern über Jerichow/Brandenburg in die Tötungsanstalt Sonnenstein.

3) In einem Erlaß vom 7. 5. 1940 ordnete Himmler als Chef der Deutschen Polizei an, daß Frauen, die Umgang mit Kriegsgefangenen in einer Weise pflegen, die das „gesunde Volksempfinden gröblich verletzt", in Schutzhaft zu nehmen sind. Für den Fall, daß eine gerichtliche Strafe nach § 4 VO v. 25. 11. 1939 nicht verhängt wird, sei die Beschuldigte in ein KZ zu überführen. In Abs. IV des Erlasses heißt es: „Beabsichtigen die Frauen und Mädchen des Ortes, eine Frau vor ihrer Überführung in ein Konzentrationslager öffentlich anzuprangern oder ihr die Haare abzuschneiden, so ist dies polizeilich nicht zu verhindern, sofern es sich nicht um offensichtlich körperschädigende Übergriffe handelt." (BA, R. 58/272). In der Bevölkerung fand die strenge gerichtliche Bestrafung von Frauen, die sich mit polnischen Kriegsgefangenen eingelassen hatten „durchweg Anerken-

14. Bericht des Generalstaatsanwalts (i. V.: OStA Capeller) vom 10. Februar 1941

Die außenpolitsche Lage des Reiches wird in der Bevölkerung auch weiterhin zuversichtlich beurteilt. Die letzte Rede des Führers am 30. Januar 1941 hat das Vertrauen auf den Endsieg erneut gekräftigt. Die allgemeine Erwartung geht dahin, daß im laufenden Jahre entsprechend den Erklärungen des Führers wenigstens in Europa der Krieg siegreich beendet werden wird.[1]

Beunruhigungen sind nicht wahrzunehmen. Die Mißerfolge der Italiener in Nordafrika und in Griechenland werden zwar eifrig erörtert.[2] Aber eine kriegsentscheidende Bedeutung wird ihnen nicht beigemessen. Vielmehr wird aus den bisherigen Erfolgen der deutschen Luftwaffe im Mittelmeer gefolgert, daß die deutsche Wehrmacht im Jahre 1941 den Italienern schon Luft machen werde. Die Machenschaften des Präsidenten der Vereinigten Staaten Nordamerikas werden zwar gleichfalls lebhaft erörtert, haben aber zu sichtbaren Ängsten bisher nicht geführt.[3] Das Verhältnis zu Rußland bleibt der Bevölkerung weiterhin undurchsichtig. Die beunruhigende Gerüchtemacherei in früheren Monaten ist aber einer ruhigeren Betrachtung der Lage gewichen.

Zu der letzten Grenzregulierung hat der Oberstaatsanwalt in Memel berichtet:

„Nun sind auch hier die Grenzen festgelegt worden. Demnächst beginnt der Treck der Deutschen aus Litauen ins Reich. Für den Memeler, der 93,1 Bahnkilometer von der nächsten deutschen Stadt (Tisit), dafür aber nur 18 km von der nunmehr russischen Grenze entfernt

nung" (SD-Meldung v. 12. 1. 1940, MadR 1940, S. 639), und zahlreiche Lageberichte aus anderen OLG-Bezirken bestätigen, daß öffentliche Anprangerungen häufig schon vor der Verhaftung durch die Polizei stattfanden. Vgl. a. Herbert, 1985, S. 79-82.

1) Rede Hitlers zum Jahrestag der Machtergreifung vom 30. 1. 1941, die die beruhigende Feststellung enthielt, daß man für das Jahr 1941 jede Möglichkeit einkalkuliert habe.

2) Nach erneuten Niederlagen der italienischen Armee stand der Verlust Lybiens und Tunesiens bevor. Hitler hatte in der Weisung Nr. 22 vom 12. 1. 1941 die „Mithilfe deutscher Kräfte bei den Kämpfen im Mittelmeerraum" befohlen.

3) Gemeint war Roosevelts Botschaft an den Kongreß vom 3. 1. 1940, die eine beträchtliche Steigerung der Militärausgaben mit der Notwendigkeit zur „Verteidigung der Zivilisation" begründete (Keesings Archiv 1941, S. 4371 f.).

liegt, bringt diese Regelung eine Enttäuschung. Bis in die letzte Zeit hinein hat man hier immer wieder hören können: Der Russe hat sich an unsere Abmachungen nicht gehalten. Aber 1941, da wird die ganze Frage noch einmal erörtert werden, da wird es zu den für Memel geradezu lebenswichtigen Berichtigungen der Grenzziehung kommen. Nun ist – gewiß aus für das gesamte Deutschland gültigen Erwägungen – gegen die Hoffnungen der Memeler Patrioten entschieden worden. Mit einem Vorfeld von nur 18 km wird Memel kaum eine brauchbare Festung, mit einem Hinterland von nur 18 km kaum in der Lage sein können, die stolze Tradition Rigas zu übernehmen, wie man es hier erhofft hatte."[4]

Zu den Grenzverhältnissen im Kreise Suwalki hat der Oberstaatsanwalt in Lyck folgendes berichtet:

„Die Bevölkerung des Kreises Suwalki besteht aus Bewohnern polnischer, litauischer und russischer Volkszugehörigkeit. Die in erster Zeit sehr häufigen Fälle des verbotenen Grenzübertritts und des Schmuggels haben in letzter Zeit erheblich nachgelassen. Dies ist vor allem auf die völlige Abschließung der jetzigen russischen Grenze zurückzuführen. Die Haltung der nichtdeutschen Bevölkerung ist im Wesentlichen als korrekt und zurückhaltend zu bezeichnen. Gleichwohl läßt es sich nicht verkennen, daß es – namentlich unter die Polen – immer noch Einzelne und auch ganze Gruppen gibt, die ihre feindselige Haltung gegenüber allem Deutschen oft nur mühsam verbergen, sie aber auch mitunter offen zum Ausdruck bringen, wofür die nicht seltenen Heimtückeverfahren beredetes Zeugnis ablegen. Diese Kreise hoffen immer noch, mit Hilfe Englands und Amerikas den Krieg zu gewinnen und die ihnen verhaßten Deutschen aus dem Lande zu treiben. Inzwischen sind Teile der deutsch-russischen Umsiedlungskommission in Suwalki eingetroffen, die ihre Arbeit auf Grund des deutsch-russischen Umsiedelungsvertrages begonnen haben. Der Vertrag sieht die Rücksiedelung der Litauerdeutschen aus dem ehemaligen Litauen in das Memel- und Suwalkigebiet vor und die Aussiedelung der im Kreise Suwalki lebenden Bewohner russischer und litauischer Volkszugehörigkeit, sofern diese einen dahingehenden Wunsch äußern.[5] Dieses Prinzip der Freiwilligkeit engt die Arbeit der

4) Nach dem Abschluß des „Deutsch-Russischen Grenz- und Freundschaftsvertrages" mit dem die dt.-sowj. Interessengrenze von der Weichsel an den San verlegt und der Suwalki-Zipfel dem Reich zugesprochen wurde, konstituierte sich in Moskau eine „Gemischte deutsch-sowjetische Zentralkommission für Grenzfragen", die durch Vermessung und Vermarkung die vereinbarte Interessengrenze ins Gelände zu übertragen hatte. Vgl. den Bericht über die Grenzvermarkung, anonym, 1940, S. 176-180 und Scharf, 1989, S. 163-169.

deutschen Verwaltungs- und Umsiedlungsbehörden erheblich ein, denn die Möglichkeit, alle im Kreise Suwalki lebenden unerwünschten und kriminellen Elemente der russischen und litauischen Volkszugehörigkeit im Zuge dieser Umsiedlung mit einem Schlage abschieben zu können, ist dadurch sehr gering geworden. Bisherige Feststellungen haben ergeben, das lediglich ein Teil der russischen Bewohner ausgesiedelt zu werden wünscht und daß fast sämtliche litauische Volkszugehörigen den Wunsch geäußert haben, im Gebiet des Großdeutschen Reiches verbleiben zu dürfen. Die Angst vor dem Schicksal in Rußland überwiegt die Ungewißheit über ihr weiteres Schicksal in Deutschland. Nach Abschluß der deutsch-russischen Umsiedlungen, der etwa in zwei Monaten zu erwarten steht, soll die planmäßige Evakuierung der im Suwalkigebiet lebenden Polen in das Generalgouvernement in Angriff genommen werden.
Die Evakuierung von Juden und Polen aus einigen Kreisen des Bezirks Zichenau in das Generalgouvernement ist bereits im November und Dezember 1940 erfolgt".[6]

---

5) Die Vereinbarung über die Umsiedlung der Deutschen aus Litauen vom 10. 1. 1941 in Dokumente, 1944, S. 703-717. Art. 13 der Vereinbarung legte die Grenzübertrittsstellen für Trecks fest, u. a. Eydtkau-Virbalis und Schirwindt-Naumiestis.

6) Mit der Zwangsausweisung war im November 1939 begonnen worden, wobei es nicht nur um die Freimachung von Grundstücken für volksdeutsche Umsiedler aus dem Baltikum und später aus der UdSSR ging, sondern um die „Entpolonisierung" der eingegliederten Ostgebiete (Broszat, 1961, S. 85-102). Das wieder dem Kreis Neidenburg angeschlossene Soldau-Gebiet wies nach einer im Januar 1940 durchgeführten Einwohnererfassung „keinen einzigen Juden" mehr auf (Nationalzeitung Essen, zit. nach „Student der Ostmark" F.5, 15. 3. 1940, S. 136). Noch rigoroser verfuhr man offenbar in Suwalki/Sudauen: „Besonders erfreulich ist die Tatsache, daß nach zwei Monaten deutscher Arbeit der Kreis Suwalki im Dezember 1939 keinen Juden mehr zählte, deren Zahl sich zu polnischen Zeiten auf einige Tausend belief." (Mengert, 1940, S. 294). - Vgl. a. den Bericht über die Verwaltungstätigkeit im Bezirk Zichenau (10/39-4/40) von K. v. d. Groeben (BA, Ost-Dok. 8/615), der die „Evakuierung der jüdischen Bevölkerung aus Chorcelle/Kr. Praschnitz" vermerkt (in Chorzele waren zuvor noch „Milieuaufnahmen" für den nach 1945 verbotenen Film „Heimkehr" gemacht worden, der das Schicksal von Volksdeutschen in Polen behandelt. Einige Wochen nach der Uraufführung in Berlin lud Gauleiter Koch zu einer „Festaufführung" dieses „Films der Nation" in die Königsberger Alhambra-Lichtspiele; Einladungskarte für den 28. 11. 1941 in GStA, Rep. 240, C 56a-b, Bl. 348). - Nach einer Schätzung des bei der Regierung in Zichenau tätig gewesenen Beamten Dr. H. Carstensen wurden bis 1943/44 80 000 Deutsche im Regierungsbezirk angesiedelt (BA, Ost-Dok. 8/616). - D. Reiser, Assistent an der Zichenauer Außenstelle des Instituts für ostdeutsche Wirtschaft berichtet 1941, S. 503: „Die nicht arbeitenden und asozialen Elemente der Polen auszusiedeln, bereitete keine Schwierigkeiten. Die Juden dagegen kleben in ihren Behausungen fest, jedoch sind die größten Städte des Bezirks heute bereits judenfrei." - Im östlichen Teil des Regierungsbezirks lebten Reste der jüdischen Bevölkerung noch bis mindestens Mitte 1942. Der SD führte zu diesem Zeitpunkt Klage darüber, daß sich die deutsche Bevölkerung von Makeim von einem jüdischen Dentisten im Ghetto behandeln lasse (MadR 1942, S. 4144). - Keine Angaben über Zichenau enthält Madajczyk, 1987, S. 258 ff. (Umsiedlung der jüdischen Bevölkerung innerhalb Polens).

Entrüstung über rigide Methoden bei WHW-Sammlungen in Allenstein. – Rege Tätigkeit des politischen Katholizismus im Ermland. Eingriffe der Gestapo, um Leiter des Copernikus-Hauses in Frauenburg gegen den Willen Bischof Kallers im Amt zu halten.[7] Schutzhaft gegen fünf Geistliche aus Frauenburg und Braunsberg verhängt, die „Greuelmärchen" über Verhalten der Gestapo und der SS in den eingegliederten Gebieten erzählt und den Führer beleidigt haben. Wunschvorstellungen innerhalb der Laienbevölkerung: Nach der Niederlage Deutschlands soll Königreich Polen unter Einbeziehung Ostpreußens neu entstehen. – Zeichen sittlicher Verwahrlosung auch bei weiblicher Jugend, die sich verstärkt mit Wehrmachtsangehörigen einläßt.

---

7) Vgl. dazu Reifferscheid, 1975, S. 249-253.

15. Bericht des OLG-Präsidenten vom 5. März 1941

In meinem Lagebericht vom 4. Januar 1941 habe ich über die Enttäuschung im früheren Memelland berichtet, die dadurch entstanden war, daß die Ost-Steuerhilfeverordnung vom 9. 12. 1940 das Memelland nicht mitumfaßte. Nach der nunmehr verkündeten zweiten Ost-Steuerhilfeverordnung gelten dankeswerterweise sämtliche Vorschriften der Verordnung vom 9. 12. 1940 auch für das Memelland.

Durch die neue Verordnung sind in beschränktem Umfange die Hilfsmaßnahmen der Ost-Steuerhilfeverordnung auch auf Ostpreußen ausgedehnt worden. Durch diese sehr erfreuliche Anordnung ist die außerordentlich schwierige Lage, in der sich Ostpreußen befindet, nicht unwesentlich gemildert worden. Vollständig gelöst ist damit das ostpreußische Problem bezüglich der Beamten aber noch nicht.[1]

Ich habe bereits vor längerer Zeit ausführlich dargelegt, daß die hier tätigen Behördenangehörigen gegenüber den Bediensteten im übrigen Reichsgebiet schlechter gestellt sind. Die Lebenshaltungskosten sind nicht, wie vielfach angenommen wird, niedriger, sondern höher. Der frühere Vorteil der billigeren Lebensmittel ist durch die Marktordnung weggefallen. Einzelnes, wie z. B. Obst, Gemüse, Kohlen, Textilwaren, sind schon infolge der höheren Frachtkosten teurer. Auch die Mieten sind hoch. Die viel längeren und kälteren Winter bedingen einen größeren Kohlenverbrauch und einen Mehraufwand für warme Kleidung.

Dieses alles wirkte sich dahin aus, daß sich eine starke Abwanderung bemerkbar machte, die nur schwer und trotz starker Werbungsmaßnahmen auch nur vorübergehend eingedämmt werden konnte. Seit der Eingliederung der Ostgebiete hat die Neigung zur Abwanderung einen erschreckenden Umfang angenommen; mit neuem Zuzug ist gar nicht mehr zu rechnen. Die „Saugwirkung“ der neuen Gebiete, von denen Ostpreußen, abgesehen von der russischen Grenze, umschlossen ist, wird immer größer. Die Ursache hierfür liegt darin, daß in den neuen Gebieten

1) Vgl. Anm. zum Bericht v. 6. 3. 1942

a) Steuervergünstigungen für die gesamte Bevölkerung,

b) Sondervorteile für die wirtschaftlichen Unternehmungen,

c) eine Aufbauzulage für die Behördenangehörigen gewährt wird. Bei Westpreußen und dem Warthegau kommt noch der Vorteil der größeren Nähe zum Mittelpunkt des Reichs und der weiteren Entfernung von der russischen Grenze hinzu.

Durch die zweite Ost-Steuerhilfeverordnung ist für Ostpreußen nur teilweise Abhilfe geschaffen worden. Die steuerlichen Vergünstigungen kommen nur den Angestellten, den geringer bezahlten Beamten und den kleinen Gewerbetreibenden zugute. Im übrigen ist die Lage die bisherige geblieben. Aber selbst die Begünstigten haben immer noch die Aussicht, sich durch einen Wegzug in die neuen Gebiete durch Erhalt der Aufbauzulage zu verbessern. Aus den gleichen Gründen wird der Zuzug aus dem Westen des Reichs nicht über Danzig-Westpreußen und den Warthegau hinausgehen. Eine vollständige Hilfe ist nur durch die Gewährung von Steuervergünstigungen in demselben Umfange wie in den Ostgebieten und besonders durch die Zahlung einer Aufbauzulage, die allerdings geringer sein könnte, möglich.

Die deutsch-russische Umsiedlung ist in vollem Gange. Ihre Auswirkungen werden sich erst nach ihrem Abschluß ganz übersehen lassen. Sicher scheint zu sein, daß die Zahl der Litauer, die nach Sowjetrußland umzusiedeln bereit ist, doch größer ist, als zunächst angenommen wurde. Die russischen Mitglieder der Umsiedlungskommission setzen alles daran, um diejenigen, die noch unentschlossen sind, zur Umsiedlung zu bewegen. Wenn es auch begrüßenswert sein mag, daß viele politisch Unzuverlässige und volkstumsmäßig unerwünschte Elemente die Grenzbezirke verlassen, so wird doch die Frage, wie man für diesen Abfluß an Arbeitskräften, besonders in der Landwirtschaft, Ersatz finden soll, schwer zu lösen sein.

Unter III meines letzten Lageberichtes habe ich über die Verlegung von Geisteskranken und Geistesschwachen in außerostpreußische Anstalten berichtet. Eine Klärung der Angelegenheit ist inzwischen noch nicht erfolgt. Für die Vormundschaftsgerichte haben sich dadurch außerordentliche Schwierigkeiten ergeben, daß die Vormünder, Pfleger und Angehörige der Betroffenen ständig bei ihnen vorstellig werden. Ich bin mit dem Landeshauptmann in Verbindung getreten, der selbst an der Lösung dieser Frage sehr interessiert ist. Er ist bemüht, von einer Zentralstelle in Berlin

Weisung zu erhalten, wie die Anfragen beschieden werden sollen.[2]

Sondergerichtsverfahren gegen Lehrer aus Roggen, Kreis Neidenburg, der als Sittlichkeitsverbrecher zum Tode verurteilt wurde, erregt beträchtliches Aufsehen in der Bevölkerung. – AGrat Tischler aus Heilsberg ist während der Kant-Coppernicus-Woche die Ehrendoktorwürde der Albertus-Universität verliehen worden.[3]

---

2) Auch vor der Justiz hielt man die „Euthanasie"-Aktion weitgehend geheim. Trotzdem hatten sich Staatsanwälte mit Vermißtenanzeigen zu befassen, häuften sich Anfragen von Angehörigen bei Vormundschaftsgerichten. Da in diesen Fällen Ermittlungen und Auskunftsersuchen der Justiz ins Leere stießen, entstand eine Situation, die zentraler Regelungen bedurfte. Zu diesem Zweck lud Staatssekretär Schlegelberger die Chefpräsidenten und Generalstaatsanwälte, unter ihnen Draeger und Capeller, zu einer Konferenz nach Berlin (23./24. 4. 1941), um von den verantwortlichen Ärzten das Tötungsprogramm erläutern zu lassen und die Teilnehmer anzuweisen, zukünftig die Aktion vor jeder Störung durch nachgeordnete Richter und Staatsanwälte abzuschirmen (Kramer, 1984, S. 27ff.).

3) Über AGR Tischler vgl. Schüz, 1986, S. 223. - Auf die Anfänge und die kulturpolitischen Zielsetzungen der Kant-Copernikus-Woche ging der Rektor der Albertina, H. B. v. Grünberg, 1940 in einer Rundfunkansprache ein: „Im Jahr 1938 entschloß sich die Universität, die übliche jährliche Universitätsfeier, die vor dem Kriege zu Kaisers Geburtstag und nach dem Kriege zum Reichsgründungstag am 18. Januar gefeiert wurde, auf den Todestag Kants, auf den 12. Februar zu verlegen, um auf diese Weise das geistige Erbe, das unsere Universität von diesem größten ihrer Lehrer übernommen hat, würdig und eindrucksvoll zu begehen. Im Jahre 1939 trat zu dieser Verpflichtung... eine neue hinzu, die Pflege des Erbes des Copernikus. Hier hatten die Polen versucht, in einer für ihren Volkscharakter bezeichnenden Weise durch eine riesige Propaganda Copernikus als Polen hinzustellen. Aber nicht in erster Linie die Abwehr der polnischen Anmaßung, sondern vielmehr die positive Herausstellung dieses großen Deutschen des Ostens führte... zu dem Entschluß, auch eine regelmäßige Copernikus-Feier abzuhalten. - Der Todestag Kants, der 12. Februar, und der Geburtstag des Copernikus, der 19. Februar, begrenzen eine Woche. Diese Woche sollte von der Königsberger Universität... in jedem Jahr gefeiert werden. Gleichzeitig aber sollten auch Gau, Provinz und Stadt sich an der Ehrung dieser beiden Großen beteiligen. Es sollte dadurch immer wieder in jedem Jahre das geistesgeschichtliche Selbstbewußtsein des deutschen Ostens gehoben werden. - Die Herausstellung dieser beiden Höhepunkte unserer ostdeutschen Geistesgeschichte und damit eine geistige Sammlung und Stärkung ist jetzt gerade notwendig. Sie ist ein Beitrag zur Stärkung der inneren Front." (Grünberg, 1940, S. 99 f.) 1941 erhielt Erwin Guido Kolbenheyer die Kant-Medaille und Otto Hahn wurde Copernikus-Preisträger. Bericht über die Feier und die Ansprachen in „Student der Ostmark", anonym, 1941, S. 542-546.

16. Bericht des Generalstaatsanwalts (i. V.: OStA Capeller) vom 2. April 1941

Die Stimmung in der Bevölkerung ist nach wie vor als gut zu bezeichnen.
Das amerikanische Englandhilfsgesetz hat sie jedenfalls nicht beeinträchtigt. Die optimistische Beurteilung der Lage durch die Staatsführung, bei der das Gesetz und seine Auswirkungen mitberücksichtigt sind, hält das bestehende Vertrauen auf ein gutes Kriegsende aufrecht.[1]
Die Ereignisse in Jugoslawien werden allerdings als ein Rückschlag empfunden. Die feierliche Einbeziehung Jugoslawiens in den Drei-Mächte-Pakt auf der einen Seite, die tags darauf erfolgte Umwälzung in diesem Lande mit deutschfeindlichen Tendenzen und das Erscheinen des englischen Außenministers Eden in Belgrad auf der anderen Seite haben ersichtlich die sonstigen außenpolitischen Erfolge auf dem Balkan (Bulgarien) stark in den Hintergrund treten lassen. Mit Spannung wird auf die weitere Entwicklung gesehen.[2]
Außerordentlich beunruhigt findet man die ostpreußische Bevölkerung über die starken Truppenzusammenziehungen an der russischen Grenze.[3]
Ich lasse hier den Bericht des Oberstaatsanwalts in Allenstein auszugsweise folgen, dessen Ausführungen auch in den Berichten aus anderen Bezirken wiederkehren und die sich mit meinen Beobachtungen decken:
„Schon seit einigen Wochen bildet das Thema ‚Rußland' im hiesigen Bezirk den hauptsächlichsten Gesprächsstoff. Man hat das Gefühl,

---

1) Am 10. 1. 1941 war auf Roosevelts Initiative im Kongreß ein Leih- und Pachtgesetz eingebracht worden, aufgrund dessen Rüstungslieferungen der USA nicht mehr bar bezahlt werden mußten. Roosevelt reagierte damit auf Churchills Erklärung vom 8. 12. 1940, wonach England bald nicht mehr in der Lage sein würde, US-Lieferungen zu bezahlen. Das Gesetz trat mit Unterzeichnung am 11. 3. 1941 in Kraft (Keesings Archiv 1941, S. 4847f.).

2) Nachdem am 8. 3. 1941 der jugoslawische Kronrat sein Einverständnis erklärt hatte, dem Dreimächtepakt beizutreten, führte ein Staatsstreich am 27. 3. 1941 zur Bildung einer deutschfeindlichen Regierung. - Bulgarien war dem Dreimächtepakt am 1. 3. 1941 beigetreten.

3) Die Truppenverschiebungen nach Ostpreußen wurden allgemein in den Ostprovinzen als Indiz für bestehende Spannungen mit der UdSSR gewertet (s. MadR, 17. 3. 1941, S. 2111).

daß mit unserem Nachbarn im Osten ,etwas nicht stimmt' und hört hierüber die unsinnigsten Gerüchte. So wird verbreitet, daß es im Rate der Volkskommissare zu scharfen Auseinandersetzungen zwischen Stalin und Molotow darüber gekommen sei, ob der deutschfreundliche Kurs in der sowjetischen Außenpolitik beizubehalten sei oder nicht. Zwischen Anhängern der beiden Richtungen solle es bereits zu Gefechten gekommen sein. Die starken Truppenansammlungen in Ostpreußen hätten den Zweck, Molotow den Rücken zu stärken und gegebenenfalls in Rußland selbst mit Waffengewalt zu ,intervenieren'. Nach anderen Gerüchten sollen die Sowjets sich anschicken, in den Krieg gegen uns einzutreten. Demgemäß sind auch die Meinungen darüber verschieden, welchen Zweck gewisse militärische Maßnahmen auf deutscher Seite verfolgen, ob sie nur vorbeugenden Charakter tragen oder aber bereits zur Abwehr eines drohenden russischen Einbruchs bestimmt seien. Ängstliche Gemüter, insbesondere Frauen, befürchten bereits das Schlimmste. Aber auch weniger furchtsame Naturen verfolgen diese Entwicklung mit Besorgnis. Die neuerdings einsetzenden Luftschutzübungen tragen nicht gerade dazu bei, die Bevölkerung zu beruhigen."

Soldaten verraten, z. T. in angetrunkenem Zustand, öffentlich militärische Geheimnisse. – Einquartierung führt im LG-Bezirk Braunsberg hin und wieder zu Konflikten mit Soldaten. In Weinsdorf, Kreis Mohrungen, ist ein Soldat von einem Zivilisten erschossen worden. – Sondergerichtsverfahren gegen fünf katholische Geistliche (vgl. Lagebericht vom 10. 2. 1941) mit Gefängnisstrafen abgeschlossen. – Predigt zum Heldengedenktag in der Braunsberger Katharinenkirche in einem Ton gehalten, „wie ihn ein Politischer Leiter nicht besser hätte treffen können". – OStA Insterburg regt Aufklärung darüber an, was sich hinter zahlreichen Pressemeldungen über Personen verberge, die „wegen Widerstands erschossen" worden seien. Oberstaatsanwälte haben inzwischen vom Generalstaatsanwalt darüber vertrauliche mündliche Auskunft erhalten.[4] Evakuierung sämtlicher Juden und zahlreicher Polen aus Plock, Rgbz. Zichenau, um Platz für die umgesiedelten Litauen-Deutschen zu schaf-

4) Diese Praxis ging auf einen Geheimen Runderlaß des RSHA vom 3. 9. 1939 zurück, in dem Heydrich aufgrund einer mündlichen Weisung Hitlers an Himmler den Stapostellen befahl, besonders gefährliche Versuche, den „Kampfwillen des deutschen Volkes zu zersetzen..., rücksichtslos zu unterdrücken", was die verfahrenslose Erschießung der Betreffenden einschloß (Gruchmann, 1988, S. 675 ff.).

fen. Aussiedlungen dieser Art im ganzen Kreis Plock.[5] Dabei kam es auch zu Plünderungen geräumter Wohnungen. – Erschießung von 25 Juden als Vergeltung für einen tätlichen Angriff auf Stapo-Beamten im Rgbz. Zichenau. – Schlechte Beziehungen zur Waffen-SS in Plock, da deren Angehörige auf Justizangehörige geschossen haben.

5) Vgl. Anm. 6 zum Bericht v. 10. 2. 1941.

17. Bericht des OLG-Präsidenten vom 3. Mai 1941

Umsiedlung der Volksdeutschen aus Litauen und der UdSSR in den Rgbz. Zichenau Ende März abgeschlossen. Endgültige Unterbringung dort infolge trostloser Wohnverhältnisse nicht möglich. – Ganz Ostpreußen stark mit Truppen belegt. Bevölkerung beunruhigt. – Mangelnde Attraktivität des Justizdienstes, dagegen große Werbeerfolge der Wehrmacht unter Abiturienten.

18. Bericht des Generalstaatsanwalts (i. V.: OStA Capeller) vom 7. Mai 1941

Ergänzung des Lageberichts vom 2. 4.: Zollhinterziehung durch Wehrmachtsangehörige. – Einzelheiten zum fahrlässigen Geheimnisverrat. – Schiebergeschäfte von Soldaten.

19. Bericht des Generalstaatsanwalts (i. V.: OStA Capeller) vom 6. Juni 1941

Im Berichtszeitraum liegen die siegreichen Kämpfe auf dem Balkan und auf Kreta. Wenn der Krieg dadurch auch eine nicht vorausgesehene, die weitverbreitete Hoffnung auf ein baldiges Kriegsende beseitigende Ausdehnung erfahren hat, so hat die offenkundige Schlagkraft der Wehrmacht dazu beigetragen, die in der Bevölkerung Ostpreußens bisher vorhandene gute Stimmung im allgemeinen aufrecht zu erhalten. Diese konnte auch nicht durch den Untergang der „Bismarck", den man mit sichtbarer Anteilnahme zur Kenntnis genommen hat, wesentlich beeinträchtigt werden.[1]
Insbesondere wird die Eroberung Kretas als Beweis für die militärische Unbesiegbarkeit und das Vorhandensein eines unvergleichlichen Angriffsgeistes der Wehrmacht empfunden.[2]
Es fehlt aber auch nicht an Gründen für ein Absinken der Stimmung, die sich bei Verlängerung des Krieges immer mehr bemerkbar machen werden.
So berichtet der Oberstaatsanwalt in Bartenstein:
„Die immer schwieriger werdenden wirtschaftlichen Verhältnisse in Stadt und Land, insbesondere der Warenmangel, der Wohnungsmangel und alle anderen das Lebensniveau ins Primitive herabdrückenden Erscheinungen des Krieges lasten schwer auf der Bevölkerung und haben eine lust- und schwunglose Stimmung – trotz aller militärischen Erfolge – zur Folge; jedenfalls gilt das für einen recht erheblichen Bevölkerungsteil."
Der Oberstaatsanwalt in Allenstein berichtet mir:
„In den letzten beiden Monaten hat kein anderes Ereignis die Bevölkerung so bewegt, wie der Fall Hess. Am Tage nach dem Bekanntwerden dieser Nachricht konnte man hier allenthalben Gruppen von

---

1) Das deutsche Schlachtschiff „Bismarck", das mit dem Schweren Kreuzer „Prinz Eugen" zur Handelskriegsführung in den Atlantik ausgelaufen war, wurde am 27. 5. 1941 von überlegenen britischen See- und Luftstreitkräften versenkt. Die Ausrüstung der „Bismarck" für dieses Unternehmen war in Gotenhafen erfolgt, nachdem das Schiff einige Monate zu Ausbildungszwecken in der Ostsee verbracht hatte.

2) Unter großen Verlusten eroberten deutsche Fallschirmtruppen zwischen dem 20. und 31. 5. 1941 die von britischen und griechischen Soldaten verteidigte Insel Kreta.

Volksgenossen beobachten, die erregt über das allen Bevölkerungsschichten völlig unverständliche Verhalten des Stellvertreters des Führers debattierten und ihn offen des Landesverrats bezichtigten. Selbst die einfachsten Leute waren sich darüber einig, daß Hess durch seinen Schritt der deutschen Sache einen unermeßlichen Schaden zugefügt habe. In den intelligenteren Schichten der Bevölkerung hörte man vielfach die Wendung, der Fall Hess werde sich schlimmer auswirken als etwa ein verlorener Balkanfeldzug. In Parteikreisen beurteilt man die durch den Fall Hess geschaffene Lage skeptisch. Man ist durch den ‚unbedachten und disziplinlosen' Schritt Rudolf Hess's geradezu ‚erschlagen'. Darüber aber kann kein Zweifel bestehen, daß den Teilen der Bevölkerung, die – innerlich – der Bewegung noch immer feindlich oder teilnahmslos gegenüberstehen, der Fall Hess Wasser auf die Mühle gewesen ist. Äußerungen, wie: ‚wenn schon die Leute, die bisher zu den treusten Gefolgsmännern des Führers zählten, ihn im Stiche ließen, dann könnte man wohl auch noch weitere Überraschungen dieser Art erleben', hörte man nicht selten. Es werden Vergleiche mit Strasser und Röhm gezogen. Trotz alledem konnte man immer wieder beobachten, daß die Liebe und das Vertrauen zum Führer auch durch den Fall Hess unerschüttert geblieben ist. Man bedauert ihn allgemein."
Über den Grund der äußerst starken Truppenkonzentration an der deutsch-russischen Grenze wechseln die Gerüchte einander ab. Sie haben sich noch regelmäßig als haltlos erwiesen und gründen sich nur auf Vermutungen. Es bleibt nicht aus, daß sich der Bevölkerung eine gewisse Unruhe und nervöse Spannung bemächtigt haben. In diesem Zusammenhang mag von Interesse sein, daß der Herr Oberpräsident der Provinz Ostpreußen den örtlichen Provinzialdienststellen unter dem 17. 5. 1941 eine Verlautbarung, des Stellv. Generalkommandos des I. AK. mit dem Bemerken zugeleitet hat, daß gegen eine Bekanntmachung in weiteren Kreisen (außer durch Presse) keine Bedenken bestünden.
Sie lautet:

„Stellv. Generalkommando I.A.K. Königsberg (Pr),den 12. Mai 1941.
(Wehrkreiskommando I)
Abt. Ia Nr. 98/41.
Es ist dem Stellv. Generalkommando I.A.K. bekanntgeworden, daß auf Anraten eines Bereichs-St.O.Ä.[3] eine ostpreußische Familie schon vor einiger Zeit sich veranlaßt gesehen hat, ihren Wohnort im

3) = Standortältester

Memelland zu verlassen und nach dem Reich zu fahren. (Sie ist inzwischen zurückgekehrt). Wenn auch angenommen werden muß, daß in diesem Falle ein Mißverständnis vorliegen kann, so nimmt das Stellv. Generalkommando doch Veranlassung, die Herren Bereichs-St.O.Ä. darauf hinzuweisen, daß es ihre Aufgabe ist, die Bevölkerung, sobald irgendwelche Gerüchte auftauchen, die zur Beunruhigung Anlaß geben, auf das Haltlose dieser Redereien hinzuweisen und zu betonen, daß es eine Selbstverständlichkeit ist, daß die gesamte Bevölkerung der Provinz Ostpreußen auch in den Grenzgebieten im Schutze der Wehrmacht sich unbedingt sicherfühlen kann. Ein Verlassen der Wohnbezirke ist unsinnig und entbehrt jeder Begründung. In diesem Sinne haben die Bereichs-St.O.Ä. die Bevölkerung bei passender Gelegenheit und im persönlichen Verkehr aufzuklären und zu beeinflussen."
Bedauerlich ist, daß die starke Belegung einzelner Bezirke mit Truppen auch zu ernsten Reibungen geführt hat.
So berichtet der Oberstaatsanwalt in Bartenstein:
„Die starke Belegung des Bezirks mit Truppen hat auch manche Unzuträglichkeiten zur Folge. Geklagt wird über das robuste Auftreten verschiedener Quartiermacher, über die Zunahme von Diebstählen in dem Bereich einiger Wehrmachtseinheiten und eine hemmungslose Erotik als Folge der starken Truppenbelegung und der gelockerten sittlichen Anschauungen der weiblichen Jugend."

In dem Bericht des Oberstaatsanwalts in Braunsberg heißt es:
„In der letzten Zeit häufen sich die Strafanzeigen gegen Soldatenfrauen wegen Ehebruchs. Es dürfte dieses eine typische Kriegserscheinung sein, wie sie die längere Kriegsdauer mit sich zu bringen pflegt. Außerdem dürfte die außerordentlich starke Belegung aller, auch der kleinsten Ortschaften des hiesigen Bezirks mit Truppen, die Neigung gewisser Soldatenfrauen, sich mit fremden Männern über die Abwesenheit ihres Ehemannes zu trösten, begünstigen und fördern."
Der Oberstaatsanwalt in Lyck berichtet zum gleichen Thema: „Die starke Ansammlung von Truppen in der Stadt Lyck selbst hat es notwendig werden lassen, der Bitte verschiedener höherer militärischer Stäbe um Überlassung von Räumen im Zivil- und Strafgerichtsgebäude zur Einrichtung militärischer Dienststellen zu entsprechen. Es liegt auf der Hand, daß eine derartige Einquar-tierung Anlaß zu Mißhelligkeiten und kleinen Reibereien geben kann, die bisher jedoch durchweg schnell abzustellen waren. In letzter Zeit war jedoch auf Seiten der Wehrmacht und zwar sowohl bei Offizieren wie auch bei Mannschaften verschiedentlich ein Benehmen zu beob-achten, das in keiner Weise dem Anspruch auf Achtung Rechnung trägt, die eine

deutsche Reichsbehörde unbedingt beanspruchen muß. So haben kürzlich nach einem in dem Strafgerichtsgebäude abgehaltenen nächtlichen Zechgelage Offiziere einer Einheit Flure und Wasserleitungen in einen Zustand versetzt, der auch nicht andeu-tungsweise wiedergegeben werden kann und der bei den am nächsten Morgen zum Dienst erscheinenden Gefolgschaftsmitgliedern der Staatsanwaltschaft mit Recht erhebliche Empörung über diese Nichtachtung des Gastrechtes und über die Würdelosigkeit derartigen Auftretens ausgelöst hat.
Die starke Anhäufung von Truppen an der Ostgrenze hat zur Folge, daß hinsichtlich fast aller Bedarfsgegenstände eine besonders stark verspürbare Verknappung eingetreten ist, da die Soldaten als zusätzliche Käufer stark ins Gewicht fallen. Mit dieser Tatsache hat sich die Bevölkerung in einsichtiger Weise abgefunden. In allen Schichten der Bevölkerung wird aber mit ausgesprochener Mißstimmung die Tatsache verzeichnet, daß hinsichtlich fast aller Gegenstände des täglichen Bedarfs ein erhebliches Anziehen der Preise zu bemerken ist, daß in keinem Verhältnis zu den derzeitigen Einkünften des größten Teils der Bevölkerung steht. Von den Kaufleuten und Gewerbetreibenden, denen gegenüber häufig Klagen über die spürbare Teuerung geführt werden, wird demgegenüber eingewandt, daß ihnen selbst aus dieser Verteuerung der Waren ein höherer Verdienst nicht anfällt. Da nichts zu der Annahme Anlaß gibt, daß die Preiserhöhungen den Erzeugerkreisen zugute kommen, wird in der Öffentlichkeit der Auffassung Ausdruck gegeben, daß die Preiserhöhungen eine indirekte Kriegssteuer darstellen, die dem Staat zufalle."

In dem Bericht des Oberstaatsanwalts in Tilsit ist gesagt:
„Die Ankündigung des Führers über den verstärkten Einsatz der Frauen wird in einsichtigen Kreisen lebhaft begrüßt, wird aber bei vielen Frauen, und zwar ganz besonders bei solchen, deren Männer zur Wehrmacht eingezogen sind, kaum große Gegenliebe finden. Über das Verhalten vieler Kriegsfrauen wird lebhafte Klage geführt. Zur Arbeit sind sie nicht geneigt, weil die Unterstützung ihnen auch ohne Arbeit mehr als genug gibt. Sie kommen mit den lächerlichsten Ausreden. Der Hauptgrund aber ist der, daß sie eine zu erhebliche Kürzung des Familienunterhalts befürchten. Durch das Nichtstun und das viele Geld, das sie in Händen haben, kommt es nur zu Mißständen. Die starke Belegung mit Truppen trägt ihren Teil zu allem bei. In Ehescheidungsprozessen sieht man oft, daß zur Zeit hier liegende Wehrmachtsangehöige den Grund zur Ehescheidung gaben.
Leider sind auch schwere Bluttaten nicht ausgeblieben, die von den

zuständigen Wehrmachtsgerichten verfolgt werden. So hat am 26. 5. 1941 gelegentlich eines Wirtshausstreites ein Angehöriger der Luftwaffe, der Soldat Sch., einen Arbeiter namens Neumann in Bischofstein mit seinem Seitengewehr erstochen. Am 2. 6. 1941 ist der Schmied Reich in Waldhöhe bei Gerdauen in seiner Wohnung im Verlaufe einer Auseinandersetzung im Anschluß an ein Zechgelage von Angehörigen der Wehrmacht (1 Feldwebel und 3 Gefreite) mit einem Radioapparat erschlagen bzw. mit einem Seitengewehr erstochen worden.
Es wird nicht übersehen werden dürfen, daß Ereignisse der geschilderten Art, mögen sie auch nicht immer zur Kenntnis eines größeren Teiles der Bevölkerung gelangen, die Bereitschaft der Zivilbevölkerung, sich in guter Laune zu erhalten, auf eine harte Probe stellen."
Manches andere kommt hinzu, was Unwillen erregt. Der Oberstaatsanwalt in Zichenau hat folgendes mitgeteilt: „Recht übel sind hier die nicht seltenen disziplinlosen Ausschreitungen von Reichsdeutschen in angetrunkenem Zustande gegenüber Polinnen und teilweise auch Jüdinnen. Den Reichsdeutschen ist jeder geschlechtliche Verkehr mit Polinnen untersagt. Soweit nicht disziplinarische Einschreitung, wie z. B. Beamten gegenüber erfolgen kann, treten staatspolizeiliche Maßnahmen ein.

In angetrunkenem Zustande dringen die Reichsdeutschen einzeln und auch zu mehreren in Wohnungen der Polen und bisweilen auch in die Wohnungen der Judenviertel ein, treiben die weiblichen Personen aus den Betten und verlangen deren nackte Entkleidung. Alsdann tasten sie deren nackten Körper ab unter dem Vorwande, es handele sich um eine unaufschiebbare ‚ärztliche Untersuchung'. Gelegentlich solcher ‚Untersuchungen' kommt es dann auch häufig zum Geschlechtsverkehr, wobei die Brechung eines Widerstandes in den wenigsten Fällen erforderlich ist, da die Polinnen vor Schreck und Furcht mit allem einverstanden sind.
Solches Verhalten ist dem deutschen Ansehen nicht nur überaus abträglich, sondern zeigt auch, daß hier nicht gerade ‚die Besten der Besten', wie es fast zu häufig gesagt wird, abgeordnet werden. Es scheint vielmehr leider nach dem Grundsatz zu gehen: Sonst nicht gerade brauchbar, aber für die eingegliederten Ostgebiete gerade gut genug.
Leider ist auch hier sehr zu beklagen, daß gerade von führenden Persönlichkeiten den im hiesigen Gebiet eingeführten Gesetzen eine seltene Mißachtung oder Nichtachtung entgegen gebracht wird. Die

Devisen- und Zollgesetze sind die ersten Gesetze, die hier eingeführt worden sind. Jede Ein- und Ausfuhr von Waren und Geld von und nach dem Generalgouvernement ist ohne Genehmigung der zuständigen Stellen untersagt. Das hier anhängig gewordene Verfahren gegen Dr. Dzubba, das dem Herrn Generalstaatsanwalt inhaltlich vorgetragen und an den Herrn Oberstaatsanwalt in Königsberg (Pr) zuständigkeitshalber abgegeben worden ist, zeigt mit erschreckender Deutlichkeit, daß die Gesetze immer nur für die anderen gelten und nicht für die gerade im Augenblick Handelnden."
Zu dem erwähnten empörenden Verhalten von Reichsdeutschen gegenüber Polinnen und Jüdinnen hat mir der Oberstaatsanwalt auf fernmündliche Anfrage ergänzend mitgeteilt, daß ein Einschreiten seinerseits bisher nicht in Betracht gekommen sei; es handele sich meist um Ausschreitungen von Personen, die der Zuständigkeit der allgemeinen Strafgerichte entzogen seien und um Fälle, in denen es an den Merkmalen einer verfolgbaren strafbaren Handlung fehlte, daß er auch so spät von den Vorgängen erfahren habe, daß auch ein Einschreiten wegen groben Unfugs nicht mehr möglich gewesen sei.

Nachhaltige Erregung wegen des Sondergerichtsverfahrens gegen Lehrer aus Roggen (vgl. Lagebericht v. 5. 3. '41): Bevölkerung bezichtigt Kreisleiter Liedkte/Neidenburg, den Täter, einen Parteigenossen und Ortsgruppenleiter von Roggen, lange gedeckt zu haben. Nur deswegen hätten Straftaten in so großem Umfang begangen werden können. In diesem Zusammenhang auch Kritik an Liedktes Praktiken im Soldauer Gebiet, wo er sich ein Mustergut „zugeschanzt" habe.[4] – Hohe Unterstützungssätze für Soldatenfrauen dämpfen deren Bereitschaft, Arbeit anzunehmen.[5] – Kritik am Ordnungsstrafsystem der Wirtschaftsämter (OStA Insterburg).[6] – Ernährungslage in Zichenau: Sorgen, das Lebens-

4) Richard Liedtke, seit 1936 Kreisleiter in Neidenburg, zuvor im Kreis Pr. Eylau, wo es ihm trotz nachhaltiger Bemühungen nicht gelungen war, den dort seit 1923 amtierenden Landrat Herbert Neumann absetzen zu lassen (vgl. GStA, Rep. 77/4957, Bl. 137 ff.).

5) Die Unterhaltssätze der Ehefrauen richteten sich nach der Höhe des Nettoeinkommens, das der Einberufene im Zivilberuf verdiente. Dazu kam die Zahlung der vollen Miete, Krankenunterstützung, Beihilfen zur Lebensversicherung und zur Abwicklung von Abzahlungsgeschäften. Damit konnten die Frauen in sehr vielen Fällen „ohne Arbeit - wenn auch nicht besser, so doch bequemer leben". Daß die großzügige Regelung zum Mißbrauch verführte, wurde in den ersten Kriegsjahren mit Rücksicht auf die Massenstimmung hingenommen. Eichholtz, 1984, S. 81 f.

6) Der Reichskommissar für die Preisbildung war ermächtigt, Preisverstöße nach freiem Ermessen zu verfolgen. Während die Staatsanwaltschaft jedoch nach den Vorschriften der KWVO Freiheitsstrafen beantragen konnte, endete das Verwaltungsverfahren lediglich mit einer Geldstrafe. Gleiche Tatbestände konnten so höchst ungleich geahndet werden. Ähnliche Beschwerden meldete der GStA in Bamberg schon Anfang 1940, Vgl. Schütz, 1983, S. 18 f.

mittelkontingent nicht pflichtgemäß ins Reich abliefern zu können. Zunahme der Schwarzschlachtungen. Fleischaufkäufe von Soldaten, trichinose Erkrankungen. Häufige Vergehen gegen Branntweinmonopolgesetz (Schwarzbrennerei). Kritik an Gnadenpraxis des Reichsfinanzministers von Seiten der Justiz und der Polizei, da polnischer Volkscharakter „scharfer Zügelführung" bedürfe. – Demonstrativer Besuch Bischof Kallers bei den fünf inhaftierten Geistlichen (vgl. Lagebericht v. 10. 2. '41). – OStA Insterburg: Probleme bei Vorladung von Kriegsgefangenen, da Gestapo solche Überstellungen genutzt hat, um eigenmächtig „Todesurteile" zu verhängen und zu vollstrecken. Anforderungen jetzt nur noch mit Genehmigung des OKW. – Zunahme der Abtreibungen im Kreis Plock, Rgbz. Zichenau, die polnische Hebammen auch bei deutschen Frauen vornehmen. – Verfahren gegen Kreisleiter in Zichenau wegen Zollvergehen anhängig. Nach dem Willen des Regierungspräsidenten soll Verfahren eingestellt werden, da er bei Kreisleiter und beteiligtem Direktor der Zuckerfabrik Zichenau „guten Glauben" annimmt.[7] – Verfahren gegen den Geschäftsführer der Erich-Koch-Stiftung, Dr. Dzubba.[8]

7) Das blieb nicht die einzige Unregelmäßigkeit, mit der die Zuckerfabrik Zichenau auffiel. 1941 hatte die Betriebsleitung des zur „Erich-Koch-Stiftung" gehörenden Betriebs mit Wissen eines Regierungsdirektors große Zuckermengen an prominente Persönlichkeiten ohne Bezugschein abgegeben, darunter an den Präsidenten der Gauwirtschaftskammer. Koch bescheinigte, die Versendungen seien im Rahmen des ordnungsgemäßen Geschäftsbetriebs erfolgt. Ein Verfahren wurde vermutlich eingestellt. Der SD monierte dies unter der Rubrik „Zweierlei Maß in der Strafrechtspflege" (MadR 17. 9. 1944, S. 6713).

8) Zur Person Dzubbas Tl. I, Kap. 3.

20. Bericht des OLG-Präsidenten vom 23. Juni 1941

In den letzten Tagen stand für uns fest, daß der Krieg mit Rußland unvermeidlich sei, falls nicht ein Wunder geschehe. Ganz Ostpreußen war ein Kriegslager in einem unvorstellbaren Umfange.
Seit einer Woche wurden in Memel Truppen nach Finnland eingeschifft. Am 18. Juni 1941 begann die Memeler NSV mit dem freiwilligen Abtransport von Frauen und Kindern. Die meisten haben Memel verlassen; die Ehefrau des Landgerichtspräsidenten Rumpe und seine vier kleinen Kinder sind dort geblieben.[1]
Am 19. und 20. Juni 1941 war ich in Suwalki und dem etwa 30 km östlich gelegenen Sejny (8–9 km von der russischen Grenze). Daß einer der Vorstöße von dort aus erfolgen würde, konnte jeder Laie feststellen. Truppen aller Gattungen, Flugzeuge und Munition lagen in ungeheuren Mengen an der Grenze.
Mein gefährdetstes Amtsgericht ist Ostrolenka. Es liegt jenseits, also links des Narew, und ist mit dem Hinterland nur durch eine Brücke verbunden. Da auf drei Seiten die Entfernung bis zur russischen Grenze nur etwa 5 km beträgt, wurde allgemein, auch militärischerseits, bestimmt angenommen, daß die Russen sofort bei Beginn der Feindseligkeiten den Brückenkopf und die Brücke mit Artillerie beschießen würden. Auf meine Anordnung sind schon am 20. Juni 1941 die beiden weiblichen Angestellten auf Widerruf beurlaubt. Mit dem Amtsrichter, Amtsgerichtsrat Krause, hatte ich verabredet, daß er im Ernstfall mit seinen Leuten über den Narew zurückgehen und versuchen sollte, mit einer Fahrgelegenheit nach Makow oder Praschnitz durchzukommen. Falls ihnen dieses nicht gelänge, sollten sie zunächst an einer, dann einer zweiten vereinbarten Stelle auf mich warten; ich würde sie von dort abholen und zurückbringen.
Auf die gestrige Frühmeldung fuhr ich nach Ostrolenka, wo ich 10.15 Uhr eintraf. Wider alles Erwarten hatten die Russen Ostrolenka nicht beschossen. Ich traf im Gerichtsgebäude den Amtsgerichtsrat Krause zusammen mit dem kommissarischen Landgerichtspräsidenten in Zichenau, Senatpräsident Dr. Funk, und den Regierungsrat

---

1) Georg Rumpe, 1891 Elberfeld, Dr. jur. Münster 1918, Landgerichtspräsident in Memel seit dem 1. 1. 1940.

Reinemund (Strafvollzug Plock). Es war vollständig ruhig, nur deutsche Eisenbahngeschütze schossen von der rechten Seite des Narew in Richtung Lomza über uns hinweg. Um festzustellen, ob ich meine Gefolgschaft mit gutem Gewissen dort lassen könne, nahm ich Fühlung mit dem Bürgermeister und dem Standortältesten. Letzterer verwies mich an den Divisionsgefechtsstand. Bei der Suche nach diesem fuhren wir bis zur alten Grenze. Unsere Truppen waren dort nur 100 m vorgegangen und lagen in Erdlöchern den Russen gegenüber. Der Ia der Division versicherte mir, daß zur Zeit keine Gefahr bestehe, und daß für den Fall eines Angriffs der Abtransport der Beamten möglich sein werde, insbesondere da außer der Brücke jetzt noch eine Fähre zur Verfügung stehe. Deshalb entschloß sich Amtsgerichtsrat Krause, Ostrolenka nicht zu verlassen. Der gleichen Ansicht war Regierungsrat Reinemund, der die Nacht über in der Strafanstalt bleiben wollte.
Der Herr Generalstaatsanwalt hatte schon am 19. Juni 1941 die Schwerverbrecher (17) nach der Strafanstalt Plock verlegen lassen. Auf seine Anordnung sind gestern früh diejenigen Gefangenen, die nur Strafen bis zu 3 Monaten zu verbüßen hatten oder wegen geringfügiger Straftaten in Untersuchungshaft saßen (58), entlassen. Von den verbliebenen 71 Häftlingen sind 17 Untersuchungsgefangene und 26 Strafgefangene. 28 Personen waren von der Gestapo eingeliefert. Der Herr Generalstaatsanwalt hat angeordnet, daß die Strafvollzugsbeamten (13) im Ernstfall die 71 Gefangenen entlassen und sich zurückziehen sollen. Die Gestapo ist benachrichtigt.
Bei der Rückfahrt besuchte ich die Amtsgerichte Johannisburg und Gehlenburg, die 6 und 3 km von der russischen Grenze entfernt liegen. In beiden Orten herrschte volle Ruhe. Gestern früh war von 4–5 Uhr dort Fliegeralarm; Bomben sind nicht abgeworfen.
Im Nordostteil der Provinz sind russische Bomber eingeflogen und haben Ebenrode, Eydtkau und Tilsit bombadiert. In Tilsit sind von 23 Flugzeugen 21 abgeschossen. Heute früh um 5 Uhr waren feindliche Flieger über Königsberg (Pr) und haben in meinem Stadtviertel Amalienau eine Anzahl Bomben abgeworfen; soeben, 9.15 Uhr, war wieder für kurze Zeit Fliegeralarm.
In Ostrolenka und Memel war heute Nacht Ruhe.

21. Bericht des OLG-Präsidenten vom 5. Juli 1941

In Ergänzung zu meinem Lagebericht vom 23. Juni 1941 berichte ich zunächst, daß die Russen sich schon nach zwei Tagen bei Memel und Ostrolenka zurückgezogen haben, so daß damit die Gefahr der Beschießung dieser Orte beseitigt war.
Die Vorgänge im Osten bildeten schon seit Wochen den Gegenstand lebhaftester Erörterungen in der Bevölkerung. Da über die Absichten der Reichsregierung nichts verlautete, andererseits aber bekannt war, daß Rußland seinen Vertragspflichten zur Lieferung von Getreide und Rohstoffen bis zuletzt – allerdings wohl aus Gründen der Tarnung – nachkam, wurde vielfach angenommen, daß im Einverständnis mit Rußland ein Truppendurchmarsch durch russisches Gebiet nach Vorderasien erfolgen würde. Auf Grund der ungeheuren militärischen Vorbereitungen in der letzten Zeit mußte sich dann aber jedem die Überzeugung aufdrängen, daß kriegerische Auseinandersetzungen mit Rußland unvermeidlich seien. Die an Gefahren gewohnte Grenzbevölkerung des Ostens ertrug diesen Spannungszustand mit erfreulicher Ruhe. Als dann der Eintritt der kriegerischen Handlungen mit Rußland bekanntgegeben wurde, hörte man allenthalben Äußerungen der Befriedigung darüber, daß nunmehr die Abrechnung mit dem Bolschewismus, dessen Aufrichtigkeit man hier im Grenzgebiet trotz aller im politischen Verkehr gewechselten freundlichen Worte nicht traute, und dessen undurchsichtige Haltung man stets als drohenden Druck empfand, stattfinde. Die Auseinandersetzung mit Rußland, d. h. mit dem Bolschewismus, wird im Volke als unbedingte Notwendigkeit empfunden. Es ist keinen Augenblick daran gezweifelt worden, daß bei der Stärke unserer Wehrmacht Ostpreußen nicht ernstlich gefährdet sei. Es ist nie der Gedanke aufgekommen, daß sich Ereignisse, wie sie der Weltkrieg mit sich gebracht hat, wiederholen könnten.[1]

1) Draeger meint hier die russische Offensive zu Beginn des 1. Weltkriegs , die zu einer zeitweiligen Besetzung ostpreußischer Grenzregionen und zur planmäßigen Verwüstung ganzer Landstriche führte. Nach der endgültigen Befreiung Ostpreußens in der Masurischen Winterschlacht im Februar 1915 zählte man 13 600 nach Rußland verschleppte Zivilisten, 40 000 zerstörte und 60 000 beschädigte Gebäude (Gause, 1931).

Wenn auch in den ersten Kriegstagen durch Luftangriffe der Bolschewisten Todesfälle, Verletzungen und Gebäudeschäden eingetreten sind, so ist dies für den kleinen betroffenen Kreis allerdings sehr schmerzlich, für die Gesamtheit aber eine nicht nennenswerte Beeinträchtigung. Insbesondere sind militärische und wehrwirtschaftliche Ziele überhaupt nicht getroffen. Die Stadt Königsberg hat in wenigen Tagen sehr zahlreiche Luftalarme in schneller Aufeinanderfolge bei Nacht und besonders auch bei Tag erlebt; Bombenabwürfe haben aber nur bei drei Alarmen stattgefunden, und zwar fast ausschließlich auf Wohnviertel. Der meiste Schaden ist in der Wohngegend in unmittelbarer Nähe des Tiergartens eingetreten. Der erste große Angriff kam bei hellem Sonnenschein völlig überraschend, weil die Flugzeuge von See her aus großer Höhe im Gleitflug eingeflogen sind, so daß sie zu spät bemerkt wurden. Nur so ist auch der erste schwere Schaden erklärlich. Nach der amtlichen Verlautbarung des Reichspropagandaamts Ostpreußen sind bei dem ersten Angriff 16 Personen getötet, eine Reihe weiterer verletzt; acht Wohnhäuser wurden schwer, 23 leicht beschädigt.[2] Der zweite Angriff auf Königsberg in der Nacht vom 23. zum 24. Juni hat nur geringen Gebäudeschaden verursacht, da ein Teil der Bomben in freies Gelände fiel. Der dritte Angriff erfolgte in den Abendstunden des 24. Juni, wobei in großer Höhe fliegende russische Flugzeuge wahllos einige Bomben auf das gleiche Wohnviertel abwarfen. Die Zahl der Toten bei diesem Angriff beträgt drei. Eine geringe Zahl von Personen wurde verletzt; drei Gebäude wurden schwer, einige leicht beschädigt.
Insgesamt sind über 100 gezählte Bomben abgeworfen worden, wobei allerdings bemerkt werden muß, daß es sich bei einem großen Teil um Blindgänger handelte. Die Gebäudeschäden werden mit größter Beschleunigung beseitigt.
In Memel, das hart an der Grenze liegt, herrschte in den letzten Tagen vor dem 22. Juni eine begreifliche Erregung, besonders da durch die NSV zahlreiche Frauen und Kinder weggebracht wurden. Der Landgerichtspräsident Dr. Rumpe blieb, wie bereits im Vorbericht

2) Treffer erhielten Häuser in der Hornstr. (5 Tote), in der Hindenburg-, Tiergarten-, Wagner- und Schillerstraße sowie in der Luisen- und Hufenallee. Die Opfer waren, mit Ausnahme eines Studienrats in der Hornstr. 3 und eines Schülers, ausschließlich Frauen. Namen der Opfer und Aufnahmen der getroffenen Häuser in GStA, Rep. 240, D 122. - In den Straßen um den Tiergarten im Nordwesten der Stadt wohnte viel Königsberger Prominenz, so Agnes Miegel in der Hornstr. 7, um die Ecke in der Claßstr. Alfred Lau und wieder nur ein paar Schritte weiter Generalstaatsanwalt Vollmer (Goltzallee 10). Adressen direkt am Tiergarten hatten OStA Capeller (Straußstr. 8) und Senatspräsident Funk (Lisztstr. 4).

erwähnt, mit seiner Frau und seinen vier kleinen Kindern dort. Artilleriebeschuß hat Memel nicht gehabt, dagegen ist es von Fliegerangriffen verhältnismäßig schwer betroffen worden. In der Altstadt ist stärkerer Gebäudeschaden entstanden; aus der Zivilbevölkerung sind 23 Personen getötet worden; 15 Kriegsgefangene und einige Soldaten sind den Angriffen zum Opfer gefallen.
In Gumbinnen sind 4 Soldaten und 11 Personen, in Ebenrode ein Kind, in Tilsit drei Personen, in Sudauen (Suwalki) vier Personen und in Lyck 2 Personen getötet. Unter den in Tilsit Getöteten befindet sich ein Beamter des Landgerichtsgefängnisses. Im übrigen haben Justizangehörige Körperschäden nicht erlitten.
Ein Justizsekretär des Landgerichts Königsberg war zum 23. 6. zur Vertretung eines beurlaubten Beamten an das Amtsgericht in Wehlau abgeordnet worden. Da er mit Rücksicht auf das schöne Wetter den Weg zur Bahn zu Fuß zurücklegen wollte, verließ er frühzeitig sein möbliertes Zimmer in der Tiergartenstraße. Zehn Minuten nach Verlassen seines Hauses wurde dieses von einer Bombe getroffen und stark zerstört. Die Vermieterin fand den Tod.
Erhebliche Schäden an Justizgebäuden sind nicht eingetreten. In Sudauen (Suwalki) und Memel sind mehrere Fensterscheiben der Gerichtsgebäude gesprungen.
Infolge der beispiellosen Leistungen unserer Luftwaffe und des gewaltigen Vormarsches der Truppen haben seit einigen Tagen die Luftalarme aufgehört; es werden jedoch auch jetzt noch täglich Einflüge im Voralarm gemeldet. Die Bevölkerung hat stets eine ruhige und besonnene Haltung gezeigt.

22. Bericht des OLG-Präsidenten vom 26. Juli 1941

Besetzung Litauens. Entstehung des „Reichskommissariats Ostland".[1] Bericht Draegers über seine Reise ins westliche Litauen: Neuanfänge der litauischen Rechtspflege. Strafgerichte erklären Urteile aus sowjetischer Zeit für nichtig. Teil der Richterschaft ist unter den Sowjets abtransportiert und „wohl ermordet" worden. Schnelles Vorrücken der deutschen Truppen hat Tötung von Gefängnisinsassen verhindert. „Soweit Abschlachtungen erfolgt sind, haben die Juden eine führende Rolle gespielt." In Kowno ist ein Ghetto eingerichtet worden.[2] Ein Teil der jüdischen Bevölkerung ist von Litauern „aus Rache kurzerhand erschossen" worden.[3] Der größere Teil ist mit den Sowjets geflüchtet. Stimmung aber in Litauen keineswegs deutschfreundlich. Zusammenstöße zwischen litauischen Nationalisten in Kowno.

---

1) Zusammen mit dem Reichskommissariat Ukraine wurde das RK Ostland am 17. 7. 1941 errichtet. Zum Reichskommissar bestellte Hitler den schleswig-holsteinischen Gauleiter Hinrich Lohse. Das RK Ostland umfaßte die vier Generalkommissariate Litauen, Lettland, Estland und Weißruthenien. Amtssitz Lohses war Riga.

2) In das Ghetto Kovno, das zwischen dem 15. 7. und dem 15. 8. 1941 auf Anordnung der Gestapo unter der erzwungenen Leitung eines Jüdischen Ältestenrates in dem Armenviertel Slobodka (Vilijampole) eingerichtet wurde, mußten die Juden der Stadt ziehen, die die nach dem Angriff auf die UdSSR einsetzenden Pogrome und Massenmorde überlebt hatten. Von den 26 400 Ghettobewohnern fielen am 28. 10. 1941 ca. 9000 Alte, Frauen und Kinder einer Selektion zum Opfer und wurden im Fort IX erschossen. Der Jüdische Ältestenrat konnte durch die Einrichtung von Arbeitsstätten außerhalb und innerhalb des Ghettos 70 % der Ghettobewohner in den Arbeitsprozeß einbeziehen, da er sich von der Einbindung des Ghettos in die deutsche Kriegswirtschaft eine lebensverlängernde Wirkung für seine Bewohner versprach. Trotzdem überlebten nur wenige. Das Ghetto wurde 1943 in ein KZ umgewandelt. Im Juli 1944 verschleppte man die letzten 8000 Ghettobewohner nach Dachau und Stutthof (Rogge, 1990).

3) Über die Pogrome in Kovno (Kaunas) vom 25.-29. 6. 1941 s. Krausnick/Wilhelm, 1981, S. 205-209; 596-598.

23. Bericht des Generalstaatsanwalts (i. V.: EStA Bringmann) vom 2. August 1941

Nervöse Spannung infolge Truppenkonzentration ist nach dem 22. 6. vertrauensvoller Lagebeurteilung gewichen. Notwendigkeit des Krieges wird allgemein anerkannt, und man fühlt sich in Ostpreußen einer unmittelbaren ersten Gefahr entronnen. Nach verdächtigem ersten Andrang auf Königsberger Reisebüros hat Bevölkerung im Ganzen anerkennungswerte Disziplin gezeigt.[1] Jedoch Gerüchte über große Verluste der Wehrmacht. – Engpässe bei Obst- und und Gemüseversorgung. Verkehrsmittel dienen z. Zt. primär dem Nachschub der Ostfront. Aussichten für die Kohleversorgung lassen wachsende Beunruhigung erkennen. – Ermittlungen der Gestapo wegen unzulässiger Verbreitung eines am 6. 7. 1941 im Bistum verlesenen Hirtenbriefes. – Öffentliche, von Gestapo Allenstein vorgenommene Erhängung eines polnischen Zivilarbeiters bei Pathaunen Mühle, Krs. Allenstein, wo der Pole eine Frau aus Patricken überfallen, vergewaltigt und beraubt hat. Verhalten der Polizei wird als Eingriff in Zuständigkeit des Sondergerichts gerügt. – In Plöhnen, Rgbz. Zichenau fordert Kripo Auslieferung von zwei Polen aus dortigem Gerichtsgefängnis, um sie im Rahmen einer Aktion gegen „Asoziale und Berufsverbrecher" der Gestapo zuzuführen. OStA lehnt Auslieferung ab. Regt aber in Königsberg an, daß auch Justiz gegen Berufsverbrecher Todesstrafe verhängen können muß. Andernfalls genieße diese Tätergruppe unerträglichen Schutz der Rechtspflege. Verlangt daher neue gesetzliche Handhaben. – Versuch von Parteidienststellen, Ermittlungsverfahren gegen Funktionäre zu beeinflussen (in Bischofstein und Rastenburg).

1) An die „Männer und Frauen des Grenzlandes" ließ Koch zur Beruhigung am 22. 6. 1941 einen „Aufruf des Gauleiters" ergehen, in dem es heißt: „Als Euer Gauleiter appelliere ich an Euren schon so oft bewährten ostpreußischen Grenzergeist... Ostpreußen! Laßt Euch nicht nervös machen! Flieht nicht vor vermeintlichen Gefahren oder Gerüchten." (GStA. Rep. 240, B 9 a-d, Bl. 180).

24. Bericht des OLG-Präsidenten (i. V.: Senatspräsident Böger)[1] vom 4. September 1941

Vorstoß beim Chef der Zivilverwaltung Bialystok, Magunia, zwecks Einführung der Sondergerichtsbarkeit in diesem Bezirk. Zustimmung Kochs soll eingeholt werden.[2] – Erhoffte Vergrößerung der Landkreise Memel-Land und Heydekrug durch Angliederung litauischer Kreise ist nicht realisierbar. Schlechte Beziehungen zwischen dem Gebietskommissar in Schaulen und dem Memeler Landrat. Gebietskommissar Libau schlägt sogar vor, man solle umgekehrt das Memelland zum „Reichskommissariat Ostland" schlagen. – In Litauen Duldung litauischer Gerichte. – Verfahren gegen „Geldhorter" stößt auf Unverständnis, da es bei ostpreußischer Bevölkerung üblich ist, erspartes Geld zu Hause aufzubewahren.[3]

---

1) Vizepräsident Böger, Jg. 1877, Assessorex. 1905, AGR in Strasburg/Westpr. 1907-1912, LGR und OLGR in Wiesbaden und Frankfurt/M. bis 1929. Senatspräsident, seit 1935 Vizepräsident des OLG Königsberg.

2) Böger nahm in dieser Sache Bezug auf einen ausführlichen Bericht Draegers v. 12. 8. 1941 über die Verhältnisse in Bialystok. Dieser Bericht ist im BA nicht überliefert.

3) Nach § 1 II KWVO v. 4. 9. 1939 (RGBl. I, S. 1609) wurde mit Gefängnis, in besonders schweren Fällen mit Zuchthaus bestraft, „wer Geldzeichen ohne gerechtfertigten Grund zurückhält". Der SD berichtete über mangelndes Verständnis für diese Regelung, zumal „ärmere Volksgenossen in ländlichen Gegenden" nicht hinreichend über die schädlichen wirtschaftlichen Folgen der Geldhortung unterrichtet seien (MadR 20. 2. 1941, S. 2027 f. und 16. 10. 1941, S. 2871).

25. Bericht des Generalstaatsanwalts (i. V.: EStA Bringmann) vom 9. Oktober 1941

Die Oberstaatsanwälte bei den Landgerichten meines Bezirks weisen übereinstimmend darauf hin, daß zum ersten Male seit dem Beginn dieses Krieges ein nicht unerhebliches Abgleiten der Stimmung der Bevölkerung zu verzeichnen sei. Sie führen das durchweg auf die Auswirkungen des Krieges mit der UdSSR zurück: zum Teil auf die – im Vergleich mit den früheren Phasen dieses Krieges – erheblicheren Verluste bei den deutschen Truppen, insbesondere auf die unerwartet furchtbaren Verletzungen der Soldaten, zum Teil auf den scheinbaren Stillstand der Operationen unserer Wehrmacht während einiger Juli- und Augustwochen und endlich auf die Erkenntnis, daß der Feldzug gegen die Sowjetunion in diesem Jahre wohl kaum zu Ende geführt werden könne und daß im nächsten Jahre die Streitkräfte der Sowjets durch die in Aussicht gestellte Unterstützung der Amerikaner und Engländer mit Kriegsmaterial neuen Auftrieb erhalten könnten.[1] Mir selbst scheint die eigentliche Ursache für den Umschlag der Stimmung in der Bevölkerung in der immer fühlbarer werdenden Verknappung auf allen Gebieten der Versorgung zu liegen. Wenn auch gerade in diesen Tagen die Brotwaren eine fühlbare Verbesserung erfahren haben, so ist doch festzustellen, daß viele rationierte Verbrauchsgüter (wie Butter, Käse, Milch, Eier) nicht einmal in der zugeteilten Menge ausgegeben werden. Hinzu kommt, daß der Bevölkerung von den Wirtschaftsämtern in Vielem nicht reiner Wein eingeschenkt worden ist. Die Entnahme von Zucker auf den Brotkarten unterbleibt z. B. zumeist, weil die Bevölkerung vermutet, es solle durch diese Maßnahme lediglich festgestellt werden, in welchem Maße die jetzt zugeteilte Brotration gekürzt werden könne. Auch die Tatsache, daß die hiesigen Wirtschaftsämter im Hinblick auf die Dauer der Kälteperiode im letzten Winter im April und Mai zu einer zusätzlichen Zuteilung von Brennmaterial gezwungen waren, daß aber später das neue Kohlenwirtschaftsjahr

1) Bereits am 30. 7. 1941 hatte Roosevelts Sonderbeauftragter Hopkins Stalin über die Bereitschaft der US-Regierung in Kenntnis gesetzt, die UdSSR mit Kriegsmaterial zu beliefern (Keesings Archiv 1941, S. 5140 f.).

als mit dem 1. April 1941 beginnend festgelegt und der Bevölkerung erklärt wurde, daß die nach diesem Zeitpunkte, aber doch für die vergangene Kälteperiode zugeteilten Brennstofflieferungen auf den kommenden Winter in Anrechnung gebracht würden, hat verstimmend gewirkt.
Die Brennstoffversorgung schafft daher schon jetzt in der Bevölkerung einige Unruhe.[2] Während es im Augenblick an Gemüse nicht mangelt, ist Obst selbst in kleinsten Mengen nicht zu haben. Das bringt es mit sich, daß die Speisekarte der hiesigen Bevölkerung doch erheblich nüchterner aussieht, als in anderen Teilen des Reiches.
Diese wirtschaftlichen Schwierigkeiten in meinem Bezirk würden aber erheblich leichter überwunden werden, wenn nicht fast täglich der Bevölkerung vor Augen geführt werden würde, daß einzelne Teile nicht nur im Überfluß leben können, sondern auch ausgesprochene Schiebergeschäfte machen dürfen. Wochenlang sind in der Provinz z. B. erhebliche Buttermengen (1 Faß, in einem anderen Falle 45 Pfd, in einem 3. Falle eine ähnliche Menge) von heute allerdings nicht mehr feststellbaren Wehrmachtsangehörigen zu außerordentlich hohen Preisen zum Kauf angeboten worden. Der redliche oder doch vorsichtige Staatsbürger sah davon ab, sie zu erwerben, da er vermutete, sie könnten auf unlautere Weise erworben worden sein. Allgemein herrscht aber die Überzeugung vor, daß die so angebotenen Waren schließlich doch ihre Abnehmer gefunden haben.
Der Oberstaatsanwalt bei dem Landgericht in Tilsit führt hierzu an: „Anders verhält es sich dagegen mit dem Schmuggel, der von Angehörigen der Wehrmacht getrieben wird. Während die Soldaten im Norwegen- und Westfeldzug mit ihrem Gepäck an der Grenze einer Zollkontrolle unterlagen, ist jetzt für den Osten ausdrücklich

2) Der SD meldete am 13. 10. 1941 aus Königsberg und Tilsit „erste Bedenken" wegen der festgelegten Kohlenmengen. Statt der 26 Ztr. im Herbst 1940 habe man für eine 4-Zimmer-Wohnung nur noch 22 Ztr. Kohlen erhalten. Ärzte hätten Bedenken erhoben, da in den vorangegangenen Kriegswintern vielfach gesundheitliche Schäden durch mangelhafte Beheizung aufgetreten seien. Besondere Klagen wären aus Memel gekommen, das infolge seiner Küstenlage, der offenen Bauweise der Stadt und dem schlechten Bauzustand der Häuser einen erheblich größeren Brennstoffbedarf habe als vergleichbare Städte (MdaR 1941, S. 2867 f.). - Vgl. a. den Bericht des Memeler Oberbürgermeisters Dr. Bindlingmaier über die „Stiefkinder Preussens" in Memel vom 12. 2. 1940: „Die Wohnungsverhältnisse in der Stadt sind als besonders ungünstig anzusprechen. Wohl in keiner Mittelstadt... liegen sie ungünstiger. Der größte Teil der Wohnungen - auch in den Außenbezirken - muß... als äußerst ungesund bezeichnet werden." Die Stadtteile Friedrichsmarkt und Bommelsvitte sollten wegen schlechter sanitärer Verhältnisse vollständig abgerissen werden (BA, R 18/5381, Bl. 191-208).

angeordnet worden, daß die Zollbeamten Wehrmachtsangehörige nicht kontrollieren dürfen. Dieser Umstand wird nach den Feststellungen des hiesigen Hauptzollamts seit Wochen in großem Umfang von Wehrmachtsangehörigen ausgenutzt. Es ist ihnen zwar nur erlaubt worden, im Rahmen ihres Handgepäcks Waren bis zu einem gewissen Höchstgewicht in das Reichsgebiet zollfrei einzuführen. Praktisch wird hier aber Schmuggel in größerem Stile betrieben. Zentnerweise werden Waren aller Art, nicht nur Lebensmittel, sondern auch Häute und Saatgut z. B. mit Wehrmachtsfahrzeugen über die Grenze geschafft. Eisenbahner, die auf Grund ihrer gelben Armbinde als Wehrmachtsangehörige zu behandeln sind, machen sich Eisenbahnwaggons zu Schmuggelgeschäften zunutze. Kein Mensch wird etwas dagegen haben, wenn der Frontsoldat auf der Urlaubsfahrt seiner Familie etwas mitbringt. Nicht zu rechtfertigen ist es aber, wenn Angehörige der Etappe sich der ihnen dienstlich zur Verfügung stehenden Transportmittel bedienen, um im Schleichhandel zweifellos Geldgeschäfte mit Auslandswaren zu machen. So erfreulich an sich jede Bereicherung der inländischen Vorratsmengen ist, so darf die Verteilung doch nicht auf diese ungeregelte, unkontrollierbare Weise geschehen, die unter Umständen unter der Bevölkerung nur Unruhe und böses Blut schafft. Strafrechtlich ist die Frage zu prüfen, ob die so eingeführten Waren als bezugsbeschränkte Erzeugnisse anzusehen sind oder nicht. Die Frage wird zu verneinen sein, weil die kriegswirtschaftlichen Bestimmungen nur eine gerechte Verteilung der im Inland zur Verfügung stehenden Vorräte bezwecken. In diesem Sinne hat kürzlich das Sondergericht in Königsberg im Falle W.-Piktupönen[3] die Anwendung des § 1 KriegswirtschaftsVO. abgelehnt und den Angeklagten, der als Kaufmann von Wehrmachtsangehörigen mehrere Lastwagenladungen Schmuggelware gekauft hatte, als Volksschädling wegen Hehlerei verurteilt. Hehlerei wird sich aber in den wenigsten Fällen einwandfrei nachweisen lassen, weil bisher noch die genaue Kenntnis darüber fehlt, in welchem Umfange Wehrmachtsangehörige im besetzten Gebiet auf erlaubte Weise Waren erwerben können. Etwas weiter wird man mit Zollhehlerei kommen, weil die Soldaten ja nur kleinere Mengen mitnehmen dürfen. Auf jeden Fall wäre es wünschenswert, wenn hier möglichst bald klare Verhältnisse geschaffen würden. Sonst könnten noch öfter Situationen wie die folgende entstehen. Der Assistenzarzt eines der in Tilsit anlegenden

3) Gemeinde im Kr. Pogegen, Amtsgerichtsbezirk Heydekrug.

Lazarettschiffe ruft das Hauptzollamt an und bittet um Zollfahndung, weil er es nicht mehr mitansehen könne, wie vom Schiffs- und Transportbegleitpersonal geschmuggelt würde. Die Zollbeamten finden auf dem Schiff noch einige hundert Eier. Der größte Teil der Schmuggelware war bereits weggeschafft. Die Zollverwaltung erklärt sich für unzuständig gegenüber der Wehrmacht, die Polizei ebenfalls. Als die Lazarette die Eier nicht haben wollen, da sie ohnehin überreichlich versorgt sind, wurde schließlich vom Standortältesten angeordnet, daß die Wehrmacht die Eier erhalten solle."

Spannungen zwischen Zoll- und Gendarmeriebeamten im Bezirk Sudauen. – Dort im August polnische Geheimorganisation von Gestapo aufgedeckt. – Klage über fehlendes Untersuchungsgefängnis in Zichenau.

26. Bericht des OLG-Präsidenten vom 6. November 1941

Obwohl die ostpreußischen Regimenter im Baltikum und vor Leningrad schwere Verluste gehabt haben und deshalb in manches Haus Trauer eingezogen ist, obwohl man weiß, daß unseren Truppen ein schwerer Kriegswinter mit Kämpfen in Eis und Schnee bevorsteht, ist die Stimmung der Bevölkerung ruhig und zuversichtlich.[1]
Man rechnet zwar damit, daß die Versorgung mit Lebensmitteln und Brennstoffen nicht schlechter sein wird als im letzten Jahr; trotzdem würden die Ostpreußen – das hört man oft – entsprechend ihrem harten Charakter auch hier Einschränkungen ohne Murren hinnehmen.
Über den Bezirk Bialystok habe ich wiederholt berichtet. Im Anschluß an meinen letzten Lagebericht möchte ich darauf noch einmal vorläufig abschließend eingehen:
Der Bezirk ist in das Reichsgebiet nicht eingegliedert und gehört auch nicht zu einem der im Osten gebildeten oder vorgesehenen Reichskommissariate. Er wird von dem Oberpräsidenten der Provinz Ostpreußen in Personlunion als Chef der Zivilverwaltung betreut. Mit ihm ist wegen der Einrichtung von Gerichten im Bezirk Bialystok Fühlung genommen worden. Bei der Besprechung erklärte der Gauleiter, solange der Bezirk Bialystok nicht in das Reich eingegliedert sei, komme die Einrichtung von Gerichten nicht in Frage; er sehne allerdings den Augenblick herbei, in dem der Bialystoker Bezirk zu Ostpreußen käme und werde dies auch zu beschleunigen suchen. Dann sei es selbstverständlich, daß auch die Gerichtsbarkeit eingeführt werden.
Da es sich um einen außerhalb der Reichsgrenzen liegenden Bezirk mit den Besonderheiten eines besetzten Gebiets handelt, dürfte es im Sinne der Reichsjustiz liegen, wenn mit der Einführung der Gerichte nach deutschen Grundsätzen noch gewartet wird.
Aus dem Tätigkeitsbereich des Sondergerichts fällt die starke

---

1) Im Bereich der Heeresgruppe Nord kämpften die 1., 11., 21. und 61. Infantriedivision. Das ostpreußische 151. I.R. der 61. ID war maßgeblich an der Eroberung der baltischen Inseln beteiligt. Bis zum 31. 12. 1941 büßten einige Regimenter bis zu einem Drittel der Sollstärke ein (Hubatsch, 1961).

Zunahme von Sittlichkeitsstrafsachen polnischer Zivilarbeiter auf. Die Zunahme dieser Straftaten mag sich z. T. aus dem polnischen Volkscharakter, z. T. auch aus der langen Abwesenheit von zu Hause erklären. Besonders auf dem Lande ist die Frage schwierig, wie für den Schutz der deutschen Frauen und Kinder gesorgt werden kann. Das Sondergericht hat in diesen Fällen in der letzten Zeit Todesstrafe verhängt, und zwar aus dem Gesichtspunkt des § 4 der Volksschädlingsverordnung.[2]

In den letzten Wochen war Ostpreußen nicht mehr luftgefährdetes Gebiet; die Straßen waren abends erleuchtet. Wider Erwarten haben wir in den letzten 2–3 Tagen Fliegeralarm gehabt, und zwar in der vorletzten Nacht in Tilsit und Insterburg, in der letzten in Königsberg. Es soll sich um Russen handeln, die über See eingeflogen sind.

2) § 4 VolksschädlingsVO v. 5. 9. 1939 sanktionierte die unter Ausnutzung der Kriegsumstände begangene Tat als strafschärfend und drohte mit Zuchthaus oder Todesstrafe, wenn dies „das gesunde Volksempfinden wegen der besonderen Verwerflichkeit" fordere (RGBl I, S. 1679).

27. Bericht des Generalstaatsanwalts (i. V.: OStA Capeller) vom 12. Dezember 1941

Die Stimmung der Bevölkerung hatte in letzter Zeit unter den schlechter gewordenen wirtschaftlichen Verhältnissen gelitten. Die Einholung der Lebensmittel für den Haushalt war mit viel Zeitverbrauch und langem Schlangestehen verbunden.
Auch andere bezugsbeschränkte Waren, wie Konfektionswaren, Schuhe und ähnliches waren nicht zu haben, obwohl die Bezugsscheine vorgelegt werden konnten.
Kaufleute hatten in letzter Zeit offenbar Waren in größerem Umfange zurückgehalten, teilweise aus steuerlichen Gründen, teilweise um sie gegen andere verknappte Waren, insbesondere Lebensmittel (Geflügel und Fett), einzutauschen.
In ersterer Beziehung wird die Verordnung über Warenbeschaffungsguthaben vom 28. 11. 1941 – RGBl. 1941 I S. 739 – heilend wirken.[1]
In strafrechtlicher Beziehung wird im übrigen auf Grund der Kriegswirtschaftsverordnung scharf durchgegriffen, so daß alsbald wieder normale Verhältnisse zu erhoffen sein werden.
Der Oberstaatsanwalt in Königsberg berichtet insoweit: „In den vergangenen Wochen und auch gegenwärtig fanden bzw. finden Hauptverhandlungen vor dem hiesigen Sondergericht statt, die das Zurückhalten von Waren und die Abgabe von Waren im Tausch gegen Lebensmittel zum Gegenstand haben. Die Durchführung dieser Verfahren und auch die erkannten Strafen sind von der gesamten ostpreußischen Bevölkerung als notwendige Abwehrmaßnahmen gegen den ständig zunehmenden Tauschhandel und die Verknappung lebenswichtiger Ware begrüßt worden. Auch in den Kreisen der anständigen Kaufmannschaft finden diese Maßnahmen Verständnis. Infolge der in gleicher Richtung gehenden Anweisungen der berufsständischen Organisationen ist schlagartig seit dem 17. 11. 1941 besonders in der Textilbranche bisher verknappte Ware in ausreichendem Maße in den Geschäften erhältlich. Durch die

1) Für die Beschaffung von Nachkriegswaren konnten gewerbliche Unternehmer bei den Finanzämtern durch Geldzahlungen Guthaben als steuerfreie Rücklage bilden.

entsprechenden Weisungen derselben Berufsorganisationen und die Tatsache der beschränkten Bezugsberechtigung, insbesondere des Fortfalls des beträchtlichen Vorgriffsrechts dürfte der Befürchtung eines voreiligen Ausverkaufs der betreffenden Artikel besonders in der Textilbranche kein übermäßiges Gewicht beizumessen sein."

Der Oberstaatsanwalt in Allenstein berichtet mir folgendes:
„Auch in den vergangenen beiden Monaten verursachte die immer fühlbarer werdende Verknappung in den verschiedensten Branchen, vor allem aber in der Konfektion, in zunehmendem Maße Mißstimmung, Verärgerung und Beunruhigung. Seit langem war nämlich in den hiesigen Konfektionsgeschäften auch auf Kleiderkarten nichts mehr zu haben. Regale, Stellagen und Ladentische waren vollständig leer. Stoffe aller Art, Unterwäsche, Strümpfe und dergl. waren in keinem Geschäft mehr zu sehen. Außer einigen nebensächlichen Kleinigkeiten und wertlosem Tand wurde nichts mehr verkauft. Zwar war hier allenthalben bekannt, daß die einzelnen Kaufleute noch kleinere Bestände ‚hinter sich' hatten, die sie gegen gute Worte und mehr oder weniger wertvolle Gegenleistungen an Lebensmitteln aller Art abzugeben pflegten. Man glaubte jedoch, dagegen nicht ankämpfen zu können, weil man wußte, daß nach den von den maßgeblichen Berufsverbänden, Fachschaften und dergl. erlassenen Richtlinien es ausdrücklich gebilligt wurde, wenn die Kaufleute sich durch irgendwelche Laufkunden nicht völlig auskaufen ließen, sondern Ware auch für ihre Stammkundschaft zurückhielten. Diese letzte Anordnung mag gut gemeint gewesen sein. Sie hat sich aber in einer Weise ausgewirkt, die wohl nicht vorausgesehen wurde. Denn unter ihrem Schutze werden – völlig gefahrlos für die beteiligten Kaufleute – die sogenannten U.T.-Geschäfte abgewickelt.[2] Der bei etwaigen Durchsuchungen mit Sicherheit zu erwartende Einwand, daß es sich nur um zur Befriedigung der Stammkundschaft zurückgehaltene Ware handle und der betreffende bevorzugte Kunde selbstverständlich ein guter Stammkunde gewesen sei, wird sich nur selten widerlegen lassen. Durch radikale Maßnahmen ist neuerdings versucht worden, diesem Übelstande der U.T.-Geschäfte wenigstens in der Konfektionsbranche zu Leibe zu rücken. Seit dem 17. 11. müssen nämlich alle Konfektionskaufleute – auf Grund entsprechender Anordnungen der

2) Die Textilknappheit war im Herbst 1941 keine ostpreußische Besonderheit. Über die dramatische Verschlechterung der Versorgungslage bei Spinnstofferzeugnissen, bis hin zum starken Mangel an Trauerkleidung vgl. MadR 15. 9. 1941, S. 2765 ff. und 2. 10. 1941, S. 2833 f.

maßgeblichen Stellen – ihre gesamten Lagerbestände in den Verkaufsraum bringen und auch alsbald verkaufen. Die Folge hiervon war in Allenstein wie wohl auch in den anderen Städten Ostpreußens ein Sturm auf die Konfektionsgeschäfte, der die ganze Woche hindurch mit unverminderter Stärke anhielt. Tag für Tag konnte man in den letzten Tagen vor allen einschlägigen Geschäften Hunderte von Kauflustigen beobachten, die wegen Überfüllung keinen Einlaß in die Läden finden konnten und sich daher anstellen mußten. Hunderte sieht man schon mehrere Stunden vor Beginn der Geschäftsstunden anstehen.
Soweit bekannt, sind auch all diese Kauflustigen im wesentlichen befriedigt worden.
Hieraus ergibt sich aber mit zwingender Notwendigkeit, daß fast alle hiesigen Konfektionskaufleute riesige Vorräte an Waren der verschiedensten Art – in der Hauptsache wohl aus steuerlichen Gründen – absichtlich zurückgehalten haben müssen und demgemäß eines Verstoßes gegen § 1 KWVO dringend verdächtig erscheinen.[3]
Ganz abgesehen davon, daß für Verbrechen dieser Art die ausschließliche Zuständigkeit des Sondergerichts gegeben ist, habe ich auch aus taktischen Gründen vorerst davon abgesehen, Vorermittlungen in dieser Richtung anzustellen. Einmal kommen allein hier in Alleinstein eine ganze Reihe von Tätern in Betracht. Zum anderen sind nach hier vorliegenden Mitteilungen auch in anderen Städten der Provinz Beobachtungen dieser Art gemacht worden. Die Frage, ob und gegebenenfalls in welcher Form gegen die in Betracht kommenden Geschäftsleute vorzugehen sein wird, wird daher nach meinem Dafürhalten im Interesse einer einheitlichen Behandlung dieser Sachen zweckmäßig von zentraler Stelle aus zu entscheiden sein."
Der Oberstaatsanwalt in Interburg führt in der gleichen Richtung folgendes aus: „Die Bevölkerung rechnet mit längerer Kriegsdauer. Die allgemeine Stimmung ist nicht mehr so optimistisch wie vor einigen Monaten. Aber dennoch ist der größte Teil der Bevölkerung zuversichtlich. Eine allgemeine Verknappung von Waren, auch bezugsbeschränkter, ist feststellbar. Kindernährmittel zum Beispiel, die bei den geringen Milchmengen, die für ein Kind bezogen werden können, für die Ernährung des Säuglings geradezu eine Lebensfrage bedeuten, sind schwer zu haben. Eine unangenehme Folge der Warenverknappung ist das Schlangenstehen vor den Geschäften. Der

---

3) § 1 KWVO sah für die Zurückhaltung von lebenswichtigen Bedarfsartikeln Haft-, in besonders schweren Fällen sogar Todesstrafe vor.

Erlaß des Reichswirtschaftsministers z. B., wonach die Lagerbestände der Textilgeschäfte in die Verkaufsräume zu bringen waren, hat vor den hiesigen Textilgeschäften Menschenansammlungen von Hunderten von Personen zur Folge gehabt. Außerdem kann man vor Tabakgeschäften, teilweise auch vor Geschäften, die alkoholische Getränke führen, den ganzen Tag über Schlangen von erheblicher Länge feststellen. Der anständigere Teil der Bevölkerung stellt sich nicht an, weil er es für würdelos hält und dazu auch keine Zeit hat. Das hat aber die unerwünschte Folge, daß gerade dieser Teil der Bevölkerung von der Zuteilung der verknappten Waren ausgeschlossen wird. Es besteht darüber hinaus die begründete Vermutung, daß in einem nicht kleinen Teil der Fälle, die durch Schlangenstehen erlangten Waren dazu benutzt werden, um andere verknappte Waren einzukaufen. Der Nachweis dafür ist naturgemäß sehr schwer und wird nur selten zu erbringen sein. Es wäre eine durchaus begrüßenswerte Maßnahme, wenn die Polizei gegen das Schlangestehen energischer einschreiten würde.
Das Einschreiten gegen die Textilhandelsgeschäfte in Tilsit und Insterburg ist in der Bevölkerung lebhaft erörtert worden. Sehr verbreitet ist die Ansicht, daß die Kaufleute nicht genügend aufgeklärt gewesen seien über das, was sie in ihren Lagerräumen zurückhalten dürften."

Der Oberstaatsanwalt in Lyck hat mir über den gleichen Punkt folgendes mitgeteilt:
„Die nach wie vor anhaltende Verknappung der meisten täglichen Gebrauchsgegenstände läßt die Vermutung aufkommen, daß diese Waren von einem nicht geringen Teil der Kaufleute zurückgehalten und nur im Tauschhandel abgegeben werden. Nach Rücksprache mit dem Landrat wird dieser Frage besondere Aufmerksamkeit gewidmet, erwiesene Fälle des Tauschhandels werden dem Sondergericht zur Aburteilung zugeleitet werden. Vor kurzem hatte ein hiesiger Friseurmeister auf dem Lande Kämme verkauft und sich in Anrechnung auf den Kaufpreis mehrere Eier geben lassen. Er soll darüber hinaus mehrere Bauern aufgefordert haben, ihm Geflügel zu bringen und ihnen in Aussicht gestellt haben, ihnen dafür bezugsbeschränkte oder verknappte Artikel – Seife, Bürsten – abzugeben. Der Landrat in Lyck hatte hiervon Kenntnis erhalten und dem betreffenden Friseurmeister aufgegeben, binnen 24 Stunden an die NSV den Betrag von 15 000 RM zu zahlen, die auch von diesem innerhalb der gesetzten Frist gezahlt worden sind. Mit Rücksicht darauf, daß die Zahlung des Geldes bereits erfolgt, die Beweislage

auch nicht ganz unzweifelhaft war, habe ich nach Rücksprache mit Ersten Staatsanwalt Felske von weiteren Maßnahmen in dieser Angelegenheit abgesehen.[4] Ich habe jedoch mit dem Landrat aus diesem gegebenen Anlaß vereinbart, daß in künftigen Fällen derartige Vorgänge zunächst der Staatsanwaltschaft zugeleitet werden, damit geprüft wird, ob die Zuständigkeit des Sondergerichts gegeben ist."
Der Oberstaatsanwalt in Tilsit hat mir über den gleichen Sachverhalt folgendes mitgeteilt:
„Im Mittelpunkt des allgemeinen Interesses stehen die Verfahren gegen 4 Tilsiter Kaufleute vor dem Sondergericht, die wegen Zurückhaltung von Waren angeklagt sind. Einer von ihnen ist bereits zu 3 Jahren Zuchthaus und Nebenstrafen verurteilt worden. Diese Verfahren zeigten, was auch anzunehmen war, daß fast in allen Geschäftszweigen Waren zurückgehalten worden sind, so daß dadurch Unruhe in die Bevölkerung getragen wurde. Es kann nach den amtlichen Erklärungen, daß der Bedarf, der zur Deckung der ausgegebenen Kleiderkarten und Bezugscheine nötig ist, vorhanden ist, den Kaufleuten nicht das Recht zugebilligt werden, Volksgenossen, die gültige Bezugsberechtigungen vorweisen, Waren vorzuenthalten, weil sie angeblich selbst ihre Bestände kontingentieren müssen. Da das nahezu alle Kaufleute in übertriebenem Maße getan haben, war die Lage schließlich so, daß es manche Dinge überhaupt nicht gab. Jetzt auf einmal nach diesen Strafverfahren und nach den neuesten Anweisungen des Reichswirtschaftsministeriums ist von allem reichlich vorhanden und es tauchen Friedensqualitäten zu niedrigen Preisen auf. Wenn die Kaufleute sich nunmehr über die Schlangen und den Andrang in ihren Geschäften beklagen, dann haben sie sich das im wesentlichen selbst zuzuschreiben, weil dieser Zustand nicht hätte eintreten können, wenn sie fortlaufend den Bedarf auf Kleiderkarte und Bezugschein befriedigt hätten. Eine regelmäßige Überwachung und öftere Stichproben würden zweifellos dazu dienen, um derartige Mißstände in Zukunft zu vermeiden.
Es ist offenes Geheimnis, daß in großem Umfange Kleiderkarten nicht von ihren Inhabern, sondern von Verwandten und guten Freunden benutzt werden, besonders die Karten der Landbevölkerung und alter Leute. Begrüßenswert ist daher die Anordnung, daß in den Textilgeschäften nur an den Inhaber der Kleiderkarte verkauft wird und daß gelegentlich Personalausweise des betreffenden Käufers verlangt werden.

---

4) Zu Felske vgl. Tl. I, Kap. 6. 3.

Meine Überzeugung, daß der weitaus größte Teil der Kaufleute im September 1939 die Bestände nicht vollständig angegeben haben, hat sich durch die erwähnten Strafverfahren nur verstärkt. Es ist jetzt allerdings schwierig, ja nahezu unmöglich, noch den Nachweis der unvollständigen Angabe zu führen.

Die Schlangen vor Tabak- und Spirituosenläden sind ein recht unerfreuliches Bild der Straßen. Alle Belehrung wird hier aber nichts nützen, weil die Bevölkerung vom Rauchen und Trinken doch nicht ablassen wird. Ob allerdings hier eine generelle Regelung angebracht ist und vorgenommen werden wird, bezweifle ich, da man an sich wohl von höherer Stelle gegen den übermäßigen Genuß von Tabak und Alkohol vorgehen möchte, aber z. Zt. während des Krieges eine Antitabakpropaganda in größerem Ausmaß nicht machen wird.

Daß es auch sonst mit der nationalsozialistischen Einstellung nicht überall weit her ist, zeigt die Tatsache, daß die Bauern zu einem großen Teil, als die bevorstehende Beschlagnahme eines an sich geringen Teiles ihres Geflügels für die Belieferung der Städte bekannt wurde, schleunigst den größten Teil abschlachteten und einweckten. Auch bei Erfüllung ihrer Ablieferungspflicht wäre ihnen für sich selbst noch genug verblieben.

Notwendig wäre es nach meiner Überzeugung, etwas gegen den ‚ländlichen Bezugschein' zu unternehmen, da dieser immer eine höchst unerfreuliche Kriegserscheinung bleiben wird und insbesondere die Kaufleute in die Versuchung bringt, Waren allgemein zurückzuhalten und nur gegen ländliche Produkte abzugeben. In den Verfahren vor dem Sondergericht gegen die Tilsiter Kaufleute zeigte es sich durch die Bekundungen der Geschäfts- und Hausangestellten, daß im Haushalt weit mehr an Butter, Eiern, Milch usw. verbraucht wurde, als auf Marken dem einzelnen zustand. Ebenso zeigten diese Verfahren, daß auch ein reger, unerfreulicher Tauschverkehr unter den Kaufleuten selbst besteht.

Die Stimmung in der Bevölkerung ist bis auf die Mißstimmung über das durch die Kaufleute an den Tag gelegte Verfahren im allgemeinen gut."

Über das Wirken des politischen Katholizismus teilt mir der Oberstaatsanwalt in Braunsberg folgendes mit:

„Was den angeblichen Burgfrieden anlangt, der zwischen Staat und Partei einerseits und der katholischen Kirche andererseits bestehen soll und von dessen Wirksamkeit mir in der vergangenen Zeit bei meinen Urlauben immer wieder erzählt worden ist, so habe ich

festgestellt, daß der politische Katholizismus viel stärker und aktiver geworden ist, als er es jemals war. Besonders die Kinder werden in Kindergärten, in Kirchenunterrichten usw. straff an der Leine gehalten. Es ist soweit gekommen, daß Ende Oktober der Vorsitzende des katholischen Kirchenvorstandes, ein Braunsberger Privatmann, an den Gauleiter einen Brief geschrieben hat, in welchem dem Gauleiter anempfohlen wird, die HJ des Sonntagsvormittags von der Straße zu nehmen, sie in die Kirche zu schicken und daß es doch durchaus im Interesse des Gauleiters läge, heutzutage mit den maßgebenden katholischen Kreisen in Frieden zu leben. Ich überreiche anliegend eine Abschrift dieses Briefes, welcher nicht einmal den Deutschen Gruß enthält.
Ich muß also berichten, daß der politische Katholizismus in jeder Hinsicht kämpferisch tätig ist und daß dies hier von den maßgebenden Stellen wohl nur nicht genügend bemerkt worden ist. In meiner Auffassung über diese Zustände werde ich von dem neuen Bürgermeister von Braunsberg, Görlitz, rege gestützt, der früher in Frauenburg als Bürgermeister tätig war und den ich als einen der energischsten Verwaltungsbeamten schätze, die ich im hiesigen Bezirk kennengelernt habe."

Der Oberstaatsanwalt in Königsberg hat folgendes berichtet:
„In letzter Zeit ist die Beobachtung gemacht worden, daß die Straftaten männlicher Jugendlicher, und zwar besonders diejenigen der schweren Kriminaliät, in auffälliger Weise zugenommen haben. So sind im hiesigen Bezirk in der Zeit vom 20. 9. bis 31. 10. 1941 17 Anklagen gegen Jugendliche wegen z. T. recht schwerer Straftaten erhoben worden. Es handelt sich dabei zunächst um schwere, aber auch einfache Diebstähle, wobei einzelnen Tätern 5, 7, 8, 14 ja 19 einzelne Diebstähle zur Last gelegt werden, denen sich noch weitere Fälle von Unterschlagung, Betrug und Urkundenfälschung hinzugesellen. Daraus ist ohne weiteres ersichtlich, daß diese jugendlichen Rechtsbrecher, die in den Jahren 1924–1926 geboren sind, nicht infolge Verführung durch günstige Gelegenheit gestrauchelt sind, sondern daß es sich bei ihnen um ausgesprochene Gewohnheitsverbrecher handelt.
Eine beachtliche Zunahme erfahren haben auch die Urkundenfälschungen Jugendlicher durch Verfälschungen von Ausweispapieren zum Zwecke des Besuches nicht jugendfreier Kinovorstellungen, Straftaten also, die nicht so schwer ins Gewicht fallen, weil sie aus Leichtsinn und Unbesonnenheit begangen sind, und die deshlab zunächst nur mit Karzerstrafen geahndet werden."

Bezüglich der Heimtückesachen ist ein Abnehmen der Straffälle festzustellen. Der Oberstaatsanwalt in Königsberg hat insoweit folgendes berichtet:

„Das bei und nach Ausbruch des Krieges gegen Rußland in die Erscheinung getretene Anschwellen der Heimtückesachen hat seit Anfang September 1941 nachgelassen. Dies dürfte darauf zurückzuführen sein, daß die militärischen Erfolge der deutschen Truppen jede Möglichkeit zu einer Kritik an der Führung des Reichs und ihrer Politik genommen und etwaigen Anhängern der KPD jegliche Hoffnung auf Erfolge Rußlands zerstört haben. Bei den Neueingängen bei Heimtückesachen hat sich der Personenkreis der Täter wieder dem politisch indifferenten Täterkreis aus dem Zeitpunkt vor Ausbruch des Feldzuges gegen Rußland angeglichen. Die Äußerungen sind größtenteils wenig schwerwiegender Natur und finden ihre Erklärung ein einer gewissen durch die Kriegsverhältnisse bedingten Nervösität und gelegentlicher persönlicher Verärgerung."

Eine nicht zu unterschätzende Gefahr für die Sicherheit auf dem flachen Lande bedeuten nach Ansicht des Oberstaatsanwalts in Insterburg die vielen ausländischen Arbeiter (Polen, Litauer usw.) Die Polizeikräfte auf dem Lande reichen nicht aus, um die Polen und Litauer genügend zu beaufsichtigen. Nur allzu oft gelingt es den flüchtigen und vertragsbrüchigen Elementen, wochenlang umherzuvagabundieren und oft gelingt ihre Ergreifung überhaupt nicht. Es wird oft Klage darüber geführt, daß sich die ausländischen Arbeiter nicht an die Vorschriften halten und sich viel bei der völligen Verdunkelung über die zulässige Zeit hinaus auf der Straße herumtreiben. Wenn es irgend möglich wäre, wäre eine Verstärkung der Polizeikräfte auf dem Lande zu begrüßen.

Durch Ausländer sind – wie der Oberstaatsanwalt in Memel mitteilt – Fälle von Fleckfieber eingeschleppt worden. Diese Krankheit wird nur durch Läuse übertragen.

Bei dem geringen Beamtenpersonal ist die Grenze nicht geschlossen zu halten. Durch den hier bestehenden Mangel an Lebensmitteln, die in Litauen noch reichlich vorhanden sind, und den Mangel an ärztlicher Versorgung, Petroleum, Salz und vielen anderen Erzeugnissen in Litauen besteht ein besonderer Anreiz zum verbotenen Grenzübertritt und Schmuggel. Unter dem Einfluß der litauischen Einwanderung ist die Zahl der Anzeigesachen im Memeler Bezirk erheblich angestiegen. Sie betrug im November 1941 etwa das Dreifache vom Februar und das Doppelte vom Juli 1941. In den Strafanstalten überwiegen die Litauer bereits wieder zahlenmäßig.

Über polnische Zivilarbeiter berichtet mir der Oberstaatsanwalt in Königsberg folgendes:
„Am 10. 10. 1941 zeigte die hiesige Kriminalpolizeileitstelle an, daß nach dem Ausladen eines Eisenbahnsammeltransports polnischer Zivilarbeiter, die dem hiesigen Arbeitsamt zur Arbeitsleistung überwiesen worden waren, in einem Wagen 2 Polen als Leichen gefunden seien. Auch bei einem zweiten Sammeltransport waren wiederum 2 Sterbefälle eingetreten. Obgleich von vornherein der Verdacht einer strafbaren Handlung kaum in Frage kam, hielt ich es, um allen Eventualitäten vorzubeugen, für angezeigt, 2 Leichen sezieren zu lassen, indem ich davon ausging, daß bei Übereinstimmung der Todesursache bei beiden ohne weiteres der Schluß gerechtfertigt erschien, daß auch die beiden anderen und etwa noch später unter den gleichen Umständen eintretende Todesfälle auf dieselbe Ursache zurückzuführen seien. Die Sektion und die bakteriologische und mikroskopische Untersuchung hat für eine strafbare Handlung, aber auch für eine ansteckende Krankheit, insbesondere Fleckfieber, Typhus, Paratyphus oder Ruhr, keine Anhaltspunkte ergeben. Es handelt sich um hochgradig abgemagerte Menschen, die längere Zeit unterernährt waren. Es entspricht nach dem Gutachten den auch sonst gemachten Erfahrungen, daß bei einem gewissen Grade der Unterernährung der Tod auch dann eintritt, wenn die Ernährung wieder besser wird. Nach den erhobenen Gesamtbefunden ist bei beiden Verstorbenen der Tod infolge Erschöpfung eingetreten.
Es sind nachträglich noch weitere Sterbefälle unter den gleichen Verhältnissen zu verzeichnen gewesen, bei denen dann von hier aus nichts mehr veranlaßt worden ist."
Über seine Erfahrungen anläßlich eines Luftalarms teilt der Oberstaatsanwalt in Königsberg mit:
„Am 13. November 1941 abends gegen 7 Uhr fand auf Königsberg, ohne daß vorher Alarm gegeben worden war, ein Luftangriff statt, dem neben Sachschaden 1 Toter und 6 Verletzte zum Opfer fielen. Die Sirenen begannen erst etwa 7 Minuten später zu ertönen. Am Tage darauf brachte die Presse eine Veröffentlichung des Gaupropagandaamtes Ostpreußen über diesen Angriff, in der es hieß, die von den Bomben getroffenen Personen hätten sich sämtlich außerhalb des Luftschutzraumes befunden, wodurch der Eindruck erweckt werden mußte, als hätten sie selbst leichtfertig gehandelt. Diese Veröffentlichung hat im Publikum eine lebhafte Unruhe hervorgerufen. Wie mir scheinen will, nicht mit Unrecht; denn sie ist geeignet, das

Vertrauen in die Zuverlässigkeit und Richtigkeit amtlicher Mitteilungen zu erschüttern, was um so bedenklicher ist, als Äußerungen des Zweifels an solchen schon Anlaß zur Einleitung eines Verfahrens wegen Heimtücke gegeben haben."
Im Bezirk Sudauen fallen nach dem Bericht des Oberstaatsanwalts in Lyck die immer noch stark anhaltenden Schwarzschlachtungen, Schwarzbrennereien und die zahlreichen Diebstähle, vor allem Holzdiebstähle auf. Durch das Sondergericht in Zichenau sind vor kurzem gegen drei Polen Todesurteile wegen verbotenen Waffen- bzw. Munitionsbesitzes ergangen. Die immer noch häufigen Fälle von Waffenverbrechen lassen darauf schließen, daß gewisse Kreise der polnischen Bevölkerung in den eingegliederten Ostgebieten immer noch die Wiederaufrichtung eines polnischen Staates erhoffen. Dies hat insbesondere das an den Oberreichsanwalt beim Volksgerichtshof abgegebene Verfahren gegen Widorny und andere wegen versuchten Hochverrats aufgezeigt, in dem über 100 Polen beschuldigt worden sind, polnischen Widerstandsbewegungen tätig angehört, bzw. von dem Vorhandensein und den Zielen dieser Widerstandsbewegungen Kenntnis gehabt zu haben. In diesem Verfahren ist festgestellt worden, daß es sich bei den beschuldigten Polen zum Teil um Personen handelt, die bei deutschen Behörden und Parteidienststellen, Stadtverwaltung, NSV, Heeresstandortverwaltung, Flugplatzkommando und ähnlichen Stellen beschäftigt waren. Angesichts der Tatsache, daß die polnischen Widerstandsbewegungen immer noch eine erhebliche aktive Tätigkeit entwickeln, erscheint bei der Beschäftigung von Polen in deutschen Betrieben und Behörden besonderes Mißtrauen und besondere Aufmerksamkeit geboten.
Über Zweifelsfragen in der Zuständigkeit trägt der Oberstaatsanwalt in Zichenau vor:
„Es ist hier bekanntgeworden, daß Gendarmeriebeamte in letzter Zeit folgende Erklärungen unterzeichnen mußten:

> ‚Durch den Gendarmeriekreisführer bin ich dahingehend belehrt worden, daß ich gemäß Erlaß des Reichsführers SS und Chefs der deutschen Polizei im Reichsministerium des Innern vom 9. 10. 1941 als Angehöriger der Ordnungspolizei des in das Reich eingegliederten Ostgebietes der SS- und Polizeigerichtsbarkeit und daher den Vorschriften des Militärstrafgesetzbuchs unterliege.'

Unter dem 24. Oktober 1941 habe ich gegen den Meister der Schutzpolizei Bernhard P. aus Scharfenwiese, der städtischer Polizeibeamter ist, vor dem Amtsgericht in Scharfenwiese Anklage wegen Einbruchsdiebstahls erheben müssen. Unter Berufung auf den vorher erwähnten Erlaß ist das Amtsgericht in Scharfenwiese vom Regierungspräsidenten in Zichenau aufgefordert worden, das Verfahren an das SS- und Polizeigericht IV in Danzig zuständigkeitshalber abzugeben. Der Sachbearbeiter der Staatsanwaltschaft ist dementsprechend verfahren."[5]

Verfahren wegen wissentlich falscher Anschuldigung gegen einen polnischen Arbeiter vor dem SG Zichenau, dessen falsche Aussagen Landsleute für mehrere Monate ins Durchgangslager Soldau gebracht hätten.[6] – Zur Möglichkeit von Gnadenerweisen bei Verhängung von Jugendarrest.

5) Vor allem um den „Einmischungen" der Justiz bei Straftaten des KZ-Wachpersonals ein Ende zu setzen, erreichte Himmler im Juni 1939 Hitlers Erlaubnis zur Schaffung einer eigenen SS- und Polizeigerichtsbarkeit, geregelt in der Verordnung über die Sondergerichtsbarkeit in Strafsachen für Angehörige der SS und für die Angehörigen der Polizeiverbände bei besonderem Einsatz vom 17. 10. 1939 (RGBl. I, S. 2107; vgl. Rüping, 1983, S. 112 ff.).

6) Im Nachgang übersandte Capeller am 23. 12. 1941 das Urteil des SG Zichenau v. 2. 10. 1941, das gegen den polnischen Angeklagten eine $3^{1}/_{2}$jährige Gefängnisstrafe verhängte.

28. Bericht des OLG-Präsidenten vom 5. Januar 1942

Die Stimmung der Bevölkerung ist, wie nicht anders zu erwarten, ernst; Beunruhigung oder gar Niedergeschlagenheit hat jedoch nicht Platz gegriffen.
Es ist der erste Kriegswinter, in dem die Truppe weiter kämpft; die durch die Begradung der Front bedingte Zurücknahme einzelner Stellungen veranlaßt die Bevölkerung, die bisher nur an Siegesmeldungen gewöhnt war, zu lebhaften Erörterungen. Hinzu kommt die Nachricht von der plötzlichen Verabschiedung des Generalfeldmarschalls von Brauchitsch.[1] Für eine ausreichende Winterausrüstung unserer Soldaten ist offensichtlich nicht rechtzeitig gesorgt; besonders bei dem ungewöhnlich frühen und starken Kälteeinbruch hat die Truppe unter diesem Mangel schwer zu leiden. Die mit Pelzen und Wollsachen gut ausgestatteten, an große Kälte gewöhnten Russen setzen – im Gegensatz zu den Kriegswintern 1915–1918 – die harten Nahkämpfe fort. Da die meisten ostpreußischen Regimenter im Norden liegen, gibt es hier kaum eine Familie, die nicht um einen an dieser Front unter schwierigsten Verhältnissen kämpfenden Angehörigen bangt. Um so erfreulicher, alles Erwarten weit übertreffend, ist die Abgabe von Pelz- und Wollsachen für die Soldaten. Die Beteiligung der Bevölkerung an dieser Sammlung wird kaum zu übertreffen sein; es werden hier vielfach wirkliche Opfer gebracht. Ein altes Mütterchen z. B. lieferte einen neuen Pelzfußsack ab, den sie soeben als Weihnachtsgeschenk bekommen hatte. Eine Frau in Trauer brachte eine volle Pelzausrüstung mit der Erklärung: „Als ich sie gerade an meinen Mann abschicken wollte, bekam ich die Nachricht, daß er nichts mehr braucht; vielleicht hilft sie einem andern." Ein altes Ehepaar ging am 27. Dezember zum letzten Mal in seinen Pelzen spazieren, um sie dann abzuliefern.[2]
Die schnellen und großen militärischen Erfolge der Japaner haben die

1) Hitler entließ Feldmarschall Walther von Brauchitsch (1881-1948), seit 1938 Oberbefehlshaber des Heeres, nach schweren Rückschlägen an der Ostfront am 19. 12. 1941 und übernahm selbst den Oberbefehl.
2) Im Gauarchiv der NSDAP (GStA, Rep. 240, C 54, 55, D 121) finden sich zahlreiche Fotos und „Erlebnisberichte" Königsberger Ortsgruppen über Verlauf und Ergebnis dieser Sammlung, die vom 27. 12. 41-11. 1. 42 durchgeführt wurde.

Zuversicht auf den Endsieg gestärkt und die Stimmung erheblich gehoben.[3]
Die Polen haben trotz ihrer schnellen Niederwerfung in nur 18 Tagen, trotz der großen deutschen Siege auf anderen Kriegsschauplätzen, trotzdem ihnen durch die deutschen Maßnahmen jede Bewegungsfreiheit genommen ist, die Hoffnung auf eine deutsche Niederlage nicht aufgeben. Immer wenn ein neuer Staat in den Krieg eintritt, Jugoslawien, Griechenland, Rußland und jetzt die Vereinigten Staaten, fühlt man deutlich, daß ihr Widerstand wächst. Die Propaganda von Mund zu Mund und die Hetze müssen erheblich sein.
a) In der Nacht zum 28. Dezember sind an der Weichsel südlich von Plönen (Plonsk) zunächst zwei, bald darauf vier Fallschirmspringer heruntergegangen. Es soll sich um Polen handeln, die in englischen Flugzeugen hinter der russischen Front aufgestiegen sind. Die beiden ersten sind bei der Landung von Zollbeamten erschossen worden. Die vier weiteren haben ihrerseits drei Zollbeamte erschossen und einen schwer verletzt; sie sind entkommen. Sie führten Schußwaffen (angeblich auch Gift), zahlreiche Flugblätter, Zeitschriften und Propagandamaterial in polnischer Sprache mit sich.
b) Im Landgerichtsbezirk Tilsit sind, wie der dortige Präsident berichtet, bei den dort beschäftigten polnischen Kriegsgefangenen und Zivilarbeitern Hetzschriften aufgetaucht, die aus den eingegliederten Ostgebieten stammen sollen.
c) In der Nacht zum 3. November 1941 sind über dem südlichen Teil des Kreises Ortelsburg, der stets eine regsame, wenn auch kleine polnische Minderheit hatte, von feindlichen Flugzeugen Flugblätter kommunistischen Inhalts, unterzeichnet mit „Zentralkomitee der Kommunistischen Partei Deutschlands" abgeworfen. Ein Flugblatt ist beigefügt.[4]
d) Am Morgen des 31. Dezember 1941 haben im Gerichtsgefängnis Scharfenwiese (Ostrolenka) 21 in einer Zelle einsitzende Polen gemeutert. Sie packten den Hilfsaufseher von hinten, warfen ihn zu Boden, fesselten ihn mit Handtüchern an Händen und Füßen und warfen Decken und Strohsäcke auf ihn. Mit dem entwendeten

---

3) In die letzten Dezemberwochen 1941 fielen die militärischen Erfolge des japanischen Verbündeten, u. a. die Eroberung der Philippinen.

4) Flugblatt betitelt „An das deutsche Volk und an das deutsche Heer", unterschrieben u. a. von Wilhelm Pieck, Wilhelm Florin u. Walter Ulbricht. Der Inhalt prangert den „wort- und treubrüchigen" Krieg Hitlers gegen die UdSSR an, verweist auf deutsch-russische Freundschaft seit 1918 und stellt die Unbesiegbarkeit der UdSSR heraus. Die Unterzeichner fordern zum Sturz Hitlers auf, um den nach ihrer Ansicht für Deutschland aussichtslosen Kampf zu beenden.

Schlüssel öffneten sie die Türen; sieben sind über die Gefängnismauer entkommen; sieben weitere wurden auf dem Gefängnishof ergriffen; die restlichen sieben wurden später in der Zelle vorgefunden; wahrscheinlich sind sie dorthin zurückgekehrt, als sie sahen, daß ihr Ausbruchsversuch aussichtslos war. Hierüber hat der Oberstaatsanwalt Zichenau am 2. 1. 1942 ausführlich berichtet; Ministerialrat Müller und Senatspräsident Hecker haben am 2. und 3. Januar 42 in Ostrolenka Ermittlungen angestellt.[5] Der angeordnete gemeinsame Bericht folgt.
Im Osten der Provinz sind in letzter Zeit häufiger Darm- und Magenkrankheiten ruhrähnlicher Art aufgetreten, die anscheinend aus dem Bezirk Bialystok eingeschleppt sind.
In Südostpreußen, im Memelgebiet und im Regierungsbezirk Gumbinnen ist Fleckfieber festgestellt. Da es sich um Einzelfälle handelt, ist eine Ausbreitung dieser gefährlichen Krankheit, die nur durch Läuse übertragen wird, nicht zu befürchten.
Aufsehen erregt hat ein Strafverfahren gegen einen Eisenhändler in Angerapp, der zu einer Zuchthausstraße verurteilt ist, weil er seine Waren nur abgab, wenn ihm von dem Käufer Lebensmittel geliefert wurden. Zu seiner Entschuldigung hat der Händler geltend gemacht, daß die Großhandlungen ihrerseits die Lieferungen an ihn nur nach Lebensmittelabgabe vorgenommen hätten.
Wegen Zurückhaltens von Waren hat das Sondergericht vier Textilkaufleute in Tilsit bestraft, in einem Falle mit Zuchthaus, in den anderen Fällen mit Gefängnis, dazu in allen Fällen mit erheblichen Geldstrafen. Diese Urteile haben eine Anordnung der berufsständischen Organisation und eine Anweisung des Reichswirtschaftsministeriums herbeigeführt, die die Kaufmannschaft veranlaßt hat, zurückgehaltene Waren in erheblichen Mengen auf den Markt zu bringen. Diese, durch die Urteile veranlaßte, Regelung hat die Bevölkerung mit Befriedigung begrüßt.
Gegen den Rechtsanwalt Dr. Kather in Königsberg ist ein Verfahren wegen Verleitung zum Meineid anhängig geworden. Auf Grund eines Haftbefehls des Amtsgerichts Memel ist Kather in Haft genommen worden; nach seiner Vernehmung hob das Amtsgericht den Haftbefehl wieder auf. Die Beschwerde des Oberstaatsanwalts führte

5) Robert Hecker, Jg. 1889, 1922 StA in Beuthen/O. S., 1923-1933 Strafvollzugsamt Stettin, 1934 EStA Kammergericht Berlin, 1935 Kammergerichtsrat, 1941 Senatspräsident ebd. Nach Hilberg, 1982, S. 318 war Hecker 1942 als Leiter der Abt. V im RJM für die Übergabe von straffälligen Juden an die Polizei zuständig. Näheres zu Ministerialrat Müller, ins RJM eingetreten am 1. 5. 1941, ließ sich nicht ermitteln.

zur Wiederherstellung des Haftbefehls durch die Strafkammer des Landgerichts Memel; die von Kather eingelegte Beschwerde ist vom Strafsenat verworfen worden.[6]
Das Reichskommissariat Ukraine hat vorläufig notdürftige Unterkünfte in der kleinen Stadt Rowno, die im westlichsten Teil des Gebiets liegt, bezogen. Die ursprünglich vorgesehene Einrichtung von Dienststellen in Kiew war zunächst nicht möglich, weil noch längere Zeit nach der Eroberung der Stadt erhebliche Explosionen infolge von Fernzündung erfolgten. Anscheinend bestehen jetzt aus anderem Grunde Bedenken gegen die Wahl Kiews als Hauptstadt der Ukraine. Die Bevölkerung der Ukraine soll gegenüber den Deutschen keine allzu freundliche Haltung einnehmen, so daß man es anscheinend, ähnlich wie im Gouvernement, vermeiden will, die frühere Landeshauptstadt auch zur Hauptstadt der neuen Verwaltung zu machen.[7]

Verteilung von neugebauten Beamtenwohnungen im Reg. bez. Zichenau benachteiligt die Justizverwaltung. – Empörung über ein Notzuchtverbrechen, in bester Gegend Königsbergs unter Ausnutzung der Dunkelheit an berufstätiger Soldatenfrau begangen. Der minderjährige Täter zum Tode verurteilt.[8]

---

6) Linus Kather, 1893 Prositten/Kr. Rößel, seit 1921 Rechtsanwalt in Königsberg, 1930 als einziger Zentrumsabgeordneter im Stadtparlament. Bald nach der Wiederwahl 1933 als NS-Gegner auf Mandat verzichtet. Häufig Verteidiger katholischer Geistlicher vor dem Sondergericht, u. a. im Heilsberger Fronleichnamsprozeß (vgl. Tl. I, Kap. 5.3.) und im Verfahren gg. Domherr Steinki u. a. (vgl. Bericht v. 10. 2. 1941). Wohl um Kather einzuschüchtern, der in der Sache Steinki ein Wiederaufnahmeverfahren betrieb, verhaftete ihn die Stapo am 19. 12. 1941 und entließ ihn auf Anweisung Capellers erst am 21. 1. 1942. Darüber Kather, 1964, S. 14 f.

7) Nach der Besetzung Kiews durch die Wehrmacht lösten sowjetische Sabotagetruppes am 24. 9. 1941 per Funk vorbereitete Sprengsätze aus. Den Explosionen und den bis zum 29. 9. anhaltenden Großbränden fielen mehrere hundert deutsche Soldaten zum Opfer (Das Deutsche Reich, 4, 1983, S. 515). Noch während des Brandes wurde in einer Besprechung, an der auch Brigadeführer Rasch (s. Tl. 1, Kap. 6.4.) alsChef der Einsatzgruppe C teilnahm, beschlossen, an den Juden Kiews Rache zu nehmen, von denen dann über 30 000 am 29./30. 9. 1941 in der Babi-Jar-Schlucht erschossen wurden (Reitlinger, 1964, S. 211 ff.). - Nach Dallin, 1958, S. 137 war es Kochs Entscheidung, sein Hauptquartier nicht in Kiew, dem historischen Zentrum der ukrainischen Kultur, sondern im provinziellen Rowno einzurichten. Nach Bräutigam, 1968, S. 367 bezog Koch Rowno auf Weisung Rosenbergs. Die stark polnische Prägung der Stadt habe Koch kein wirklichkeitsnahes Bild der Ukraine bieten können und so Kochs negative Haltung verstärkt. Später habe Koch nach Kiew gewollt, sei aber von Hitler daran gehindert worden, der durch die Erhebung Kiews zum Sitz des Reichskommissars nicht das Wiedererstarken des ukrainischen Nationalgefühls fördern wollte.

8) Vgl. MadR 5. 3. 1942, S. 3418 f. Die Wirkung des von der Bevölkerung zunächst begrüßten Todesurteils wurde durch eine Meldung in der „Preußischen Zeitung" gemildert, die Zweifel am Verhalten des Opfers nährte.

29. Bericht des Generalstaatsanwalts (i. V.: OStA Capeller) vom 19. Februar 1942

Der Oberstaatsanwalt in Bartenstein hat folgendes vorgetragen:
„Die Stimmung weiter Volkskreise ist reichlich nervös. Im Januar gingen über die Verluste der im Osten stehenden Truppen und über die Absetzung von hohen Truppenführern wilde Gerüchte um.
Bei denjenigen, die Angehörige an der Ostfront haben, ist die Stimmung sehr gedrückt, zumal sie sehr lange auf Nachricht von ihren Angehörigen warten müssen, und die ankommenden Briefe meistens nur geeignet sind, die Sorge zu erhöhen.
Infolge der wirtschaftlichen Erschwerungen, Beschränkungen und Eingriffe ist die Stimmung bei den Landleuten ziemlich schlecht und bei den Kaufleuten zahlreicher Branchen sogar sehr schlecht. Diese äußern sich mit einer Offenheit, wie sie bisher nur in der Mitte und im Westen des Reiches üblich gewesen sein soll. Die Haltung und die Maßnahmen der Organisationen werden scharf kritisiert. Gegenüber der starken Belastung der Gewerbetreibenden wird die liebevolle Betreuung der minderbemittelten Kreise als ungerecht empfunden. Das erklärt sich dadurch, daß diese Betreuung vielfach auch recht zweifelhaften Elementen zugute kommt. Denn abgesehen davon, daß leider nicht wenige Kriegerfrauen offen einen anstößigen Lebenswandel führen, fühlen sich sehr viele andere unter dem Eindruck der ergiebigen Geld- und Naturalienzuwendungen veranlaßt, die Arbeit abzulehnen, die sie früher geleistet haben. Solche Frauen stellen das Gros der unerfreulichen Erscheinungen, welche tagsüber herumlungern und sich vor allen Geschäften sammeln, in denen gerade etwas zu haben ist. Sie ziehen von Laden zu Laden und sind nicht zu verwechseln mit den Hausfrauen, die sich anstellen müssen, um für ihren Haushalt einzukaufen.
Die Betreuung mit reichlichen Geldmitteln hat den Zweck, das Niveau der Minderbemittelten zu heben. Leider findet es häufig nicht Verwendung zur Aufbesserung der Lebensverhältnisse der Familienangehörigen, sondern wird getragen zum Friseur (Filmdivalocken) und zum Kino oder angelegt in Alkohol, Wein oder zahllosen Nichtigkeiten. Ein besonders krasser Fall aus den Weihnachtstagen. Ein junger Seeoffizier sucht ein Geschenk für seine Angehörigen. Man

bietet ihm mangels anderer Geschenkartikel 1 Fläschen Parfüm in der Größe einer kleinen Ampulle zum Preise von 9,50 Reichsmark an. Er lehnt den Kauf ab, weil er sein gutes Geld nicht an dies dürftige Objekt anwenden will. An demselben Tage ersteht ein biederer Kuhfütterer vom Lande ohne Zögern drei solcher Fläschen zum Gesamtpreis von 28,50 Reichsmark.
Es ist schließlich menschlich verständlich, wenn der Kaufmann sich beschwert fühlt, daß er bei jeder Sammlung – infolge mehr oder weniger sanften Druckes – 50 oder 100 Reichsmark spenden muß, während viele vom WHV Betreuten das Geld zum Fenster hinauswerfen, weil sie damit nicht umzugehen verstehen.
In der Beamtenschaft herrscht Unwillen darüber, daß gerade in dieser Zeit, in der die Arbeit wegen der starken Einziehungen zur Wehrmacht immer schwieriger wird, ein unerschöpflicher Strom von neuen Vorschriften und Änderungen über die Geplagten niedergeht. Weises Maßhalten könnte auch hier nur von Vorteil sein.
Erwähnt sei schließlich, daß viele Volksgenossen, die reichlich betreut werden und sich besser stehen als früher, als die Nutznießer dieser Zeit durchaus zufrieden sind, soweit ihr Gleichgewicht nicht durch den Neid über die Tatsache gestört wird, daß es dem Nachbarn noch besser geht.
Die Einführung der Raucherkarte hat hier erhebliche Aufregung hervorgerufen. Die Raucher, welche bei der Beschaffung der Karte sich, vertrauend auf die Zeitungsveröffentlichungen, bis nach dem 1. Februar Zeit gelassen hatten, mußten zu ihrem Ärger erfahren, daß der Bezug weiterer Karten einstweilen gesperrt sei.
Glücklich waren andererseits wiederum die alten und jungen Frauen, welche sich rechtzeitig ihre Karten besorgt hatten, obwohl sie noch nie im Leben einen Glimmstengel im Munde gehabt haben."
Sehr günstig auf die Stimmung der Bevölkerung haben sich die Vorträge von Ritterkreuzträgern des Heeres ausgewirkt, die diese auf Veranlassung des Gaupropagandaamtes der NSDAP in den verschiedensten Städten Ostpreußens über die Kämpfe im Osten gehalten haben. Der Oberstaatsanwalt in Königsberg hat mir darüber wie folgt berichtet:
„Allgemein sind in der Bevölkerung begrüßt worden aufklärende Vorträge ausgezeichneter Offiziere und Soldaten von der Ostfront, wie sie während des Monats Dezember 1941 vom Gaupropagandaamt der NSDAP in Ostpreußen durchgeführt worden sind. Die ungefärbte Schilderung der Härte dieses Kampfes und der Stimmung der Truppe ist in hervorragendem Maße geeignet, in der Heimat das Verständnis

für die Leistung der Front zu fördern und die Bereitwilligkeit zu steigern, die kriegsbedingten Unzuträglichkeiten des Alltags auf sich zu nehmen."[1]

Durch die Schaffung und Einführung des Polenstrafrechts[2] ist nunmehr die Voraussetzung dafür geschaffen, Straftaten von Polen mit der gebotenen Beschleunigung und der erforderlichen Schwere aburteilen zu können. Wenn auch angesichts der kurzen Zeit, die seit Inkrafttreten des Polenstrafrechts verstrichen ist, abschließende Ergebnisse über seine Auswirkungen noch nicht vorliegen, so hat der Oberstaatsanwalt in Königsberg über seine bisherigen Erfahrungen bereits folgendes berichten können:

„Die Schaffung und Einführung des Polenstrafrechts, das in seinem materiellen Inhalt auch auf die zahlreichen in der Provinz Ostpreußen befindlichen Polen Anwendung findet, hat allgemein Zufriedenheit hervorgerufen, da die in dem fremden Volkstum wurzelnden Eigenheiten bei Anwendung der deutschen Strafgesetze nicht angemessen berücksichtigt werden konnten. Trotzdem das Strafrecht erst seit kurzer Zeit Geltung hat, ist es bereits in mehreren Fällen durch das Sondergericht zur Anwendung gelangt. Im Einvernehmen mit dem Vorsitzer des Sondergerichts wird größte Sorge darauf verwandt, Aburteilungen nach diesem Strafrecht der Tat auf dem Fuße folgen zu lassen. Nachdem diese Verordnung der Justiz die Möglichkeit beschleunigter und harter Ahndung gibt, die zuständigen Stellen hierzu auch fest entschlossen sind, muß aber auch dafür Vorsorge getroffen werden, daß Eingriffe anderer staatlicher Stellen in den der Justiz vorbehaltenen Arbeitsbereich unter allen Umständen vermieden werden. Leider ist das nicht immer der Fall. So hat die Ermordung einer in Wittenrode wohnhaften Kriegerfrau durch einen bei ihr beschäftigten polnischen Arbeiter nicht die Ahndung durch ein Urteil des Gerichts und dessen Vollzug gefunden, obwohl der Täter kurz nach der Tat gefaßt war, sondern dieser ist zusammen mit 2

1) Steinert, 1970, S. 351 weist Vorträge von Frontoffizieren erst ab Ende 1942 nach, da Goebbels den Einsatz von Soldaten zur Hebung der Volksstimmung im zweiten Kriegsjahr noch hochmütig zurückgewiesen habe. Die Vorträge in Ostpreußen zeigen, das hier wohl keine einheitliche Linie auszumachen ist.

2) Verordnung über die Strafrechtspflege gegen Polen und Juden in den eingegliederten Gebieten vom 4. 12. 1941 (RGBl. I, S. 759-761). Die Justizführung legte die Verordnung in der Absicht vor, die Strafjustiz in den annektierten Gebieten Polens nicht ganz dem Willkürregime von Polizei und SS zu überlassen. Die Wahrung ihrer Kompetenz mußte sie aber faktisch mit der Selbstaufhebung tradierter Rechtsgrundsätze bezahlen. Durch den völligen Abbau allgemeiner Verfahrensnormen sowie durch maßlose Ausweitung des Bereichs strafbarer Handlungen paßte man sich Himmlers Methoden an und degradierte die Justiz vielfach zum Erfüllungsgehilfen der Polizei (Broszat, 1961, S. 137 ff; Majer, 1981, S. 744-762).

Mitwissern in Wittenrode durch die Staatspolizei öffentlich gehängt worden.
Da zwischen der Ergreifung des Täters und der Exekution ein Zeitraum von etwa 6 Wochen liegt, kann die Notwendigkeit einer beschleunigten Durchführung des Verfahrens nicht in Betracht kommen, vielmehr ist anzunehmen, daß der Vollzug der gerichtlich erkannten Strafe schneller erfolgt wäre."
Der von dem Oberstaatsanwalt in Königsberg erwähnte Mord an einer Kriegerfrau in Wittenrode durch einen Polen ist bereits Gegenstand meines Lageberichts vom 12. 12. 1941 gewesen. Im übrigen bitte ich insoweit auch auf meinen Bericht vom 2. 12. 1941 bezug nehmen zu dürfen. Auch ich halte das Eingreifen der Geheimen Staatspolizei in den der Justiz vorbehaltenen Arbeitsbereich mit den Belangen einer ordnungsgemäßen Rechtspflege für unvereinbar. Durch derartige Eingriffe entsteht eine Rechtsunsicherheit, die gerade in Kriegszeiten unbedingt vermieden werden muß. Das Ansehen der Justiz wird hierdurch in den Augen der Bevölkerung in einer Weise herabgesetzt, die kaum mehr zu ertragen ist. Auch die Arbeitsfreudigkeit und die Selbstachtung der Rechtswahrer wird dadurch in Mitleidenschaft gezogen, wenn sie zusehen müssen, wie ihnen trotz ihrer erfolgreichen Bemühungen um eine der Volksgemeinschaft Rechnung tragende Strafrechtspflege durch grundlose Eingriffe anderer Staatsstellen die Entscheidung in wichtigen Sachen aus der Hand genommen wird.
In diesem Zusammenhang erscheint mir auch eine Pressenotiz erwähnenswert (Preußische Zeitung vom 16. 2. 1942), die wie folgt lautet:

> „Verdunklungsverbrecher erschossen.
> Der Reichsführer SS und Chef der Deutschen Polizei teilt mit: Am 10. Februar 1942 wurden die Verdunklungsverbrecher: Paul Gomoinski, Herbert Körting, Ernst Kartmann, Max Jarosch, Hermann Klein und Friedrich Zschak erschossen."

Wie ich festgestellt habe, sind die Straftaten der genannten Personen nicht in meinem Bezirk begangen, demnach scheinen sich also die Eingriffe der Geheimen Staatspolizei nicht nur auf Polen und andere Ausländer zu beschränken, wodurch die bereits eingetretene Rechtsunsicherheit noch erhöht wird. Diese durch nichts zu rechtfertigende Maßnahmen der Geheimen Staatspolizei haben in Kreisen der Rechtswahrer höchstes Befremden und größte

Erbitterung hervorgerufen, wobei dann noch die Frage aufgeworfen wird, welchen Lauf diese Entwicklung nehmen wird, und welche Aufgaben dann schließlich der Strafjustiz noch überlassen bleiben sollen.

Im Kreis Sudauen sind bisher bei der polnischen Bevölkerung 14, bei den Wachmannschaften des Kriegsgefangenenlagers 26 Fälle von Flecktyphus festgestellt worden. Von den letzteren sind bisher 6 tödlich verlaufen. Auch ein Beamter der Staatspolizei ist vor kurzem dieser Seuche erlegen. Die Ausdehnung der zweifellos in den Kriegsgefangenlagern zum Ausbruch gekommenden Seuche ist nach amtsärztlicher Feststellung dadurch zu erklären, daß von seiten der aus russischen Kriegsgefangenen bestehenden Beerdigungskommandos ein schwunghafter Handel mit den Bekleidungsstücken der an Flecktyphus verstorbenen russischen Kriegsgefangenen betrieben wurde und zwar mit Billigung der Wachmannschaften. Abnehmer der Kleidungsstücke waren Polen, die den russischen Kriegsgefangenen als Entgeld Lebensmittel gaben. In zahlreichen Fällen haben von diesen Lebensmitteln den größten Teil die Wachmannschaften erhalten. Auf Grund dieser Vorfälle sind bisher drei Polen wegen Hehlerei in Tateinheit mit verbotenem Umgang mit Kriegsgefangenen bestraft worden.

Über eine ungewöhnlich starke Verbreitung der Maul- und Klauenseuche im Landgerichtsbezirk Tilsit hat mir der Oberstaatsanwalt in Tilsit folgende Ausführungen gemacht:

„Auffällig ist die starke Verbreitung der Maul- und Klauenseuche. Von beamteten Tierärzten ist privat der Verdacht geäußert worden, daß es sich dabei zum Teil auch um eine vorsätzliche Sabotage handeln dürfte, was natürlich bei der Lage der Sache nur schwer wird nachgewiesen werden können. Bei der staatsfeindlichen Einstellung der Polen, die als Zivilarbeiter und Kriegsgefangene in Ostpreußen in großer Zahl eingesetzt sind, erscheint dieser Verdacht auch durchaus nicht unbegründet. Die Seuche hat wesentlich größeren Umfang als in früheren Jahren. Nach der Äußerung der Tierärzte sind Gehöfte betroffen, auf die bei normalem Verlauf die Seuche nicht hätte gelangen können."

Auf Grund eines Sonderfalles hat mir der Oberstaatsanwalt in Memel über die erfreulichen Auswirkungen eines Eingreifens der Staatsanwaltschaft folgendes berichten können:

„Die Staatsanwaltschaft in Memel hat an der Verbesserung der Lebensbilanz im hiesigen Bezirk ihren Anteil.[3] Durch ihr aus eigener Initiative im Frühjahr 1940 erfolgtes Eingreifen gegen den Leiter der Molkerei, den Kaufmann S., der nur infolge seiner freimaurerischen Beziehungen ohne Fachkenntnisse in diese Stellung gekommen war, wurden unhaltbare sanitäre Zustände aufgedeckt. Durch den neuen Leiter der Molkerei wurde der Betrieb so verbessert, daß die Produkte der hiesigen Molkerei Preise und Anerkennungen erzielten. Damals wurden täglich tausende von Litern Milch durch die Erzeuger in verdorbenem Zustande angeliefert. Ich habe in weit über 100 Verfahren wegen Vergehens gegen das Milchgesetz diejenigen bäuerlichen Betriebe überprüfen lassen, welche durch häufiger vorkommende Anlieferung verdorbener Milch aufgefallen waren. Die untragbarsten Erscheinungen gaben zu Anklagen und Verurteilungen Anlaß. Gleichzeitig wurden auf meine Anregung durch die Molkerei den Erzeugern Merkblätter über die hygienischen Mindestanforderungen bei der Milchbehandlung ausgehändigt, die nun auf Grund der Strafverfahren die richtige Aufmerksamkeit fanden. Schließlich ließ ich auch die Verteiler überholen. Erst kürzlich sagte mir noch der Leiter des Lebensmitteluntersuchungsamts in Tilsit, daß sich seit meinem Einschreiten damals die Verhältnisse insbesondere auch im Kleinhandel grundlegend gewandelt hätten.
Die Anlieferung von verdorbener Milch in einer die Norm überschreitenden Menge ist seitdem nicht wieder beobachtet worden. Sie kommt fast gar nicht mehr vor; auch in den kritischen Zeiten nicht. In einer Reihe von Todesfällen hatten die behandelnden Ärzte die Meinung geäußert, daß der Tod durch verdorbene Milch verursacht sein könnte. Mit der im Strafprozeß erforderlichen Sicherheit ließ sich dieser Zusammenhang allerdings nicht beweisen.

---

3) Ostpreußen wies bei Neugeborenen die höchsten Sterblichkeitszahlen auf. Um der Säuglingssterblichkeit Einhalt zu gebieten, rief Koch zu einem „Großeinsatz zur Hebung der Lebensbilanz" auf und ordnete den Neubau bzw. die Erweiterung von sechs Kinderkliniken an. Anfang Februar 1942 wurde in Allenstein eine Kinderklinik eröffnet, am 1. 3. 1942 eine in Tilsit fertiggestellt. Auch erließ er eine Polizeiverordnung, die bestimmte, „daß jedes bis zum 3. Lebensjahr verstorbene Kind einer amtlichen Leichenschau unterliegt" (Koch, 1942). - Die sanitären Verhältnisse insbesondere in Memel und Tilsit, den Städten, die von territorialen Veränderungen nach 1919 hart getroffen wurden, riefen immer wieder Kritik hervor. So etwa im Bericht des Memeler Oberbürgermeisters Bindlingmaier, wo es u. a. heißt, das Säuglingsheim „genügt in keiner Weise den zu stellenden hygienischen Anforderungen" (BA, R 18/5381, Bl. 202). Offensichtlich auf die Initiative von Parteistellen ging eine Bestandsaufnahme über Tilsits „dunkle Flecken" zurück, die, um die „Verwahrlosung der Stadt" zu dokumentieren, fotografisch festgehalten wurden (GStA, Rep. 240, D 110).

In zeitlichem Zusammenhang mit diesem Einschreiten ist die Sterblichkeitsziffer der Kinder im Bezirk des Gesundheitsamts Memel von 10,3 % im Jahre 1939 auf 7,2 % in der Stadt und von 13,5 % auf 7,2 % auf dem Lande zurückgegangen und seitdem etwa konstant geblieben. Wenn auch in diesem Eingriff der Justiz sicher nicht der einzige Grund für diese günstige Entwicklung zu suchen ist, so bin ich doch überzeugt, daß die Verbesserung der sanitären und hygienischen Verhältnisse in der Milchwirtschaft, für die das Einschreiten der Staatsanwaltschaft der entscheidende Wegebereiter war, keinen unwesentlichen Beitrag dazu gegeben hat."

Bedeutende Stimmungsverschlechterung in Ostpreußen gegen Ende des Jahres 1941. Amtliche Begründung für die Ablösung Feldmarschall v. Brauchitsch' wurde von niemandem geglaubt. Man ist von unüberbrückbaren Differenzen zwischen Hitler und der Generalität überzeugt. Scharfe Kritik an mangelnder Vorsorge für Winterausrüstung des Ostheeres. Unruhe ist erst nach Stabilisierung der Ostfront und Rommels Gegenoffensive in Nordafrika gewichen.[4] – Zunehmende, von Soldaten verübte Vieh- und Geflügeldiebstähle sowie Schwarzschlachtungen im Kreis Sudauen. – Im LG-Bezirk Braunsberg begünstigt Nachlässigkeit der Wachmannschaften „unwürdigen Verkehr mit Kriegsgefangenen". – Kritik an wahlloser Einberufungspraxis und Wohlleben der Etappe. – Personalknappheit erschwert Überwachung des politischen Katholizismus. – In Braunsberg trotz allgemeinen Rückgangs der Kriminalität Zunahme der Jugendsachen. Mißachtung der staatlichen und der Familienautorität. –Wiederaufnahmeanträgen gegen Sondergerichtsurteile wird vom Landgericht Königsberg zu häufig stattgegeben. Empfehlung des GStA, Sondergerichte selbst über Anträge entscheiden zu lassen. – GStA lehnt eine vom OStA Insterburg angeregte Verkürzung der Gnadenverfahren ab.

4) Im Mittelabschnitt der Ostfront setzte Anfang Februar 1942 die erste deutsche Gegenoffensive ein. – Rommel hatte große Teile der Cyreneika bis Ende Januar zurückerobern können.

30. Bericht des OLG-Präsidenten vom 6. März 1942

Nahes Winterende läßt Stimmung erheblich ansteigen. Starke Zunahme der Verfahren gegen Schwarzschlachter vor dem Sondergericht Königsberg. – Weiterhin Fälle verbotenem Umgangs mit Kriegsgefangenen. Zeichen „sittlichen Tiefstandes" gewisser Bevölkerungskreise. – Steuervergünstigung für eingegliederte Ostgebiete führt zur Abwanderung aus Ostpreußen („Saugwirkung"). 2. Oststeuerhilfeverordnung bringt für „Alt-Ostpreußen" immer noch zu geringe Vorteile.[1] – Kritik an Benachteiligung der Justiz bei Wohnungszuteilung im „elenden Bezirk" Zichenau.

1) Die erste Oststeuerhilfeverordnung v. 9. 12. 1940 (RGBl. I, S. 1565) war zur Förderung der eingegliederten Ostgebiete erlassen worden . Dort ansässigen Deutschen räumte sie u. a. einen Steuerfreibetrag von 3000,- RM ein. Die zweite Verordnung v. 20. 2. 1941 dehnte diese Regelung auch auf das Memelland aus, sah jedoch einen geringeren Freibetrag vor (RGBl. I, S. 109). Auch die 3. Verordnung vom 19. 11. 1941 (RGBl. I, S. 720) brachte für den „Altgau" nicht die erhoffte Angleichung an die Verhältnisse in Zichenau und Sudauen.

31. Bericht des Generalstaatsanwalts (i. V.: OStA Capeller) vom 16. April 1942

Bereits vor der erfolgten Veröffentlichung der Herabsetzung der Rationen in der Presse war diese Tatsache – allerdings ohne die genauen Einzelheiten – inzwischen allgemein bekannt geworden und ist, soweit sich das übersehen läßt, fast durchweg gefaßt und mit dem nötigen Verständnis aufgenommen worden, eine Folge der geschickten Propaganda, die es in vielen Versammlungen und Betriebsappellen verstanden hat, den einzelnen Volksgenossen von der Notwendigkeit der Einschränkungen zu überzeugen, indem die Verhältnisse so geschildert wurden, wie sie tatsächlich sind, ohne daß in den Fehler verfallen wurde (wie es bei den vorherigen Kürzungen teilweise der Fall war), daß diese als geringfügig oder nicht unbedingt zum Leben erforderlich bzw. als nicht fühlbar hingestellt wurden.[1]
Dabei ist man sich durchaus darüber klar, daß das Reich nicht nur für sich selbst, sondern darüber hinaus noch für den Lebensbedarf anderer europäischer Nationen aufzukommen hat, und daß die Überschüsse aus der Ukraine trotz der bis ins einzelne gehenden Organisationen infolge der radikalen Zerstörungen durch die Sowjets noch längere Zeit auf sich warten lassen werden.
Bemerkenswert für die hiesigen Verhältnisse dürfte es sein, daß die Kürzung der Fleischrationen als am leichtesten tragbar hingenommen wird. In dieser Hinsicht bestehen mindestens in Familien mit Kindern gewisse Ausgleichsmöglichkeiten. Als drückend dagegen wird die Kürzung der Brotrationen in Familien mit heranwachsenden Kindern empfunden, da nach den gemachten Erfahrungen schon die bisherigen Zuteilungen knapp waren, so daß sich Bekannte und Verwandte gegenseitig ausgeholfen haben, um die hervorgetretenen Schwierigkeiten zu überbrücken.
Die Herabsetzung der Fettrationen wird indessen ganz allgemein mit ernster Sorge aufgenommen. Trotzdem man einsieht, daß nur

1) Die Herabsetzung der Lebensmittelrationen war am 6. 4. 1942 erfolgt. Fleisch- und Fettrationen wurden erstmals seit 1939 gekürzt und zwar gleich einschneidend um 25 % (Eichholtz, 1985, S. 254). Wochenlang beherrschten Nachrichten über die Kritik an den Kürzungen die SD-Meldungen.

Vorsorge für die Zukunft und ein gewisser Notstand die Maßnahmen der Regierung bestimmen, wird der jetzige Zustand als schwer tragbar empfunden, und man befürchtet allgemein bedenkliche Folgen für den Ernährungszustand, insbesondere der heranwachsenden Jugend.

War bisher im allgemeinen die Versorgung mit bewirtschafteten Lebensmitteln ausreichend, so traten doch hin und wieder örtliche Mängel auf. So fehlten vor allen Dingen im Bezirk Memel die Kindernährmittel. Hierzu hat der dortige Staatsanwalt berichtet:

„Beunruhigend wirkt auf Mütter das Fehlen von Kindernährmitteln. Während in Südostpreußen (im ehemaligen Polen) die Leute Gebäck daraus herstellen sollen, weil sie in Apotheken diese Nährmittel so reichlich erhalten sollen, wie sie wollen und bezahlen können, fehlen diese Dinge hier seit Wochen. Die Apotheken klagen darüber, daß sie trotz Vorlage ihrer Bezugscheine nicht mehr oder nicht mehr ausreichend beliefert werden. Es ist dies zum Teil allerdings wohl auf die Verkehrssperre zurückzuführen, unter der Memel, das mit dem Stocken des Schiffsverkehrs auf den einen Verkehrsstrang angewiesen ist, ganz besonders zu leiden hat. Dieser einzige Schienenstrang wird natürlich auch für Militärtransporte stark in Anspruch genommen. Es fehlt aber auch eine Schulung der Mütter, die zu unterweisen wären, wie sie sich nun ersatzweise am besten behelfen. So sind sie ratlos und man sieht sie tränenden Auges von Apotheke zu Apotheke irren."

Trotz der knappen Lebensmittel scheinen einige Verwaltungsstellen manches zu unterlassen, was zur Erhaltung bedeutender Lebensmittelmengen dienen könnte. Der Oberstaatsanwalt in Bartenstein hat mir hierzu mitgeteilt:

„Es ist bisher offenbar nichts getan, was für die Instandhaltung der Räucherkammern auf dem Lande notwendig ist. Sehr häufig wird die Vernichtung erheblicher Mengen von Fleisch und Speck gemeldet, die durch Brände in den Räucherkammern verursacht ist. Es wird von den Landleuten nicht darauf geachtet, daß die Fugen der Fußboden der Räucherkammern dicht bleiben. Auch entstehen durch Unterlassung des Kehrens der Schornsteine und Rauchgänge recht häufig Rußbrände, die das in der Rauchkammer hängende Fleisch vernichten.

Wesentliche Viehverluste sind in diesem Winter dadurch entstanden, daß das nach dem Westen des Reiches verladene Vieh zu eng bzw. in Wagen transportiert wurde, welche nicht genügend gegen Kälte gesichert waren. Die Verhältnisse sind hier sehr schwierig. Der Bauer, der nicht genügend Futter für seine Tiere hat, sucht sie schnellstens an den Händler los zu werden. Die Bahnverwaltung stellt nur Wagen bereit, die gerade zur Verfügung sind, und drängt auf schnellste Verladung. Der Händler kann weder das Vieh zurückschaffen, wenn er nicht passende Wagen erhält, noch hat er die Möglichkeit, Material zur Abdichtung der Eisenbahnwagen zu besorgen. Ergebnis ist, daß ein Teil der Tiere erfroren oder erdrückt am Bestimmungsort eintrifft."

Auch die Kohlenversorgung bot in diesem wie auch im vergangenen Winter erhebliche Schwierigkeiten, die nicht zuletzt, wie auch die einsichtige Bevölkerung erkennt, weniger auf Mangelerscheinungen als hauptsächlich auf die bestehenden Transportschwierigkeiten zurückzuführen sein dürften. Während in Königsberg und im Bezirk Allenstein den einzelnen Haushaltungen im allgemeinen die festgesetzen Kohlenmengen (wenn auch manchmal in geringerer Qualität) geliefert werden konnten, ja sogar teilweise mit Rücksicht auf den strengen Winter Nachzuteilungen erfolgt sind, war die Kohlenversorgung in den übrigen Bezirken, vor allem in Insterburg, Memel und Lyck, recht schwierig.[2] Da schon im voraus mit einer starken Verknappung des Heizmaterials zu rechnen war, ist das Verhalten des Wirtschaftsamtes in Lyck besonders unverständlich, über das der dortige Oberstaatsanwalt berichtet:

„Eine besondere Belastung stellt auch die auch in diesem Jahre – wie bereits in den vergangenen Jahren – völlig unzureichende Versorgung der Bevölkerung mit Brennwerk dar, die gerade angesichts des überaus strengen und anhaltenden Winters besonders schwer empfunden wird. Wie gewöhnlich wird von den zuständigen Stellen dieser Zustand mit angeblichen Transportschwierigkeiten entschuldigt. Tatsache ist jedoch, daß zu Beginn des Herbstes so reichlich Kohlen nach Lyck transportiert worden waren, daß die Kohlenhändler die angelieferten Mengen nicht mehr unterbringen konnten. Trotzdem dieser Zustand den zuständigen Verwaltungsstellen bekannt war, gestatteten sie es nicht, daß die Kohlenhändler

2) Die Hausbrandversorgung in Ostpreußen sei geradezu „besorgniserregend": Die größten Notstände hätten nur durch Ausgabe von Industriekohlen gemindert werden können. In Insterburg müßten infolge Kohlenmangels versorgungswichtige Einzelhandelsbetriebe schließen. Die Reichspost dort verfüge über kein Heizmaterial mehr. Molkerei und Schlachthof hätten nur noch für wenige Tage Reserven. „Welche Ausmaße die Kohlennot in Insterburg bereits angenommen habe, geht - der Meldung zufolge - daraus hervor, daß die Bevölkerung den Kokslagerplatz der Gasanstalt gestürmt hätte und erst durch das Eingreifen der Polizei die Ordnung wiederhergestellt worden sei." (MdaR, 5. 3. 1942, S. 3422 f.). Im Kr. Braunsberg seien vereinzelt Frostschäden bei Kindern aufgetreten (ebd.).

ihre Kunden vorweg belieferten und auf diese Weise Raum für die Unterbringung der weiter angelieferten Kohlen schufen, sondern stellten die nicht mehr unterzubringenden Mengen völlig unverständlicherweise der Militärbehörde zur Verfügung."

Durch die Einschränkungen in der Fleischversorgung wird voraussichtlich die Zahl der Schwarzschlachtungen erheblich zunehmen. Schon jetzt wird über deren hohen Zahl geklagt. Während unter der Stadtbevölkerung die harte Bestrafung der Vergehen und Verbrechen gegen die Kriegswirtschaftsgesetze, insbesondere auch der Schwarzschlachtungen, mit offensichtlicher Genugtuung aufgenommen wird, scheint man ganz im Gegensatze hierzu auf dem Lande dafür wenig Verständnis aufzubringen. Hier vertritt die Bevölkerung nach vorliegenden Mitteilungen noch den Standpunkt der Zeit aus dem Weltkriege, in der man derartige Verfehlungen als Lappalien ansah. Es erscheint angezeigt, propagandistisch noch weit mehr als bisher der Landbevölkerung zum Bewußtsein zu bringen, daß derartige Handlungen Verbrechen im wahren Sinne des Wortes sind und daß sie den Täter außerhalb der Volksgemeinschaft stellen.

Die Versorgung der Bevölkerung mit Kartoffeln war während des Winters im allgemeinen ausreichend. Nur in Königsberg ist eine gewisse Verknappung in den letzten Wochen eingetreten, so daß pro Kopf und Woche nur 2,5 kg Kartoffeln zur Verfügung gestellt werden konnten.

Auch über das Fehlen von Gemüsen wird besonders geklagt, weil hierdurch die Einschränkung der Lebensmittelversorgung besonders fühlbar wird. Da nur geringe Mengen Gemüse angeliefert werden, kann nur ein ganz geringer Teil der Bevölkerung versorgt werden. Um sich nun Gemüse zu verschaffen, stehen die Hausfrauen oft stundenlang vor den Gemüsegeschäften Schlange. Es fällt vor allem eine erhebliche Preissteigerung bei Gemüse auf.

Dieselbe Preissteigerung ist auch bei anderen nicht zwangsbewirtschafteten, aber verknappten Waren festzustellen. Sie sind schlechter in der Ausführung und im Material und erheblich teurer.

Die Belieferung mit Tabakwaren hat sich durch die Einführung der Raucherkarte nur unwesentlich gebessert. Das Schlangestehen vor den Geschäften hat zwar aufgehört (der Oberstaatsanwalt in Tilsit berichtet allerdings für seinen Bezirk das Gegenteil), jedoch haben sich andere erhebliche Mißstände herausgebildet, da die Raucherkarten ohne Unterschied an Männer und Frauen, gleichgültig, ob Raucher oder nicht, ausgegeben werden. Häufig sieht man junge Mädchen in Gaststätten und Cafés Zigaretten rauchen, die über erhebliche Zigarettenmengen verfügen, ihrem Alter nach aber nicht im Besitze einer Raucherkarte sein können. Sie können also nur durch Überlassung von Karten anderer Personen Zigaretten erhalten haben, wie es überhaupt üblich ist, daß die nicht rauchenden Raucherkarteninhaber (insbesondere Frauen) ihre Karten Bekannten und Verwandten zur Verfügung stellen. Wenn auch ein Teil der bezogenen Tabakwaren an die Front gehen mag, so scheint doch der überwiegende Teil in der Heimat verbraucht zu werden, da schon wegen der Beschränkungen in der Feldpost die Zusendungsmöglichkeit verhältnismäßig gering ist.

Allgemein ist zu beobachten, daß der Anteil der weiblichen Bevölkerung an der Kriminalität erheblich im Steigen begriffen ist. Das liegt zum Teil an der stärkeren Einbeziehung der Frau in das Berufsleben, zum anderen aber auch daran, daß manche „Kriegerfrauen" infolge der Einziehung ihres Mannes im Haushalt entlastet und teilweise durch die gewährten Unterstützungen so gut gestellt werden, daß sie erhebliche Geldmittel für Vergnügungen ausgeben können und ihrem liederlichen Lebenswandel zum Opfer fallen. Der Oberstaatsanwalt in Bartenstein hat dazu ausgeführt:

„Die Fälle, in denen Kriegerfrauen ihre Kinder gröblich vernachlässigen und nur Sinn für Vergnügungen und Herumtreiben mit fremden Männer haben, nehmen kein Ende. Solche Weiber vertun das ihnen ausgiebigst vom Staate bewilligte Geld, ohne daß die Kinder hieran Anteil erhalten. Es dürfte richtig und zweckmäßig sein, in solchen Fällen die der Familie zugedachten Unterstützungen der Verwaltung der Frau zu entziehen."

Die Staatspolizeistelle in Tilsit hat dem Oberstaatsanwalt in Königsberg folgenden Sachverhalt vorgelegt:

„Bei der Grenzbevölkerung, insbesondere in Tilsit und Memel, ist Unzufriedenheit dadurch hervorgerufen worden, daß sämtliche Angehörige der Verwaltung des Reichskommissariats Ostland bei Überschreitung der Grenze zum Reichsgebiet von der Zollkontrolle ausgenommen werden. Hierdurch ist die Möglichkeit gegeben, daß zwangsbewirtschaftete Gegenstände (Lebensmittel aller Art und Stoffe pp.) von diesen Personen in erheblichem Umfange in das Reichsgebiet eingeführt werden. Nach den Feststellungen der Staatspolizei ist dieses auch tatsächlich der Fall. Die betreffenden Angehörigen der Zivilverwaltung bringen mit ihrem Gepäck in Kraftwagen oder auch sonst erhebliche Mengen derartiger Gegenstände über die Grenze, um sie in Deutschland in Postpaketen an ihre Angehörigen zu senden oder von diesen persönlich in Tilsit oder anderen Städten abholen zu lassen. Auch in ganz krassen Fällen haben Angehörige der Zollverwaltung Beamten der Staatspolizei gegenüber erklärt, daß sie auf Grund einer Weisung des Präsidenten des Landesfinanzamts in Königsberg irgendwelche Kontrollen bei Angehörigen dieses Personenkreises nicht vornehmen dürften. Nach diesseitiger Ansicht ist bei der Versendung von Lebensmitteln oder sonstigen der Zwangsbewirtschaftung unterliegenden Gütern der Tatbestand eines Verstoßes gegen die Kreiswirtschaftsverordnung erfüllt, zumal die in den besetzten Gebieten anfallenden Lebensgüter bereits bei der Planung der gesamten Zwangsbewirtschaftung einkalkuliert sind. Ich habe diesen Standpunkt auch gegenüber dem Leiter der Staatspolizeileitstelle in Tilsit zum Ausdruck gebracht."

Schon im letzten Lagebericht habe ich meine Ansicht darüber dargelegt, daß es dringend geboten erscheint, die Entscheidung über Wiederaufnahmeanträge gegen die Urteile des Sondergerichts anstatt in die Hand der Strafkammer in die des Sondergerichts zu legen. Die starke Verlagerung des Anfalls an Strafsachen auf die Sondergerichte bringt es mit sich, daß der größere Teil wichtiger Strafsachen vor diesen Gerichten abgeurteilt wird. Entsprechend der erhöhten Bedeutung der Sondergerichte erfolgt daher bereits bei der Berufung ihrer Mitglieder eine besonders scharfe Auslese. Die ständige Praxis auf dem Gebiete der gröberen Verstöße gegen die verschiedenen Kriegsgesetze und der Straftaten mit politischem Hintergrund gibt den Mitgliedern der Sondergerichte gerade auf diesen Sachgebieten spezielle Erfahrungen, die bei den Richtern der Strafkammer nicht in gleichem Maße vorhanden sein dürften. Es muß daher als dringend erforderlich bezeichnet werden, daß dem Sondergericht auch die Entscheidung über Anträge auf Wiederaufnahme gegen seine Urteile zugesprochen wird.

Über die ärztliche Versorgung der Zivilbevölkerung wird allgemein geklagt. Hierzu hat der Oberstaatsanwalt in Königsberg die nachfolgenden Ausführungen gemacht:

„Zur Zeit ist ein Ermittlungsverfahren anhängig, in welchem nach den bisher nicht zu widerlegenden Angaben der Beteiligten bei einem Unglücksfall (Verbrühung eines Kindes) während fast 48 Stunden kein Arzt zu einem Hausbesuch zu bewegen war, obwohl die Schwere der Verletzungen angegeben wurde. Nicht nur auf Grund dieses Vorfalles, sondern aus verschiedentlich geführten Privatgesprächen ist bei weiten Bevölkerungskreisen auf das Gefühl zu schließen, ärztlich ungenügend versorgt zu sein. Wenn auch die Arbeitsbelastung der wenigen Zivilärzte nicht verkannt wird, so herrscht allgemein die Ansicht, daß Abhilfe dringend erforderlich und auch möglich sei. Es stehen in vielen Orten Sanitäts-Ersatzabteilungen der Wehrmacht, bei denen sich eine größere Anzahl von meist Fachärzten befindet. Diese haben nur in sehr beschränktem Umfange Truppendienst zu tun, sondern sollen sich selbst und den militärärztlichen Nachwuchs weiterbilden. Nach Mitteilung einsichtsvoller Militärärzte und nach den dem Straßenbild und in den Lokalen zu machenden Beobachtungen haben diese Militärärzte durchaus Zeit, auch Zivilpersonen ärztlich zu versorgen. Dadurch würde eine Entlastung der Zivilärzte eintreten, so daß diese auch wieder in die Lage gesetzt werden würden, in wirklich notwendigen Fällen Hausbesuche zu machen, auch wenn für Stadtbesuche kein Kraftwagen zur ständigen Verfügung steht."

Die Arbeitsdisziplin der Litauer bereitet den Bauern und Landwirten des Bezirks, wie der Oberstaatsanwalt in Memel weiter ausführt, erhebliche Schwierigkeiten, weil die Vertragsbrüche durch die Litauer großen Umfang angenommen haben. „Diese sind etwas bessere Arbeitskräfte als die Polen und haben im hiesigen Bezirk den Vorzug, daß die meisten Bauern sich mit ihnen müheloser verständigen können als mit den Polen. In einzelnen Bezirken Ostpreußens sind die Litauer, die 1941 hereinkamen, nahezu restlos vertragsbrüchig geworden. So lag mir dieser Tage z. B. der Vermerk eines Gendarmen aus dem Kreise Samland (Fischhausen) vor, wonach dort sämtliche Litauer verschwunden sind. Diese lösen sich Karten bis Tilsit oder Heydekrug oder Memel und gehen dann zu Fuß über die grüne Grenze. Bei der absolut unzureichenden Besetzung der Grenze wird nur ein unbedeutender Bruchteil dieser Ausreißer dabei gefaßt.

Im hiesigen Bezirk ist es etwas besser. Das Arbeitsamt hat mir gegenüber mehrfach anerkannt, daß dies ganz wesentlich auf die Unterstützung zurückzuführen ist, welche es durch die Justizverwaltung erfahren hat. Durch Vereinbarung mit dem Amt für Recht bei dem Generalkommissar in Litauen war die Nachfolge nach Litauen ermöglicht. Deutsche und auch – auf deren Veranlassung – litauische Dienststellen halfen dabei mit. So gelang es, einen Teil der Ausreißer wieder zu bekommen. Sie wurden hier bestraft und sodann erneut – oft in die alte Stelle – vermittelt. Das hatte ausgezeichnete Auswirkungen. Die hiesigen Kräfte – derartige Dinge sprechen sich unglaublich schnell herum – blieben in ihren Stellen in wesentlich größerem Umfange als in den Bezirken anderer Arbeitsämter, und aus Litauen kehrten eine ganze Anzahl freiwillig zurück und baten, nichts gegen sie zu veranlassen. Gelegentlich angeführte Fluchtgründe wie z. B.

das Fehlen der Möglichkeit eines Transfers der Löhne an die Familie nach Litauen sind seit Oktober/November vorigen Jahres behoben worden. Andere Gründe wären ausräumbar gewesen. So sind z. B. immer mehr Entlausungsstellen eingerichtet worden, durch deren Vorhandensein eine gelegentliche Beurlaubung litauischer Arbeitskräfte bei der bestehenden Seuchengefahr ermöglicht wurde. Ungünstig ausgewirkt hatten sich ungesunde Werbemethoden, die – mindestens anfänglich – in Litauen angewandt worden waren. Über Lohnhöhe, Verpflichtungsdauer und Ernährungslage sind offenbar falsche, mindestens unvollständige und daher irreführende Angaben gemacht worden."

Klagen über „schlemmende Etappe". – Mehrbelastung gerade durch Vereinfachungsmaßnahmen im Justizbereich. – „Bewährung des Polenstrafrechts". Trotzdem weiterhin Polizeiübergriffe: Erhängung eines polnischen Zivilarbeiters nahe Insterburg. Gestapo Königsberg verhängt Schutzhaft gegen straffällige Jugendliche. Vertragsbrüche werden vom Landesarbeitsamt Königsberg der Gestapo unmittelbar gemeldet. – Ausführliche Darstellung der Kriminalitätsentwicklung im Memelgebiet seit dem 15. 4. 1939. Nach dem 23. 6. 1941 lebhaft einwandernde litauische Arbeitskräfte bewirken Ansteigen der Strafsachen. 1940 insgesamt 772 Anklagen erhoben, 117 Sachen ans Sondergericht Königsberg, sechs an den Volksgerichtshof abgegeben. 1941 925 Anklagen erhoben. Im ersten Quartal 1942 über 1000 Anzeigen eingegangen, was dem „Friedens-Reichsdurchschnitt" für ein ganzes Jahr entspreche. Sondergericht Königsberg hat seit dem 1. 1. 1942 schon elf Sitzungstage in Memel abgehalten. – Im LG-Bezirk Lyck vom Sondergericht sieben Todesurteile gefällt, u. a. gegen Schwestern des Krüppelheims in Angerburg, die den dort untergebrachten Kindern Lebensmittelrationen entzogen und an Verwandte geschickt hätten.[3]

---

3) Es handelte sich hier um eine Anstalt der Inneren Mission, die im August 1942 in staatliche Hand überging. Nach Hubatsch, 1968, S. 472 war der Prozeß gegen die beiden Schwestern ein Vorwand für die vorbereitete Übernahme.

32. Bericht des OLG-Präsidenten vom 4. Mai 1942

Strafrechtspflege wird durch Besprechungen, Urteilsüberprüfungen und Erweiterung der Berichtspflicht gesteuert. Dabei Probleme mit älteren Richtern.[1] – Ansteigen der Strafsachen im gesamten OLG-Bezirk. – Wirtschaftlich bedenkliche Altenteilvereinbarungen beschäftigen Anerbengerichte. – Strafverfahren gegen einen Rechtsanwalt aus Zinten wegen Sittlichkeitsverbrechen.

1) Zur zentralen Justizlenkung Boberach, 1975, S. XI-XXVIII. Offenbar kontrollierte auch Draeger mittels sogenannter „Vor- und Nachschauen" die Urteilspraxis beim Königsberger Sondergericht, um die Richter zu einer bestimmten Vorgehensweise zu veranlassen (vgl. zur Hamburger Praxis Johe, 1967, S. 117 ff., 179 ff.).

33. Bericht des Generalstaatsanwalts (i. V.: OStA Capeller) vom 11. Juni 1942

Seit meinem letzten Lagebericht ist die Stimmung der Bevölkerung Ostpreußens weiterhin zuversichtlich geblieben. Die militärische Lage wird im allgemeinen als günstig beurteilt. Hierzu trugen wesentlich die glänzenden Siege unserer Heeres und der Luftwaffe bei Kertsch und Charkow,[1] die großartigen Erfolge unserer U-Boote im Kampf gegen die feindliche Versorgungsschiffahrt[2] sowie die immer wieder bewunderten Waffentaten der uns verbündeten Japaner bei.[3]
Diese feste Zuversicht an den Endsieg unserer Waffen verkennt jedoch nicht den Ernst der Lage und die Schwierigkeit der zu bewältigenden Aufgabe. Gerade der Umstand, daß die Sowjets nach ihren ungeheuren Verlusten an Menschen und Material in den Wintermonaten jetzt im Frühjahr noch in der Lage waren, bei Charkow eine großangelegte Offensive zu unternehmen, hat der Bevölkerung mit unmißverständlicher Klarheit gezeigt, daß die Sowjets noch lange nicht am Ende ihrer militärischen Kraft sind. Die gleiche Erkenntnis hat sie auch aus den Berichten ihrer an der Front stehenden Väter, Brüder und Söhne gewonnen, die ihr ein klares Bild von der Schwere und Härte der Kämpfe sowie von der Schwierigkeit der errugenen Erfolge vermitteln. Diese ständige Verbindung von Front und Heimat bringt es mit sich, daß die Zähigkeit und Verbissenheit, mit der der einzelne Soldat seine Stellung auch gegenüber einem an Zahl überlegenen Gegner zu halten weiß, sich allmählich auch auf die Heimat überträgt. Die Parole heißt „durchhalten", und jeder in der Bevölkerung ist davon überzeugt, daß der Ausgang dieses Krieges über

---

1) Eine Offensive der 11. Armee (v. Manstein) führte zwischen 8. und 18. 5. 1942 zur Zerschlagung der sowj. Streitkräfte an der Kertsch-Front und brachte fast 170 000 Gefangene ein. Zur gleichen Zeit gelang es, eine sowj. Großoffensive mit dem Ziel der Rückeroberung Charkows abzuwehren, selbst offensiv zu werden und bis zum 28. 5. drei sowj. Armeen einzukesseln und zu vernichten. Dabei wurden 239 000 Gefangene eingebracht.

2) In den Monaten Mai (584 000 BRT) und Juni (616 000 BRT) 1942 verbuchte die deutsche U-Boot-Waffe die höchsten Versenkungsziffern seit Kriegsbeginn. Großen Anteil daran hatten die in der Karibischen See und vor der Ostküste der USA operierenden Boote, deren Erfolge in diesen Wochen mehrfach durch Sondermeldungen hervorgehoben wurden.

3) Japanische Luft- und Seestreitkräfte konnten in der ersten Maiwoche die Seeschlacht im Korallenmeer zu ihren Gunsten entscheiden. Am 20. 5. war die Eroberung Burmas abgeschlossen worden.

Leben oder Untergang der deutschen Nation entscheidet. Bei der Kompromißlosigkeit dieses Kampfes ist die Bevölkerung auch weiterhin gewillt, fühlbare Einschränkungen in ihrer Lebenshaltung auf sich zu nehmen. Das Verständnis hierfür ist gerade in letzter Zeit ganz allgemein geworden, wobei man allerdings erwartet, daß die Lasten des gegenwärtigen Krieges auf alle Volksgenossen ohne Unterschied der Person und des Standes gleichmäßig verteilt werden.
Die heiße Anteilnahme, mit der die Heimat das Geschehen an der Front verfolgt, bringt es mit sich, daß besonders lebhaft die Frage erörtert wird, ob es bereits im Laufe dieses Jahres gelingen wird, die Sowjets militärisch auf die Knie zu zwingen. So sehr man dieses erhofft, so wenig gibt man sich in dieser Hinsicht Selbsttäuschungen über die Größe des erstrebten Zieles hin. In diesem Zusammenhang werden besonders die Ausführungen des Führers in seiner letzten Rede vor dem Reichstag beachtet, die darauf hinweisen, daß man an maßgebender Stelle bereits jetzt alle Vorbereitungen für den kommenden Winter unter Verwertung der Erfahrungen aus dem vergangenen trifft.[4] Selbst wenn es daher nicht gelingen sollte, die Sowjets in diesem Jahre entscheidend zu besiegen, so würde dieser Umstand die Stimmung der Bevölkerung zwar beeindrucken, sie aber niemals völlig niedersinken lassen.
Nachdem den ganzen Winter über die ostpreußische Bevölkerung vor Angriffen russischer Flieger fast völlig verschont geblieben ist, macht sich in den letzten Monaten eine gesteigerte Tätigkeit der russischen Luftwaffe über ostpreußischem Boden bemerkbar. So wurden in einzelnen Bezirken Ostpreußens Flugblätter und einige Bomben abgeworfen, sowie im Kreise Insterburg mehrere Fallschirmspringer abgesetzt. Wegen des letzten Vorfalls bitte ich auf meinen Bericht vom 20. Mai 1942 Bezug nehmen zu dürfen.[5] Über die Auswirkungen dieser Tätigkeit auf die Stimmung der ostpreußischen Bevölkerung berichtet mir der Oberstaatsanwalt in Königsberg folgendes:
„Die in letzter Zeit gesteigerte Tätigkeit der russischen Luftwaffe über ostpreußischem Boden hat die ostpreußische Bevölkerung der Gefahr der Beeinflussung durch die in reichem Maße abgeworfenen Propagandaflugblätter ausgesetzt. Es kann indessen gesagt werden,

4) In der Rede vom 26. 4. 1942 hieß es: „Die Prüfung, die dieser Winter aber für Front und Heimat brachte, soll für uns alle auch eine Lehre sein. Rein organisatorisch habe ich jene Verfügungen getroffen, die notwendig sind, um von vornherein einer Wiederholung ähnlicher Notstände vorzubeugen." (Reichsanzeiger v. 27. 4. 1942, S. 3).
5) Der Bericht vom 20. 5. 1942 ist nicht überliefert (vgl. Tl. 1, Kap. 6.5.).

daß, von einzelnen Fällen abgesehen, die Ablieferung der aufgefundenen Flugblätter durch die Bevölkerung unverzüglich erfolgt ist. Die gesamte Bevölkerung der Provinz Ostpreußen ist durch die Bombenabwürfe stimmungsgemäß kaum beeindruckt worden. Indessen läßt sich nicht verkennen, daß allgemein in der Provinz die Anschauung vertreten ist, daß die russische Luftwaffe es mit Ausnahme von einzelnen Störflügen hauptsächlich darauf abgesehen hat, durch Aussetzung von Agenten mit Fallschirmen über dem Gebiet der Provinz Sabotage und Zersetzungsarbeit durchzuführen. Nach vertraulicher Mitteilung seitens der Staatspolizei ist tatsächlich besonders in den letzten Wochen wiederholt die Aussetzung russischer Agenten mit Fallschirmen erfolgt. Die Fahndungsarbeit sämtlicher zuständigen und zivilen Dienststellen ist hauptsächlich auf die Ergreifung dieser Personen gerichtet. Die in der Bevölkerung vertretene Vorstellung, daß feindlich Fallschirmtruppen abgesprungen seien bzw. zum Absprung vorgesehen seien, die hauptsächlich Unruhe hervorgerufen hat, ist falsch und dürfte durch geeignete Aufklärungsarbeit zu berichtigen sein."
Der Oberstaatsanwalt in Braunsberg hat mir das in der Anlage beigefügte, von russischen Fliegern abgeworfene und in der Gegend von Wormditt aufgefundene Flugblatt überreicht und hierzu folgende Ausführungen gemacht:
„Die im April eine Zeitlang recht eifrig betriebene Feindpropaganda durch Abwerfen von Propagandazetteln hat keinerlei Wirkung ausgeübt. Ich überreiche anliegend einen der in der Wormditter Gegend aufgefundenen Zettel. Soweit die Bevölkerung von dem Zeug überhaupt Notiz genommen hat, ist es sofort mit Kopfschütteln wieder weggeworfen worden."[6]
Der Oberstaatsanwalt in Insterburg hat in dieser Hinsicht folgendes vorgetragen:
„Im Vordergrund des Interesses stehen im hiesigen Bezirk die Kriegseinwirkungen durch den Feind. Das Abspringen von Bolschewisten in Dittlacken bei Insterburg und der Bombenabwurf beschäftigen die Allgemeinheit sehr. In diesem Zusammenhang ist besonders hervorzuheben, daß die mit den Fallschirmspringern in Dittlacken befaßten Behörden, die Staatspolizeistelle in Tilsit, die Gendarmierie und der Landrat in Insterburg an die Staatsanwaltschaft keine Meldung erstattet haben, obgleich ein Einschreiten der

6) Das beigefügte Flugblatt stellt die us-amerikanische Arbeitskraft und das Rüstungspotential heraus, um den Leser von der Aussichtslosigkeit der deutschen Anstrengungen zu überzeugen.

Staatsanwaltschaft wegen Landesverrats in Betracht gekommen wäre. Die Staatsanwaltschaft erhielt erst durch die in der Bevölkerung umgehenden Gerüchte von dem Vorfall Kenntnis."
Die unterlassene Meldung an die Staatsanwaltschaft Insterburg dürfte darauf zurückzuführen sein, daß sowohl die Gendarmerie als auch die Staatspolizeistelle Tilsit die Zuständigkeit des Kriegsgerichts angenommen und aus diesem Grunde die Vorgänge wohl unmittelbar an die militärischen Stellen weitergeleitet haben.
Abgesehen von der militärischen Lage steht die Sorge um das tägliche Brot im Vordergrund des Denkens der Bevölkerung. Die nach Ostern eingeführten neuen Lebensmittelkürzungen haben sich, wie erwartet, als sehr einschneidend erwiesen. Als Folge hiervon ist die Nachfrage nach Gemüse und Fischen besonders groß, wobei die Bevölkerung oft in langen Schlangen vor den einschlägigen Geschäften anstehen mußte. Während die Belieferung mit Fischen im allgemeinen als ausreichend empfunden wird, ist das Angebot an Frischgemüse unzureichend und für den Bedarf der Bevölkerung nicht genügend. Dies liegt daran, daß in letzter Zeit auswärtige Zufuhren an Gemüse fast vollständig ausgefallen sind und einheimisches Gemüse wegen des späten Frühjahrs noch nicht in den Mengen erzeugt werden kann, um den Bedarf der Bevölkerung voll zu decken. Als unerfreuliche Begleiterscheinung dieses Mangels an Frischgemüse sind vielfach Furunkulose und Zahnfleischerkrankungen unter der Bevölkerung aufgetreten. Es steht jedoch zu erwarten, daß mit fortschreitender Jahreszeit dieser Mangel durch die einheimische Produktion an Gemüse behoben werden kann.
So fühlbar die Lebensmittelkürzungen auch für den Einzelnen sind, so sind sie im allgemeinen doch mit großer Ruhe von der Bevölkerung aufgenommen worden. Der Versorgungslage des Reiches wird volles Verständnis entgegengebracht, was als ein Erfolg der zweifellos geschickten Propaganda und der amtlichen Begründung der Lebensmittelkürzungen anzusehen ist. In letzter Zeit sind jedoch auch in Ostpreußen Gerüchte aufgetaucht, nach denen eine weitere Kürzung der Lebensmittelzuteilungen beabsichtigt sei. Obwohl diese Gerüchte von dem maßgebenden Stellen dementiert worden sind, haben sie sich weiter hartnäckig gehalten und eine gewisse Unruhe in die Bevölkerung hineingetragen. Der Oberstaatsanwalt in Königsberg berichtet mir hierüber wie folgt:
„Auch in der Zeitspanne seit meinem letzten Lagebericht vom 31. 4. 1942 ist aus dem ganzen Bereich der Provinz Ostpreußen nicht ein einziger Fall zur Kenntnis meiner Behörde gelangt, in dem seitens

der Bevölkerung über die Kürzung der Lebensmittelrationen Unwillen geäußert werden. Ich erblicke hierin einen Beweis dafür, daß die ostpreußische Bevölkerung die Notwendigkeit der von der Reichsregierung getroffenen einschneidenden Maßnahmen auf diesem Gebiet in vollem Umfange anerkannt. Dagegen sind in der letzten Zeit überall in der Provinz Gerüchte aufgetreten, die von erheblichen neuen Rationskürzugen bzw. von der Durchführung eines fleischlosen Monats im Sommer dieses Jahres sprechen. Es kann festgestellt werden, daß die Gerüchte, die auch in sonst ruhigen und verständigen Volkskreisen aufgebracht sind, eine gewisse Beunruhigung bei der Bevölkerung hinsichtlich der Ernährungslage des Reichs mit sich gebracht haben. Diese Beunruhigung erhält noch durch die inzwischen bekannt gewordene längere Beurlaubung des Reichsministers Dr. Darré neue Nahrung.[7] Die genaue Feststellung derartiger Gerüchtequellen ist eigentlich nie möglich."

Der Oberstaatsanwalt in Lyck hat zu demselben Thema folgende Ausführungen gemacht:

„Die allgemeine Lage im hiesigen Bezirk kann im großen und ganzen als ruhig bezeichnet werden. Daß die unlängst erfolgten Kürzungen der Lebensmittelrationen nicht gerade freudig begrüßt worden sind, ist verständlich, zumal die nunmehrigen Rationen kaum noch für eine genügende Ernährung des Einzelnen ausreichen. In der Bevölkerung wird vor allem die ungenügende Zuteilung von Fett als schwer belastend empfunden. Für Familien mit mehreren größeren Kindern, die mit Rücksicht auf ihr Wachstum besonders starke Esser sind, sind auch die Brotrationen ungenügend. Diese Kürzung der wichtigsten Lebensmittel wirkt sich um so schwerwiegender aus, weil Fische, Obst und Gemüse, die einen wesentlichen Ausgleich zu schaffen geeignet wären, völlig fehlen. Trotzdem in Presse und Propaganda der Partei wiederholt darauf hingewiesen worden ist, daß von den maßgebenden Stellen eine weitere Kürzung der Lebensmittelrationen nicht in Erwägung gezogen werde, halten sich dahingehende Gerüchte in der Bevölkerung nachdrücklichst, wobei vielfach die Ansicht zu hören ist, daß gerade diese Hinweise darauf hindeuteten, daß doch an diesen Gerüchten etwas daran sei."

Der Oberstaatsanwalt in Tilsit hat in dieser Hinsicht folgendes vorgetragen:

---

7) Darré wurde die mangelnde Effizienz seiner ideologisch überfrachteten Ernährungspolitik angelastet, die auch zu den Rationskürzungen vom 6. 4. 1942 geführt haben soll. Am 20. 5. 1942 trat Darrés bisheriger Staatssekretär Herbert Backe dessen Nachfolge an (Eichholtz, 1985, S. 584 f.).

„Von der erfolgten Kürzung der Lebensmittelrationen redet kaum noch jemand, dagegen sind die Wühlmäuse am Werke, Gerüchte über weitere Kürzungen in Umlauf zu setzen, damit nur ja die Gemüter immer in Erregung gehalten werden. Die Urheber solchen Geschwätzes sind naturgemäß schwer zu fassen. Auf dem Wochenmarkt und in den Schlangen vor den Lebensmittelgeschäften werden sie wohl zu suchen sein."

Als Folge der Lebensmittelkürzungen ist ein weiteres Anwachsen der Schwarzschlachtungen zu verzeichnen. Da diese allmählich eine ernste Gefahr für die gesamte Ernährungswirtschaft zu bilden drohen, ist ihre Bekämpfung durch die Strafverfolgungsbehörden und die Gerichte mit aller Energie betrieben worden. Um eine einheitliche Rechtssprechung sicherzustellen, werden Schwarzschlachtungen in aller Regel und nur mit Ausnahme von Bagatellsachen vor den Sondergerichten angeklagt und abgeurteilt. Aus Abschreckungsgründen sowie im Interesse der Allgemeinheit sind die Strafen für Schwarzschlachtungen wesentlich erhöht worden. Eine besondere Lage hat sich hierbei im Landgerichtsbezirk Zichenau mit seiner vorwiegend polnischen Bevölkerung ergeben. Über die in dieser Hinsicht gemachten Erfahrungen hat mir der Oberstaatsanwalt in Zichenau folgendes berichtet:

„Die im hiesigen Bezirk immer noch am häufigsten begangenen Wirtschaftsdelikte sind Schwarzschlachtungen. Seit dem Inkrafttreten der Polenstrafrechtsverordnung werden alle Schwarzschlächter, ohne Rücksicht auf die Größe des geschlachteten Tieres, wegen Kriegswirtschaftsverbrechens angeklagt und verurteilt.

Nach der seit dem 6. 4. 1942 erfolgten Herabsetzung der Fleischrationen sind die Strafen gegen Schwarzschlächter allgemein erhöht worden. Die geringste Strafe, die heute einen Schwarzschlächter trifft, sind 2 Jahre Straflager. Als solche milden Fälle werden lediglich diejenigen angesehen, in denen ein kleines Schwein – etwa bis 50 kg – oder 1 Kalb für den eigenen Haushalt bei großer Familie geschlachtet werden. Sind die geschlachteten Tiere größer oder liegt keine besondere Notlage vor oder ist gar mehr als ein Tier geschlachtet oder wird ein Teil des Fleisches zu den üblichen Preisen verkauft, so wird diese Mindeststrafe von 2 Jahren Straflager je nach Lage des Falles bedeutend erhöht.

Verkaufen die Schwarzschlächter das aus der Schwarzschlachtung gewonnene Fleisch zu Schleichhandelspreisen, so wird grundsätzlich verschärftes Straflager nicht unter 3 Jahren beantragt und in aller Regel auch verhängt.

Wird festgestellt, daß Schwarzschlachtungen nur vorgenommen werden, um Verkäufe zu Schleichhandelspreisen zu tätigen, so wird ausnahmslos die Todesstrafe beantragt und in aller Regel auch verhängt. So sind in der Woche vom 10. bis 16. 5. 1942 allein 6 Schwarzschlächter (Polen) zum Tode verurteilt worden und in der jetzt laufenden Woche 5 Schwarzschlächter. Die Zahl der geschlachteten Schweine und das Gewicht des der Verbrauchsregelung entzogenen Fleisches ist dabei gleichgültig. Ausschlaggebend ist lediglich die Feststellung, daß der Schwarzschlächter die Schlachtung aus Gewinnsucht vorgenommen hat und bei sich wieder bietender Gelegenheit dies auch erneut tun würde. So ist z. B. der Pole Borzym am 16. 4. 1942 vom Sondergericht zum Tode verurteilt worden, weil er im Dezember 1941 und Januar 1942 je 1 Schwein von 90 bis 100 kg Lebendgewicht heimlich geschlachtet und das Fleisch zu Preisen von 3,50 RM je kg Fleisch und 5 RM je kg Speck verkauft hat, sowie ein im Februar 1942 mit Genehmigung geschlachtetes Schwein ebenfalls zu Schleichhandelspreisen abgesetzt hat. Unter dem gleichen Gesichtspunkt hat das Sondergericht einen anderen polnischen Schwarzschlächter zum Tode verurteilt, der ebenfalls nur 2 Schweine im Januar 1942 schwarzgeschlachtet hatte, um das Fleisch zu Wucherpreisen im Schleichhandel zu verschieben. Es beginnt sich also der Grundsatz durchzusetzen, daß es nicht so sehr auf die Zahl der schwarzgeschlachteten Schweine und das Gewicht des der Verbrauchsregelung entzogenen Fleisches ankommt, sondern daß allein die gewerbsmäßige Begehung der Tat wegen der ihr begrifflich innewohnenden Fortsetzungsgefahr zur Annahme eines besonders schweren Falles des Kriegswirtschaftsverbrechens ausreicht.
Es bleibt abzuwarten, ob diese Auslegung des ‚besonders schweren Falles' im Sinne des § 1 der Kriegswirtschaftsverordnung bereits genügend streng ist, um eine nachhaltig abschreckende Wirkung auf die polnische Bevölkerung auszuüben. Sollte sich diese Erwartung nicht erfüllen, so wird es notwendig und deshalb auch gerechtfertigt sein, jede unerlaubte Schlachtung, gleich, aus welchen Beweggründen sie erfolgt, automatisch, wie bis zur Einführung der Polenstrafrechtsverordnung die Waffenverbrechen, an allen Teilnehmern mit dem Tode zu sühnen. Denn die Schlachtungen müssen aufhören, wenn anders der Regierungsbezirk Zichenau als rein landwirtschaftliches Gebiet seine Kriegsaufgabe erfüllen soll, durch einen möglichst großen landwirtschaftlichen Überschuß die Ernährung der Wehrmacht und der im Altreich für die Rüstung schaffenden Volksgenossen nach Maßgabe der durch die Verbrauchsregelung festgesetzen

Rationen unbedingt sicherzustellen. Nach den im ersten Weltkriege gemachten Erfahrungen ist die ausreichende Ernährung der Bevölkerung für den Endsieg derart entscheidend, daß jedes Mittel recht sein muß, sie zu gewährleisten.
Am 5. 5. 1942 ist die Todesstrafe an dem Polen Felix Motacki – dies ist das erste Todesurteil, das im hiesigen Bezirk gegen einen Schwarzschlächter ergangen ist – vollstreckt worden. Die Hinrichtung ist an allen Orten des Regierungsbezirks Zichenau durch Plakatanschläge auf rotem Papier bekanntgemacht worden. Die Zahl der geschlachteten Schweine ist aus Gründen der Abschreckung für jeden Schwarzschlächter dabei nicht angegeben worden. In gleicher Weise werden künftig alle Hinrichtungen von Schwarzschlächtern und Kriegswirtschaftsverbrechern bekanntgemacht werden. Es wird beabsichtigt, diesen Veröffentlichungen noch den Zusatz beizufügen: ‚Die Todesstrafe hat künftig jeder Schwarzschlächter und jeder Pole und Jude zu erwarten, der irgendwie gegen die deutschen Kriegswirtschaftsgesetze verstößt.'"
Wie mir hierzu der Oberstaatsanwalt in Zichenau bei einer mündlichen Besprechung ergänzend mitteilt, sind als Folge der harten Urteile die Schwarzschlachtungen allmählich im Abnehmen begriffen; dagegen haben die Mehlverschiebungen nach dem Generalgouvernement in auffälliger Weise zugenommen, worauf nunmehr das Hauptaugenmerk der Strafverfolgungsbehörde gerichtet wird.
Daß die harten Urteile der Sondergerichte bei der Bevölkerung nicht immer das notwendige Verständnis finden, hat mir der Oberstaatsanwalt in Bartenstein angezeigt. Er hat hierzu folgendes vorgetragen: „Andererseits darf die Schärfe auch nicht überspannt werden. Es gibt viele und vernünftig denkende Volksgenossen aus allen Berufen, einschl. der Wehrmacht, welche gewisse Sondergerichtsurteile gegen Deutsche wegen ihrer Höhe nicht verstehen. Harte Strafen wegen Schwarzschlachtungen z. B. mögen zweckmäßig sein im Interesse unserer Ernährungswirtschaft. Andererseits dienen sie nicht dem guten Geist der Front, wenn es sich bei den Verurteilten um Angehörige von Soldaten handelt. Dort werden solche Urteile mit Erbitterung vermerkt und nicht verstanden, wie Gespräche mit Offizieren und Beschwerden von Frontsoldaten ergeben haben. Jedenfalls sollte auch nicht übersehen werden, daß das Volk an den scharfen Sondergerichtsurteilen eine ebenso scharfe Kritik übt. Denn die Stimmung ist im allgemeinen sehr nervös und gespannt und äußert sich demgemäß auch mit viel größerer Freimütigkeit, als es bisher der Fall war."

Der Oberstaatsanwalt in Königsberg (Pr) hat in dieser Hinsicht folgendes angeführt:
„Naturgemäß steht die Bevölkerung der Rechtsprechung, insbesondere der Sondergerichte, deren Urteile hauptsächlich durch die Presse veröffentlicht werden, keineswegs kritiklos gegenüber. Dieses gilt in besonderem Maße bezüglich der Verurteilungen wegen Schwarzschlachtungen, die einen großen Teil der Tätigkeit der Sondergerichte ausmachen. Gerade diese Urteile begegnen in weiten Kreisen der Bevölkerung und auch der Partei und ihrer örtlichen Leiter erheblichem Mangel an Verständnis für die Belange der Gemeinschaft, so daß sich empfiehlt, die Zentralstellen der NSDAP um Aufklärung innerhalb des ihm zur Verfügung stehenden Apparates zu bitten."
Bereits in meinen früheren Lageberichten habe ich auf das vielfach anstößige Benehmen der Kriegerfrauen in der Öffentlichkeit hingewiesen. Daß hierin auch in der Zwischenzeit keine Besserung eingetreten ist, geht aus dem Bericht des Oberstaatsanwalts in Braunsberg hervor, der hierzu folgende Ausführungen macht:
„Das Verhalten einer Reihe von Kriegerfrauen wirkt nachgerade so, daß die Öffentlichkeit erregt wird. Neben nächtlichem Umhertreiben, einem Lebenswandel, der der Prostitution nahekommt, dem Einrichten kleiner Bordelle in Wohnungen von Kriegerfrauen, dem Weiterverbreiten von Geschlechtskrankheiten, der Vernachlässigung der Kinder usw. ist bei solchen Frauen eine weitgehende Arbeitsscheu festzustellen.
Die Polizei greift in Fällen, die nicht geradezu strafbare Handlungen etwa nach § 223 b und 180 StGB enthalten, zu Verwaltungsmaßnahmen, welche von der zwangsweisen Untersuchung durch die Gesundheitsämter auf Geschlechtskrankheiten bis zur Einweisung in sogenannte Erziehungsheime abgestuft werden."
Das Eingreifen der Polizei im Verwaltungswege wird sich zwar nicht immer umgehen lassen, doch halte ich dieses aus grundsätzlichen Erwägungen heraus für wenig glücklich. Nach meiner Auffassung wäre es eine dankbare Aufgabe für die Partei und die ihr angeschlossenen Verbände, hier erzieherisch auf die Kriegerfrauen einzuwirken, damit sie sich ihren Männern an der Front würdig erweisen. Daß im übrigen die Polizei bei ihrem Einschreiten nicht immer eine glückliche Hand hat, und dabei viel Mißstimmung hervorrufen kann, geht aus dem Bericht des Oberstaatsanwalts in Bartenstein hervor, der auf Grund eines Einzelfalles hierzu folgende Ausführung gemacht hat:
„Wie notwendig es ist, den zunehmenden Eigenmächtigkeiten der

Polizei einen Riegel vorzuschieben, dürfte sich aus folgendem ergeben: In Bartenstein gibt es z. Z. nur einen Friseurladen, der einen sogenannten ‚Damensalon' führt. Hier sammelten sich alltäglich in großen Haufen die Dienst- und Fabrikmädchen, Kriegerfrauen aus Stadt und Land, die über angemessene Zeit zu verfügen scheinen, um sich durch Wasser- oder Dauerwellen ‚filmmäßig aufmöbeln' zu lassen. Der Andrang wurde allmählich so stark, daß die Polizei gegen die bei der Eröffnung des Ladens – morgens und nach der Mittagspause – anstehenden Personen einschritt und die Verschönerungswütigen der zweckmäßigen Beschäftigung des ‚Marktfegens' zuführte. Zufällig kam auch eine 63jährigen Frau, Mutter von vier Kindern, die seit 30 Jahren am Ort eine Apotheke besitzt und sich von Zeit zu Zeit bei dem Friseur die Haare waschen läßt, vor der Ladenöffnung dorthin, als die Polizei zur Fahndung antrat. Während die andern in die Nebenstraßen enteilten, um sich dem Zugriff der Polizei zu entziehen, blieb die Bürgerfrau ahnungslos stehen. Ihr wurde nun zugemutet, unter polizeilicher Bedeckung zur Wache zu marschieren, obwohl sie überall bekannt ist und jederzeit leicht ihr Name an Ort und Stelle festgestellt werden konnte. Nur eine energische Weigerung der Frau verhinderte, daß sie, die nicht das geringste verschuldet hatte, zur Wache oder gar auf den Markt geschleppt wurde, um dort in aller Öffentlichkeit zu fegen.
So sorgt die Polizei, angeblich Freund und Helfer für alle, durch törichte Gleichmacherei und Forschtun an falscher Stelle für ein weiteres Absinken der Stimmung. Der Polizeiapparat bläht sich immer mehr auf, ohne daß ein wirkliches Bedürfnis dafür besteht. Unter der Losung: ‚Weniger, aber besseres Personal' würde die Polizei der Allgemeinheit gewiß mehr nützen, als das jetzt der Fall ist, und nicht versucht sein, sich mit Aufgaben zu befassen, die sie nicht erfüllen kann."
Die Einräumung größerer Freiheiten an die französischen und belgischen Kriegsgefangenen hat dazu geführt, daß die Bevölkerung glaubt, sich nicht mehr der früheren Zurückhaltung in ihrem Umgang mit den Kriegsgefangenen auferlegen zu müssen.

Klagen des OStA Lyck über mangelnde nationale Würde im Verhalten gegenüber ausländischen Arbeitskräften. – Raubmordversuch eines Litauers im Katharinenhof, Krs. Schloßberg, beunruhigt Bevölkerung. Verstärkung der Polizeikräfte auf dem Lande wird allgemein gewünscht.

– Das Verbot der PolenstrafrechtsVO, polnische Zeugen zu vereidigen, erweist sich als unpraktisch, da nur der Eid die religiösen Polen zu wahren Aussagen zwingt.[8] Gegen polnische und jüdische „Geldhorter" soll mit PolenstrafrechtsVO vorgegangen werden. – Willkürliche Erschießungen von Dieben in Plöhnen. (OStA Zichenau) – Aufsehen in der ganzen Provinz erregt Strafverfahren gegen Weinhändler P. und DAF-Funktionär R. aus Königsberg wegen Verbringung erheblicher Spritmengen aus Bialystok nach Ostpreußen. – Gerüchte um Schließung der Landesfrauenklinik in Insterburg. – Im LG-Bezirk Tilsit erhöhte Kindersterblichkeit wegen Unvorsichtigkeit der Eltern. – Arbeitseinsatz von Justizgefangenen in Kriegswirtschaft begünstigt Entweichungen. – Lebhafte Erörterung der Justizschelte Hitlers vom 26. 4. 1942.[9] Beseitigung der richterlichen Unabhängigkeit läßt Bevölkerung auf schärferes Vorgehen gegen einflußreiche Persönlichkeiten hoffen. Zugleich Befürchtungen, ob den Einzelnen „überhaupt noch irgendwelche Garantien gegenüber dem Staate zur Seite stehen".

---

8) Art. IX der PolenstrafrechtsVO verbot, Polen und Juden im Strafverfahren zu vereidigen.

9) Hitler hatte per Akklamation vom Reichstag bestätigt bekommen, daß er das Recht besitze, jeden Richter der nicht bereit sei, seine Tätigkeit der „Erringung des Sieges" unterzuordnen, „aus Amt und Stellung zu entfernen" (Reichsanzeiger 27. 4. 1942, S. 3; Wortlaut des Beschlusses in RGBl 1942 I, S. 247). Die „Justizschelte" war eingebettet in lange Ausführungen über den Winterkrieg und über die seit Monaten von Front und Heimat gebrachten Opfer und konnte so an das geringe Ansehen der Justiz bei der Bevölkerung anknüpfen. Entsprechend günstig wurden gerade diese Passagen aufgenommen und sehr viel weiter ausgelegt als „Kampfansage gegen jede Art von Korruption und Pflichtvergessenheit" (MadR, 27. 4. 1942, S. 3672 f.).

34. Bericht des OLG-Präsidenten vom 29. Juni 1942

Der Bezirk Bialystok ist unruhiger denn je. Immer wieder erfolgen Überfälle auf Reichs- und Volksdeutsche durch Banden, die zuweilen bis zu 100 Mann stark sind. Von einem Richter, der als Adjutant bei dem General in Bialystok tätig ist, werden mir drei Einzelfälle berichtet: 1. Am Nachmittag des 14. Juni 42 wurde ein Auto, in welchem zwei Eisenbahnbeamte mit ihren Frauen und einem Kind fuhren, beschossen. Die beiden Beamten und eine Frau waren sofort tot, die zweite Frau ist schwer getroffen, das Kind unverletzt. Dem polnischen Kraftfahrer haben die Täter den Hals durchgeschnitten. Zur Vergeltung wurden 100 Mann aus dem benachbarten Dorf erschossen. Das Dorf selbst wurde niedergebrannt.

2. Einige Tage vorher wurden 24 russische Zwangsarbeiter (Arbeiter, die die Russen seinerzeit zum Aufbau ihrer Befestigungen herbeigeholt hatten) durch vier Gendarme abtransportiert; unterwegs wurden die Gendarme überfallen; drei wurden erschossen, einer konnte fliehen.

3. Vor drei bis vier Wochen unternahmen der deutsche Bürgermeister von Wolkowysk, SA-Sturmbannführer Berg, ein Oberbaurat und eine Schreibkraft eine Fahrt von Bialystok nach Wolkowysk. Etwa 30 km östlich Bialystok wurde das Auto, offenbar von zahlreichen Tätern, unter Feuer genommen. Berg wurde erschossen, der Oberbaurat wurde durch drei, die Schreibkraft durch einen Schuß verwundet. Nachforschungen nach den Tätern sind erfolglos geblieben.

Im Ghetto in Mielau (früher Mlawa) sind von der Polizei frische Fische (Hechte und Schleie) in sehr großer Menge vorgefunden worden, obwohl zur Versorgung der Juden Fische nicht zur Verfügung standen. Die Polizei hängte daraufhin 10 Juden. Die Vollstreckung mußten sämtliche Juden Mielaus – etwa 5000 – beiwohnen. Hierbei kam es zu sehr erheblichen Unruhen, weshalb die Polizei von der Schußwaffe Gebrauch machen mußte; 27 Juden wurden getötet. Am folgenden Tage wurde zur Vergeltung und Abschreckung weitere 50 Juden herausgesucht und erschossen.

In der letzten Woche sind die Juden, die bisher noch in Königsberg geblieben waren, ausgesiedelt worden. Dem Vernehmen nach kommen sie nach Litzmannstadt ins Ghetto.

Steuerung der Rechtspflege positiv aufgenommen. – Weitere Justizkritik seitens der NSDAP. – Hervorhebung einer Entscheidung des OLG, 4. Zivilsenat, gegen den „arischen" Gerbereipächter Wachs aus Heydekrug, der sich nach der Eheschließung mit einer Jüdin (1920) zum Judentum bekannt hat. Obwohl „rassische Zugehörigkeit" nicht vorliegt, muß sich Wachs wegen „innerer Zugehörigkeit" zum Judentum rechtlich als Jude behandeln lassen. Gericht hat damit nicht „nach Buchstaben des Gesetzes" sondern nach "gesundem Volksempfinden" entschieden.
In der Zeit vom 1. 1.–15. 6. 1942 beim SG Königsberg 645 Urteile ergangen, darunter 56 Todesurteile. In derselben Zeit habe das SG Zichenau 309 Urteile, darunter 72 Todesurteile, erlassen.

35. Bericht des Generalstaatsanwalts (i. V.: EStA Bringmann) vom 11. August 1942

Mit großer Sorge sieht man der Entwicklung des Luftkrieges entgegen. Die erheblichen Verluste der Zivilbevölkerung bei den feindlichen Bombenangriffen sind hier stark beachtet worden und haben große Wirkung hinterlassen. Sie war um so nachhaltiger, als auch die Provinz Ostpreußen in letzter Zeit mehrfach das Ziel feindlicher Einflüge gewesen ist. Diese haben aber keinen ausschlaggebenden Einfluß auf die Stimmung der Bevölkerung ausüben können; durch sie dürfte ein erhöhtes Verständnis der Volksgenossen für die erforderlichen Maßnahmen des Luftschutzes erreicht worden sein. Wenn auch die Zahl der abgeworfenen Bomben gering und der durch sie verursachte Schaden unbedeutend ist, so soll doch die Bedeutung dieser Angriffe für die Bevölkerung nicht unterschätzt werden. Man nimmt hier allgemein an, daß der Zweck dieser Einflüge weniger der Abwurf von Bomben und die Anrichtung von Zerstörungen ist, als daß vielmehr damit vom Feinde die Absicht verfolgt wird, Saboteure mit Fallschirmen abzusetzen, die nicht nur den Auftrag haben, Anschläge auf Transportmittel – das Eisenbahnunglück im Korridor und die von mir s. Z. fernmündlich berichtete Inbrandsetzung von 9 nicht zusammenhängenden Eisenbahnwagen eines Militärzuges bei Kobbelbude wird auf abgesetzte russische Agenten zurückgeführt – und Industrieanlagen durchzuführen, sondern auch die kommende Ernte zu vernichten. Es wird daher in ländlichen Bezirken für die Zeit während und nach der Ernte mit einer erheblichen Zunahme von Brandstiftungsversuchen gerechnet. Hierdurch wird bei der Landbevölkerung ein Unsicherheitsgefühl hervorgerufen, das auch nicht durch die von den zuständigen Stellen (Wehrmacht und Polizei) durchgeführten Sicherungsmaßnahmen (verstärkter Patrouillendienst, Landwacht, motorisierte Sicherungsstreifen) ausgeräumt werden kann.[1]

1) Mit Genehmigung des Reichsverteidigungsrates gab Himmler Anfang 1942 den Befehl zur Aufstellung einer Landwacht, deren Aufgabe es war, „als Hilfspolizeitruppe die Gendarmerie in ihrem Kampf gegen landfremde und asoziale Elemente" zu unterstützen. Die Landwacht unterstand der Gendarmerie und wurde vorwiegend zu Fahndungsaktionen zusammengerufen, um die hauptberufliche Tätigkeit der Notdienstleistenden nicht zu stark zu beeinträchtigen (Keesings Archiv 1943, S. 5826).

Dieses Gefühl der Unsicherheit der Bevölkerung wird weiter durch das Verhalten der russischen Kriegsgefangenen und vieler fremdstämmiger Zivilarbeiter erheblich gesteigert. Die Beaufsichtigung dieser volksfremden Arbeitskräfte in ihren Lagern ist teilweise so locker, daß sich ein großer Teil von ihnen in der Freizeit herumtreiben kann, so daß Feld- und Lebensmitteldiebstähle, das Ausmelken von Kühen u. ä. Delikte keine Seltenheit mehr sind. In gleicher Weise werden strafbare Handlungen von entwichenen russischen Kriegsgefangenen verübt, durch deren Herumtreiben die Unsicherheit auf dem Lande – insbesondere im Bezirk Sudauen – erheblich zugenommen hat.

Überhaupt bieten viele der volksfremden Arbeitskräfte in ihrem Verhalten der einheimischen Bevölkerung Grund zu Ärgernissen. So ist nach dem Bericht des Oberstaatsanwalts bei dem Landgericht in Königsberg dort unangenehm aufgefallen, daß sich viele Zivilpolen während der Abendstunden in erheblicher Anzahl in städtischen Anlagen sammeln und auch in entlegenen Stadtteilen „rudelartig umherstreifen". Er hält zur Behebung dieser Zustände eine Herabsetzung der Zeit des freien Ausgangs für die Zivilpolen von 22 auf 20 Uhr für erforderlich und das Verbot des Zusammenseins von mehr als 3 Polen auf der Straße für zweckmäßig.

Dem Bericht dieses Oberstaatsanwalts zufolge sind die wiederholten Fliegerangriffe auf das Verhalten dieser polnischen Zivilarbeiter nicht ohne Einfluß geblieben. In der ganzen Provinz ist seither eine Zunahme der Arbeitsunlust und des Widerstandswillens der Polen gegen die deutschen Anordnungen zu bemerken. Diese Tatsache ist für viele deutsche Arbeitgeber um so schmerzlicher, als sie mehr und mehr auf fremdstämmige Arbeitskräfte, insbesondere Polen, angewiesen sind. Diese Abhängigkeit von der Hilfe polnischer Arbeitskräfte hat nach den Ausführungen des Oberstaatsanwalts in Lyck dazu geführt, daß mehr und mehr von deutschen Bauern Strafaufschubgesuche für die bei ihnen beschäftigen Polen eingehen. Die darauf angestellten Ermittlungen haben durchweg ergeben, daß der bestrafte Pole oft die einzige volle Arbeitskraft auf dem Grundstück war, so daß trotz entgegenstehender Bedenken nicht selten den Anträgen stattgegeben werden mußte. Es ist aber die Befürchtung nicht von der Hand zu weisen, daß die Polen heimlich ihre Arbeitsstellen verlassen werden, so bald sie bemerken, daß die dringendsten Feldarbeiten erledigt sind, und sie nunmehr befürchten müssen, zur Strafverbüßung herangezogen zu werden.

Die Ernährungslage wird im Hinblick auf den kommenden Winter mit

großer Besorgnis betrachtet, da die diesjährige Ernte gefährdet ist, wenn nicht alsbald sommerliches Wetter eintritt. Vor allem wird wegen der ungünstigen Witterungsverhältnisse des Jahres die Reife der Feldfrüchte mehrere Wochen später eintreten.
Die Bevölkerung empfindet die Zuteilung besonders an Fett, Brot und Kartoffeln als zu gering. Insbesondere kann bei den geringen Brotrationen die Zuteilung von 2,5 kg (erst seit 3 Tagen 4,5 kg) Kartoffeln pro Woche auf den Kopf der Bevölkerung nicht als ausreichend angesehen werden; auch für die Wintereinkellerung ist dieser Satz nicht ausreichend. Die geringe Fleischzuteilung hingegen wird in dieser Jahreszeit in einigen Teilen Ostpreußens nicht als besonders drückend empfunden, da ein Ausweichen auf Obst und Gemüse möglich ist. Dies gilt allerdings nur für wenige Teile der Provinz, im allgemeinen wird über die schlechte Versorgung mit Obst und Gemüse geklagt.
Der vorher geschilderte Mangel an landwirtschaftlichen Produkten hat im Gaststättengewerbe dazu geführt, daß völlig unzureichende Essensportionen gereicht werden. Es wird mit Recht vom Oberstaatsanwalt in Memel darauf hingewiesen, daß sich eine erhebliche Preissteigerung auf diesem Gebiete eingeschlichen hat, da minderwertigere Speisen in geringerer Menge zu gleichgebliebenen Preisen verabfolgt werden.
Belastungen von örtlicher Bedeutung sind, wie der gleiche Oberstaatsanwalt weiter in seinem Bericht ausführt, an seiner Behörde durch die in Königsberg stattfindenden Hinrichtungen entstanden. Er schreibt hierzu:
„Die Vollstreckung der Todesstrafen bringt für die hiesige Staatsanwaltschaft immer größere Schwierigkeiten mit sich. Die Vollstreckungsaufträge und -ersuchen – auch durch die Militärgerichte – haben sich in letzter Zeit derartig gehäuft, daß etwa alle zwei Wochen ein Termin zur Hinrichtung angesetzt werden mußte, bei dem bis zu 30 und mehr Vollstreckungen hintereinander vollzogen wurden. Wenn auch die Leitung des Vollzugsaktes der hiesigen Behörde dadurch etwas erleichtert wird, daß bisweilen die auswärtigen Oberstaatsanwälte oder ein Vertreter selbst kommen, so wird die Stellung des Urkundsbeamten durch die hiesige Staatsanwaltschaft auf die Dauer kaum tragbar sein. Letzterer muß in allen Fällen von hier gestellt werden. 30 und mehr Hinrichtungen beiwohnen zu müssen, bildet nicht nur physisch, sondern auch psychisch eine schwere Belastung, die nicht jedem zumutbar ist. Von den hier vorhandenen Urkundsbeamten fallen 4 infolge ihres nicht voll gefestig-

ten Gesundheitszustandes aus, so daß nur 3 Beamte übrig bleiben. Es erscheint mir zweifelhaft, ob diese auf die Dauer, zumal im Falle der Erkrankung des einen oder des anderen, der Aufgabe gewachsen sein werden."[2]

Kritik an übertriebenen Bewirtschaftungsmaßnahmen. – Einschaltung der Kripo in Fürsorgeaktion des Gauleiters zur Bekämpfung der Säuglingssterblichkeit.[3] – Auseinandersetzung des Berichterstatters mit Justizkritik im „Schwarzen Korps", wo man sich in unberechtigt diffamierenden Angriffen gegen den „Rechtswahrerstand" ergehe.[4] Hinweis auf Anordnung der Kriminalpolizeileitstelle Königsberg vom 1. 7. 1942, wonach alle Anzeigen und Ermittlungsvorgänge betr. Abtreibungs- und Sittlichkeitsdelikte zunächst unerörtert der Kriminalpolizeileitstelle übersandt werden müssen sofern Täter (Teilnehmer) Polen sind. – Gerade im Hinblick auf bevorstehende Einführung der Gerichtsbarkeit in Bialystok müsse mit Zivil- auch Strafjustiz eingeführt werden, um derartigen Eingriffen der Polizei in die Zuständigkeit der Staatsanwaltschaft vorzubeugen.

---

2) Bereits im Februar 1940 sorgte sich der Gefängnisvorstand in Königsberg darum, daß das Fallmesser den „Anforderungen" voraussichtlich nicht entsprechen werde (BA, R 22/1316, GStA an RJM 17. 2. 1940). Daß ebenso das Justizpersonal dieser Art Anforderung nicht gewachsen sein sollte, war eine zwangsläufige Folge auch der Zichenauer Urteilspraxis. Alle dort zum Tode Verurteilten wurden in Königsberg hingerichtet. Einzelheiten über diese Seite des Königsberger Justizalltags bei Ronge, 1963, passim.

3) Vgl. Anm. 3. zum Bericht v. 19. 2. 1942.

4) Im Organ der Reichsführung-SS „Das Schwarze Korps" erschienen seit 1935 zunehmend diffamierende „Urteilskritiken", um die Justiz unter öffentlichen Druck zu setzen und die Rechtsprechung im Sinne der SS zu beeinflussen (Gruchmann, 1988, S. 663-675).

36. Bericht des OLG-Präsidenten vom 3. September 1942

Die allgemeine Stimmung der Bevölkerung Ostpreußens, die nie zu wünschen übrig ließ, ist durchaus gut. Hierzu haben vor allem die gewaltigen Erfolge unserer Wehrmacht im Südabschnitt der Ostfront und die einmaligen Leistungen unserer U-Boote beigetragen.[1]

Nachdem die Ernten 1940 und 1941 schlecht gewesen waren, hatte man besondere Sorge wegen der kommenden Ernte. Der Winter 1941/42 war in Ostpreußen ungeheuer hart. Trotzdem ist nur wenig Getreide ausgewintert, da viel Schnee lag. Die kühlen, nassen Monate des Frühjahrs ließen die Weiden und sämtliche Getreidearten sich gut entwickeln. Dann aber drohte im Juli der dauernde Regen alle Hoffnungen zunichte zu machen. Anfang August setzte jedoch ein durchweg sehr trockenes, warmes Wetter ein, das das Getreide gut ausreifen ließ; es ist restlos trocken hereingebracht worden. Die Körnerernte ist als gut zu bezeichnen.

Die Hackfrüchte, insbesondere Kartoffeln und Zuckerrüben, versprechen sehr gut zu werden.

Die Luftgefahr für Ostpreußen ist in letzter Zeit deutlicher zutage getreten. Während anfänglich die bolschewistischen Flugzeuge in der Hauptsache Agenten mit Fallschirmen absetzten und nur vereinzelt kleinere Mengen von Spreng- und Brandbomben abwarfen, sind in den letzten 14 Tagen schärfere Bombenangriffe erfolgt. So hatte Königsberg in der Zeit vom 18. bis 29. August 4 Luftalarme, die regelmäßig 4–5 Stunden dauerten. Der letzte Alarm in der Nacht zum 30. August war der bisher heftigste. Es wurden eine Anzahl Häuser zerstört, wobei etwa 50 Familien obdachlos geworden sind. 2 Personen wurden getötet, etwa 20 verletzt; die geringen Verluste erklären sich dadurch, daß die Bevölkerung in die Luftschutzkeller gegangen war.

Allgemeines Aufsehen erregt hat folgende Angelegenheit:

In Tilsit besteht als Wirtschaftsunternehmen der Erich-Koch-Stiftung

1) Deutsche Panzereinheiten erreichten am 23. 8. 1942 die Wolga nördlich Stalingrad. Am 3. 9. 1942 hatten sich Teile des LI. Armeekorps unter General v. Seydlitz-Kurzbach bis auf 8 km an den Stadtkern herangekämpft. - Deutsche Gebirgstruppen standen Ende August im Hochkaukasus. - Mit der Vernichtung von 517 000 BRT Handelsschiffsraum verzeichnete die U-Boot-Waffe ihre zweithöchste Versenkungszahl im Jahr 1942.

die Ostdeutsche Schuh- und Lederwaren G.m.b.H. Der Geschäftsführer dieses Betriebes, Fabrikdirektor M., sein Stellvertreter v. d. L. und der technische Angestellte M. sowie der technische Betriebsleiter T. haben entgegen dem Verbot etwa 700 Paar, hauptsächlich Damenschuhe aus bestem Leder, in Friedensqualität, sog. Sonderklasse angefertigt und ohne Bezugscheine an Verwandte und gute Bekannte abgegeben.
Ferner hat die Ostdeutsche Schuhfabrik unter Verstoß gegen die Kriegswirtschaftsbestimmungen ein Geschäft über einen Posten von 15 000 Paar Schuhen mit der Firma Marc u. Co. in Berlin abgeschlossen. Diese Schuhe waren ursprünglich in Tilsit als bezugscheinfrei hergestellt worden; sie wurden jedoch mit dem 1. März 1942 infolge der Neuregelung der Bezugscheinbewirtschaftung für Schuhe bezugscheinpflichtig. Direktor M. hat diese 15 000 Paar Schuhe trotzdem an die Berliner Firma verkauft. Zur Verschleierung hat er die Rechnungen vordatieren und die Unterlagen über den Verkaufsabschluß vernichten lassen. Ferner wird M. zur Last gelegt, auch noch andere Sachen, u. a. 2 Waggon Leim und einen Posten Leder in Schaulen aufgekauft, als Wehrmachtsgut deklariert, an eine Tilsiter Wehrmachtseinheit geschickt und zu seinen Gunsten verwandt zu haben. M., v. d. L. und M. befinden sich in Untersuchungshaft; das Verfahren schwebt bei dem Sondergericht Königsberg.

37. Bericht des Generalstaatsanwalts (i. V.: OStA Capeller) vom 12. Oktober 1942

Die militärischen Ereignisse an allen Fronten stehen nach wie vor im Vordergrund des allgemeinen Interesses. Hierbei wird die Bevölkerung vor allem durch den gigantischen Kampf im Osten stark beeindruckt. Nachdem es bis jetzt nicht gelungen ist, die militärische Kraft der Sowjetunion entscheidend zu brechen, rechnet man allgemein mit einer langen Dauer des Krieges. Wenn auch die Bevölkerung durch die Briefe ihrer Angehörigen an der Front, durch die Berichte der Kriegsberichterstatter, durch die Presseveröffentlichungen und die Wochenschauen über die Schwere der Kämpfe im Osten durchaus unterrichtet war, so hatte man doch, vor allem nach den überragenden Erfolgen im Frühjahr dieses Jahres, einen derartig harten und verbissenen Widerstand der Sowjets nicht mehr erwartet. Nach den ungeheuren Materialverlusten der Sowjets im vergangenen Jahr und in den letzten Monaten hatte man gehofft, daß sich bei ihnen allmählich eine Erschöpfung in dieser Hinsicht bemerkbar machen würde. Zu dieser Hoffnung glaubte man eine gewisse Berechtigung zu haben, da ja die wichtigsten Industriegebiete der Sowjetunion von unseren Truppen besetzt werden konnten. Um so mehr war man überrascht, daß die Sowjets noch immer gewaltige Mengen an Flugzeugen, Panzerkampfwagen und Geschützen in den Kampf zu werfen vermögen. Diese Tatsache gab vielfach zu Erörterungen Anlaß, ob es der Sowjetunion etwa gelungen sei, im Ural oder in anderen, fernabgelegenen Gebieten eine leistungsfähige Kriegsindustrie aufzubauen, die es ihr möglicherweise erlaube, den Krieg noch eine längere Zeit hindurch durchzustehen.
Im übrigen sieht man dem kommenden Winter mit Ruhe und Zuversicht entgegen. Zwar ist man überzeugt, daß die Überwindung auch dieses Winters nicht leicht sein wird, andererseits hat man aber die Gewißheit, daß man an maßgebender Stelle die notwendigen Lehren aus dem letzten russischen Winter gezogen und alle erforderlichen Vorbereitungen zu seiner Bezwingung getroffen hat. Befürchtungen, daß in diesem Winter eine ähnlich kritische Lage wie im vergangenen eintreten könnte, werden daher nicht geäußert. Lediglich die auf die Dauer starken Verluste der vorwiegend im

Nordabschnitt der Ostfront eingesetzten ostpreußischen Truppen lassen bei der Bevölkerung eine leichte Besorgnis aufkommen. Diese gilt weniger der Frage, ob die Führung bei einer langen Dauer des Krieges noch genügend Truppen aufstellen kann, um den Endsieg sicherzustellen, als vielmehr der Überlegung, ob die deutsche Nation nach siegreicher Beendigung dieses Krieges auch volksmäßig noch so stark ist, um den Sieg entsprechend der Größe der Opfer richtig ausnutzen zu können. Die Bevölkerung ist sich dabei der Tatsache, daß der Krieg stets eine negative Auslese der Nation herbeiführt, d. h., daß die Besten des Volkes vor dem Feinde bleiben bzw. als Krüppel zurückkehren, voll bewußt. Aus dieser Erkenntnis heraus wird daher auch der Bevölkerungspolitik des Reiches weitgehendstes Verständnis entgegengebracht. Die günstige Entwicklung der Geburten während des Krieges ist meiner Überzeugung nach auf diese Erkenntnis und nicht etwa auf eine geschickte Urlaubspolitik zurückzuführen.

Im ganzen gesehen ist die Stimmung der Bevölkerung Ostpreußens daher weiterhin zuversichtlich. Die militärische Lage wird als günstig angesehen, wenn man sich auch keinen Hoffnungen auf eine baldige Beendigung des Krieges hingibt. Das Vertrauen der Bevölkerung zum Führer und zur Führung ist unerschüttert. Die letzten drei großen Reden des Führers, des Reichsmarschalls und des Reichsaußenministers von Ribbentrop haben sich stimmungsmäßig sehr günstig ausgewirkt und das Vertrauen der Bevölkerung auf den Endsieg gestärkt.[1] Die stolze Bilanz der Siege an allen Fronten, einschl. der hervorragenden Erfolge unserer U-Boote im Kampf gegen die feindliche Versorgungsschiffahrt, haben ihren Eindruck auf die Bevölkerung nicht verfehlt. Propagandistisch am stärksten hat sich hierbei aber die in Aussicht gestellte Erhöhung der Fleisch- und Brotrationen ausgewirkt. Die Sorge um das tägliche Brot lastete besonders nach den einschneidenden Lebensmittelkürzungen im Frühjahr d. J. schwer auf der Bevölkerung. Sie war noch umschattet von der Befürchtung

---

1) Ribbentrop hatte in seiner Rede zum 2. Jahrestag des Dreimächtepaktes am 27. 9. 1942 ausgeführt, daß die UdSSR sich der „Grenze der Erschöpfung" nähere und „ihr zwangsläufig früher oder später der Atem ausgehen muß" (Keesings Archiv 1942, S. 5648 f.). - Hitler versicherte in seiner Sportpalastrede zur Eröffnung des 4. Kriegswinterhilfswerkes am 29. 9. 1942, daß niemand ihn mehr von Stalingrad wegbringen werde, dämpfte aber gleichzeitig Hoffnungen auf ein baldiges Kriegsende (ebd. S. 5655 ff.). - Göring ging in seiner Rede zum Erntedankfest (4. 10. 1942) ausführlich auf die Ernährungslage ein und zog die scheinbar beruhigende Bilanz: „Das Schwerste, auch in der Ernährung, ist überwunden. Von heute ab wird es dauernd besser werden; denn die Gebiete mit fruchtbarster Erde besitzen wir. Es ist jetzt nur noch eine Frage der Organisation..." (ebd. S. 5663).

auf eine schlechte Ernte und der Angst, daß die Rationen möglicherweise noch mehr gekürzt werden müßten. Wenn jemals überhaupt auch nur leise Zweifel an einem siegreichen Ausgang des Krieges aufgetaucht sind, so lagen diese allein auf dem Gebiete der Ernährungswirtschaft. Diese Sorgen sind der Bevölkerung nunmehr genommen, und sie ist damit von einem schweren Alpdruck, der besonders stark auf ihren Nerven lastete, befreit. So dankbar die Bevölkerung auch die in Aussicht gestellten Rationserhöhungen an sich empfindet, entscheidendes Gewicht wird von ihr vor allem aber auf die Tatsache gelegt, daß nach den von maßgebender Stelle abgegebenen Erklärungen nunmehr der Tiefpunkt der Ernährungslage überwunden ist, und daß es von nun an auf diesem Gebiet ständig besser werden wird.[2]
Unter einer äußeren Feindeinwirkung hatte die Bevölkerung Ostpreußens in der Berichtszeit wenig zu leiden. Die Bombenangriffe der feindlichen, insbesondere der sowjetrussischen Luftwaffe haben in den letzten Wochen bedeutend nachgelassen. Wo Bomben abgeworfen wurden, waren die Zahl der Opfer und der angerichtete Sachschaden gering. Wesentliche Einwirkungen auf die Stimmung der Bevölkerung durch die Bombenangriffe sind daher nicht zu verzeichnen. Mit um so größerer Anteilnahme verfolgt die Bevölkerung aber die Entwicklung des Luftkrieges im Westen unseres Vaterlandes. Die feigen Angriffe der britischen Luftwaffe auf die Zivilbevölkerung, die Zerstörung ihrer Wohnstätten und die Vernichtung von unersetzlichen Kulturdenkmälern haben auch hier größte Empörung und Erbitterung hervorgerufen.[3] Die drastische Ankündigung des Reichsmarschalls, daß diese Bombenangriffe vergolten werden würden, war auch der hiesigen Bevölkerung ganz aus der Seele gesprochen und hat die lebhafteste Zustimmung und Befriedigung ausgelöst.
Angesichts des herannahenden Winters ist im Zusammenhang mit den Störflügen der feindlichen Luftwaffe über ostpreußischen Gebiet das Problem der Beheizung der Luftschutzkeller aufgetaucht. Nach dem Bericht des Oberstaatsanwalts in Königsberg hat sich insbesondere der Bevölkerung der Stadt Königsberg eine gewisse Unruhe darüber bemächtigt, daß die Luftschutzkeller in den kommenden Wintermonaten aus Mangel an Heizkörpern nur in ganz geringem Umfange benutzbar sind. Gerade in der Provinz Ostpreußen, die

2) Nach der Besetzung der fruchtbaren Agrargebiete Südrußland glaubte man, die Rationskürzung vom April 1942 wieder aufheben zu können. Das geschah am 19. 10. 1942 (Eichholtz, 1985, S. 254).
3) Schwere britische Nachtangriffe hatten u. a. in Düsseldorf am 10./11. 9. 1942 mehr als 4000 Menschen obdachlos gemacht und 44 Todesopfer gefordert.

unter der Härte der letzten Winter besonders schwer gelitten hat, erscheint diese Sorge verständlich. Da aber von den maßgebenden örtlichen Stellen die Bedeutung dieses Problems erkannt worden ist, kann angenommen werden, daß rechtzeitig insoweit für Abhilfe gesorgt wird.
Nach dem Bericht des gleichen Oberstaatsanwalts hat die in den letzten Wochen eingesetzte Aktion zur Verstärkung der Versorgung mit Gasmasken ebenfalls in der Bevölkerung eine gewisse Unruhe hervorgerufen. Diese Besorgnis hinsichtlich eines bevorstehenden Einsatzes von Kampfstoffen durch die feindliche Luftwaffe dürfte aber von selbst abklingen, sobald die Versorgungsaktion mit Gasmasken beendet ist.
Über die Tätigkeit der in der Zwischenzeit im Regierungsbezirk Zichenau eingeführten Standgerichte hat der Oberstaatsanwalt in Zichenau folgende Ausführungen gemacht:[4]

> „Am 18. 9. 1942 sind im Kreise Schröttersburg 40 Polen im Auftrage der Geheimen Staatspolizei erhängt worden, davon 13 Polen auf einem öffentlichen Platz in Schröttersburg, die restlichen Polen in Hohenburg und Sporwitten. In allen Fällen erfolgte die Erhängung auf Grund eines standgerichtlichen Urteils wegen Betätigung in der Widerstandsbewegung. Unmittelbar vor der Erhängung wurde ihnen vom Leiter der hiesigen Staatspolizeistelle mit Hilfe eines Dolmetschers die Entscheidung des Standgerichts bekanntgegeben. Mehrere Verurteilte antworteten in polnischer Sprache: ‚Polen soll leben.' Der Vollstreckung wohnten in Schröttersburg zahlreiche zu diesem Zwecke zusammengetriebene Polen sowie Teile der deutschen Bevölkerung bei.
> Nach Mitteilung eines Gendarmerieoffiziers ist damit zu rechnen, daß demnächst weitere 200 Polen im Auftrage der hiesigen Staatspolizeistelle erhängt werden."

Die Neubesetzung des Justizministeriums hat allen in der Bevölkerung umhergehenden Gerüchten über ein Verschwinden der Justiz als oberste Reichsbehörde bzw. ihre Unterstellung unter eine andere Reichsbehörde ein Ende bereitet.[5] Sie ist als ein Zeichen dafür

4) Art. XIII PolenstrafrechtsVO räumte den Reichsstatthaltern das Recht zur Errichtung von Polizeistandgerichten ein. Koch hatte per Verordnung vom 15. 8. 1942 in Zichenau von seinem Recht Gebrauch gemacht und an diese Gerichte Straftaten von Angehörigen der polnischen Widerstandsbewegung überwiesen (Majer, 1981, S. 809-811).

5) Der nach Tode von Reichsjustizminister Franz Gürtner (1/1941) mit der Wahrung der Geschäfte beauftragte Staatssekretär Schlegelberger mußte im August 1942 dem überzeugten Nationalsozialisten Otto Thierack, bis dahin Präsident des Volksgerichtshofs, weichen. Erst danach verstummten Gerüchte, die Justiz werde überhaupt abgeschafft resp. Himmler unterstellt.

gewertet worden, daß der Höhepunkt der Justizkrise überwunden ist, und wird mithin als ein Sieg der Justiz, und damit auch das Rechts gegenüber rechtsfremden und rechtsfeindlichen Bestrebungen empfunden.

Aus Bartenstein wieder Klagen über lockeren Lebenswandel der „Kriegerfrauen". – Aus Braunsberg Meldung über weiter anwachsende Jugendkriminalität. – Kampf gegen Tausch- und Schleichhandel.

38. Bericht des OLG-Präsidenten vom 26. November 1942

Das Ergebnis der Erörterungen über die strafrechtliche Behandlung der Polen am 13. 11. ist von den Richtern freudig und dankbar begrüßt.
Die SS ist die erste Gliederung, der es gelang, für ihre Angehörigen eine eigene Strafjustiz zu erhalten. Der Kreis der ihr zugewiesenen Personen wurde immer wieder, besonders im Kriege erweitert.
Auch nachdem in dem eingegliederten Gebiet Zichenau das deutsche Strafrecht eingeführt war (1. 6. 40), urteilten SS-Standgerichte in Sachen, die zweifellos zur Zuständigkeit der ordentlichen Gerichte gehörten. Wie wenig befriedigend dieses Nebeneinander war, mag folgendes Beispiel beweisen: Zwei polnische Jungen aus demselben Dorf im Alter von 16 Jahren hatten je eine Wildschlinge gestellt – meiner Erinnerung nach – sechs Monate Gefängnis, der andere wurde als Asozialer vom SS-Standgericht zum Tode verurteilt. Nicht selten kam es vor, daß Polizeistellen Gerichtsakten, die ihnen von der Staatsanwaltschaft zur Ermittlung zugegangen waren, nicht zurückschicken und erst auf mehrfache Erinnerung mitteilten, sie hätten die Akten weisungsgemäß an das zuständige SS-Standgericht weitergereicht.
Nur mit großer Mühe und Geduld ist es gelungen, diese unhaltbaren Zustände zu beseitigen. Durch Verordnung vom 15. 8. 1942 hat der Oberpräsident Bestimmungen über die Errichtung von Standgerichten in Südostpreußen erlassen. Die Entscheidung darüber, ob eine Straftat vom Standgericht abgeurteilt werden soll, hat er sich persönlich vorbehalten. Er wird „diese Entscheidung zunächst nur in solchen Fällen treffen, in denen die Straftaten der Angehörigen der polnischen Widerstandsbewegung die allgemeine Sicherheit besonders berühren". Abschließend betont er: „Grundsätzlich werden Straftaten nach wie vor von den Strafgerichten der allgemeinen Gerichtsbarkeit abzuurteilen sein". Seit dem August 1942 ist in meinem Bezirk ein SS-Standgericht erst einmal tätig geworden.[1]
Aber nicht nur in den eingegliederten Gebieten, auch in dem Altgau

1) Wie der Bericht vom 12. 10. 1942 belegt, bevorzugte die Polizei die unterbrochene Praxis verfahrensloser Erschießungen.

hat die Polizei Straftaten, die zur Zuständigkeit der ordentlichen Gerichte gehörten, in eigenem Verfahren erledigt. Polnische Zivilarbeiter, die ins Altreich geschickt waren, wurden z. B. wegen Geschlechtsverkehrs mit deutschen Frauen öffentlich gehängt (aufgrund der Polenstrafrechtsverordnung hätten auch die ordentlichen Gerichte sie zum Tode verurteilen können). Die deutschen Frauen wurden – bis der Führer dieses verbot[2] – vielfach öffentlich gebrandmarkt, indem man ihnen die Haare abschnitt, sie durch die Straßen führte und dergleichen.
Mit Bericht vom 11. 11. 1942 habe ich eine Bekanntmachung des Reichsführers SS vom 20. 2. 1942 überreicht, die offenbar ohne Zustimmung der Justizverwaltung erlassen ist. In ihr wird angeordnet, daß bei den „Arbeitskräften aus dem Osten" bestimmte Straftaten durch staatspolizeiliche Maßnahmen geahndet und Strafverfahren aus diesen Gründen nicht einzuleiten sind. Bezüglich der Arbeitskräfte aus dem altsowjetrussischen Gebiet wird in der Bekanntmachung weiter bestimmt: „Bei sonstigen strafbaren Handlungen sind die Vorgänge vor Abgabe an die Staatsanwaltschaft der zuständigen Staatspolizeileitstelle zur Entscheidung über die weiter zu treffenden Maßnahmen zuzuleiten".[3]
Wegen der Einzelheiten bitte ich, auf meinen erwähnten Bericht vom 11. 11. 1942 Bezug nehmen zu dürfen.[4]
Früher war die Polizei Hilfsorgan der Staatsanwaltschaft, deren Weisung sie in bestimmten Umfang folgen mußte. Seit längerer Zeit schon, besonders aber, seitdem die Justizkrisis im Frühjahr d. J. offen zutage getreten war, wollten die Gerüchte nicht verstummen – in interessierten Kreisen sprach man es offen aus –, man würde die Staatsanwaltschaft dem Reichsjustizministerium entziehen und der Polizei eingliedern.
Ein dankbares Aufatmen ging durch die Rechtswahrer, als die Vollmachten des Herrn Reichsministers der Justiz und seine Absichten

2) Mit Rücksicht auf die Gefühle der Angehörigen mit Deutschland verbündeter oder befreundeter Staaten verbot Hitler Ende 1941 öffentliche Diffamierungen deutscher Frauen nach sexuellen Kontakten mit Ausländern (Herbert. 1985, S. 126 f.).

3) Am 18. 9. 1942 hatte Himmler von Thierack die Zusicherung erhalten, die Strafverfolgung von Polen, Russen, Juden und Zigeunern der Polizei zu überlassen, nachdem Himmler zuvor schon kontinuierlich bestrebt war, sein Sonderstrafsystem für Polen auszuweiten. So insbesondere durch den Erlaß vom 19. 1. 1942 und den Erlaß vom 20. 2. 1942, die für alle polnischen Zivilarbeiter und „Ostarbeiter" aus der UdSSR die staatspolizeiliche „Ahndung" von Straftaten vorsahen (Majer, 1981, S. 675 f.).

4) Der Bericht vom 11. 11. 1942 ist im BA nicht überliefert.

bekannt wurden.[5] Aus dem gleichen Grunde wurde jetzt das Ergebnis der Erörterungen vom 13. November 1942 als Erfolg freudig begrüßt.[6]
Im Bezirk Bialystok ist seit dem 1. 11. 1942 in gewissem Umfang das deutsche Recht eingeführt. Dieser Bezirk nimmt eine Sonderstellung ein; er ist nicht in das Reichsgebiet eingegliedert, gehört aber auch nicht zu einem Reichskommissariat. Durch Erlaß des Führers vom 15. 8. 1941 ist er aus dem Kriegsgebiet ausgeschieden und der deutschen Verwaltung unterstellt worden; diese führt der Oberpräsident der Provinz Ostpreußen als Chef der Zivilverwaltung; er untersteht in dieser Eigenschaft unmittelbar dem Führer.
Nach seiner Verordnung vom 30. 9. 1942 findet das deutsche Strafrecht und das deutsche Strafverfahrensrecht auf Straftaten von deutschen Staatsangehörigen oder deutschen Volkszugehörigen Anwendung. Das bürgerliche Recht ist in der für den Regierungsbezirk Zichenau jeweils maßgebenden Gestalt anzuwenden.
Für Polen und Juden und andere Angehörige nichtdeutschen Volkstums gilt auf dem Gebiete des Strafrechts die Verordnung des Chefs der Zivilverwaltung vom 19. 12. 1941 in der Fassung der Verordnung vom 12. 4. 1942. Nach dieser werden schwere Ausschreitungen durch Polizeistandgerichte abgeurteilt. Soweit nicht die Zuständigkeit der Standgerichte gegeben ist, entscheiden die vom Chef der Zivilverwaltung bestimmten polizeilichen Dienststellen (Kreiskommissare, Amtskommissare und der Polizeipräsident in Bialystok); sie können auf Unterbringung in einem Straflager, Geldstrafe oder Freispruch erkennen.
Als Kriegserscheinung macht sich ein erhebliches Ansteigen der Ehescheidungsklagen bemerkbar. In der Mehrzahl handelt es sich um junge Ehen, die geschieden werden müssen; meist liegt die Schuld auf Seiten der Ehefrauen, die sich, während die Ehemänner im Felde stehen, mit anderen Männern eingelassen haben.

---

5) Der „Erlaß des Führers über besondere Vollmachten des Reichsministers der Justiz" vom 20. 8. 1942 (RGBl I, S. 535) ermächtigte Thierack zum Aufbau einer „nationalsozialistischen Rechtspflege". Die dazu erforderlichen Maßnahmen brauchten mit dem bestehenden Recht nicht mehr übereinzustimmen. Thieracks justizpolitisches Programm, das eine lückenlose Steuerung der Rechtsprechung und engste Kooperation mit SS und Polizei zum Ziel hatte, vernahmen die OLG-Präsidenten und Staatsanwälte erstmals auf einer Dienstbesprechung am 29. 9. 1942 in Berlin (Boberach, 1975, S. 449 ff.).

6) Es handelte sich hier vermutlich um Thieracks Rücknahme seiner Zusicherung vom 18. 9. 1942 (s. o. Anm. 3) nach Interventionen der Gauleiter im Osten, die eine erhebliche Beunruhigung der Bevölkerung für den Fall befürchteten, daß die gesamte Strafkompetenz in Polizeihand liegen sollte (Herbert, 1985, S. 245).

Aus der Bevölkerung hört man vielfach Klagen über das Benehmen der Kriegsgefangenen und ausländischen Arbeiter auf den Straßen. Die Ausländer benutzen häufig in Gruppen die Bürgersteige und treten nicht zur Seite, wenn ihnen deutsche Volksgenossen entgegenkommen. Es werden Vergleiche gezogen mit der Behandlung der Deutschen während der Rheinlandbesetzung.
Im Mittelpunkt des Interesses stehen zur Zeit die Geschehnisse in Nordafrika.[7] Der Ernst der Situation wird von der Bevölkerung keineswegs verkannt; es ist aber erfreulich, feststellen zu können, mit welcher Ruhe und Zuversicht die weiteren Ereignisse abgewartet werden. Ostpreußens harte Bevölkerung, die als Grenzlandbevölkerung gewohnt ist, Gefahren ins Auge zu sehen, verhält sich von Kriegsanfang an vorbildlich.

Notwendigkeit einer Führung und Lenkung der Rechtsprechung wird in ostpreußischen Richterkreisen dankbar anerkannt. Steuerung der Rechtspflege jedoch erheblich erschwert, da der größte Teil der tüchtigen und jüngeren Kräfte sich im Wehrdienst befinde. Den älteren Richtern fällt es schwer, sich von überlieferten Ansichten zu trennen. Jeder vierte ostpreußische Richter hat das 60. Lebensjahr überschritten. Abbau überalteter Kräfte stößt wegen Ersatzfrage auf Schwierigkeiten, zumal Kräfte nach Zichenau, Sudauen und Bialystok abgegeben werden mußten.

7) Die Anglo-Amerikaner waren am 8. 11. 1942 in Marokko und Algerien gelandet. Das Afrikakorps war vor der am 23. 10. 1942 begonnenen britischen Offensive bis in die Cyreneika zurückgewichen.

39. Bericht des Generalstaatsanwalts (i.V.: OStA Capeller) vom 31. Januar 1943

Der schwere Kampf im Osten, insbesondere die Ereignisse um Stalingrad, haben in der Volksstimmung einen ungeheuren Ernst hervorgerufen. Man ist sich darüber klar, daß der Krieg in das Stadium der Entscheidung getreten ist. Mögen auch einzelne schwache Naturen zuweilen auch Zeichen von Kleinmut und Besorgnis nicht verbergen können, im ganzen ist die Entschlossenheit zum Durchhalten nicht nur geblieben, sondern gestärkt worden. Die Proklamation des Führers und die Reden führender Staatsmänner zum 10jährigen Jahrestage der Machtübernahme haben dem Volke den vollen Ernst der Lage klar vor Augen geführt.[1] Das war gut. Die ostpreußische Bevölkerung liebt klare Erklärungen und offene Aufklärung. Eine nicht geklärte Situation gibt nur Anlaß zu beunruhigenden Gerüchten und zur Flüsterpropaganda dunkler Elemente, die die innere Widerstandskraft der Heimat schwächen könnten. Das Vertrauen zur Wehrmacht und ihrer Führung ist unerschüttert. Im Anblick des gigantischen Heldenkampfes in Stalingrad mußte sich ja auch jeder innerlich anständige Mensch schämen, schwach zu werden. Besonders erfreulich ist, daß jeder von der Front kommende Soldat sich trotz aller Schwere des Kampfes voller Zuversicht zeigt und sich dem russischen Soldaten turmhoch überlegen fühlt. Wesentlich vor allem scheint mir insbesondere zu sein, daß jeder Deutsche weiß, was der Heimat, ihm und seiner Familie widerfahren würde, wenn das Ringen um die Freiheit nicht durchgestanden wird.

Mit dem Verständnis für die Entbehrungen und Einschränkungen, die der Krieg mit sich bringt, wächst indessen auch die kritische Einstellung der Bevölkerung gegenüber allen Entartungserscheinungen von Personen, die sich außerhalb dieser für die Gemeinschaft gültigen Vorschriften stellen wollen.

1) Die Proklamation Hitlers und die Reden von Goebbels und Göring am 30. 1. 1943 standen, wenige Tage nachdem auf der Casablanca-Konferenz die Forderung nach „bedingungsloser Kapitulation" des Reiches verkündet worden war, unter der dramatischen Alternative „Freiheit oder Vernichtung" (Keesings Archiv 1943, S. 5808 ff.).

So findet, wie mir der Oberstaatsanwalt in Königsberg berichtet, eine allgemeine Mißstimmung und Beunruhigung der in Grenznähe wohnenden ostpreußischen Bevölkerung seine Erklärung. Sie ist dadurch entstanden, daß von einem kleinen, größtenteils dem Kaufmannsstande angehörenden Personenkreis, die durch besondere Verknappung lebenswichtiger Güter in den Randstaaten eingetretene Konjunktur dazu ausgenutzt wird, auf illegalem Wege die verknappte Ware über die Grenze zu bringen, dort zu zehn- bis zwanzigfachem Preis zu verkaufen und der Grenzbevölkerung eine Deckung ihres lebenswichtigen Bedarfs an diesen Gütern völlig unmöglich zu machen. Wegen der durch die Kriegsverhältnisse bedingten Verminderung der Kräfte des Zollgrenzschutzes ist die Unterbindung dieser recht umfangreichen Geschäfte außerordentlich schwierig. Seitens der Staatsanwaltschaft wird der Bekämpfung dieser recht gefährlichen Erscheinung besondere Aufmerksamkeit entgegengebracht und der Bedeutung dieser Fälle auch dadurch Rechnung getragen, daß diese grundsätzlich vor dem Sondergericht zur Anklage gebracht werden.

In letzter Zeit hatten sich auch einige Fälle zugetragen, in denen litauische Arbeiter, die in Grenznähe im Reichsgebiet Arbeit gefunden hatten ihren gesamten Verdienst in Mangelware angelegt, diese illegal über die Grenze gebracht und dort ebenfalls zu den oben erwähnten Überpreisen verkauft oder gegen Lebensmittel eingetauscht haben. Die erhaltenen Lebensmittel wurden dann nach Rückkehr in das Reichsgebiet zum Tausch gegen verknappte oder bezugsbeschränkte Ware benutzt. Es hatten sich sogar in Einzelfällen einige Litauer zusammengetan, um durch Begehung von Einbruchsdiebstählen in den Besitz derartiger lebenswichtiger Ware zu gelangen, und diese dann in Litauen zu verkaufen oder zu vertauschen.

Ähnlich hat mir der Oberstaatsanwalt in Memel berichtet. Er teilt mir mit:

„Obwohl bereits schwerste Strafen – in einigen Fällen sogar die Todesstrafe – verhängt worden sind, ist ein Rückgang des Schleichhandels nicht festzustellen. Im übrigen ist auch bekannt, daß der Schleichhandel in nicht geringem Umfange zwischen der Landbevölkerung des Memellandes und Großstädtern aus dem übrigen Reich, z. B. Hamburg und Berlin, floriert."

In diesem Zusammenhang berichtet mir der Oberstaatsanwalt in Königsberg, daß besonders in einzelnen Kreises die Zahl des außerehelichen Umgangs deutscher Frauen mit Kriegsgefangenen auffällig hoch erscheint.

Nachdem die Aufklärungsaktion über die Strafbarkeit und Verantwortungslosigkeit einer derartigen Handlungsweise jeden Menschen in Ostpreußen erfaßt hat, und die örtlichen zuständigen Stellen bestrebt gewesen sind, diese allgemeinen Richtlinien nachdrücklich zu vertiefen,. verdienen derartige Taten seines Dafürhaltens härteste Strafe. Das ostpreußische Sondergericht zeigt hierfür das erforderliche Verständnis. Andererseits fällt nach Ansicht des Oberstaatsanwalts gerade auf diesem Gebiet eine grobe Diskrepanz zwischen der Rechtsprechung des Sondergerichts und den ordentlichen Gerichten unerfreulich auf. Es sei in 3 inhaltlich ähnlich liegenden Fällen vom Sondergericht auf eine mehrjährige Zuchthausstrafe, von einer Strafkammer in der Provinz auf 1 Jahr 9 Monate Gefängnis und von einem Amtsgericht auf Geldstrafe erkannt. Hier soll es sich allerdings nicht um Fälle des außerehelichen Geschlechtsverkehrs, sondern um andere ausgetauschte Zärtlichkeiten mit Kriegsgefangenen handeln. Ich werde die Akten heranziehen und in eine nähere Prüfung eintreten.
Besonders auffällig ist die hohe Zahl der unermittelten Diebstähle, bei denen fast ausnahmslos aus ihrer Arbeitsstelle flüchtende artfremde Arbeiter als Täter in Betracht kommen. In Südostpreußen sind zur Zeit Polen, Litauer, Letten, Ukrainer, auch Ruthenen als Arbeiter, vorwiegend auf ländlichen Arbeitsplätzen, eingesetzt. Diese verlassen in erschreckend hoher Zahl aus Arbeitsscheu, Angst vor Strafe nach Begehung geringfügiger Delikte, Heimweh oder sonstigen Beweggründen ihre Arbeitsstellen und versuchen, sich in ihre Heimat durchzuschlagen.[2] Hierbei versuchen sie unterwegs ihren Lebensunterhalt durch Einbrüche, bei denen fast ausnahmslos nur Lebensmittel und Kleidungsstücke entwendet werden, zu fristen. Diese Elemente, die allmählich eine erhebliche Gefahr für die Sicherheit bilden, kommen in den meisten Fällen auch als Täter für die noch immer sehr zahlreichen Brände in Frage, die sie dadurch verursachen, daß sie sich heimlich des Nachts in Ställe und Scheunen einschleichen, um zu übernachten und dabei durch Rauchen Brände verursachen.
Vor einiger Zeit wurden zwei geflüchtete Polen, die von einem Gendarmeriebeamten angehalten wurden, gegen den Beamten tätlich, so daß dieser von seiner Schußwaffe Gebrauch machen mußte, wobei

2) Eine Vorstellung von der Größenordnung der in Ostpreußen zum Arbeitseinsatz herangezogenen osteuropäischen Kriegsgefangenen – und Zivilarbeiterkontingente vermittelt ein Bericht der Gauleitung vom 12. 8. 1943 (GStA, Rep. 240, B 8e, Bl. 238 f.), in dem allein von 11 000 Weißruthenen die Rede ist. Die Zahl der Polen und Litauer dürfte sehr viel höher gelegen haben.

ein Pole getötet wurde, während es dem zweiten gelang, erneut zu flüchten und zu entkommen.
Der Oberstaatsanwalt in Bartenstein teilt mit, daß die Lebensmitteldiebstähle auf dem Lande jetzt sehr häufig sind. Die Täter seien wohl nur zum geringeren Teil unter der einheimischen Bevölkerung zu suchen, zum größeren Teil unter den auf dem Lande herumziehenden Ausländern – entwichenen Kriegsgefangenen, flüchtigen Polen, Weißrussen usw.
Im Bezirk Zichenau ist – wie dem Ministerium bekannt ist – vom Oberpräsidenten in Sachen der polnischen Widerstandsbewegung die Polizeistandgerichtsbarkeit eingeführt. Der Oberstaatsanwalt in Zichenau berichtet dazu folgendes:
„Im Dezember 1942 sind in Zichenau und in anderen Städten des Regierungsbezirks Zichenau Polen erhängt worden, die durch Urteil des Polizeistandgerichts wegen Zugehörigkeit zur Widerstandsbewegung zum Tode verurteilt worden waren. Die Erhängungen fanden öffentlich statt. Die Polen, auch soweit sie in deutschen Betrieben beschäftigt werden, wurden durch die Polizei zu diesen Hinrichtungen als Zuschauer herangeschafft bzw. aufgefordert hinzugehen. Diese Maßnahme erfolgte aus Abschreckungsgründen. Nach den Beobachtungen von Reichsdeutschen, die in den verschiedensten Städten diesen Hinrichtungen beigewohnt haben, sowie aus dem Verhalten von Polen in deutschen Betrieben ist festzustellen, daß die Teilnahme von Polen an solchen Hinrichtungen deren Zusammengehörigkeitsgefühl stärkt und ihre Aufsässigkeit nicht lähmt, sondern fördert. Nicht nur in Zichenau, sondern auch in anderen Städten haben die Erhängten bis zum Schluß Haltung bewahrt und sind mit dem Rufe gestorben: ‚Es lebe Polen.' Diese Verbrecher werden von den Polen, die ein solches Verhalten bei den Hinrichtungen sehen, als Märtyrer des polnischen Volkstums angesehen und im Wege der Mundpropaganda als solche in anderen Polenkreisen hingestellt. Bei den Erhängungen in Zichenau hat sich ein aus der Menge der Zuschauer herausgegriffener Pole geweigert, den zum Tode Verurteilten die Schlinge um den Hals zu legen. Der an dessen Stelle auf dieselbe Weise dazu herangezogene Soltys eines Dorfes im Kreise Zichenau, der dies bereitwillig tat, wird jetzt, wie aus einem Bericht eines Gendarmeriebeamten in einer hier anhängigen Sache hervorgeht, von den anderen Polen, die hiervon Kenntnis haben, als Verräter angesehen, und es werden diesem jetzt alle möglichen Schwierigkeiten bereitet. Viele Reichsdeutsche teilen mit mir die Auffassung, daß durch solche öffentlichen Hinrichtungen von Angehörigen der polnischen

Widerstandsbewegung das Gegenteil von dem erreicht wird, was bezweckt ist. Bekanntmachungen über erfolgte Hinrichtungen scheinen mir in solchen Fällen wirkungsvoller zu sein.
Im übrigen macht sich ein gewisses Aufsässigwerden der Polen, teilweise mit Terrorakten verbunden, bemerkbar. Dies schließe ich aus folgendem:
Am 6. 10. 1942 sind polnische Schwarzschlächter, die gefesselt in einem Arrestraum eines Dorfes untergebracht waren, durch eine bewaffnete Bande befreit worden. Bei der Verfolgung ist es zu einem Feuerwechsel zwischen den Gendarmeriebeamten und den Banditen gekommen.
Ferner ist bekannt geworden, daß eine bewaffnete Schwarzschlächterbande im Bezirk ihr Unwesen treibt.
Am 10. 12. 1942 um 18.30 Uhr hat ein z. Z. flüchtiger polnischer Arbeiter auf zwei Gendarmeriebeamte, die Streife gingen, aus einer Entfernung von 4 Schritt 4 Schüsse aus einer Pistole abgegeben, die jedoch ihr Ziel verfehlten. Dieser selbe Pole ist bereits am 6. September 1942 einem Zollbeamten gegenüber tätlich geworden.
Am 6. 1. 1943 hat eine achtköpfige bewaffnete Bande in ein Forsthaus einen Einbruch verübt. Von der gleichen Bande ist am 8. 1. 1943 ein weiterer Einbruch in ein Gutshaus verübt worden. In beiden Fällen hatten die Verbrecher vorher die Telefonleitungen durchschnitten. Im zweiten Falle sind auf den Gutsverwalter zwei Schüsse abgegeben worden, die jedoch ihr Ziel verfehlten.[3]
Am 8. 1. 1943 ist ein Gendarm von einem bisher unbekannten Polen bei der nächtlichen Durchsuchung eines polnischen Gehöfts erschossen worden.
Ob diese Verbrechen mit der Widerstandsbewegung zusammenhängen, oder ob es sich um ausgesprochene Verbrecherbanden, die aus dem Generalgouvernement stammen, oder um sowjetrussische entwichene Kriegsgefangene handelt, hat bisher nicht einwandfrei festgestellt werden können, da die Täter mit Ausnahme des einen oben erwähnten polnischen Arbeiters ihrer Persönlichkeit nach bisher nicht haben ermittelt werden können.

---

3) Gemeint war der Überfall auf das Gut Radzimowice/Kr. Mielau. Gestohlen wurden lediglich „2 Paar Herrenstiefel und 4 Paar Damenschuhe". Im Zuge der Ermittlungen gelang es der Stapo Zichenau bis zum 17. 1. 1943 13 Polen festzunehmen, die nach Aussagen von polnischen Zeugen als Täter in Betracht kamen. Sie wurden dem RSHA zur „Sonderbehandlung" vorgeschlagen und nach erteilter Genehmigung ins KZ Stutthof überführt, wo sie am 15. 4. 1943 erschossen wurden (Schriftwechsel der Stapo Zichenau/Schröttersburg mit dem RSHA im Archiv der Zentralstelle Ludwigsburg, Sig.: Polen Ord. Nr. 365 u).

Infolge der Einrichtung der Polizeistandgerichte, denen die Aburteilung der Angehörigen der polnischen Widerstandsbewegung allgemein übertragen wird, erfahre ich nicht von allen Vorgängen der erwähnten Art. Ich erhalte davon nur Kenntnis durch gelegentliches Entgegenkommen der Gendarmerie, die mir in solchen Fällen, aber auch nicht in allen, eine Abschrift des an die Geheime Staatspolizei erstatteten Berichts vorlegt. In anderen Fällen wiederum habe ich auf ein mir zugetragenes Gerücht hin Nachforschungen angestellt und erfahre dann, daß es sich um eine nicht zu meiner Zuständigkeit gehörende Widerstandsangelegenheit handelt.
Ich beabsichtige, den Leiter der Geheimen Staatspolizei in Schröttersburg zu bitten, mich von allen wichtigen Vorfällen im Bezirk, die zu seiner alleinigen Zuständigkeit gehören und mich nur am Rande interessieren, in Kenntnis zu setzen. Da jedoch eine solche Bitte, auch wenn eine Zusage erfolgt, infolge des häufigen Beamtenwechsels leicht in Vergessenheit gerät, halte ich eine zentrale Regelung für notwendig, die dahin geht, daß die Geheime Staatspolizei den zuständigen Oberstaatsanwalt in allen wichtigen Sachen, die zur Zuständigkeit der Polizeistandgerichte gehören, nachrichtlich oder durch nachträgliche Aktenvorlage oder durch Übersendung einer Urteilsabschrift zu unterrichten hat. Denn für die Beurteilung des Strafmaßes in zahlreichen Sondergerichtssachen ist die Kenntnis solcher Vorgänge unbedingtes Erfordernis. Insbesondere gilt dies für Waffensachen einschließlich der Nichtanzeige verbotenen Waffenbesitzes und für Strafsachen, die Angriffe und Übergriffe gegen Deutsche zum Gegenstand haben. Gerade die Verfahren gegen Angehörige der Widerstandsbe-wegung bringen die Haltung des Polentums besonders klar zum Ausdruck und gewähren die Möglichkeit, bei der Strafzumessung die einzelnen Straftaten in einem größeren Rahmen zu sehen. So habe ich in Sondergerichtssitzungen immer wieder beobachtet, daß die Tat eines einzelnen Polen ganz anders beurteilt wird, wenn festgestellt werden kann, daß sie vielleicht in einem gewissen Zusammenhang mit der Widerstandsbewegung stehen könnte. Auch für die Erstattung der Lageberichte ist meine Unterrichtung über die erwähnten Vorgänge unbedingt notwendig. Denn nach dem Erlaß des Herrn Reichsministers der Justiz vom 29. Oktober 1942 sollen die Berichte in gedrängter Form eine Übersicht über die allgemeine Lage in den Bezirken, also einen Gesamtüberblick über die politischen und sonstigen Verhältnisse im Bezirk, vermitteln. Dies ist nur möglich bei Kenntnis auch der Vorgänge, die heute zur Zuständigkeit der Polizeistandgerichte gehören, anderenfalls ist der Lagebericht nur lückenhaftes Stückwerk."

Ich glaube nicht, daß der von dem Oberstaatsanwalt beabsichtigte Schritt zum Erfolg führen wird. Denn ich hatte mich bereits mit der gleichen Bitte an den Herrn Vertreter des Oberpräsidenten gewandt, weil die Kenntnis von diesen Strafsachen für die Beurteilung der hier noch gegen Polen schwebenden Hoch- und Landesverratssachen von Bedeutung ist. Dieser hat auch meine Bitte an die zuständige polizeiliche Stelle weitergegeben. Er teilte mir jedoch fernmündlich mit, daß von polizeilicher Seite meiner Bitte nicht entsprochen werden könne.

Statistik zu Verfahren wegen verbotenen Umgangs mit Kriegsgefangenen im LG-Bezirk Braunsberg (1940–42). Beziehungen zu sowjetischen Gefangenen nicht festgestellt. – Statistik zur Fluchtbewegung ausländischer Arbeitskräfte in den Kreisen Heiligenbeil, Braunsberg, Pr. Holland, Mohrungen. – Statistik zur Jugendkriminalität im LG-Bezirk Braunsberg sowie Schilderung einiger krasser Fälle. – Klagen über schwunghaften Tauschhandel zwischen Kaufleuten und Landwirten. – Einrichtung der Staatsanwaltschaft beim Landgericht in Bialystok. Absprache des OStA Lyck mit Behördenleitern in Bialystok, u. a. Chef der Zivilverwaltung, Landrat Dr. Brix, dem Stadtkommissar, Oberbürgermeister Dr. Schwendowius, dem SS- und Polizeiführer, Standartenführer Fromm und dem Leiter der Staats- und Kriminalpolizei, Regierungsrat Dr. Altenloh.[4] Überzeugung gewonnen, daß Zusammenarbeit unter Anerkennung und Würdigung der Aufgaben der Staatsanwaltschaft erfolgen werde. Wesentliche Aufbauarbeit sei geleistet, nunmehr geordnete Rechtszustände im Bezirk Bialystok wünschenswert. Dr. Brix habe angedeutet, daß er nur in Ausnahmefällen von seinem Recht Gebrauch machen werde, Verfahrenseinstellungen zu verlangen, um offensichtliche Korruption nicht zu decken. Bei vielen anhängigen Verfahren handle es sich jedoch bislang um Ausschreitungen von Reichsdeutschen unter Alkoholeinfluß.

---

4) Zu Brix und Altenloh vgl. Tl. I, Kap. 6.4. – Dr. Heinz Schwendowius, 1903 Nakel/Kr. Wirsitz (Posen), Vater aus Königsberger Kaufmanns- und Beamtenfamilie, Abitur an der Hindenburg-Realschule in Königsberg 1921, während des Studiums 1921 in München der NSDAP beigetreten. 1926 1. Staatsex., 1930 Assessorex., Dr. jur. 1929, ab 1931 Rechtsanwalt in Marienburg, Verteidiger und Rechtsberater im Dienst der NSDAP, 1932 Kreisleiter in Marienburg, ab 1934 Oberbürgermeister von Insterburg (GStA, Rep. 77/4566). 1943 bei Charkow gefallen (BDC-Mitgliedskartei). – Werner Fromm, 1905 Husum, Bankkaufmann, NSDAP: 1. 12. 1931, SS: 5/1931, nach Tätigkeit beim SD Hamburg, 1937 Stabsführer im SS-Abschnitt VII (Königsberg), ab 21. 3. 1938 Führer der 60. SS-Standarte (Insterburg) (BDC-SS).

40. Bericht des OLG-Präsidenten vom 30. März 1943

Die ostpreußische Bevölkerung ist ruhig, zurückhaltend, verschlossen; als Grenzlandbewohner, die 1914 den Krieg im eigenen Lande erlebten und ihn 1939 und 1941 unmittelbar vor ihren Grenzen sahen, sind sie hart und zäh. Sie sind schwer zur hellen Begeisterung zu entflammen, nehmen aber andererseits Schicksalsschläge gelassen hin. Diese, ihnen im sonstigen Reich nicht gerade nachgerühmten Eigenschaften zeigen jetzt ihre guten Seiten. Die schwere Krisis des vergangenen Winters haben sie keineswegs verkannt; auch sie waren ernst gestimmt; aber ohne Murren und Verzagtheit haben sie verbissen weitergearbeitet, durchdrungen von fester Siegeszuversicht. Erscheinungen des Mißmutes, wie sie aus anderen Gauen berichtet werden, sind hier nicht hervorgetreten. Nachdem die Krisis überwunden, sehen die Ostpreußen mit stiller, aber froher Hoffnung in die Zukunft!

Wie die Lage an unseren Fronten, insbesondere an der östlichen ist, kann man aus dem Verhalten der Grenzvölker (Polen, Ukrainer, Weißruthenen usw.) jeweils klar erkennen. Sobald die Front Rückschläge zeigt, werden insbesondere die Polen aufsässiger. Nachdem ihr seit 1795 in ihrem Nationallied „Noch ist Polen nicht verloren" immer wieder zum Ausdruck gebrachter Wunsch 1919 in Erfüllung gegangen ist, hoffen sie auch jetzt wieder auf das gleiche Wunder. Die Widerstandsbewegung nimmt zu. Auch in dem bisher ruhigen Zichenauer Bezirk bilden sich – vielleicht nach dem Vorbild der Partisanen – Banden, die bewaffnet Gehöfte von Volksdeutschen überfallen und die sich nicht scheuen, auf Gendarme zu schießen; zwischen Zollbeamten und bewaffneten Schmugglern ist es zu Schießereien gekommen. Als kürzlich vom SS-Standgericht zum Tode verurteilte Mitglieder der Widerstandsbewegung öffentlich vor zahlreichen, zu diesem Zweck zusammengeholten Polen gehängt wurden, brachte einer der Verurteilten ein Hoch auf das „ewige Polen" aus, in das die vielen Zuschauer begeistert einstimmten. Ob das öffentliche Hängen in dieser Form richtig ist, ob man nicht dadurch Märtyrer schafft und die Polen noch mehr zusammenschweißt, soll hier nicht untersucht werden.

In der Strafanstalt Scharfenwiese ist gemeutert worden; einem

kleinen Teil der Gefangenen gelang es, zu entkommen, andere wurden ergriffen, sofort vom Sondergericht zum Tode verurteilt und erschossen.
Der Bezirk Bialystok ist, besonders in seinem östlichen Teil, nach wie vor unruhig. Immer wieder kommt es zu Überfällen, hauptsächlich auf Polizeibeamte. Vor etwa einem Monat sind Gendarme bei Grodno von den Banditen in einen Hinterhalt gelockt und erschossen worden. Die Bekämpfung dieser den Partisanen angehörenden Banden ist wegen der zahlreichen Wälder, insbesondere des Urwaldes bei Bialowyce und der Sümpfe, die nach Minsk hinüberreichen, außerordentlich erschwert.
Aber nicht nur auf das Verhalten der Bewohner der eingegliederten und der angrenzenden Gebiete wirkt die Lage an der Front zurück, sie beeinflußt auch die in Altostpreußen in großer Zahl tätigen ostländischen Arbeiter. Durch Mundpropaganda werden die Erfolge der Russen weit übertrieben, so daß in den Leuten offenbar der Eindruck erweckt wird, die Feinde ständen nicht mehr weit von der deutschen Grenze. So möchte ich mir eine Bluttat erklären, die am 22. 3. im Bezirk Memel vorgekommen ist. Ein russischer Zivilarbeiter ermordete durch Beilhiebe und Dolchstiche seinen Arbeitgeber, einen Bauern, dessen vier Familienangehörige, ein polnisches Hausmädchen und einen dort tätigen französischen Kriegsgefangenen; in einem Fuhrwerk des Bauern floh er dann in Richtung der Grenze. Schon am 24. März früh wurde er bei Tilsit ergriffen. Noch an dem gleichen Vormittag wurde er durch das Sondergericht zum Tode verurteilt und alsbald nach der Sitzung durch den Strang hingerichtet. Diese schnelle Justiz wird abschreckend auf die fremdländischen Arbeiter und beruhigend auf die deutsche Bevölkerung wirken.
Bombenangriffe durch feindliche Flieger hat Ostpreußen auch in den letzten Monaten nicht gehabt. Trotzdem haben wir nicht selten Alarm, und zwar nicht nur an der Küste, sondern auch im Binnenland bis in die eingegliederten und angrenzenden Bezirke. Zum Teil werden es englische Flieger sein, die den Hafen verminen, zum Teil aber auch Russen, die aufklären und Fallschirmspringer absetzen.
Ende des vergangenen Jahres wurde die Bevölkerung in Königsberg nicht unerheblich durch Gerüchte über die Tätigkeit jugendlicher Banden beunruhigt. Diese Gerüchte waren stark übertrieben. Allerdings sind tatsächlich Ausschreitungen Jugendlicher, insbesondere Überfälle auf Angehörige des HJ-Streifendienstes, Einbruchdiebstähle und andere Straftaten vorgekommen. Nachdem die Festnahme einer größeren Zahl (etwa 50 bis 60) Jugendlicher erfolgt war und eine

Reihe von Strafverfahren anhängig gemacht und durchgeführt worden ist, ist eine völlige Beruhigung eingetreten. Irgendwelche politischen Hintergründe bestehen offensichtlich nicht.
Auf der Tagung am 10./11. 2. 43 ist darauf hingewiesen worden, daß die Justizbehörden rechtzeitig ihre Aufmerksamkeit auf die Berücksichtigung von Justizbauten bei der Neugestaltung deutscher Städte richten sollten. Soweit es sich um die Neugestaltung der Stadt Königsberg handelt, darf ich folgendes ausführen:
Das Oberlandesgericht ist im alten Ordensschloß völlig unzureichend untergebracht. Die Räume sind in ihrer ganzen Anlage unzweckmäßig und auch zahlenmäßig durchaus ungenügend. Die Frage eines Neubaus ist deshalb bereits Ende des Jahres 1937 aufgeworfen und seitdem ständig weiter verfolgt worden. Der zunächst als Einzelprojekt behandelte Neubauplan ist, nachdem der Führer die Neugestaltung der Stadt Königsberg angeordnet hatte, in die gesamte Neuplanung einbezogen worden.[1] An einer geplanten, sehr repräsentativen Behördenstraße an besonders guter Stelle ist der Bauplatz für das Oberlandesgericht in Aussicht genommen. Zur endgültigen Festlegung des Platzes fehlt nur noch die Genehmigung des Führers zum Gesamtbebauungsplan. Es liegen bereits bis ins einzelne ausgearbeitete Entwürfe vor. Auf Grund der ergangenen Kriegsanordnungen ist eine Weiterbearbeitung der Sache einstweilen nicht möglich.
In Mohrungen habe ich – und zwar während des Krieges – für das Amtsgericht in besonders guter Lage einen Bauplatz gekauft. Um einen Bauplatz in Angerburg wird verhandelt.

Zur Lage im Rgbz. Zichenau: Zahl der Volksdeutschen verschwindend gering (38 000 gegenüber 970 000 Fremdstämmigen, davon 925 000 Polen). Besiedlung mit Deutschen bleibt Nachkriegszeit vorbehalten. Daher für Justiz keine mit Oberschlesien und Westpreußen vergleichbare Probleme der Zivilgerichtsbarkeit. – Personalsorgen der Justiz wegen Einberufungen. Richter und Beamte des mittleren Dienstes fehlen. Bei den Richtern nur noch 38 % (= 171 Richter, von denen aber 75 über 55 Jahre) der Stellen besetzt. Stillegung kleinerer Gerichte und Einschränkung bei bürgerlichen Rechtsstreitigkeiten vorgeschlagen. – Arbeitgeber

1) Zur Neugestaltung Königsbergs Gause, 1971, S. 130 f. Vgl. a. Hitlers Äußerung vom 15./16. 1. 1942: „Königsberg kann ich mit Geldern aufbauen, die mir Funk gegeben hat. Erstens eine Galerie, in die alles kommt, was wir im Osten gefunden haben, zweitens eine großartige Oper und drittens eine Bibliothek." (Jochmann, 1980, S. 201).

klagen über nachlassende Arbeitsdisziplin Jugendlicher. „Kurzfristige straffe, aber jugendgemäße Lagererziehung mit harter Arbeit" war schon lange geboten. Provinzialfürsorgeheim Altwalde (Königsberg) dafür im Juni 1942 eingerichtet. Schilderung des Einweisungsverfahrens. Lager hat sich bewährt. Einrichtung soll auf acht Amtsgerichtsbezirke ausgedehnt werden.

41. Bericht des Generalstaatsanwalts (OLG-Präsident Szelinski) vom 29. Mai 1943

I

Politische Führung

In Auswirkung der verstärkten Kriegsmaßnahmen sind in der Berichtszeit eine große Zahl wehrfähiger politischer Führer der NSDAP und auch vermehrt Beamte der Behörden der Provinz zur Wehrmacht eingezogen worden. Eine Provinz wie Ostpreußen, die sich tief mit der Wehrmacht verbunden fühlt, versteht es durchaus, daß auch die politischen Führer den Wehrdienst im Fronteinsatz ableisten wollen. Es sind damit die kritischen Bemerkungen verstummt, in denen der Verwunderung Ausdruck gegeben wurde, daß sich noch immer entbehrliche politische Führer im wehrfähigen Alter in der Heimat befänden.
Die durch den totalen Krieg bedingte Einschränkung der Arbeit in der NSDAP, in ihren angeschlossenen Verbänden und in den Behörden ist mit Verständnis aufgenommen worden. Auch hier kann festgestellt werden, daß die Bevölkerung nicht kriegsnotwendige Tätigkeit in der staatlichen Verwaltung und innerhalb der NSDAP als überflüssig ansieht und daher ihre Einstellung begrüßt.

II.

Innere Front

Luftangriffe

Ostpreußen war bisher von größeren Luftangriffen verschont gewesen. Der erste große Angriff auf Königsberg erfolgte durch sowjetrussische Flieger im April d. J. Die Flakabwehr hat wegen Fehlens von Scheinwerfern und Nachtjägern keine Wirkung ausgeübt. Der Angriff hatte jedoch nicht derart schwere Folgen, wie sie bei Großangriffen englischer Flieger auf westdeutsches Gebiet einzutreten pflegen.[1]

1) „Feindliche Flugzeuge griffen in der Nacht zum 13. April einige Orte in Ostpreußen, vor allem Königsberg, mit Spreng- und Brandbomben an. In Wohnvierteln, an Krankenhäusern und an der Universität entstanden Schäden (Wehrmachtsbericht v. 13. 4. 1943). Aufnahmen der Gebäudeschäden in GStA, Rep. 240, D 124.

Immerhin löste er eine gewisse Schockwirkung bei der Bevölkerung aus; diese wurde verstärkt bei dem Großangriff wenige Tage später auf die Stadt Tilsit. Hier traten erhebliche Verluste an Menschen (104 Tote) und größere Sachschäden ein. 113 Häuser wurden vollständig zerstört, weitere 158 beschädigt. 4629 Einwohner wurden obdachlos. Der Angriff auf Tilsit verursachte Kritik der Einwohner wegen Fehlens jeglicher Abwehrmaßnahmen. Eine Stadt, über die ein großer Teil des Nachschubs zur Nordfront geleitet wird und die wegen ihrer strategisch wichtigen Brücken über die Memel sowie wegen der gleichwichtigen Brücken über das Überschwemmungsgebiet der Memel besonders zu Angriffen feindlicher Flieger anreizt, besaß keine Flak, es fehlte auch jeder Nachtjägerschutz. Die Bevölkerung wurde daher unruhig und versuchte zu einem Teil, die Stadt zu verlassen. Übertriebene Gerüchte über den Umfang der Verluste und Sachschäden machten sich besondes in Gebieten der Provinz breit, die keine Luftangriffe zu verzeichnen hatten. Ihnen wurde durch Aufklärung entgegengetreten, sie sind inzwischen völlig abgeklungen. Bemerkenswert ist weiter, daß infolge der mehrfachen Fliegeralarme und kleineren Angriffe feindlicher Flieger, die nur unbedeutende Schäden zur Folge hatten, die Bevölkerung sich sehr schnell an den neuen Zustand gewöhnt hat. Es kommt hinzu, daß wegen der inzwischen verstärkten militärischen Abwehrmaßnahmen z. Z. größere Einflüge nicht mehr erfolgen. Eine günstige Auswirkung hatten die Fliegerangriffe insofern, als die Bevölkerung mehr als bisher die Luftschutzmaßnahmen beachtete, die Opferbereitschaft für die Bombengeschädigten den inneren Zusammenschluß der Bevölkerung stärkte und ein großes Verständnis für die Lage der westdeutschen Bevölkerung erzielt wurde.
Auf den Widerstandswillen der ostpreußischen Bevölkerung haben die Luftangriffe einen günstigen Einfluß ausgeübt.

Fremdvölkische Arbeitskräfte und Einwohner

Die Zunahme der ausländischen Arbeitskräfte hat in den Gebieten des Altreichs der Provinz eine Zunahme von Sabotagefällen nicht zur Folge gehabt. Die Haltung der ausländischen Arbeiter ist uneinheitlich. Sie soll im Zusammenhang mit der wirtschaftlichen Lage innerhalb der Provinz noch näher erörtert werden. Bedeutungsvoller ist die Haltung und Stimmung der fremdvölkischen Elemente in den gewonnenen Ostgebieten, die zu meinem Bezirk gehören, im Regierungsbezirk Zichenau, in dem Gebiet Sudauen und in dem Gebiet der Zivilverwaltung Bialystok.

Regierungsbezirk Zichenau

Sowjetrussische Flugzeuge warfen in diesem Gebiet wiederholt größere Mengen Flugblätter ab. Die Flugblätter sind in polnischer Sprache abgefaßt, sie enthalten eine verlogene Darstellung der Lage an der Front im Osten und rufen die polnische Bevölkerung zu Sabotageakten und zu sonstigen strafbaren Handlungen auf. Ich füge in der Anlage das Original eines derartigen Flugblatts mit seiner deutschen Übersetzung zur Kenntnisnahme bei.[2] Der Oberstaatsanwalt in Zichenau hat jedoch bisher nicht feststellen können, daß die polnische Bevölkerung in seinem Bezirk durch diese Flugblätter verhetzt worden sei und sich Straftaten auf Grund dieser feindlichen Aufrufe gehäuft hätten. Die polnische Bevölkerung soll vielmehr diese Flugblätter sammeln und sogar gebündelt bei den deutschen Dienststellen abliefern. Die von mir bereits berichteten Überfälle bewaffneter Banden auf deutsche Beamte und landwirtschaftliche Betriebsführer können m. E. nicht auf eine veränderte Haltung der Bevölkerung im Zusammenhang mit der militärischen Entwicklung im Osten und der verstärkten Feindpropaganda zurückgeführt werden. Nach meinem Eindruck, der sich insoweit auch mit den Vermutungen der Polizeidienststellen deckt, handelt es sich bei den Mitgliedern derartiger Banden teils um Partisanen, die aus feindlichen Flugzeugen abgesetzt werden und Verbindung mit ehemals kommunistischen polnischen Kreisen aufnehmen, teils um Verbrecherbanden, die insbesondere in den Bezirken Scharfenwiese und Schröttersburg aus dem Gebiet des Gouvernements über die Grenze kommen, ihre Überfälle ausführen und dann wieder in das Gouvernement zurückkehren, so daß ihre Festnahme in den meisten Fällen unmöglich wird. Die bisherigen Mißerfolge in der Aufklärung dieser Überfälle sind u. a. auf die geringe Zahl der Polizeibeamten und auf eine unzureichende Kontrolle und Bekämpfung dieser Banden im Gouvernement zurückzuführen. Über meine endgültigen Beobachtungen werde ich zur gegebenen Zeit berichten. Diese Überfälle haben allerdings eine gewisse Beunruhigung unter der Bevölkerung

2) Das Flugblatt ist im BA nicht überliefert.

hervorgerufen, ich habe jedoch bisher keine Anhaltspunkte dafür, daß die einheimische polnische Bevölkerung die Banden in ihrer Tätigkeit unterstützt.

Der Oberstaatsanwalt in Zichenau führt den bisherigen Mißerfolg der Auslandspropaganda auf die einheimische polnische Bevölkerung außer auf die abschreckende Wirkung der Strafrechtspflege vor allem auf die erfolgreiche deutsche Gegenpropaganda anläßlich der Aufdekkung der Massenmorde an polnischen Offizieren durch die GPU in Katyn zurück. Der Fall Katyn ist Gegenstand eingehender Erörterung in polnischen Veröffentlichungen gewesen. Wie überall in meinem Bezirk beobachtet werden konnte, ist die polnische Bevölkerung auch im Gebiet Zichenau der Bekanntgabe der Massenmorde in Katyn zunächst sehr skeptisch entgegengetreten. Während die Oberstaatsanwälte in Königsberg und in Lyck (dieser auf Grund seiner Beobachtungen im Gebiet Bialystok) mir berichten, daß die polnische Bevölkerung in ihrer zweifelnden Haltung weiterhin verbleibe, glaubt der Oberstaatsanwalt in Zichenau feststellen zu können, daß die Bevölkerung im Zichenauer Bezirk insbesondere nach Bekanntgabe des zeitweiligen Abbruchs der diplomatischen Beziehungen zwischen Sowjetrußland und der polnischen Emigrantenregierung des Generals Sykorski in London aufgeschlossener geworden ist.[3] Insbesondere soll die starke Erregung der Polen zu einer Verstärkung ihrer antisemitischen Einstellung geführt haben. Er berichtet mir darüber:

> „Die antisemitische Haltung des hiesigen Polentums ist bereits früher anläßlich der Aussiedlung der polnischen Juden bemerkt worden. Polen haben damals unbefangen die angeblich unter ihren Volksgenossen sehr weit verbreitete Überzeugung zum Ausdruck gebracht, der deutschpolnische Krieg habe für sie wenigstens den einen Vorteil gehabt, daß sie von ihren bereits zu polnischer Zeit verhaßten jüdischen Ausbeutern, die das gesamte Wirtschaftsleben Polens beherrscht hätten, befreit worden seien. Andererseits soll in polnischen Kreisen, die gesinnungsmäßig offenbar dem Kommunismus nahestehen, gegenüber den Vorfällen von Katyn Gleichgültigkeit herrschen und die Überzeugung verbreitet sein, es

3) Am 13. 4. 1943 waren bei Katyn Massengräber mit den Leichen von über 4000 polnischen Offizieren entdeckt worden. Stalin hatte ihre Ermordung im Frühjahr 1940 angeordnet. Am 26. 4. 1943 brach die UdSSR ihre diplomatischen Beziehungen zur polnischen Exilregierung ab, da diese auf einer Untersuchung durch eine internationale Ärztekommission bestanden hatte. Vgl. aus der umfangreichen Katyn-Literatur Mackiewicz, 1983.

handele sich bei den Opfern um Angehörige der polnischen Intelligenz, die sie nichts angingen."[4]

Abschließend möchte ich zu dem Polenproblem sagen, daß die Polen in der Hoffnung auf die Wiedererstehung Polens einig sind, jedoch je nach ihrem Stand sich untereinander bekämpfen. Einen starken Einfluß übt nach wie vor der katholische Klerus aus, auf den auch die These des polnischen Volkstumskampfs zurückzuführen sein soll: „Der polnische Soldat hat den Krieg verloren, die polnische Mutter wird die polnische Nation wieder auferstehen lassen. Polnische Mutter, deine Kinder sind die Hoffnung Polens."

Bezirke Sudauen und Bialystok

Der Oberstaatsanwalt in Lyck, in dessen Bezirk die Gebiete Sudauen und Bialystok liegen, ist hinsichtlich der allgemeinen Stimmung innerhalb der polnischen Bevölkerung weniger optimistisch als der Oberstaatsanwalt in Zichenau. Er glaubt, hinsichtlich der allgemeinen Stimmung seit dem Fall Stalingrads einen Wechsel feststellen zu können. Die bei den Polen bereits aufgegebene Hoffnung auf einen für das deutsche Reich ungünstigen Kriegsausgang soll wieder aufgelebt sein. Einen Wechsel dieser Einstellung nach der Bekanntgabe der Massenmorde in Katyn konnte er noch nicht feststellen. Im Bezirk Sudauen sei die polnische Landbevölkerung ihrer bisher im allgemeinen genügend erfüllten Verpflichtung zur Ablieferung landwirtschaftlicher Erzeugnisse in letzter Zeit nur in ungenügendem Maße nachgekommen und habe teilweise durch Zwangsmaßnahmen hierzu angehalten werden müssen. Der Oberstaatsanwalt in Lyck führt diese Erscheinung auf die veränderte Geisteshaltung der Polen zurück. Im Zusammenhang hiermit weist er – im Gegensatz zu den Beobachtungen des Oberstaatsanwalts in Zichenau – auf die Bereitwilligkeit der Polen zur Unterstützung entwichener

4) Vgl. Bartoszewski, 1987 und ders. 1989, S. 139–155. Bartoszewski neigt dazu, den polnischen Antisemitismus zu verharmlosen. So sind seine Behauptungen, es habe in Polen „keine Tendenzen zu Gewaltlösungen der ‚Judenfrage'" gegeben (1989, S. 143), und die Kollaboration mit der Besatzungsmacht auf diesem Feld müsse man – mit den Worten eines Zeitzeugen – dem „Abschaum der Gesellschaft" zuschreiben (ebd. S. 152 f.) auch in Anbetracht des militanten Antisemitismus in Polen nach 1945 kaum haltbar (für die Zeit bis 1939 vgl. nur Wynot, 1971; für die Judenverfolgung in Polen nach 1945 Hillel, 1985) Aufschlußreich auch die scharfe Kritik, die Madajczyks Werk (poln. Erstveröffentlichung 1970, dt. 1987) von jüdischer Seite erfahren hat: Im ideologisch vorgegebenen Rahmen habe das Werk den Anteil des jüdischen Widerstands minimalisiert und die auf Kosten der Juden betriebene polnische Zusammenarbeit mit den Besatzungsbehörden weitgehend verschwiegen oder sie sozialen „Randexistenzen" angelastet (Krakowski, 1973, S. 225–245).

kriegsgefangener Russen sowie anderer lichtscheuer Elemente hin, womit der Bandenbildung erheblicher Vorschub geleistet werde. Derartige Banden, auf die auch ein Mordversuch an einem Gendarmeriebeamten und einem Gefängnisbeamten im Kreise Lyck zurückgeführt werden, sollen bereits aus den ehemals polnischen Gebieten auf das Altreich überwechseln.
Die Befriedung des Bezirks Bialystok ist noch nicht durchgeführt. Überfälle auf Züge, einzelnen Privatkraftwagen, auf Postomnibusse sowie auf Gutsverwalter und Gendarmeriebeamte ereignen sich laufend. Der Kommandeur der Gendarmerie im dortigen Bezirk vertrat gegenüber dem Oberstaatsanwalt in Lyck die Auffassung, daß eine völlige Ausrottung der Partisanen und Verbrecherbanden wohl niemals gelingen werde, da das sumpf- und waldreiche Gebiet – erwähnt sei besonders die Bialowieser Forst – eine wirksame Bekämpfung unmöglich mache. Die völlige Ausrottung der Banden sei in diesem Gebiet weder dem russischen Zarenreich, noch dem Bolschewismus, noch den Polen geglückt. Bis zu einem gewissen Grade würden auch wir wegen der besonderen Naturbeschaffenheit dieses Gebiets ständig mit der Niederhaltung der Banden zu tun haben. Z. Z. kann gesagt werden, daß die Gebiete, die nördlich der Eisenbahnstrecke Warschau-Grodno-Wilna liegen, als sicher angesprochen werden können. Alle Gebiete südlich dieser Eisenbahngebiete sind unsicher, von ihnen gelten die Gebiete des Forstes von Bialowies und um Wolkowicz als besonders gefährlich.
Die Heranführung der Polen zu verantwortlicher Mitarbeit an der deutschen Aufbauarbeit wird durch die unwürdige Haltung vieler Reichsdeutscher, die sich in diesem Gebiet aufhalten, ungünstig beeinflußt. Die aus dem Bezirk Bialystok zur Anzeige gebrachten Strafsachen lassen erkennen, daß die beteiligten Reichsdeutschen, insbesondere auch die Beamten, nicht das Bewußtsein ihrer nationalen und politischen Sendung besitzen und jegliche nationalsozialistische Haltung vermissen lassen. Die Sucht, in den Besitz möglichst großer Mengen von Lebensmitteln und Alkohol zu gelangen, führt dazu, sich auf alle möglichen Schiebungen einzulassen. Verschiedene Verfahren haben auch ergeben, daß man vor Übergriffen gegen Polen, insbesondere auch vor offensichtlichen Erpressungen nicht zurückschreckt. An den erheblichen Verschiebungen von Hefe und Süßstoff aus dem Altreich sind u. a. Eisenbahn- und Polizeibeamte beteiligt, desgleichen viele Soldaten. Die Einschaltung höherer militärischer Kommandostellen zum Zwecke der wirksamen Bekämpfung dieser Seuche ist dringend erwünscht. Diese dem Ansehen des

Deutschen Reiches abträgliche Haltung der Reichsdeutschen kann selbstverständlich den Polen nicht unbekannt bleiben, sie dient nicht dazu, die deutschfreundliche Haltung der fremdvölkischen Kreise zu stärken. Es kommt hinzu, daß durch die Zersplitterung der Strafverfolgungsbehörden eine einheitliche und schlagkräftige Aufklärung und Bekämpfung derartiger Delikte erschwert wird. So zeigt ein Fall, in dem einer Reihe von Personen zur Last gelegt war, Schiebungen mit Juden und Einbrüche in ein Heeresverpflegungsamt begangen zu haben, daß für die Verfolgung zuständig waren:

> Der höhere SS- und Polizeiführer in Bialystok für die Polen, das SS- und Polizeigericht in Königsberg für die beteiligten Polizeibeamten, das Kriegsgericht in Bialystok für die Wehrmachtsangehörigen und schließlich die Staatsanwaltschaft für einen reichsdeutschen Zivilisten.

Haltung der Bevölkerung und ihre Umschichtung im Verlauf des Krieges

In Ostpreußen, das als Soldatenland im Reich bekannt ist, macht sich die Umschichtung der Bevölkerung im Laufe des Krieges immer mehr bemerkbar. Männer im wehrfähigen Alter sind selten in der Heimat geworden. Sie werden, falls noch ihr Weiterverbleiben in den Heimatdienststellen unentbehrlich ist, von Personen, denen die dienstlichen Verhältnisse unbekannt sind, mit einiger Skepsis betrachtet. Nur zu verständlich ist daher der Wunsch aller dieser Männer, ebenfalls zur Wehrmacht eingezogen zu werden.
Andererseits wirkt sich das Fehlen der zur Wehrmacht eingezogenen Männer mehr und mehr in der Grundhaltung der Bevölkerung aus. Durch die Maßnahmen des totalen Krieges sind Frauen in die Betriebe eingerückt. Die innere Bereitschaft dieser Frauen zur Erfüllung ihrer Aufgaben im Rahmen der Kriegswirtschaft ist durch die Führeraufrufe nach dem Fall Stalingrads gestärkt worden.[5]
Es wird andererseits vielfach beobachtet, daß Kriegerfrauen, die unter Friedensverhältnissen wegen des geringen Einkommens ihrer Ehemänner selbstverständlich gearbeitet hätten, nunmehr die Ansicht

5) Erlaß des Führers über den umfassenden Einsatz von Männern und Frauen für Aufgaben der Reichsverteidigung vom 13. 1. 1943. Auszugsweise veröffentlicht in Deutschland im 2. WK, 1981, S. 189. Hauptziel des Erlasses war es, im Zeichen des „totalen Krieges" die „wehrunfähigen Männer für den Fronteinsatz freizumachen" und Frauen, für die eine Melde- und Arbeitspflicht eingeführt wurde, zum Arbeitseinsatz zu bringen (Herbst, 1982, S. 207 ff.).

vertreten, sie hätten ja bereits ihren Mann zur Wehrmacht hingegeben und wären daher ihrerseits nicht mehr verpflichtet, ebenfalls noch einen Beruf auszuüben. Begünstigt wird diese Haltung durch die verhältnismäßig hohen Unterstützungen, die ihnen gewährt werden. Die lange Dauer des Krieges hat ferner zur Folge, daß mehr und mehr das moralische Niveau vieler Frauen sinkt. Vergnügungssucht, reichliche Geldmittel, die ihnen zur Verfügung stehen, zum Teil auch eine gewisse Geschlechtsnot führen haltlose Frauen dazu, sich auszuleben und Liebesverhältnisse unter Nichtachtung ihrer Frauen- und Mutterehre einzugehen. Da deutsche Männer nur noch wenig vorhanden sind und insbesondere die berufstätigen Frauen mehr und mehr mit ausländischen Zivilarbeitern und Kriegsgefangenen zusammenarbeiten, ist es unvermeidlich, daß immer mehr nicht gefestigte Frauen und Mädchen trotz der harten Strafen Beziehungen mit Ausländern anknüpfen. Obwohl in der Öffentlichkeit dies Verhalten der Frauen und Mädchen scharfe Ablehnung erfährt, mehren sich dennoch derartige Beziehungen. Daher wird das freie und unbeaufsichtigte Herumtreiben von Kriegsgefangenen und ausländischen Zivilarbeitern, durch das derartige Beziehungen noch in erheblichem Umfange gefördert werden, immer mehr von der verantwortungsvollen Bevölkerung mit Unwillen aufgenommen. Gerade an Sonn- und Feiertagen sind die Straßen in Königsberg angefüllt mit Ausländern, die sich keineswegs zurückhaltend, sondern oft sogar anmaßend benehmen. Das Zusammenhalten französischer Kriegsgefangener mit polnischen und ukrainischen Mädchen wird immer wieder beobachtet. Unzufriedenheit erregt auch die Tatsache, daß französische Kriegsgefangene im großen Umfange Genußmittel zugesandt erhalten, die sie wiederum dazu benutzen, deutschen Frauen und Mädchen durch das Anbieten z. B. von Schokolade anzureizen, mit ihnen in nähere Beziehungen zu treten. Falls sich das Gerücht bewahrheiten sollte, daß die französischen Kriegsgefangenen in absehbarer Zeit völlige Freiheit erlangen und als Zivilarbeiter beschäftigt werden sollen, wird es unvermeidlich sein, daß sich die Beziehungen zwischen deutschen Frauen und Mädchen und diesen Gefangenen weiterhin vermehren.
Der Oberstaatsanwalt in Insterburg hat auf die hierdurch bedingte blutsmäßige Gefährdung des deutschen Volkes hingewiesen. Rechtspolitisch hält er zur Feststellung der Vaterschaft ausländischer Arbeitskräfte geeignete Maßnahmen für erforderlich. Er führt hierzu aus:

„Die zahlreichen ausländischen Arbeiter bedeuten nicht nur eine große Gefahr für die Sicherheit insbesondere auf dem flachen Lande (7facher Mord in Gelszinnen durch Zivilrussen), sie gefährden allmählich das Volk blutsmäßig.

Die Fälle nämlich, in denen deutsche Mütter Kinder von Ausländern haben, mehren sich. Aus rassepolitischen Gründen fordern nachdenkliche Kreise gesetzliche Maßnahmen, um den Erzeuger des Kindes einwandfrei und schnell feststellen zu können. Durch den erheblichen Einsatz von ausländischen Arbeitskräften im Reichsgebiet werden sich die Geburten auch bei Kriegerfrauen, die sich mit Ausländern eingelassen haben, steigern. Der im Fronteinsatz befindliche Mann hat nicht die Gelegenheit, sich hinreichend hierum zu kümmern. An die Staatsanwaltschaft werden derartige Fälle nur selten und leider zu spät herangetragen, so daß bei den Anfechtungsklagen große Beweisschwierigkeiten entstehen. Es wäre wünschenswert, durch gesetzliche Maßnahmen anzuordnen, daß Standesämter, Jugendämter, NSV und Parteidienststellen der Staatsanwaltschaft sofort entsprechende Mitteilungen zu machen haben, damit frühzeitig, und zwar noch während der Anfechtungsfrist des Ehemannes, eine Beweissicherung erfolgen kann. Schließlich wäre in diesem Zusammenhang auch zu prüfen, ob nicht das Zeugnisverweigerungsrecht der Mündelmutter einzuschränken ist, falls der Verdacht besteht, daß ein Ausländer als Erzeuger des Kindes in Frage kommt."

Haltung der Jugendlichen

Eine besondere – über die Kriegsbedingtheiten hinaus – anwachsende Verwilderung der Jugendlichen konnte ich bisher in Ostpreußen nicht feststellen. Die Bandenbildung Jugendlicher in Königsberg und einigen anderen Städten Ostpreußens ist nach dem raschen und energischen Durchgreifen der Justiz- und Polizeibehörden nicht mehr zu beobachten. Die über den Umfang und die Tätigkeit der Banden in der Öffentlichkeit seinerzeit aufgetauchten Gerüchte sind völlig verstummt, wenn nicht gar bereits in Vergessenheit geraten. Die Gründe für das Ansteigen der Jugendkriminalität, das Fehlen der Väter, der Mangel an geeigneten HJ-Führern, die sich größtenteils bei der Wehrmacht befinden, das Fehlen der Lehrer, die umfangreiche Freizeit durch stark verkürzten Schulunterricht und der ungünstige Einfluß, den das Beispiel leichtsinniger Frauen auf die Jugendlichen ausübt, dürften bekannt sein, so daß sich insoweit weitere Ausführungen erübrigen. Andererseits ist die Haltung der Jugendlichen nicht derart schlecht, wie so oft von politisch und kirchlich interessierten Kreisen dargestellt wird. Der Einfluß der HJ ist unverkennbar. Die Haltung der Jugendlichen in der Öffentlichkeit ist – abgesehen von einzelnen Ausnahmen – durchaus diszipliniert. Der Wunsch, baldmöglichst zur Wehrmacht zu gelangen, ist nach wie vor bei den Jungen in Ostpreußen stark. Begeistert wurde von den Jungen die Einziehung als Luftwaffenhelfer aufgenommen.[6] Der Stolz, die Uniform des Luftwaffenhelfers zu tragen, ist bei diesen Jugendlichen unverkennbar. Auch die Hilfsbereitschaft gegenüber älteren Volksgenossen – besonders bei und nach Luftangriffen – muß immer wieder festgestellt werden. Ich habe daher zu besonderen Befürchtungen bei unseren Jugendlichen noch keine Veranlassung. Es läßt sich selbstverständlich nicht verkennen, daß ebenso wie bei den Frauen der unzulässige Verkehr der Jugendlichen mit ausländischen Zivilarbeitern und Kriegsgefangenen ansteigt und zuweilen Halbwüchsige, die bereits längere Zeit Angehörige der HJ sind, hierbei die selbstverständliche Zurückhaltung vermissen lassen. Ich möchte dieses aber eher auf jugendliche Naschhaftigkeit und Neugier sowie auf Sensationslust zurückführen.

III.

Auswirkungen der Lage an der Front auf die Stimmung und Haltung der Bevölkerung

Der Fall Stalingrads und der Verlust der VI. Armee, bei der sich viele ostpreußische Soldaten befanden, hatte zur Folge, daß zunächst die Stimmung in der Grenzlandbevölkerung Ostpreußens ernstlich gedrückt war. Die Bevölkerung in ihrer soldatischen Grundhaltung konnte es zunächst nicht verstehen, daß eine ganze deutsche Armee verloren ging und wir erhebliche Rückschläge an der Ostfront erlitten. Gerade aus den Gesprächen der Fronturlauber, die sich haushoch in ihrer kämpferischen Haltung der der Sowjetrussen überlegen fühlten, entstanden zum ersten Mal während des Krieges Zweifel an der militärischen Führung. Die Folge war eine rege Erörterung über die Ursache der Rückschläge an der Ostfront und die Frage, wem die Schuld für diese Ereignisse zuzumessen sei. Es wurde bei diesen Erörterungen zum ersten Mal in Ostpreußen seit der

6) Die Anordnung für den Dienstgebrauch als Luftwaffenhelfer vom 26. 1. 1943 in Ursachen u. Folgen, Bd. 20, S. 95 f. Vom Deutschen Nachrichtenbüro am 11. 2. 1943 mitgeteilt (Keesings Archiv 1943, S. 5827).

Machtübernahme auch in sonst politisch einwandfreien Teilen der Bevölkerung eine gewisse Kritik am Führer geübt. Als Hauptursache der Rückschläge an der Südfront wurde die übermäßige Ausdehnung der Front angesehen und darin ein Fehler der obersten Führung erblickt. Bestärkt wurde diese Ansicht, daß sich auch auf Grund von Redensarten gewisser Wehrmachtsangehöriger das Gerücht verbreitete, diese militärischen Maßnahmen seien vom Führer gegen den Willen seiner militärischen Berater durchgesetzt worden. Diese kritische Haltung wurde aber weitgehend nach den Erklärungen und der Ansprache des Führers und dem Bekanntwerden der Einzelheiten des Heldenkampfes der VI. Armee geändert. Vollstes Verständnis fand in vernünftigen Teilen der Bevölkerung die Erklärung des totalen Krieges durch die Reichsregierung, wie überhaupt die ostpreußische Bevölkerung jeder militärisch notwendigen Anordnung der Reichsregierung vollstes Verständnis entgegenzubringen geneigt ist.
Gegenüber den Auswirkungen des Falls von Stalingrad auf die Stimmung der Bevölkerung haben die letzten Ereignisse und der Abschluß des Kampfes in Tunesien keine besondere Bestürzung in der Bevölkerung hervorgerufen. Das liegt offenbar daran, daß dieser Kriegsschauplatz der einheimischen Bevölkerung ferner liegt und bei der Eigenart der Kriegsführung in Nordafrika sowie der wiederholt bekanntgegebenen zahlen- und materialmäßigen Überlegenheit des Gegners auf diesem Kriegsschauplatz schließlich der Verlust Tunesiens nicht völlig unerwartet gekommen ist.[7]
Es kommt ferner hinzu, daß die nach Stalingrad einsetzende nüchterne Tatsachenpropaganda auch der Masse der Bevölkerung die Augen darüber geöffnet hat, daß in diesem schweren Ringen wir nicht nur einen ununterbrochenen Siegeslauf durchführen können, sondern auch schwere Rückschläge einstecken müssen. Die Bevölkerung ist demgemäß – als Grenzlandbevölkerung abgehärteter als vielleicht andere Teile des Volkes – sehr viel nüchterner geworden und läßt sich nicht mehr so schnell zu einer unüberlegten Kritik, insbesondere auch am Führer, verleiten. Nach dem allgemeinen Eindruck kann ich wirklich sagen, daß jetzt das Vertrauen der überwiegenden ostpreußischen Bevölkerung zum Führer auch zu seiner militärischen Führung wieder unerschütterlich ist.

7) Die Reste der Heeresgruppe Afrika hatten am 13. 5. 1943 kapituliert.

IV.

Kriegswirtschaftliche Verhältnisse Ostpreußens

Diese eben geschilderte Einstellung der Bevölkerung hat das Bewußtsein der Notwendigkeit persönlicher Opfer und Entbehrungen in weiten Kreisen der Bevölkerung verstärkt.

Ernährungslage

In sämtlichen Lageberichten der Oberstaatsanwälte wird die Tatsache der Kürzung der Fleischzuteilungen für die nächste Zuteilungsperiode und ihre stimmungsmäßige Auswirkung erörtert.[8] Übereinstimmend wird mir berichtet, daß diese Einschränkung der Lebenshaltung das Verständnis der Bevölkerung findet, wenn auch gerade die Frauen in den Städten Ostpreußens mit einiger Sorge die Frage erörtern, ob ein genügender Ausgleich anstelle der verringerten Fleischzuteilung geschaffen werden kann. Dieser Ausgleich wird deshalb so schwierig, weil die Gemüseversorgung der Provinz schlechter ist als in den übrigen Teilen des Reiches. Es ist auch zu befürchten, daß Schwarzschlachtungen, die ohnehin in meinem Bezirk mengenmäßig erheblich sind und sich zweifellos auf die Versorgung auswirken müssen, weiterhin ansteigen werden. Die Bestrafungen allein werden die Seuche der Schwarzschlachtungen kaum wesentlich beeinflussen. Es ist unmöglich, einen großen Teil der landwirtschaftlichen Betriebsführer, die für diese Schwarzschlachtungen verantwortlich sind, einzusperren, weil dadurch die ganze landwirtschaftliche Produktion gefährdet wird. Wird andererseits nicht scharf durchgegriffen, so steigt der Tauschhandel mit den Gewerbetreibenden, der ohnehin Anlaß zur Unruhe bei der Mehrzahl der schaffenden Bevölkerung bietet. Einschränkungen der Ernährungslage werden aber gerade auch von der werktätigen Bevölkerung hingenommen, wenn diese das Gefühl hat, daß alle Teile der Bevölkerung gleichmäßig davon betroffen werden, und nicht diejenigen davon verschont bleiben, die sich im Besitz von Mangelware als Tauschobjekt befinden.

Landwirtschaft

Die landwirtschaftlichen Betriebe werden zu einem großen Teil von Frauen oder alten Männern geleitet. Die landwirtschaftlichen Arbeitskräfte sind meistens ausländische Zivilarbeiter oder Kriegsgefangene.

---

8) Am 31. 5. 1943 wurde die wöchentliche Fleischration von 350 auf 250 g herabgesetzt, was eine „schockartige" Resonanz auslöste (Deutschland im 2. WK, 1981, S. 351 f.).

Trotz dieser sich hieraus ergebenden Schwierigkeiten sind die landwirtschaftlichen Arbeiten in diesem Frühjahr infolge der überaus günstigen Witterung reibungslos und rechtzeitig durchgeführt worden. Der Saatenstand ist ausgezeichnet; falls nicht durch die jetzt einsetzende Kälte und durch Trockenheit das Wachstum zurückbleibt, kann mit einer sehr guten Ernte gerechnet werden. Von seiten der Strafvollstreckungsbehörden ist der besonders schwierigen Lage der Landwirtschaft durch Gewährung von Strafausstand weitgehend Rechnung getragen worden. Die Herstellung einer günstigen Ernährungslage überwiegt gegenüber dem Interesse an einem geordneten Strafvollzug. In den landwirtschaftlichen Betrieben muß andererseits beobachtet werden, daß die Wirtschaftsmoral, wie die Schwarzschlachtungen und Lebensmittelschiebungen beweisen, der ländlichen Bevölkerung bei Fortdauer des Krieges sinkt. Dies hat aber auch zur Folge, daß die Autorität der Betriebsführer gegenüber den ausländischen Arbeitskräften nicht gerade gestärkt wird. Da die ländliche Bevölkerung fürchtet, daß die ausländischen Arbeitskräfte ihre Schiebungen im Falle eines Streites den zuständigen Polizeibeamten melden, wagen die Betriebsführer nicht, ihrer Autorität volle Geltung zu verschaffen. Es ist ferner zu bemerken, daß unverantwortliche Betriebsführer keinen Unterschied zwischen den deutschen und den ausländischen Betriebsangehörigen machen und nationalpolitische Gesichtspunkte im Interesse ihres Betriebes völlig außer Acht lassen. So werden z. B. halbwüchsige Mädchen allein mit Kriegsgefangenen oder männlichen ausländischen Zivilarbeitern auf abgelegenen Arbeitsplätzen eingesetzt, unbeaufsichtigt gelassen und so die Herstellung intimer Beziehungen zwischen deutschen Mädchen und den Ausländern begünstigt. Falls die Eltern sich gegen derartige Beschäftigung ihrer Töchter wehren, stoßen sie auf Unverständnis wenn nicht sogar auf Widerspruch der Betriebsführer. Eine häufigere Belehrung durch die Organe des Reichsnährstandes erscheint hier dringend erforderlich.

Um sich die Arbeitskraft eingearbeiteter Ausländer zu erhalten, weigert sich die ländliche Bevölkerung oft, strafbare Handlungen und disziplinloses Verhalten der Ausländer und Kriegsgefangenen zur Anzeige zu bringen und, falls von anderer Seite Anzeige erfolgt, nehmen die Betriebsführer die Ausländer noch in Schutz. Bei den Schwierigkeiten, die einem geordneten ländlichen Betriebe z. Z. entgegenstehen, müssen aber schließlich die geschilderten Unzuträglichkeiten in Kauf genommen werden.

Handel und Gewerbe

Die Aktion zur Schließung von Ladengeschäften im Rahmen der Maßnahmen des totalen Krieges ist sehr verschieden von der Bevölkerung aufgenommen worden.[9] Der größte Teil des kaufenden Publikums verzeichnete es mit Genugtuung, daß Läden, bei denen sie ohnehin die Auskunft erhielten, die gewünschte Ware wäre nicht vorhanden, geschlossen wurden und das Personal zur Erfüllung kriegsgewichtiger Aufgaben an anderen Stellen eingesetzt wurde. Es erregte bei diesem Teil der Bevölkerung eine gewisse Schadenfreude festzustellen, wie die Geschäftsinhaber, die angeblich vorher keine Ware mehr in ihrem Geschäft besaßen und die Waren zum Tauschhandel benutzten, nunmehr die Notwendigkeit ihres Betriebes für die Versorgung der Bevölkerung unter Beweis zu stellen versuchten, und wie plötzlich Waren zutage kamen, die angeblich vorher längst vergriffen waren. Andererseits trat eine gewisse Nervosität bei den Gewerbetreibenden auf, weil sie nach den Erfahrungen nicht ohne Grund befürchteten, daß bei der Schnelligkeit der einsetzenden Maßnahmen die Schließungen der Geschäfte nicht immer nach objektiven Gesichtspunkten, sondern zum Teil auf Grund persönlicher Interessen der Beteiligten durchgeführt wurden. Die mangelnde Sorgfalt bei der Prüfung brachte es mit sich, daß ein großer Teil der Schließungen nachträglich wieder rückgängig gemacht werden mußte. Die Verärgerung der Kaufmannsschaft hätte sich vermeiden lassen können, wenn etwas vorsichtiger zu Werke gegangen worden wäre. Außerdem entstand bei den kleinen Gewerbetreibenden und Geschäftsinhabern der Eindruck, daß bei der Abgabe ihrer Warenbestände an größere Firmen diese den Gewinn auf ihre Kosten abzuschöpfen versuchen würden. Die Autorität der beteiligten Dienststellen ist durch die Rücknahme vieler Schließungen nicht gestärkt worden. Die kürzlich gehaltene Rede des Herrn Reichswirtschaftsministers Dr. Funk wird wesentlich zur Beruhigung der Gewerbetreibenden beitragen.[10]

---

9) Aufgrund der Verordnung zur Freimachung von Arbeitskräften für kriegswichtigen Einsatz v. 29. 1. 1943 (RGBl. I, S. 75 f.).

10) Funk versicherte auf einer Tagung der Reichswirtschaftskammer, daß die nationalsozialistische Wirtschaftsführung keine Verstaatlichung und Bürokratisierung der Wirtschaft anstrebe (in Keesings Archiv nicht mitgeteilt, nur in Chronik, 1983, S. 370).

V.

Konfessionelle Lage

Die konfessionelle Lage der Provinz ist ruhig. Konfessionelle Streitigkeiten spielen z. Z. keine Rolle. Der Oberstaatsanwalt Braunsberg berichtet allerdings die Tatsache, daß der Besuch der katholischen Bevölkerung bei konfessionellen Veranstaltungen erheblich ansteigt, während er ein Abnehmen der Teilnahme an Veranstaltungen der NSDAP feststellen zu müssen glaubt. Er führt dies darauf zurück, daß der größte Teil der politischen Führer der NSDAP eingezogen und z. B. sämtliche fünf Braunsberger Ortsgruppen der NSDAP nur noch mit stellvertretenden Ortsgruppenleitern besetzt seien, während in der Besetzung der katholischen Pfarrstellen kaum eine Veränderung eingetreten sei und nur vereinzelt einer der Kapläne zur Wehrmacht abgestellt worden wäre. Der politische Katholizismus könne daher ungehindert in der alten Weise weiterarbeiten. Die evangelischen Geistlichen der Provinz befinden sich, soweit sie wehrfähig sind, zum größten Teil bei der Wehrmacht.[11]

11) Reifferscheid, 1975, S. 220 ff. (Seelsorger in der Kriegszeit).

42. Bericht des OLG-Präsidenten vom 27. Juli 1943

In den Sitzungsberichten des Vorsitzers des hiesigen Sondergerichts fällt in der letzten Zeit eine Zunahme der Heimtückesachen auf. Der Kreis der Beschuldigten ist gegenüber der Vorkriegszeit zum Teil ein anderer geworden. Während damals in der Hauptsache die Angeklagten ausgesprochene Staatsfeinde waren, handelt es sich jetzt auch um bisher politisch gleichgültige oder einwandfreie Personen, die der Schwere der Kriegsereignisse nicht gewachsen sind und sich zu staatsfeindlichen Äußerungen hinreißen lassen. Bei den Heimtückeäußerungen ist immer wieder als Quelle der Londoner Rundfunk zu beobachten, der also, obwohl die Strafsachen wegen des Abhörens feindlicher Sender abgenommen zu haben scheinen, doch immer wieder heimlich gehört wird. So wird in der letzten Zeit erzählt, daß mit einer weiteren Kürzung der Lebensmittelrationen zu rechnen sei, daß insbesondere die Kinder unter 6 Jahren und alte Leute über 70 Jahren überhaupt kein Fleisch mehr bekommen würden; dies ist auch ein Gerücht, das auf Verlautbarungen des Londoner Senders zurückzuführen sein soll.

In der Anlage überreiche ich eine Hetzschrift „Der Frontkämpfer", die dem Amtsgericht Schröttersburg (eingegliedertes Gebiet) durch die Post zugesandt worden ist.[1] Nach der Tendenz ist der englische Ursprung unverkennbar. Während frühere Briefe ähnlichen Inhalts den Poststempel Warschau trugen, ist dieser Brief in Schröttersburg aufgegeben.

Zusammenfassend möchte ich aber betonen, daß man bei uns von Zersetzungserscheinungen nicht sprechen kann; es handelt sich nur um vereinzelte Vorkommnisse, die gegenüber der Gesamthaltung der Bevölkerung nicht ins Gewicht fallen. Dies möchte ich besonders feststellen gegenüber den Nachrichten, die ich über das Verhalten der Bevölkerung in anderen Gauen bekommen habe.[2]

---

1) Inhalt des Flugblattes („Der Frontkämpfer" Jg. 3, Nr. 8 vom Juni 1943): Ausführungen über einen angeblich von Hitler geplanten Gaseinsatz im Krieg gegen die UdSSR. Ferner „Die Niederlage in Tunis", „Der Schlag gegen die Talsperren", der Waffen-SS werde zu Unrecht der Sieg in Charkow zugesprochen und Spekulationen über die Hitler-Nachfolge.

2) Tatsächlich wiesen die Lageberichte aus anderen OLG-Bezirken (BA, R 22) und die SD-Meldungen (MadR 1. Halbjahr 1943) auffälligere Anzeichen der Kriegsmüdigkeit auf.

Volles Verständnis finden die Maßnahmen zur Verstärkung des Luftschutzes, die zur Zeit hier durchgeführt werden. Ein jeder ist bestrebt, in Gemeinschaftsarbeit das Seine dazu beizutragen. Durch den Gauleiter Ostpreußens werden die Arbeiten besonders vorwärtsgetrieben. In letzter Zeit sind die Lattenverschläge von den Böden entfernt und Erdanschüttungen an den Luftschutzkellern gemacht worden. Im Vordergrund steht der Bau von Splittergräben, der unter Einsatz der gesamten Bevölkerung vor sich geht. Luftalarme haben in den letzten Monaten nicht mehr stattgefunden. Nach den Erfahrungen früherer Zeit rechnet man wieder mit Angriffen, sobald längere Nächte dem Feinde günstigere Anflugmöglichkeiten bieten.
Die in meinem Vorbericht erwähnte Bandentätigkeit hat in der Zwischenzeit erschreckend zugenommen.
1. Im Landgerichtsbezirk Zichenau, der vor einem Jahr noch völlig ruhig und sicher war, sind in den letzten 6 Monaten 18 Fälle gemeldet, in denen bewaffnete Banden Zoll- und Gendarmeriebeamte und deren Gehöfte, Grundstücke, die von Deutschen und Volksdeutschen bewohnt sind, überfallen haben. Auch Polen, die anscheinend in dem Verdacht standen, mit uns zusammen zu arbeiten, sind erschossen worden. Politisch gesehen, dürften diese Fälle von geringerer Bedeutung sein. Es handelt sich offenbar um Schmugglerbanden und räuberische Elemente aus dem Generalgouvernement. Dies dürfte sich auch daraus ergeben, daß die meisten, nämlich 11 Fälle, sich in dem südlichen, an die Weichsel grenzenden Gebiet ereignet haben.
2. Ungleich ernster, fast besorgniserregend liegen die Verhältnisse im Bezirk Bialystok und seit neuester Zeit auch in dem westlich anschließenden Amtsgerichtsbezirk Sudauen (eingegliedertes Gebiet, gehört zum Landgericht Lyck).
Täglich erfolgen Meldungen von Überfällen. Es werden Grundstücke von Reichs- und Volksdeutschen, Gendarmeriestationen von schwerbewaffneten Tätern, die in großer Zahl – in einem Falle angeblich hundert – auftraten, überfallen und ausgeraubt. Autos werden beschossen, so daß der Chef der Zivilverwaltung dringend empfiehlt, zum mindesten in der Dunkelheit und im nördlichen und östlichen Teil des Gebiets im Geleit zu fahren.
Mehrfach wurden Autos von Personen, die deutsche Soldaten-, Eisenbahn- oder Zolluniform trugen, durch Zeichen zum Anhalten gebeten. Sobald dieses geschehen war, wurden die Insassen erschossen, meistens mit Maschinenpistolen. Wiederholte Anschläge auf Eisenbahnzüge durch gelegte Minen und Aufreißen der Schienen auf der Strecke Bialystok-Wolkowysk gefährden den Eisenbahnverkehr erheblich.

Am 14. Juli 1943 wurde ein Reichsbahnstationsgebäude an der Strekke Sudauen-Augstow von etwa 8 mit Gewehren und Pistolen bewaffneten Banditen überfallen; ein Reichsbahnangestellter wurde erschossen.
In diesem Gebiet muß man drei Arten von Banden unterscheiden:
a) die Partisanen, d. h. Russen, teils Soldaten, teils Zivilisten. Durch das Auskämmen der Gebiete hinter dem mittleren Frontabschnitt sind sie nach Westen abgedrängt und haben hier in den Sümpfen und dem Waldgebiet von Bialowicz und nördlich von Grodno gute Verstecke gefunden. Sie sind sehr gut ausgerüstet und stehen unter russischer, militärischer Leitung. Durch Flugzeuge und Fallschirmspringer erhalten sie ihre Nachrichten und Befehle. Sie fühlen sich in dem Bezirk so sicher, daß sie regelrechte Aushebungen vornehmen, indem sie z. B. einem Dorf aufgeben, bis zu einem bestimmten Zeitpunkt eine angegebene Zahl von Leuten zu stellen. Teils aus Sympathie, teils aus Angst, teils weil sie weder Wohnung noch etwas zu essen haben, entsprechen die Leute diesen „Befehlen". Häufig benehmen sie sich in gewisser Beziehung ritterlich, indem sie Brutalitäten und Gewalttätigkeiten, die sie nicht für erforderlich halten, vermeiden. Ihr Tätigkeitsfeld ist der Osten des Bezirks Bialystok.
b) Die Mitglieder der polnischen Widerstandsbewegung treten im Westen des Bezirks und jetzt auch in Sudauen auf. Die Bewegung, die ihre Zentrale in Warschau hat, war früher harmloser Natur. Sie beschränkte sich darauf, nationale Polen zusammenzufassen und mehr theoretisch für den erhofften „Aufstand" vorzubilden. In der letzten Zeit sind sie nach dem Vorbild der Partisanen zu Gewalttätigkeiten übergegangen. Nach den Nachrichten über die Kämpfe an der Front glauben sie, auf das Ende der deutschen Macht schließen zu dürfen. Die Partisanen und die Mitglieder der Widerstandsbewegung sind miteinander verbunden in dem Haß gegen Deutschland. Im übrigen sind sie als Russen und Polen miteinander verfeindet; es kommt sogar zu gegenseitigen Überfällen.
c) Die dritte Gruppe bilden die räuberischen Banden, die als soziale Elemente in diesen Gebieten auch in der Russen- und Polenzeit das Land unsicher machten. Sie rauben und plündern.

Benachteiligung der Justizbeamten durch Ergänzung der Reichsbesoldungsordnung vom 30. 3. 1943.[3]

3) RGBl 1943 I, S. 189; enthält in Art. I zahlreiche Ergänzungen des Besoldungsgesetzes, zumeist Verbesserungen, von denen aber Justizbeamte nicht profitierten.

43. Bericht des Generalstaatsanwalt (OLG-Präsident Szelinski) vom 28. September 1943

Die militärische Lage an allen Fronten steht nach wie vor im Vordergrund des politischen Interesses der Bevölkerung.
Angesichts der geographischen Lage Ostpreußens wird die Entwicklung der Front im Osten naturgemäß am lebhaftesten verfolgt. Die gerade in den letzten Wochen erfolgten umfangreichen Absetzbewegungen unserer Truppen haben auf die ostpreußische Bevölkerung einen nachhaltigen Eindruck gemacht. Wenn auch ein entscheidender Durchbruch der Sowjets durch unsere Linien für unwahrscheinlich gehalten wird, so macht man sich doch hinsichtlich des kommenden Winters einige Sorgen. Hierbei wird die Frage, ob die Sowjets nach ihren ungeheuren Menschen- und Materialverlusten während dieses Sommers noch in der Lage sein werden, wieder wie in den vergangenen beiden Jahren eine groß angelegte Winteroffensive zu unternehmen, besonders stark erörtert. Aber auch im Falle einer größeren Sowjetoffensive im Winter glaubt man sich auf unsere Truppen und die militärische Führung verlassen zu können. Die militärische Lage im Osten wird daher als ernst, aber noch keineswegs als besorgniserregend angesehen.
Die bedingungslose Kapitulation Italiens hat auch in der ostpreußischen Bevölkerung hellste Empörung ausgelöst, ohne sie jedoch besonders zu überraschen. Nach dem Sturz Mussolinis hatte man mit einer ähnlichen Entwicklung gerechnet. Allerdings nahm man nur an, daß Italien versuchen würde, sich durch geschickte Verhandlungen aus dem Kriege hinauszumanövrieren. Daß ein König und sein Regierungschef fähig sein konnten, in der nunmehr bekannt gewordenen gemeinsten und hinterhältigsten Weise ihren treusten Verbündeten nicht nur zu verraten, sondern ihm darüber hinaus auch noch in den Rücken zu fallen, um ihn zu vernichten, hatte man doch nicht für möglich gehalten. Die Verachtung der Bevölkerung für dieses schandbare Treiben war daher grenzenlos und kam mitunter in recht drastischen Äußerungen zum Ausdruck.
Stimmungsgemäß haben die Ereignisse in Italien sich nicht ungünstig ausgewirkt. Man verkennt zwar nicht, daß durch den Verrat Badoglios und der hinter ihm stehenden Clique die von den Sowjets

immer wieder geforderte zweite Front in Europa nun tatsächlich entstanden ist; weiter übersieht man auch nicht, daß hierdurch unsere militärische Führung gezwungen wurde, zahlreiche Divisionen von den anderen Fronten abzuziehen, um sie nach Italien zu werfen.[1]
Andererseits haben aber die Vorgänge in Italien doch nunmehr die erforderliche Klarheit geschaffen und damit die Luft wie nach einem Gewitter ge-reinigt. Die quälende Unsicherheit über die Entwicklung in Italien hat-te doch schwer auf der Bevölkerung gelastet. Nachdem nunmehr die Fronten klar abgesteckt sind, ist die Stimmung durchaus zuversichtlich. Hierzu mag auch die Erkenntnis beigetragen haben, daß die früheren Rückschläge in Afrika, Sizilien und Kalabrien, die der Bevöl-kerung gewisse Sorgen bereitet hatten, weil sie sich diese nicht recht erklären konnte, vor allem auf das völlige Versagen bzw. das feige Desertieren oder gar den offenen Verrat ganzer italienischer Verbän-de einschließlich ihrer Offiziere zurückzuführen sind. Diese Zuversicht ist durch die Rede des Führers, die jedem klarlegte, daß unsere Führung rechtzeitig alle erforderlichen Gegenmaßnahmen getroffen hatte, noch verstärkt worden, zumal sie in wirksamster Weise durch die militärischen Ereignisse in Italien selbst unterstrichen wurde.[2]
Im Gegensatz zu den äußeren Fronten wird die Luftkriegslage mit größter Sorge betrachtet. Wenn auch Ostpreußen in der Zeit seit meinem letzten Bericht von Bombenangriffen feindlicher Flieger völlig verschont geblieben ist, so haben doch die schweren Terrorangriffe der anglo-amerikanischen Luftwaffe auf zahlreiche Städte im Westen unseres Vaterlandes die Bevölkerung seelisch stark erschüttert.
In diesem Zusammenhang muß hervorgehoben werden, daß die Evakuierung der Großstädte im Reich zahlreiche Volksgenossen nach Ostpreußen gebracht hat, die nun unter dem Eindruck gewiß schwerer persönlicher Erlebnisse in ihrem neuen Lebensraum zu Quellen übler Gerüchte werden. Bei allem gebotenen Verständnis wird hinsichtlich ihres Verhaltens in dieser Richtung eine aufmerksame Beobachtung und gegebenenfalls auch eine strenge Bestrafung am Platze sein. Darüber hinaus hat die Aufnahme der Bombengeschädigten und

---

1) Am 25. 7. 1943 brach mit der Verhaftung Mussolinis die faschistische Herrschaft in Italien zusammen. Der neue Regierungschef, Marschall Badoglio beteuerte, den Krieg an der Seite des Reiches fortsetzen zu wollen, streckte aber bald darauf Friedensfühler aus. Am 8. 9. 1943 gab Eisenhower den Waffenstillstandsabschluß mit Italien bekannt.

2) In der Rundfunkansprache Hitlers vom 10. 9. 1943 hieß es: „Der Ausfall Italiens bedeutet militärisch nur wenig." (Keesings Archiv 1943, S. 6082 f.) Der SD konnte denn auch melden, daß allgemein geurteilt werde, hier hätte man „Ballast" abgeworfen.

Evakuierten auch sonst zu erheblichen Unzulänglichkeiten geführt, die vielfach in ihrem arroganten und unverständigen Auftreten der einheimischen Bevölkerung gegenüber begründet sind.
Der Oberstaatsanwalt in Lyck hat in dieser Hinsicht folgendes berichtet:

„Sehr wesentlich benachteiligt wird die Stimmung der hiesigen Bevölkerung, insbesondere auch gerade der Landbevölkerung, durch die in letzter Zeit nach Ostpreußen evakuierten Berliner, die es verstanden haben, sich in kürzester Zeit so unbeliebt wie möglich zu machen. Sie gehen von der irrigen Auffassung aus, daß der Bauer auf dem Lande in Hülle und Fülle lebt, verlangen von ihm Lebensmittel, die er ihnen nicht geben kann, und treten überall arrogant und anmaßend auf. Sie schimpfen auf die Berliner Gauleitung, daß man es gewagt habe, sie in diese Einöde zu schicken. Sie erklären, sie könnten ohne Kino, Theater und Konzerte nicht leben, prahlen, daß sie in Berlin mit Obst, Schokolade und Kaffee reichlich versorgt worden wären, und erwecken damit in der hiesigen Bevölkerung die Auffassung, daß Ostpreußen in der Versorgung gegenüber anderen Teilen des Reiches benachteiligt würde. Kurzum, der größte Teil der von Berlin hierher Evakuierten benimmt sich der bekannten Berliner Mentalität entsprechend. Eine Berlinerin soll dem Vernehmen nach kürzlich sogar geäußert haben, Ostpreußen allein wäre am Kriege schuld. Man hätte 1939 dem Wunsche der Polen entsprechend Ostpreußen an Polen abtreten sollen, dann wäre es gar nicht zum Kriege gekommen. Bedenklich ist, daß die ostpreußische Bevölkerung bei ihrer etwas schwerfälligen Art meistenteils nicht in der Lage ist, diesen Unverschämtheiten sofort mit der nötigen Entschiedenheit entgegenzutreten, sondern meistenteils sich nachteilig beeindrucken läßt. Die Auffassung eines Oberzahlmeisters, eines gebürtigen Oberbayern, erscheint zutreffend, der das Auftreten der Berliner in Ostpreußen mehrfach beobachtet hatte und erklärte, die Berliner habe man nur zu den ruhigen und etwas schwerfälligen Ostpreußen schicken können, hätte man versucht, sie nach Bayern zu evakuieren, hätte es dort schon längst Mord und Totschlag gegeben."

Zum gleichen Thema hat der Oberstaatsanwalt in Allenstein folgendes vorgetragen:

„Die Berliner Evakuierten haben es – nur mit wenigen Ausnahmen – bedauerlicherweise an dem nötigen Verständnis für die Belange und die Lage ihrer Wirte fehlen lassen. Sie haben sich fast überall durch anspruchsvolles und uneinsichtiges Auftreten – es handelt sich nach den mir zugetragenen Mitteilungen fast ausschließlich um Frauen – die Sympathien der Bevölkerung verscherzt. Man begegnet ihnen mit einem gewissen Mißtrauen und mit schlecht verhehlter Abneigung."

Der Oberstaatsanwalt in Memel hat sich hierzu wie folgt geäußert:

„Die Haltung der Bevölkerung ist nach wie vor durchaus zufriedenstellend. Die Gerüchtebildung ist keineswegs bedeutend oder beunruhigend. Eine gewisse Beeinträchtigung der Stimmung war vor einiger Zeit zu verzeichnen, als Hamburger oder Berliner Bombengeschädigte in größerer Anzahl eintrafen. Die Bevölkerung hat manchen Äußerungen und Schilderungen mehr Glauben geschenkt und sie ernster genommen, als sie verdienten. Der Großstädter redet, insbesondere in seiner Erregung, so manches dahin, was er gar nicht so ernst meint und hinterher schnell vergißt. Die hiesige geistig nicht so bewegliche Landbevölkerung hat die Dinge jedoch wortwörtlich genommen und hat sich unnötig Gedanken und Sorgen gemacht. Einigen Verbreitern und Verfassern von besonders üblen und bösartigen Greuelmärchen wurde schließlich von der Gestapo das Handwerk gelegt. Jetzt ist auch hier wiederum eine Beruhigung eingetreten, und diese Erscheinungen dürften im Wesentlichen überwunden sein."

Ich befürchte eine nachhaltige ungünstige Beeinflussung der ostpreußischen Bevölkerung durch die evakuierten Großstädter nicht. Der Ostpreuße hört sich derartige Erzählungen von Evakuierten an und ist bei seiner Schwerfälligkeit meistens nicht fähig zu widersprechen. Er ist aber als Grenzbewohner aus hartem Holz geschnitzt und läßt sich in seiner Grundhaltung nicht so leicht beeinflussen.

Die militärischen Rückschläge der letzten Zeit und die hierdurch hervorgerufene Verschlechterung der Stimmung der Bevölkerung hat ein starkes Anwachsen der Heimtückestrafsachen zur Folge gehabt. Diese Straftaten haben nicht nur der Zahl, sondern auch der Schwere nach zugenommen.

Im einzelnen berichtet der Oberstaatsanwalt in Königsberg mir hierüber folgendes:

„Wenn auch die Fälle selten sind, in denen Zweifel am glücklichen Ausgang des Krieges in der Öffentlichkeit geltend gemacht werden, so hat doch in der ganzen Provinz die Kritik an der Führung und ihren Anordnungen in bedrohlicher Weise zugenommen. Der Täterkreis umfaßt in letzter Zeit erkennbar auch zahlreiche

Personen, die keineswegs als Staatsfeinde angesprochen werden können. Neben verständlichen Erörterungen einzelner Tagesereignisse geht recht oft eine gehässige und zersetzende Herabwürdigung der führenden Persönlichkeiten."

Die Gefährlichkeit des Anschwellens der Heimtückestrafsachen für die Widerstandskraft unseres Volkes liegt auf der Hand. Ich habe daher den Leiter der Staatsanwaltschaft beim Sondergericht in Königsberg angewiesen, überall da schnell und energisch durchzugreifen, wo die heimtückischen Äußerungen einer passiven, staatsfeindlichen oder defaitistischen Grundhaltung des Täters entsprechen. Dagegen werden einmalige Unmutsäußerungen von sonst einwandfreien Persönlichkeiten, die aus Anlaß besonderer Ereignisse (z. B. Heldentod eines Angehörigen, Totalschädigung durch Bombenangriffe) gefallen sind, milde beurteilt. Eine wirksame Bekämpfung der die Widerstandskraft unseres Volkes gefährdenden Elemente dürfte hierdurch gewährleistet sein.

Im übrigen haben aber auch die in der Tagespresse veröffentlichten Hinrichtungen einzelner defaitistischer Schwätzer, die vom Volksgerichtshof wegen Wehrkraftzersetzung und Feindbegünstigung zum Tode verurteilt waren, bereits die beabsichtigte Wirkung auf die Bevölkerung nicht verfehlt. Diese sieht, daß die Staatsführung gewillt und auch durchaus in der Lage ist, mit allen Elementen, die die Widerstandskraft unseres Volkes und damit auch den Endsieg gefährden könnten, kurzen Prozeß zu machen.[3]

Luftkriegslage wird mit großer Sorge betrachtet. Bevölkerung seelisch stark erschüttert.[4] – OStAe in Lyck und Zichenau registrieren Zunahme von Überfällen auf deutsche Dienststellen. Dienstreisen werden nach Eintritt der Dunkelheit verboten. – Bandentätigkeit in Sudauen. – Unsicherheit im Bezirk Bialystok. In deutschen Diensten stehende Polen werden auf offener Straße von Partisanen erschossen. Tägliche Gleissprengungen. „Katyn" wird als deutsche Propaganda abgetan. Würdeloses Auftreten von Reichsdeutschen hat Auflösungserscheinungen begünstigt. – Wieder erhebliche Brandschäden von spielenden Kindern verur-

3) Vgl. dazu den Fall Mertens (Tl. 1, Kap. 6.3.). Die Zuständigkeit für die Strafverfolgung wehrkraftzersetzender Äußerungen wurde dem VGH mit der Verordnung vom 29. 1. 1943 (RGBl. I, S. 76) übertragen.

4) Nach den Vernichtungsangriffen auf Hamburg (24.–30. 7. 1943), denen über 30 000 Menschen zum Opfer fielen, waren im August/September zahlreiche westdeutsche Städte bombardiert worden.

sacht.[5] – Tauschhandel blüht und empört weite Bevölkerungskreise. – Verbotener Umgang besonders mit französischen Kriegsgefangenen.[6] – OStA Rode, Memel, lobt die für Landarbeit geeigneten sowjetischen Gefangenen, kann aber bei Fahrten durch seinen Bezirk „unbehagliches Gefühl nicht ganz unterdrücken“ angesichts der Tatsache, daß sie sich „unbeaufsichtigt auf dem Acker und auf dem Lande bewegen, mit Milchfuhrwerk allein zum nächsten Bahnhof fahren und so fort“.

5) Vgl. Anm. 2 zum Bericht v. 11. 10. 1940.

6) In den „Vertraulichen Mitteilungen" der Gauleitung v. 22. 8. 1943 war abermals daran erinnert worden: „Kriegsgefangene gehören nicht zur Haus-, Tisch- oder Hofgemeinschaft." (GStA, Rep. 240, B 8 e, Bl. 264 f.). Im Zeichen des seit Anfang 1943 propagierten europäischen Abwehrkampfs gegen den Bolschewismus waren jedoch 250 000 frz. Kriegsgefangene in den Zivilarbeiterstatus überführt worden und genossen so weitgehende Freiheiten, daß eine strikte Abgrenzungspolitik praktisch nicht mehr durchführbar war (Herbert, 1985, S. 266 f.).

44. Bericht des OLG-Präsidenten vom 29. November 1943

I.

Seit meinem letzten Lagebericht hat sich manches ereignet, was vielleicht geeignet gewesen wäre, die Stimmung und Haltung der Heimatfront ungünstig zu beeinflussen: Im Süden die Eroberung Siziliens, die Landung in Italien und der schmähliche Verrat Badoglios; im Osten der Rückzug der deutschen Truppen bis teilweise hinter den Dnjjepr und die Abschneidung der Halbinsel Krim; in der Heimat die Verstärkung des feindlichen Bombenterrors, der gerade in diesen Tagen durch Großangriffe auf die Reichshauptstadt seinen Höhepunkt findet.[1]

Trotz alledem kann ich die Stimmung in dem Grenzland Ostpreußen mit einem gewissen Stolz als zwar ernst, aber doch gut und zuversichtlich bezeichnen. Mit Besorgnis wurden seinerzeit die militärischen Ereignisse in Tunesien und Sizilien verfolgt, da es die Bevölkerung allgemein nicht verstehen konnte, warum dem Feinde nicht mehr Truppen entgegengeworfen wurden. Nachdem die wahren Hintergründe für das Verhalten Italiens aufgedeckt sind, ist die Ungewißheit und der Druck – welcher auf der Bevölkerung lastete, genommen; erst nachträglich ist es der Heimat voll gewußt geworden, vor welchem Abgrund wir in den Tagen des Badoglio-Verrats gestanden haben. Nachdem wir nunmehr innerhalb überraschend kurzer Zeit in Italien der Lage Herr geworden sind und der durch ein Bravourstück deutscher Soldaten befreite Duce die Geschicke Italiens wieder in die Hand genommen hat und die Gefahr an der Südfront sowohl in Italien wie auf den Dodekanes-Inseln gebannt worden ist, können die insoweit entstandenen Besorgnisse bei der Bevölkerung als überwunden angesehen werden.[2]

Gerade in Ostpreußen als der am weitesten gegen den Sowjetstaat vorgeschobenen Provinz, bewegen die Bevölkerung die Ereignisse an der Ostfront erklärlicherweise stets in ganz besonderem Maße. Wenn man auch die militärische Lage im Osten als ernst betrachtet, so ist

1) Am 19. 1. 1943 begann die Royal Air Force mit fünf Großangriffen auf die Reichshauptstadt. Bilanz nach dem letzten Angriff vom 2./3. 12.: 2700 Tote, 250 000 Obdachlose.

2) Deutsche Fallschirmjäger befreiten den in einem Berghotel im Gran Sasso-Massiv gefangengehaltenen Mussolini am 12. 9. 1943.

man doch der festen Überzeugung, daß die Front gegen den Bolschewismus auf jeden Fall gehalten werden wird, gleichgültig, ob die Sowjettruppen ein paar 100 km mehr oder weniger vorrücken.
Insbesondere üben die völlig zuversichtliche Stimmung und die Überzeugung kämpferischer Überlegenheit der Frontsoldaten gegenüber dem bolschewistischen Gegner, wie sie in Briefen und durch Urlauber von der Front zum Ausdruck kommen, einen günstigen Einfluß aus.
Durch den Luftkrieg in der Heimatprovinz ist die Stimmung der ostpreußischen Bevölkerung in der abgelaufenen Berichtsperiode nicht beeinflußt worden. Abgesehen von Fällen, in denen sowjetische Fallschirmspringer mit Sabotage- und Propagandamaterial abgesetzt sind und polnisches Propagandamaterial im eingegliederten Zichenauer Gebiet abgeworfen worden ist, ist Ostpreußen seit dem Frühjahr dieses Jahres vom Luftkrieg nicht mehr unmittelbar berührt worden.
Mit desto größerer Sorge und Anteilnahme verfolgt die Bevölkerung nunmehr die Terrorangriffe auf Berlin, zumal durch die früher stattgefundenen großen Abwanderungen von hier viele Ostpreußen Verwandte in der Reichshauptstadt haben.
Die Stimmung und Haltung der ostpreußischen Bevölkerung ist leider durch die Evakuierung zahlreicher Berliner einer gewissen Belastungsprobe unterworfen worden. Diese Großstädter konnten, soweit sie nicht aus Ostpreußen stammten oder bereits ihrer Heimatprovinz entfremdet waren, sich vielfach nicht in die einfachen und einförmigen kleinstädtischen und ländlichen Verhältnisse hineinfinden und sahen sich vor allem in ihrer Erwartung, hier eine reichlichere Fleisch- und Fettkost vorzufinden, enttäuscht. Man hat die Erfahrung gemacht, daß der Berliner viel mehr als der Ostpreuße meckert; die politische Disziplin des Ostpreußen bezeichnet er von sich aus vielfach als Dummheit oder als beschränkten Gesichtskreis. An manchen Orten ist es aufgefallen, daß bei der Berliner Jugend in der Regel nicht der deutsche Gruß angewandt worden ist, auch verhält sie sich im Durchschnitt der HJ. gegenüber recht gleichgültig. In der Folgezeit ist allerdings insofern ein Wandel eingetreten, als zahlreiche Berliner, welche sich in die hiesigen Verhältnisse nicht einfügen konnten, wieder in die Reichshauptstadt zurückgekehrt sind, während die Zurückgebliebenen mit ihren Gastgebern meist auf gutem Fuße stehen und ihnen auch in der Wirtschaft helfen. Es steht allerdings zu befürchten, daß nach den jetzigen Terrorangriffen Ostpreußen mit Berliner Bombengeschädigten und Evakuierten überschwemmt wird, welche eine Stimmung mitbringen, die der festen Haltung der ostpreußischen Bevölkerung abträglich sein könnte.

Auf die Stimmung der Heimatfront hat die Führer-Rede vom 8. November gleichsam wie ein Stahlbad gewirkt; sie hat die Bevölkerung mit neuer Zuversicht erfüllt und zur Klärung außerordentlich beigetragen.[3] Insbesondere ist die Bekräftigung, daß die angekündigten Vergeltungsmaßnahmen gegen England kommen werden, sehr beachtet worden. Von verständigen Leuten wird das Hinausschieben dieser Maßnahmen nicht als Schwäche, sondern gerade als Stärke ausgelegt, weil wir trotz der angespannten Lage nicht die Nerven verlieren und nicht vorzeitig, vor vollständiger Rüstung zuschlagen, sondern die Vorbereitungen zu diesem Unternehmen erst restlos zu Ende führen, damit der Schlag dann auch wirklich sitzt.

II.

Die Rücknahme der deutschen Ostfront wirkt sich auf die Sicherheit in dem eingegliederten Ostgebiet und vor allem im Bezirk Bialystok immer ungünstiger aus, da die Partisanen und Banden weiter nach Westen gedrängt werden und die Tätigkeit der polnischen Widerstandsbewegung, welche ihre Zeit gekommen sieht, an Umfang, Gefährlichkeit und Aktivität zunimmt. Seit einigen Monaten wächst sowohl im Bezirk Bialystok wie im Landgerichtsbezirk Zichenau und im Amtsgerichtsbezirk Sudauen die Zahl der Überfälle und Ermordungen, welche ohne Zweifel auf rein politische Gründe zurückzuführen sind. Im Bezirk Bialystok werden öfters auf Eisenbahnzüge Anschläge verübt. Leider gelingt es meistens nicht, die Täter, welche häufig deutsche Militär-, Polizei- oder Parteiuniformen tragen, zu ermitteln.
Angesichts dieser Verhältnisse schreitet die deutsche Bevölkerung zur Selbsthilfe. So hat in Sudauen der Bürgermeister die gesamte männliche Bevölkerung, soweit sie hierfür geeignet ist, zur Notdienstleistung herangezogen und für den Dienst in der Hilfspolizei verpflichtet. Die Notdienstpflichtigen werden gemeinsam mit Beamten der Schutzpolizei in den Nachtstunden zum Streifendienst eingesetzt. Die Mitglieder des Amtsgerichts nehmen an diesem Dienst gern teil. Trotz der zunehmenden Unsicherheit besteht die Gefahr eines Auf-

---

3) Angesichts der Opfer, die Soldaten und Zivilisten brachten, drohte Hitler mit der rücksichtslosen Verfolgung jener, die sich vom Sieg der Alliierten etwas erhofften und so „Henkerdienste an ihrem eigenen Volk" leisteten. Auf den Bombenkrieg eingehend kündigte er die „Stunde der Vergeltung" an und rechnete den Alliierten die Sinnlosigkeit des „Luftterrors" vor: „Derjenige nämlich, der einmal seine Sachen eingebüßt hat, kann nur einen Wunsch haben: daß der Krieg niemals verlorengeht, den nur der siegreiche Krieg kann ihm einst wieder zu seiner Sache verhelfen. So sind Hunderttausende von Ausgebombten die Avantgarde der Rache." (Keesings Archiv 1943, S. 6163 ff.).

standes der einheimischen Bevölkerung nicht. Dazu ist die Zahl der Partisanen und der aktivistischen Angehörigen der polnischen Widerstandsbewegung zu gering; auch dürfte der größte Teil der immerhin waffenlosen einheimischen Bevölkerung für einen Aufstand im Hinblick auf dessen Aussichtslosigkeit nicht zu haben sein, abgesehen davon, daß es einem Teil der Bevölkerung jetzt wirtschaftlich besser geht als unter der früheren Herrschaft.
Am 16. November 1943 ist in Rowno der kürzlich zum Landgerichtspräsidenten in Zichenau beförderte, bisherige Senatspräsident Dr. Funk, der als Leiter der Abteilung Rechtswesen im Reichskommissariat Ukraine tätig war, erschossen. Der Täter, der unbekannt entkommen ist, trug deutsche Offiziersuniform. Es ist anscheinend ein National-Ukrainer, der bereits mehrere Morde und Mordversuche an leitenden Beamten des Reichskommissariats begangen hat.[4]

III.

In der Strafrechtspflege steht die Tätigkeit des Sondergerichts nach wie vor im Vordergrund des Interesses. Es entscheidet je nach der Größe der Sachen grundsätzlich mit einem oder zwei Beisitzern. Der Einzelrichter im Sondergericht, welcher sich in den Augen des Publikums rein äußerlich von einem gewöhnlichen Amtsrichter nicht unterscheidet, wird als solcher der Bedeutung dieses Gerichtshofs nicht gerecht und ist daher fehl am Platze. Gegenüber der früheren Berichtsperiode ist ein Rückgang der Sondergerichtssachen um etwa 20 % zu verzeichnen. Auch bei der Strafkammer ist eine Verminderung der Geschäfte festzustellen. Die Ursache für diese rückläufige Bewegung ist wohl in erster Linie auf die allgemeine strenge Strafjustiz zurückzuführen, welche offensichtlich ernüchternd und abschrekkend gewirkt hat. Allerdings wird man auch andererseits sagen müssen, daß bei der heutigen Besetzung der Polizeistellen, besonders auf dem Lande, wohl nicht alle Fälle der Kriminalität erfaßt werden.
In den Übersichten über die Sitzungen des Sondergerichts Königsberg Pr., welches für den ganzen Altreichsbezirk des Oberlandesgerichts zuständig ist, fällt die große Zahl ausländischer Angeklagter, insbesondere der aus den östlichen Gebieten stammenden Personen, auf; in der Zeit vom 1. Januar bis 30. September 1943 entfielen allein 23 % auf aus dem Osten stammende, hier eingesetzte Arbeitskräfte.
Wie durch den den Generalstaatsanwälten mitgeteilten dortigen Erlaß

4) Vgl. „Königsberger Tageblatt" o. D. „Landgerichtspräsident Alfred Funk ermordet" mit Passagen aus dem Nachruf Kochs (BDC-Research SL 49) sowie Tl. I, Kap. 5.3., Anm. 76.

vom 27. August 1943 klargestellt ist, ist gemäß Erlaß des Herrn Reichsmarschalls vom 8. März 1940 und entsprechend einer späteren Regelung der Polizei die Sicherstellung einwandfreier Lebensführung der im Reichsgebiet mit Ausnahme der eingegliederten Ostgebiete eingesetzten Zivilarbeiter polnischen Volkstums und sowjetrussischer Arbeiter übertragen worden. Gemeint sind hiermit offensichtlich alle Arbeitskräfte nichtdeutschen Volkstums, welche aus den ostwärts des Reiches gelegenen Gebieten stammen, gleichgültig, ob es sich um Arbeitskräfte aus dem früheren Polen, aus dem altsowjetrussischen Gebiet oder aus den ehemaligen Staaten Litauen, Lettland oder Estland handelt.

Der Begriff der „Sicherstellung einwandfreier Lebensführung“ läßt m. E. auch die polizeiliche Aburteilung solcher Straftaten ohne weiteres zu, welche zur Zuständigkeit des Sondergerichts gehören. Diese Auffassung wird auch durch die Ausführungsbestimmungen, welche der Reichsführer SS. und Chef der Deutschen Polizei erlassen hat, bestätigt.

Es ist deshalb nicht einzusehen, warum die Polizei in Ostpreußen von der Möglichkeit eigener Ahndung der Straftaten nicht oder jedenfalls nicht in größerem Umfange Gebrauch macht. Hierdurch würde zudem eine fühlbare Entlastung des Sondergerichts eintreten.

Die Zahl der Schwarzschlachtungen, welche früher das Sondergericht Königsberg Pr. im großen Umfange beschäftigte, hat – offenbar unter dem Eindruck der hohen Strafen – erheblich abgenommen. Als neues Übel hat sich jetzt herausgestellt, daß die Landbevölkerung mit den Amtspersonen, welche das Schlachtgewicht feststellen sollen, zuweilen insofern gemeinschaftliche Sache macht, als das Gewicht des Schlachtviehs viel zu niedrig angegeben wird. Wegen dieser Straftaten sind bereits zwei Fleischbeschauer zu 8 und 4 Jahren Zuchthaus und mehrere Bauern zu Gefängnisstrafen verurteilt worden. Einige Verfahren schweben noch.

Unter der Bevölkerung hat ein Strafverfahren vor dem Sondergericht gegen den Leiter der Landesfrauenklinik und Hebammen-Lehranstalt Insterburg, Prof. Dr. S., berechtigtes Aufsehen erregt. Es war festgestellt worden, daß in der Landesfrauenklinik im ersten Vierteljahr 1942 an infektiösen Erkrankungen 44 Kinder und 38 Frauen verstorben waren. Die Ermittlungen haben insoweit allerdings keinen ausreichenden Anhalt für eine Schuldfeststellung ergeben. Bei den Ermittlungen ist aber der dringende Verdacht aufgetaucht, daß er sich in 9 Fällen der vollendeten, in 2 weiteren Fällen der versuchten gewerbsmäßigen Abtreibung und in einem weiteren Falle der einfachen Abtreibung schuldig gemacht hat. Die Verhandlung ist nach Vernehmung der Zeugen ausgesetzt worden und wird Anfang Dezember mit Erstattung der Gutachten fortgesetzt werden.

Chaotische Sicherheitslage im Bezirk Bialystok, in Zichenau und Sudauen. Bildung von Selbstschutzverbänden in der deutschen Bevölkerung. Jedoch keine Aufstandsgefahr. – Statistik zum Geschäftsanfall in Scheidungssachen. Erhebliche, kriegsbedingte Zunahme. – Durchführung von Unterhaltsklagen wird erschwert, da Rassenbiologisches Institut der Albertus-Universität mit Erstattung erbbiologischer Gutachten heillos in Verzug. – Angespannte Personallage in der Justizverwaltung. Nachwuchssorgen, da die Referendare Militärkarriere vorziehen. – Gutes Verhältnis der Justizverwaltung zur Rechts- und Staatswissenschaftlichen Fakultät der Königsberger Universität.[5]

5) Wenige Wochen später sollten diese Beziehungen empfindlich gestört werden: Auf dem „Lagertag" einer juristischen Arbeitsgemeinschaft der Albertus-Universität in Cranz am 8. 1. 1944 soll sich der Dekan der Jur. Fakultät, Professor Dr. Paul Bockelmann, gegen die den Hochschulen „aufgezwungenen" Arbeitsgemeinschaften, die Praxis und Wissenschaft „vermanschen", ausgesprochen und die Entlassung ihres Urhebers, Staatssekretär im RJM Curt Rothenberger, begrüßt haben. In Anbetracht der Einflüsse, denen die ordentliche Strafgerichtsbarkeit ausgesetzt sei, so Bockelmann weiter, sei die Kriegsgerichtsbarkeit noch die „freieste Justiz". Der Vorfall zog ein Untersuchungsverfahren nach sich, über das die Minister Thierack und Rust ständig informiert wurden. Als Anfang Juni 1944 endlich Bockelmanns „Unschuld" feststand, waren die Beziehungen zwischen Justiz und Universität im Wechselspiel gegenseitiger Vorwürfe so zerrüttet worden, daß man OLG-Präsident Draeger nicht einmal zur 400-Jahrfeier der Albertina einlud (GStA, Rep. 76/897).

45. Bericht des Generalstaatsanwalts (OLG-Präsident Szelinski) vom 26. Januar 1944

Politische Führung in Ostpreußen

In der Berichtszeit ist in der politischen Führung kein wesentlicher Wechsel eingetreten. Der neue Oberfinanzpräsident Zerahn hat die Leitung des NSRB im Gau Ostpreußen übertragen erhalten. Im Kampf mit Partisanen sind u. a. der Gaupropagandaleiter Paltzo und Senatspräsident Funk gefallen.[1] Kreisleiter Wagner aus Königsberg ist nach längerem Wehrmachtseinsatz uk-gestellt worden und hat die Kreisleitergeschäfte wieder übernommen.[2]

Die Tätigkeit der NSDAP ist in erster Linie auf die Vorbereitung von Luftschutzmaßnahmen ausgerichtet. Größere Versammlungen haben weniger stattgefunden. Demgegenüber führen die Ortsgruppen laufend Zellensprechabende durch, die sich bewähren. In ihnen kommt der einfache Parteigenosse zu Wort. Die politische Führung erhält hier den unmittelbaren Eindruck der Einstellung der Bevölkerung zu den Tagesfragen und erfährt Schäden oder Nöte, die geeignet sind, die wehrhafte Selbstbehauptung des Volkes zu gefährden. Diese Zellensprechabende haben sich insbesondere als geeignet zur Bekämpfung von Gerüchten erwiesen.

---

1) Den Oberfinanzpräsidenten charakterisiert Wolff, 1948, S. 61 als einen dem Gauleiter „hörigen" Mann, der nichts getan habe, um die „Erich-Koch-Stiftung" zu besteuern. Vgl. dagegen die anderslautende Aussage des Vizepräsidenten Paul Hoffmann v. 6. 5. 1953 in BA, Ost-Dok. 10/353. Zu Paltzo Tl. I, Kap. 3, Anm. 36.

2) Wolff, 1948, S. 121 ff. sieht in ihm eine „Zierde des Koch-Kreises", dessen Fronteinsatz darauf zurückzuführen gewesen sei, daß er größere Mengen Konserven, die aus einem Diebstahl beim Heeresverpflegungsamt stammten, auf seinem Hof vergraben hatte und die Sache ruchbar wurde. Als Volkssturmführer soll er in Königsberg 1945 von eigenen Leuten „öffentlich erhängt" worden sein. Dagegen Gause, 1971, S. 161 f., demzufolge Wagner bei der Verteidigung Königsbergs gefallen sei. – Ernst Wagner, Jg. 1910, Landwirt in Köthen bei Tapiau gehörte zu den ersten Parteiaktivisten im Kreis Wehlau (NSDAP-Mitgliedsnr. 235 471) und wurde dort auch Kreisleiter, 1935/36 mit einem Parteiverfahren wegen selbstherrlicher Amtsführung bedroht, Wechsel als Kreisleiter nach Elbing bis 1939, dann Kreisleiter der Stadt Königsberg bis 1945 (BDC-OPG Wagner). Zum „Konservenfall" auch Dieckert-Grossmann, 1978, S. 43 f.

Luftlage

Die Provinz Ostpreußen hat in dem Winterhalbjahr 1943/44 bisher keine Luftangriffe erlebt, so daß in der Bevölkerung bereits die Meinung aufkommen konnte, daß der Feind nicht beabsichtige, Ostpreußen anzugreifen. Es war daher Aufgabe der mit dem Luftschutz betrauten Dienststellen, diesem Irrtum wirksam entgegenzutreten, um unliebsame Überraschungen zu vermeiden und die Bevölkerung luftschutzbereit zu erhalten. Es sind besonders in Königsberg weitgehende Luftschutzmaßnahmen getroffen worden, die auch größere Terrorangriffe in Rechnung stellen.
Die starken Luftangriffe auf die Großstädte West- und Mitteldeutschlands und auf Berlin haben zwar Schmerz und Wut auch in dieser Provinz hervorgerufen, das damit verfolgte Ziel, den Widerstandswillen der Bevölkerung zu beeinträchtigen, ist nicht erreicht.

Stimmungsmäßige Auswirkung der Lage an den Fronten

Das wechselnde Kriegsglück an der Ostfront und die pausenlosen Offensiven der Sowjets haben in den letzten Monaten nicht mehr die schlechten Auswirkungen auf die Stimmung der Bevölkerung gehabt, wie etwa im Vorjahr der Fall Stalingrads und der Verrat Italiens. Die Bevölkerung ist stärker im „Nehmen“ geworden. Selbstverständlich wird jede rückwärtige Bewegung an der Ostfront gerade in der östlichen Provinz des Deutschen Reiches mit größter Aufmerksamkeit verfolgt, da damit der Bezirk frontnaher wird und sich die Vorgänge an der Ostfront unmittelbarer auf Ostpreußen auswirken als in einem anderen Teil des Deutschen Reiches. Die größere Krisenfestigkeit der Volksgenossen birgt auf der anderen Seite eine Gefahr in sich, die immerhin nicht mehr gering bewertet werden kann: Gewisse Kreise, darunter insbesondere jüngere Frauen und Mädchen, stehen den großen Ereignissen an der Front und in der Heimat gleichgültig, wenn nicht gar teilnahmslos gegenüber. Genußsucht und Vergnügungssucht dieser Bevölkerungskreise lassen jedes Verständnis für den Ernst der Lage vermissen. Die NSDAP weist daher – inbesondere auf den Zellenabenden – die Parteigenossen auf diese Gefahr hin, damit sie ein Anwachsen dieser gleichgültigen Haltung wirksam bekämpfen.
Im einzelnen zur Frontlage: Die Bevölkerung Ostpreußens hat aus vorbereitenden Maßnahmen bereits frühzeitig die Räumung der Ukraine vorausgesehen, zumal ein großer Teil der Hoheitsträger der Ukraineverwaltung aus Ostpreußen entnommen ist, und war daher auf die späteren militärischen Ereignisse vorbereitet. Die Bedrohung der baltischen Staaten durch die Nordoffensive der Sowjets wird nicht

verkannt. Bemerkenswert ist in diesem Zusammenhang die Feststellung, daß gerade die Fronturlauber jeder Befürchtung von einer Invasion der Sowjets wirksam entgegentreten und das Bewußtsein der unbedingten Überlegenheit über den Russen in der Bevölkerung dieser Provinz aufrecht erhalten.
Gewisse Kreise befürchten bei einem Vordringen der Russen im nördlichen Frontabschnitt, daß damit der ungestörte Seeverkehr in der Ostsee gefährdet wird. Desgleichen befürchtet man Auswirkungen auf die Haltung Schwedens.
Das Gesprächsthema bleibt die Frage nach dem Zeitpunkt der Vergeltung; wobei ängstliche Gemüter vereinzelt erörtern, mit welchen Gegenmaßnahmen der Feinde man rechnen müßte.
Zusammenfassend kann die Haltung der Bevölkerung zur Frontlage dahin wiedergegeben werden, daß sie sehr viel ruhiger als im Vorjahr geworden ist, daß die Wehrkraftzersetzungen abgenommen haben und der Glauben an den Endsieg wieder gestärkt worden ist.

Haltung der Bevölkerung

Verhalten der Evakuierten: In der ostpreußischen Bevölkerung hat sich die Einreise einer größeren Zahl evakuierter Frauen und Kinder ausgewirkt. In erster Linie handelt es sich dabei um Berliner, die es nicht immer verstanden, mit ihren Quartierwirten im Rahmen der Kriegsnotwendigkeiten das rechte Verhältnis zu finden. Es wurde zunächst viel von der ländlichen Bevölkerung, von Dienststellen und Gewerbebetreibenden über das anmaßende, unverträgliche und uneinsichtige Verhalten der Berliner Frauen geklagt. Ihnen wurde vorgeworfen, daß sie unangemessene Forderungen hinsichtlich ihrer Unterbringung und Verpflegung stellten und versuchten, in den Geschäften wahllos Mangelware aufzukaufen und zu verschicken. Ungeniert beklagten sich die Frauen darüber, daß in Ostpreußen „nichts los" sei, daß sie Theater, Kino und sonstige Unterhaltungsstätten vermißten. Auch lehnten sie vielfach in Zeiten starken landwirtschaftlichen Arbeitsanfalles die Mitarbeit in den Betrieben ab. Diese unerfreulichen Erscheinungen sind jetzt weitgehend abgeklungen. Die schlimmsten Elemente sind wieder abgereist oder behördlicherseits abgeschoben worden. Beide Teile – denn auch die ostpreußische Landbevölkerung war oft voreingenommen und nicht bereit, den Evakuierten das notwendige Verständnis entgegenzubringen – haben sich aufeinander eingelebt. Immerhin ist zu beobachten, daß auch bei den Evakuierten Kriegsdelikte im Ansteigen begriffen sind. Es mehren sich die Fälle des Umgangs Berliner Frauen mit

Kriegsgefangenen. Insbesondere ist aber darüber Klage geführt, daß die evakuierten Frauen nicht genügend auf ihre Kinder achten, wobei erhebliche Schäden an unentbehrlichstem Volksgut dadurch entstanden sind, daß Berliner Kinder mit Streichhölzern gespielt haben und dadurch manche Großbrände verursacht wurden.

Umgang mit Ausländern

Es ist nicht zu vermeiden, daß sich auch bei den ostpreußischen Frauen und Mädchen mit fortschreitender Dauer des Krieges die strafbaren Handlungen mehren, darunter allerdings besonders auffällig das ständige Anwachsen des Verkehrs mit Kriegsgefangenen und mit ausländischen Arbeitern. Auf die Gefahren, die hierdurch der Reinerhaltung des deutschen Blutes und der Disziplin und Haltung der Ausländer entstehen, haben die Oberstaatsanwälte übereinstimmend hingewiesen. Die Gerichte, vor allem aber das Sondergericht in Königsberg, haben durch harte Zuchthausstrafen gegen die seuchenartige Ausbreitung dieses Delikts anzukämpfen versucht. Durch die Gnadenpraxis des Reichsministers der Justiz sind die Auswirkungen dieser Urteile wenn nicht völlig, so doch im starken Maße beeinträchtigt worden. Da den Gerichten selbstverständlich diese Gnadenpraxis nicht unbekannt geblieben ist, neigen sie nunmehr dazu, auf mildere Strafen zu erkennen. Dadurch entsteht jetzt eine uneinheitliche Rechtsprechung.
Ein Oberstaatsanwalt vertritt sogar die Auffassung, daß viele Frauen dieses Delikt gar nicht mehr als besonders verabscheuungswürdig ansähen, sondern es als eine Art „weiblichen Kavaliersdelikts“ auffaßten.
Bei den Jugendämtern mehren sich die Vorgänge, bei denen der Verdacht entsteht, daß Neugeburten von Ehefrauen und Mädchen aus dem Verkehr mit Ausländern herstammen. Der Sicherheitsdienst wie auch das Rassenpolitische Amt der Gauleitung und das Rassenbiologische Institut der Universität Königsberg, das gleichzeitig mit dem Stadt- und Provinzialjugendamt in Königsberg verkoppelt ist, sind daher bereits wiederholt mit Anfragen befaßt worden, ob und inwieweit es im Kriege notwendig ist, erbbiologische Feststellungen in diesen Fällen zu treffen. Im Hinblick auf die Mitwirkung des Staatsanwalts bei Vaterschaftsfeststellungen und Anfechtungsklagen ist kürzlich der Leiter des Rassenbiologischen Instituts der Universität Königsberg, Dozent Dr. Duis, der gleichzeitig auch beim Rassenpolitischen Amt der Gauleitung der NSDAP tätig ist, an mich herangetre-

ten, um die vorbezeichneten Fragen zu erörtern.[3] Er vertrat die Auffassung, daß trotz der Personalschwierigkeiten bei den Jugendämtern und bei der Justiz und trotz der Vordringlichkeit mancher anderer Kriegsaufgaben es notwendig erscheint, die Abstammung von Kindern, bei denen als Väter Ausländer, Zigeuner und Asoziale in Frage kämen, auch jetzt bereits festzustellen oder zumindest, soweit die Abstammungsfrage mit Rücksicht auf die Jugend des Kindes noch nicht geklärt werden könne, notwendige Beweissicherungen vorzunehmen. Dieselbe Auffassung vertraten ein weiteres Mitglied der Gauleitung und der Bearbeiter für Recht und Verwaltung des SD-Leitabschnittes Königsberg. Soweit eine Mitwirkung der Staatsanwaltschaft in Frage kommt, beabsichtigt der Leiter des Rassenpolitischen Amtes und des Rassenbiologischen Instituts der Universität Königsberg, Vorgänge, die ihnen von den Jugendämtern übersandt werden, an die Staatsanwaltschaft weiterzuleiten. Sie halten es für erforderlich, daß zu dieser Frage von seiten des Innenministeriums den Jugendämtern Weisungen erteilt werden. Nach Eingang entsprechender Vorgänge werde ich in einem besonderen Bericht eingehend zu dieser Frage Stellung nehmen.

Die Jugend

Wenn auch die Jugendkriminalität weiterhin ansteigt, so gibt dieses zu irgendwelchen ernsthaften Befürchtungen noch keine Veranlassung. Jedenfalls ist noch kein allgemeines Abgleiten der Jugend in Verwahrlosung festzustellen. Meist handelt es sich zum harmlose und geringfügige Straftaten, wobei insbesondere ein vermehrtes Herumtreiben festzustellen ist. Die Jugend hat zuviel Geld in den Fingern. Damit wird der unbefugte Kino- und Gaststättenbesuch, die vermehrte Reisetätigkeit, die oft ein Absinken der weiblichen Jugend in die Prostitution zur Folge haben, begünstigt. Ein gewisser Mißstand war bisher darin zu erblicken, daß im Gegensatz zum Film für die Theater keinerlei Beschränkungen für Jugendliche bestanden, obgleich bei manchen Aufführungen sicherlich die gleichen Gründe für ein Jugendverbot vorliegen. Die Ortspolizeibehörden der größeren Städte sind nunmehr dazu übergegangen, auch Beschränkungen für den Theaterbesuch von Jugendlichen anzuordnen. Die Arbeitsvertragsbrüche haben trotz verschärfter Strafen eher eine Zunahme als eine

3) Bernhard T. Duis, Dr. med. Königsberg 1937, leitete das Rassenbiologische Institut der Albertus-Universität nachdem Prof. Dr. Lothar Löffler, der das Institut gegründet hatte, 1942 einem Ruf nach Wien gefolgt war. Vgl. Löffler, 1938, S. 120–125.

Abnahme erfahren. In diesem Zusammenhang ist mir berichtet worden, daß bei den Jungen die Arbeitsfreudigkeit erheblich nachläßt, sobald sie gemustert sind bzw. ihre Einberufung zum Wehrdienst erhalten haben.

Ausländische Arbeiter

Ernste Besorgnis macht die Haltung der ausländischen Arbeitskräfte und die Einstellung der einheimischen Bevölkerung zu ihnen. Auf dies Problem habe ich wiederholt in Lageberichten hingewiesen. Die einheimische Bevölkerung ist einerseits empört über das oft anmaßende und unverschämte Wesen besonders der französischen Kriegsgefangenen und Zivilarbeiter, auf der anderen Seite läßt sie den nötigen Abstand zu den ausländischen Arbeitskräften vermissen. Gerade Frauen verstehen nicht, ihre Arbeitskräfte gerecht aber mit dem nötigen Abstand zu behandeln. Ein intimer Umgang ist, wie ich bereits oben hingewiesen habe, besonders im Verhältnis zu den französischen Arbeitern festzustellen. Keineswegs selten sind aber auch die Fälle, in denen Frauen und Mädchen mit Russen verkehren. Die ausländischen Arbeiter, hier wiederum besonders die Ostarbeiter und Polen, verfügen über einen ausgezeichneten Nachrichtendienst. Sie sind über die Ereignisse an der Front und über sonstige wichtige politische Vorgänge oft besser informiert, als die einheimische Bevölkerung. Es mag dieses damit zusammenhängen, daß die ausländischen Arbeiter in den Gemeinschaftsunterkünften es verstehen, unbemerkt ausländische Sender abzuhören. Andererseits besteht eine ausgedehnte Propaganda, die sich erheblich bei ungünstigen militärischen Ereignissen verstärkt. Ein Oberstaatsanwalt berichtet mir über einen Versuch der Polizei, festzustellen, ob Ostarbeiter zu kommunistischer Tätigkeit bereit sind. Dieser Versuch hat die innere Bereitschaft der Ostarbeiter zur kommunistischen Tätigkeit ergeben. Besonders wirkt auf sie das Argument, die Bolschewisten würden bald hier sein und würden von jedem aus dem Osten stammenden Arbeiter Rechenschaft darüber fordern, ob und wie er sich für den Kommunismus eingesetzt habe. Mit dem Ergebnis dieses Versuches stimmen die allgemeinen Beobachtungen über die Haltung und Einstellungen der ausländischen Arbeiter zum Reich überein, je weiter die russischen Heere im Angriff stehen. Hier wird es äußerster Wachsamkeit bedürfen, um unliebsame Überraschungen zu vermeiden.

Haltung der Bevölkerung in den eingegliederten Ostgebieten.

Der Oberstaatsanwalt in Zichenau berichtet mir über die Haltung der polnischen Bevölkerung seines Bezirks folgendes:
Die Überfälle bewaffneter polnischer Banden haben sich bis etwa November 1943 in gleicher Höhe gehalten. Im Dezember 1943 ist dagegen ein erheblicher Rückgang der Überfälle zu beobachten gewesen. Es wird vermutet, daß dies auf die Errichtung von befestigten Stützpunkten in dem Grenzbezirk zum Generalgouverment zurückzuführen ist. Es kann allerdings noch nicht übersehen werden, ob die Überfälle von der polnischen Widerstandsbewegung lediglich vorübergehend angesichts der neuen deutschen Abwehrmaßnahmen eingestellt worden sind.

Die kulturellen Verhältnisse in Ostpreußen

Die Kriegsverhältnisse haben eine erhebliche Einschränkung der kulturellen Darbietungen gebracht. Immerhin sind die Theater in den größeren Städten der Provinz in Betrieb. Sie sind ständig restlos ausverkauft, gleichgültig, was geboten wird. Das gleiche gilt von den Filmdarbietungen. Aber auch schwere Kunst – u. a. musikalische Darbietungen und dichterische Vorlesungen – erfreuen sich eines starken Besuchs. Ob dieses auf einem erhöhten Kultur- und Bildungsbedürfnis oder lediglich auf der Sucht, Geld auszugeben, beruht, vermag ich nicht zu beurteilen.
Es wird von wertvollen Volksgenossen Klage über das Rundfunkprogramm geführt. Unmittelbar, nachdem im Nachrichtendienst usw. über schwerste Kämpfe an den Fronten berichtet worden ist, ertönt leichteste Musik, u. a. Schlager und Tanzweisen, während doch nun fast in jeder deutschen Familie gefallene Angehörige zu beklagen sind. Keineswegs verlangen diese Kreise ein nur ernstes Programm; lediglich die Zusammenstellung sollte etwas mehr den Gefühlen trauernder Volksgenossen Rechnung tragen.

„Einberufungen" zur polnischen Widerstandsbewegung im Rgbz-Zichenau. – Tätigkeit krimineller Banden im Bezirk Sudauen, die Polen und Deutsche gleichermaßen überfallen. – In Bialystok Ermordung von Reichsdeutschen auf offener Straße. – Weihnachtszuteilung 1943 hat in Ostpreußen Vertrauen zur Führung gestärkt. – Schlechte Wirtschaftsmoral der ländlichen Bevölkerung, Verstöße gegen Verbrauchsregelungen an der Tagesordnung. Illegale Ausfuhr inländischer Waren in eingegliederte Ostgebiete führt in Ostpreußen zu Versorgungsnöten. – Gerüchte über Ablösung von Justizstaatssekretär Rothenberger.[4] – Planungen, Sondergerichte in Lyck und Tilsit einzurichten. – Konfessionelle Lage in der Provinz unverändert ruhig. – Landwirtschaft hat sich auf ausländische Arbeitskräfte eingespielt. Herbstbestellung konnte infolge günstiger Witterung restlos durchgeführt werden.

4) Staatssekretär im RJM Curt Rothenberger, im August 1942 ins Amt gekommen, scheiterte mit seinen umfassenden Reformvorhaben, die die Justiz den Wünschen Hitlers entsprechend weiter umgestalten sollten. Die Kriegslage 1943 erlaubte nur noch die Konzentration auf notwendigste Aufgaben. Rothenberger mußte daher dem Pragmatiker Herbert Klemm Platz machen und schied zum 31. 12. 1943 aus dem Amt (Johe, 1967, S. 240 f.).

46. Bericht des OLG-Präsidenten vom 29. März 1944

1. Im Vordergrund des Interesses stehen hier im Osten des Reiches nach wie vor die militärischen Ereignisse an der Ostfront. Die umfangreiche Rücknahme dieser Front vor dem Massenansturm der Bolschewisten wurde, nachdem davon auch der Nordabschnitt hart ergriffen worden war, mit ernster Besorgnis verfolgt. Auch ließ sich besonders in den Grenzbezirken eine gewisse Erregung in der Bevölkerung nicht verkennen, die noch durch umlaufende Gerüchte genährt und verstärkt wurde. Nach und nach hat man sich aber auch dort einigermaßen beruhigt. Wesentlich hierzu trägt die Haltung der zum Urlaub kommenden Frontsoldaten bei, die immer wieder betonen, daß die Kämpfe zwar hart und schwer sind, aber im Vertrauen auf die Überlegenheit des deutschen Soldaten und seiner Waffen in voller Zuversicht auf den Enderfolg durchgestanden werden.
Nicht zu verkennen ist es allerdings, daß, wie der Landgerichtspräsident in Zichenau berichtet, die deutsche Bevölkerung in dem dortigen eingegliederten Ostgebiet sich wegen des weiteren Vorprellens der Bolschewisten im Süden der Ostfront auf das Generalgouvernement zu bereits mehr oder minder offen an Vorbereitungen denkt, um sich und ihr Vermögen in sichere Gegenden des Reiches zu verbringen.
2. Einen Vorteil der Rückverlegung der Ostfront im Norden hat man mit einer gewissen Befriedigung zur Kenntnis genommen: Daß nämlich die Esten und Letten nunmehr, nachdem ihnen die bolschewistische Gefahr erneut vor Augen geführt, in verstärktem Maße sich am aktiven Kampf gegen die Sowjets beteiligen. Die Esten und Letten sind im Hinblick auf die kulturelle Verbundenheit mit dem Deutschtum im Baltikum nicht deutschfeindlich gewesen und haben auch im Sommer 1941 die einmarschierenden deutschen Truppen mit großer Begeisterung als Befreier vom Bolschewismus begrüßt. Ihnen ist jetzt in erhöhtem Umfange eigene Selbstverwaltung zugebilligt worden, und auch die Reprivatisierung ihres Grundbesitzes wird durchgeführt.[1] Alsdann hat sich ein erhebliches Bestreben der Esten gezeigt, sich über deutsche Verhältnisse zu unterrichten. Es sind in den

1) Eine Verordnung über die Wiederherstellung des Privateigentums war schon im Februar 1943 erlassen worden, als unter dem Eindruck von Stalingrad in Rosenbergs Ostministerium die Befürworter einer Autonomie der baltischen Staaten an Boden gewannen (Dallin, 1958, S. 203 ff.).

hiesigen Bezirk zunächst estnische Grundbuchbeamte und Richter wiederholt abgeordnet worden. Diese Abordnungen haben ersichtlich zu einer Vertiefung der freundschaftlichen Beziehungen wesentlich beigetragen. Neuerdings ist der Wunsch vorgebracht, estnische Richter und Staatsanwälte auch in der deutschen Strafrechtspflege hier im Bezirk zu unterweisen. Diese Veranstaltungen sind jetzt dadurch unterbrochen worden, daß die in Frage kommenden estnischen Beamten sowie Richter und Staatsanwälte sich, wie verlautet, zum Wehrdienst gemeldet haben.
Im Gegensatz hierzu wird bei den Litauern eine Beteiligung am Kampf gegen den Bolschewismus noch vermißt. Die Bevölkerung Litauens neigt rassenmäßig eher zum Slawentum und steht nach ihrer zeitigen Standesschichtung dem Bolschewismus nicht so ablehnend gegenüber. Aus diesem Grunde hat man wohl auch ihnen die Selbstverwaltung nicht in einem solchen Maße zugebilligt, wie den Esten und Letten.
3. Im Zuge der Frontrücknahme in der Ukraine, insbesondere nach Aufgabe der Städte Rowno und Luck, haben – wie der Landgerichtspräsident in Bialystok berichtet – Dienststellen des Reichskommissariats Ukraine Aufnahme im Bialystoker Bezirk gefunden, darunter auch das Rechtsamt unter Leitung von Hauptabteilungsleiter Dr. von Moers.[2]
Etwa seit Anfang Januar 1944 sind ferner auch Volksdeutsche aus der Ukraine nach dem Bialystoker Bezirk gebracht worden. Diese sind etwa Anfang März weiter in das Reich, zu einem großen Teil wohl in die Litzmannstädter Gegend, verbracht worden.[3]
Im Bialystoker Bezirk ging das Gerede um, daß es in diesen Tagen zum Kriegsgebiet 2 (rückwärtiges Frontgebiet) erklärt worden sei. Dieses trifft jedoch nicht zu. Das Gerede ist darauf zurückzuführen, daß die Wehrmachtsangehörigen dort jetzt die Verpflegung nach den Grundsätzen wie im rückwärtigen Frontgebiet erhalten.
4. Die übrigen Gebiete meines Bezirks werden nunmehr im größeren Umfange als Etappe zur Unterbringung von zurückgelegten Nachschublägern usw. in Anspruch genommen. Die Justizverwaltung selbst ist hiervon nicht berührt worden mit Ausnahme des Falles Schröttersburg. Dort wird das Amtsgerichtsgebäude von der Wehrmacht zur Unterbringung eines Feldlazaretts beansprucht.

2) Zur Biographie von Funks Nachfolger ließen sich keine Daten ermitteln.
3) Über „Flucht und Aussiedlung der Deutschen aus der UdSSR" vgl. Fleischhauer, 1983, S. 193 ff., 208 ff. Auch bei diesem Unternehmen tat sich Koch mit der Entfachung von Kompetenzkonflikten hervor (ebd. S. 213).

5. Zur Luftlage wird die Auffassung vertreten, daß durch die Ereignisse an der Ostfront die Gefahr bolschewistischer Terrorangriffe besonders nahegerückt sei, wenn auch Luftangriffe im hiesigen Bezirk bisher nicht stattgefunden haben. Bestärkt wird diese Befürchtung durch die Tatsache, daß die Sowjets in letzter Zeit solche Luftangriffe außer gegen finnische Städte auch gegen Orte im Baltikum, z. B. Reval, ausgeführt haben. Jedenfalls werden von den maßgebenden Dienststellen die vorbeugenden Luftschutzmaßnahmen gegen Terrorangriffe auch größeren Umfangs tatkräftig weiterbetrieben.

6. Die Nachrichten von den anderen Kriegsschauplätzen treten demgegenüber in ihrer Bedeutung für die hiesige Bevölkerung zurück. Darunter leidet naturgemäß die Gesamtschau. Man nimmt mit Befriedigung zur Kenntnis, daß im Westen, am Atlantikwall usw. umfangreiche Maßnahmen getroffen werden, um den Anglo-Amerikanern bei ihrer angekündigten Invasion einen gebührenden Empfang zu bereiten. Man ist ferner im Hinblick auf die bewundernswerte Haltung unserer Cassino-Kämpfer und auf den Widerstand unserer Truppen gegen den Brückenkopf von Nettuno überzeugt, daß die Invasion kräftig abgewiesen werden wird. Man kommt aber auch in diesem Zusammenhang hier meist doch immer wieder zu der Frage zurück, ob nicht doch hier im Osten auch gegenwärtig schon das größere Risiko liegt, und man bringt alsdann nicht immer volles Verständnis dafür auf, daß an der Ostfront nicht mehr Truppen eingesetzt werden.

Weitere Zunahme der Partisanenaktivität. Im Bezirk Sudauen tragen Partisanen vereinzelt schon polnische Uniformen. Überfall auf Städtisches Krankenhaus Sudauen, um Gefangene zu befreien. Dortige Haftanstalt gefährdet. Raubüberfall auf ein Gehöft in Garbassen, Krs. Treuburg, am 10. 3. 1944. Täter kamen aus dem Bezirk Sudauen. – Im Rgbz. Zichenau deutschfreundliche Polen von Partisanen erschossen. Kriminelle Schmugglerbanden haben häufig Polizeibeamte getötet. – In Ostpreußen zunehmendes Entweichen sowjetischer Gefangener. Von ihnen verübte Überfälle auf Gehöfte in Lindenhausen, Krs. Insterburg und Keitern, Krs. Lyck.[4] Verstärkung der Land- und Stadtwacht. Im Bezirk Bialystok größere Aktion gegen Partisanen nahe Bielsk. Mehrere hun-

4) Schreibfehler, gemeint war Keipern, vor 1938 Barannen, eine Gemeinde nahe am Lycker See.

dert von ihnen dabei getötet. – Bis Ende Oktober 1943 vollständige Erneuerung der Sachbearbeiter bei der Anklagebehörde des Sondergerichts Königsberg durchgeführt. GStA hat auch personelle Änderung bei den Richtern des Sondergerichts vorgeschlagen, da Richter zum Teil überaltert, zum Teil unfähig. Er vermisste einheitliche Linie in Strafverfahren wegen verbotenen Umgangs. OLG-Präsident hält Altersgliederung bei den betroffenen neun Mitgliedern des Sondergericht (Jg. 1881–1908) noch für vertretbar. Strafpraxis ist im übrigen eher zu streng als zu milde. Sie folgte den in den Richterbriefen gegebenen Anregungen.[5] „Ihre strengere Tendenz ist mit auf die besonders gelagerten Verhältnisse in Ostpreußen als einer Grenzprovinz zurückzuführen." 1943 (bis 31. 10.) wurden in 948 verhandelten Sachen 1110 Personen verurteilt, 89 freigesprochen. Dabei folgte das Gericht in 76,6 % den Anträgen der Staatsanwaltschaft, in 21,8 % ergingen mildere, in 1,6 % härtere Strafen. Nach Durchführung der personellen Veränderungen bei der Anklagebehörde haben sich diese Relationen nicht verschoben. Vom 1. 11. 1943 bis 29. 2. 1944 wurden in 229 verhandelten Sachen 339 verurteilt, 25 freigesprochen. – Auch Wiederaufnahme und Nichtigkeitsbeschwerdeverfahren bestätigen, daß Königsberger Sondergericht von allgemeiner Linie nicht abweicht. 1942 waren 1264 Sondergerichtssachen anhängig, darunter waren nur zehn Wiederaufnahmeverfahren und eine Nichtigkeitsbeschwerde erfolgreich. – Trotzdem Änderungen in der Besetzung des Sondergerichts herbeigeführt: Zwei neue Richter, einen Landgerichtsdirektor als stellvertretenden Vorsitzenden eingesetzt. – Heimtückesachen, Rundfunkverbrechen und Kriegswirtschaftsverbrechen haben zu –, Verurteilungen wegen Schwarzschlachtungen erheblich abgenommen. Sondergericht Zichenau meldet auffälliges Absinken der Verfahren wegen Schwarzschlachtung und Getreideschmuggel und führt dies wesentlich auf die schweren Strafen zurück. Auch Schwarzbrennerei geht zurück. –

5) Vgl. Boberach, 1975.

47. Bericht des OLG-Präsidenten vom 9. September 1944[1]

1. Dem Angriff englischer Flieger auf Königsberg in der Nacht zum 27. August 1944 folgte am 30. August in der Zeit von 1–2 Uhr ein besonders schwerer Terrorangriff. Die Bomben fielen in geschlossenem Teppichabwurf. Der Schwerpunkt des Angriffs lag hauptsächlich auf dem Stadtkerngebiet, das – von geringen Ausnahmen abgesehen – in allen seinen Teilen vernichtet ist. Das zerstörte Gebiet hat einen gleichmäßigen Durchmesser von 3 km. Nach amtlicher Schätzung sind etwa 40 000 Flammstrahlbomben – 13 kg – und etwa 500 Sprengbomben mittleren Kalibers abgeworfen. Bisher sind als tot geborgen 840 Personen; wahrscheinlich werden weitere 1000 in den Häusern verschüttet sein; obdachlos wurden 130 000–150 000 Menschen, eine Zahl, die gegen die Einwohnerzahl von Königsberg mit 360 000 – einschl. der entfernten Vororte – erheblich ist. Dadurch ist über die Hälfte der Bewohner des eigentlichen Königsbergs ausgebombt.[2]
Verkaufsstellen für Textilwaren, Schuhe, Glas und Porzellan sind über 90 % vernichtet; durch Zerstörung zahlreicher Speicher hat Königsberg 60 % seines Lagerraums eingebüßt. Von Verwaltungs- und sonstigen öffentlichen Gebäuden sind total beschädigt Oberpräsidium, Regierung, Kreisleitung, Finanzamt, Reichsbank, Reichsbahndirektion, Börse (Gauwirtschaftskammer), Haus der Arbeit, Deutsche Bank, Landesbank, Bank der Ostpr. Landschaft, Dresdner Bank, Stadtsparkasse, neun Kirchen, darunter der Dom mit dem Kantgrab und die Schloßkirche, die Universität, das Schloß mit sämtlichen Museen und dem Oberlandesgericht, Opernhaus und die alte Universität.
Durch Jäger sind 28, durch Flak 10 feindliche Flugzeuge abgeschossen. Bereits während des Angriffs sind durch konzentrierten und massenhaften Einsatz Großbrände entstanden, die in kurzer Zeit zu Großflächenbränden zusammenwuchsen. Der größte Teil der bisher festgestellten Toten ist auf der Flucht in dem Flammenmeer umgekommen.

---

1) Im Betreff wird auf den Bericht vom 11. 8. 1944 verwiesen, der im BA nicht überliefert ist.

2) Zu den Verlustzahlen Gause, 1971, S. 159 f. Danach 4200 Tote und Vermißte, 200 000 Obdachlose. – In BA, NS 26/151 ist eine gedruckte Verlustliste mit Namen und Geburtsdaten von 510 Opfern überliefert. In dieser Akte auch ein Aufruf Kochs aus der „Pr.Z" vom 28. 8. 1944, der unter Hinweis auf das Schicksal anderer deutscher Großstädte die „Königsberger Volksgenossen" zu „Ruhe und Besonnenheit" mahnt und Plünderern die Todesstrafe androht.

2 a) Das Schloß, in dem das Oberlandesgericht untergebracht war, ist bis auf die Grundmauern heruntergebrannt. Erhalten sind lediglich 5 und 3 Kellerräume, insbesondere der Tresorraum, in dem sich die Schränke der Justizhauptkasse und der Geheimschrank befanden. Von ganz verschwindenden Ausnahmen abgesehen, sind alle Verwaltungs-, Zivil- und Strafakten des Obergerichts ein Opfer der Flammen geworden. An Löschen und Retten war nicht zu denken. Das Ordensschloß, das – etwas höher gelegen – die Nachbargebäude überragt, ist besonders schwer mit Bomben belegt. Als die Brandwache noch während des Angriffs aus dem Luftschutzkeller herauskam, empfing sie ein Hagel von Bomben und ein Flammenmeer, sodaß sie sofort zurück mußte. Als sie dann etwas später weitere Versuche machten, zu retten, stand das gesamte Schloß in hellen Flammen. Da der Dachstuhl und der ganze Innenausbau aus Holz war, fand das Feuer besonders gute Nahrung. Trotz der Tiefe der Keller und der Dicke der Mauern war in den Luftschutzräumen die Hitze so groß, daß die Brandwache sie verlassen mußte und sich nach stundenlangem Herumirren durch das Flammenmeer erst retten konnte. Hierbei ist offenbar eine Justizangestellte um´s Leben gekommen. Von den übrigen Justizbediensteten, die sich nicht in den Justizgebäuden befanden, fehlt von 6 bisher jede Spur, so daß mit ihrem Ableben zu rechnen ist.
b) In dem am Nordbahnhof gelegenen Amts- und Landgerichtsgebäude das neben zahlreichen Brandbomben auch kleine Sprengbomben erhalten hat, ist der Dachstuhl fast vollständig, das obere Geschoß zum größten Teil abgebrannt. Dem tatkräftigen Eingreifen der Brandwachen und der zahlreich herbeigekommenen anderen Justizbediensteten ist es zu danken, daß das Gebäude vor weiterem Schaden bewahrt werden konnte. Das Oberlandesgericht und dessen Staatsanwaltschaft sind in das Landgerichtsgebäude übergesiedelt, wo durch Ausziehen von Wehrmachts- und Reicharbeitsdienst-Formationen etwas Raum geschaffen ist. Wir sind zwar recht eng zusammengerückt, werden aber unterkommen. Unangenehm bemerkbar macht sich das Fehlen von Möbeln. Zu einem gewissen Teil wird der Mangel dadurch beseitigt, daß wir aus dem Amtsgericht Sudauen, obwohl es schon lange vorher von der Zivilbevölkerung geräumt war und häufig unter Artilleriebeschuß lag, noch 6 Waggons Möbel herausgebracht haben. Ich besitze zwar in der Provinz noch eine Anzahl von Möbeln; ich möchte sie jedoch – wenigstens zur Zeit noch nicht – in das immerhin gefährdete Königsberg bringen, zumal ich sie aufheben möchte für den Fall, daß wir auch hier wieder ausgebombt werden und nach auswärts ausweichen müssen.

Bei dem Fehlen sämtlicher Akten, insbesondere der Generalakten ist das für das Oberlandesgericht die Arbeit außerordentlich erschwert. Besonders bedauerlich ist es, daß alle Unterlagen für die der Wehrmacht und dem Arbeitsamt abzugebenden Kräfte vernichtet sind. Die Personalakten werden sich leichter herstellen lassen, da ich Abschriften der Personal- und Befähigungsnachweise auswärts untergebracht hatte.

Die Haltung der Beamtenschaft ist durchaus gut. Bereitwillig helfen sie beim Aufräumen und Neueinrichten. Erwähnenswert erscheint mir, daß am 30. 8. um 9 Uhr, also 7 Stunden nach Ende des Angriffs, eine Strafkammer in dem teilweise noch etwas brennenden Hause eine Sitzung durchgeführt hat, in der von 5 Sachen 4 verhandelt wurden.

Um Plünderer sofort aburteilen zu können, hat das Sondergericht vor- und nachmittags, auch sonntags, Bereitschaftsdienst; erfreulicherweise sind bisher erst sehr wenige Fälle zur Aburteilung gekommen.

Die Lage an der Nord- und Nordostgrenze der Provinz ist etwas ruhiger geworden; abgesehen von zwar häufigen, aber leichteren russischen Fliegerangriffen ist nichts Neues zu berichten. Die Bevölkerung, die durch den in dem Bericht vom 11. 8. 44 erwähnten Räumungsbefehl vom 1. 8. ihre Heimat verlassen hatte, kehrt zum größten Teil zurück. Die Gerichte haben – zeitweilig mit schwacher Besetzung – weitergearbeitet. Erheblich ist in dem früheren Memelgebiet die Zahl der Plünderungen. Bisher sind 15 Todesurteile ergangen.

Die Lage an der Südostecke meines Bezirks sieht ernster aus. Die Russen drücken an der Narew-Bugfront etwas stärker; eine Abteilung war bereits bis Nasielsk – 20 km nordöstlich Modlin – vorgedrungen, ist aber durch neu eingesetzte Panzer sofort zurückgeworfen worden. Ostrolenka – Scharfenwiese, die einzige Stadt, die östlich vom Narew liegt, ist gestern von den Russen besetzt. Das Amtsgericht tagt vorläufig in dem westlich des Narew gelegenen Mischinietz weiter, wo auch der Landrat arbeitet. Ostenburg ist von der Zivilbevölkerung geräumt, wodurch das Amtsgericht seine Tätigkeit eingestellt hat. In Mackeim sind alle Frauen und Kinder herausgebracht.

Für eine rechtzeitige Rückführung der etwa sonst bedrohten Orte im Zichenauer Bezirk habe ich Sorge getragen.

48. Bericht des OLG-Präsidenten vom 11. Oktober 1944

Die Lage in Ostpreußen ist in den letzten Wochen ernster geworden. Während der russische Druck von Augustowo – Grodno – Grajewo in Richtung Lyck nachgelassen hat, stießen die Russen, nachdem sie Praga genommen hatten, an dem rechten Weichselufer entlang zu dem Zusammenfluß des Narew und des Bug vor. Es gelang ihnen, den Narew zu überschreiten und in dem im Heeresbericht mehrfach erwähnten Serock einen Brückenkopf zu bilden, den sie bald erweiterten; Spitzen gelangten bis Nasielsk. Ostenburg – früher Pultusk – wurde von der deutschen Bevölkerung geräumt, weshalb ich das Amtsgericht Ostenburg nach Zichenau verlegte.

Um wertvolle Güter, insbesondere Lebensmittel, nicht in die Hände der Russen fallen zu lassen, wurde die wirtschaftliche Räumung des südlichen und östlichen Teiles des Regierungsbezirks Zichenau angeordnet; die Grenze verläuft etwa von Plöhnen (früher Plonsk), Zichenau, Mackeim (früher Mackow), dann westlich von Scharfenwiese (früher Ostrolenka) – diese auf dem linken, also östlichen Ufer des Narew gelegene Stadt befand sich bereits in feindlicher Hand – nach Lipinki. Das Amtsgericht Scharfenwiese habe ich nordwestwärts nach Michienez verlegt.

Die Zurückführung der justizeigenen Möbel aus Scharfenwiese war wegen der Plötzlichkeit der Einnahme und des Fehlens von Transportmitteln nur zum kleinsten Teil möglich; dagegen habe ich die Gerichtsakten und fast die gesamte Habe der Gefolgschaftsmitglieder rechtzeitig in den Braunsberger Bezirk zurückgeschafft.

Als ich wenige Tage nach der zivilen Räumung Ostenburgs nochmals dorthin schickte, mußte ich feststellen, daß fast die gesamten Möbel und Einrichtungsgegenstände (Betten, Wäsche und dergl. des Gerichts) von deutschen Soldaten verschleppt waren; sogar den eingemauerten Panzerschrank und einige Kindersparbüchsen hatte man erbrochen. Bezüglich des übrigen Räumungsgebiets gelang es nach vielen Mühen, Eisenbahnwagen und Lastautos zu erhalten, mit denen ich zunächst die Sachen der Justizbediensteten einschließlich der Möbel ins Innere Ostpreußens schaffte, sodann einen Teil der entbehrlichen justizeigenen Sachen.

Von Sonnabend, den 7. Oktober 1944, bis Montag, den 9. Okt. 1944, war ich im Zichenauer Bezirk und habe mit den einzelnen Gerichten an Ort und Stelle vereinbart, welche Sachen noch herausgebracht werden sollen. Etwa 10 Eisenbahnwagen, deren baldige Gestellung der Präsident der Reichsbahndirektion Danzig mir zugesagt hat, werden in den nächsten Tagen die Sachen herausbringen.
Die rechtzeitige Zurückführung hat sich z. B. bezüglich des Sudauer Bezirks insofern gut bewährt, als ich mit diesen Sachen, insbesondere mit den Büromaterialien wie auch mit Schreibmaschinen, Möbeln und sonstigen Einrichtungsgegenständen das völlig ausgebombte, in dem Landgerichtsgebäude untergebrachte Oberlandesgericht ausstatten konnte.
Die Russen haben am Narew, wie glücklicherweise mehrfach schon, die sich ihnen bietende Chance nicht ausgenutzt. Wären sie sofort am rechten Weichselufer in nordwestlicher und nördlicher Richtung weiter vorgestoßen, so wäre es ihnen vielleicht gelungen, die Reichsgrenze bei Thorn und Soldau zu erreichen und damit ganz Ostpreußen in die Gefahr zu bringen, abgeschnitten zu werden. Diese Lage hat sich dort jetzt gebessert; zwei eingesetzte Panzerdivisionen haben den Brückenkopf Serock – Rozan zwar wohl noch nicht beseitigen, aber sehr verkleinern können.
Offenbar haben die Russen jetzt die Absicht, der Nordarmee den Rückzug abzuschneiden, indem sie von Litauen aus auf das Memelgebiet vorstoßen. Am Montag, den 9. Okt. 1944, haben Panzerverbände unsere Stellungen durchbrochen und in der Gegend von Heydekrug (50 km südlich Memel) das Kurische Haff erreicht. Damit ist die einzige Eisenbahn und die einzige Chaussee, die Memel mit dem Reich verbindet, in der Hand der Russen. Von Memel kann man nur noch zu Schiff über das Haff oder über die Kurische Nehrung, die aber keine feste Straße hat, Ostpreußen erreichen.
Daß die Russen in Nordostpreußen einen Vorstoß planten, ließ sich daraus schließen, daß sie in der ganzen letzten Zeit immer wieder Fliegerangriffe auf Tilsit, Insterburg und Memel unternahmen, offenbar um die Eisenbahn- und die Niemen-Brücken zu zerstören; dieses ist ihnen nicht gelungen.
Trotzdem kam der am Montag geglückte Durchbruch auf Heydekrug überraschend. Am Sonnabend, den 7. Okt. 1944, wurde in Memel durch Rundfunk bekannt gegeben, daß alle Frauen noch am gleichen Tage Memel zu verlassen hätten.[1] Am Montag, den 9. Okt. 1944,

1) Nach der ersten Räumung Memels Ende Juli 1944 (vgl. den Bericht darüber in BA, Ost-Dok. 8/537) waren die geflohenen Frauen und Kinder größtenteils wieder in die Stadt zurückgekehrt.

teilte der Oberbürgermeister zugleich im Namen des Kreisleiters und des militärischen Oberbefehlshabers mit, daß alle zivilen Behörden aufgelöst seien, und daß die noch anwesende Zivilbevölkerung Memel sofort zu verlassen habe, soweit sie nicht zum Volkssturm einberufen sei. Ferner blieben diejenigen Männer zurück, die zur Küstenhilfswehr bereits eingezogen waren.
Der Landgerichtspräsident und der Oberstaatsanwalt haben mit einem Lastwagen, den wir noch nach Memel schicken konnten, und ferner zu Schiff über das Haff nach Labiau die besonders wichtigen Akten und einige Schreibmaschinen zurückgeschickt; alles andere, auch die persönliche Habe der Gefolgschaftsmitglieder, soweit sie diese nicht schon vorher fortgeschickt hatten, ist dort geblieben.
Memel und der Nehrungsweg Memel-Schwarzort liegen seit Dienstag unter Artilleriebeschuß.
Der Landgerichtspräsident hat am Dienstag vormittag Memel verlassen und ist über die Nehrung hierher gekommen, nachdem er seine sämtlichen Gefolgschaftsmitglieder teils mit der Eisenbahn, teils zu Schiff fortgeschickt, teils auf die Nehrung gebracht hatte.
Obwohl der Ernst der Lage für Memel keineswegs verkannt werden soll, wird sie hier nicht ungünstig beurteilt. Man rechnet damit, daß die jetzt eingesetzten Verbände den vorgeprellten Feind baldigst zurückdrängen oder abschneiden werden, so daß die Verbindung mit Memel wiederhergestellt sein wird. Dieses muß geschehen, wenn nicht der gesamten Nordarmee der Rückzug abgeschnitten werden soll.
Heute vormittag habe ich eingehend mit dem stellvertretenden Reichsverteidigungskommissar, Regierungspräsidenten Dr. Hoffmann, die Lage besprochen.[2] Er hat gleich mir die Zuversicht, daß die Memel-Schwierigkeiten in Kürze erledigt sein werden. Viel ernster sieht auch er die Lage an, wenn es den Russen gelingen sollte, an der Weichsel entlang durchzubrechen. Die Rückführung der etwa 1 $^1/_2$ bis 2 Millionen Bewohner Ostpreußens. über die beiden Brücken Graudenz und Dirschau wäre kaum möglich. Man würde deshalb – womit wir schon bei Kriegsbeginn 1939 rechneten – sich in Ostpreußen als eine belagerte Festung so lange halten müssen, bis aus dem Reich Entsetzung erfolgt; mit Lebensmitteln, Munition und Waffen ist Ostpreußen für lange Zeit versorgt.
Daß trotz der ernsten Lage die Zuversicht der ostpreußischen Bevöl-

2) Zu Hoffmann Tl. I, Kap. 3, Anm. 16.

kerung immer noch unvermindert fortbesteht, bitte ich allein aus folgenden Umständen zu ersehen. Obwohl schon seit Wochen die Eisenbahnsperre aufgehoben ist, obwohl also jedermann ohne polizeiliche Genehmigung mit der Bahn, auch D-Zügen, Ostpreußen verlassen kann, hat die Bevölkerung nur in ganz verschwindendem Umfange von dieser Befugnis Gebrauch gemacht.

Aktenvermerk, Reichsjustizministerium, 12. Oktober 1944

Der GStA. in Königsberg teilt soeben fernmündlich folgendes mit:
„Die Haftanstalt Memel ist am 8. 10. 44 geräumt worden. Die Gefangenen sind auf dem Schiffsweg nach Danzig abtransportiert worden. Die Stadt Memel ist von der Zivilbevölkerung geräumt. Nach unverbürgten Nachrichten sollen in Memel schon Straßenkämpfe im Gange sein.
Die Jugendarrestanstalt in Prökuls ist gleichfalls geräumt worden. Die Arrestanten sind entlassen worden. Das Personal hat sich bisher nicht gemeldet. Prökuls liegt zwischen Memel und Heydekrug, 23 km südlich von Memel. In Prökuls sollen die Russen schon eingedrungen sein und das Kurische Haff erreicht haben.
Das Gerichtsgefängnis Heydekrug sollte nach meiner Anordnung geräumt werden. Was aber dort geschehen ist, kann ich zur Zeit nicht feststellen. In Heydekrug drangen die Russen am 9. 10. 44 ein, sollen aber inzwischen wieder herausgeworfen worden sein.
Das Zuchthaus Ragnit wird morgen früh geräumt. Die Zivilbevölkerung hat Abmarschbefehl. Die Ortschaften nördlich der Memel brennen nach Mitteilung aus Ragnit.
Aus Tapiau werden in den nächsten Tagen – sobald die Transportmittel gestellt sind – 100 weibliche Zuchthausgefangene in die Zuchthäuser Waldheim und 200 weibliche Gefangene an das Frauenzuchthaus Lübeck-Lauerhof überstellt.
Die Lage in Königsberg ist vollständig ruhig.”

49. Bericht des Generalstaatsanwalts (OLG-Präsident Szelinski) vom 19. Oktober 1944

I. Allgemeine Lage

Die militärische Lage Ostpreußens ist dadurch gekennzeichnet, daß der Feind von allen Seiten gegen die Provinz unter stets wechselnder Schwerpunktbildung anrennt. Im Norden der Provinz gelang es dem Russen, am 9. und 10. Oktober unter Massierung von Panzerkräften beiderseits Schaulen durchzubrechen. Die Folge war das Eindringen starker Kräfte in das Memelgebiet, Einschließung Memels von der Landseite, Unterbrechnung der Straße Memel-Heydekrug-Tilsit. Heydekrug ging vorübergehend verloren. Die Russ-Memel-Linie konnte dagegen gehalten werden. Der überraschende Durchbruch der Russen erfolgte derart schnell, daß trotz weitgehender Räumungsmaßnahmen im Sommer d. J. es nicht mehr in vollem Umfange gelang, die deutsche Zivilbevölkerung auf dem flachen Lande zurückzuführen. Größere Trecks sind in der Gegend von Heydekrug in russische Hände gefallen. Darunter befanden sich auch Justizangehörige. Die Evakuierung Memels erfolgte reibungslos und war restlos dadurch möglich, daß die Kurische Nehrung als Ausweichstraße besonders geeignet war. Die Justizverwaltung hatte Nachteile durch den Verlust des Anstaltgutes Birkenwalde ostwärts Memel. Durch Einsatz eines Lastzuges gelang es, Zuchtvieh herauszuschaffen, Pferde gingen dagegen verloren.

Im Regierungsbezirk Zichenau, im Südteil der Provinz, verloren wir zunächst am Narew Scharfenwiese (Ostrolenka); weiter südlich gelang es den Russen, bei Rozan und Seroc Brückenköpfe zu bilden, aus denen heraus in den letzten Tagen massierte Angriffe in Richtung Zichenau einsetzten. Die Russen konnten bis in die Nähe von Mackeim (Mackow) vorstoßen. Ostenburg (Pultusk) wird trotz starken Artilleriebeschusses gehalten. Unter Berücksichtigung dieser Lage habe ich weitgehende Sicherungsmaßnahmen bezüglich der Staatssanwaltschaft Zichenau und der Haftanstalten getroffen, die bereits durchgeführt sind.

Am 16. 10. hat nunmehr der Russe zum Großangriff gegen die Mitte der Provinz angesetzt. Der aus dem Wehrmachtsbericht bekannte 40

Kilometer breite Angriffsstreifen verläuft etwa an der Grenze des Kreises Goldap (Wehrkirchen, früher Szittkehmen) bis zum Schnittpunkt Fluß Memel – Reichsgrenze. Soweit bisher bekannt wurde, ist es den Russen gelungen, Eydtkau zu nehmen.
Zweifellos haben die Ostbefestigungen weitgehend dazu beigetragen, die Stoßkraft der russischen Offensiven abzuschwächen.
Die Stimmung der Bevölkerung ist in Auswirkung des überraschenden Durchbruchs der Russen in das Memelgebiet sehr ernst, zum Teil bedrückt. Die Frage der Räumung der Provinz durch die Zivilbevölkerung im Falle des weiteren Vordringens der Russen bereitet ernste Sorge. Zwar waren gewisse Vorbereitungen bereits im Sommer getroffen. Für einen Streifen von etwa 30 km Breite längst der Ostgrenze, zu dem auch das frühere Memelland gehörte, war die Evakuierung der Frauen und Kinder angeordnet. Die sehr bodenständige Bevölkerung ist jedoch nur zögernd den Räumungsaufforderungen gefolgt. Frauen und Kinder sind sogar zum großen Teil, nachdem sich die Lage vorübergehend wieder beruhigt hatte, in die Evakuierungszone zurückgekehrt. Sogar früher Evakuierte aus anderen Teilen des Reiches sind der Räumungsaufforderung nicht nachgekommen, sondern in Ostpreußen verblieben. Dieses Vertrauen auf die Festigkeit der Ostfront ist um so bemerkenswerter, als im Sommer dieses Jahres die Grenzbevölkerung zurückflutende disziplinlose Heeresteile, die allerdings in der Hauptsache Etappenformationen angehörten, erleben mußte und von diesen Soldaten, die teilweise mit ihren ausländischen weiblichen Hilfswilligen einen überaus schlechten Eindruck machten, nicht gerade das Gefühl des standhaften Widerstandes der Front erhalten konnte. Andererseits ist das Zu-lange-Verbleiben oder Zurückkehren der bereits evakuierten Bevölkerung ein ernstes Problem, da eine ordnungsgemäße Durchführung von Gebietsräumungen hierdurch praktisch unmöglich gemacht wird. Der Durchbruch der Russen in das Memelgebiet hat jedoch der Bevölkerung gezeigt, welche ernsten Folgen die Nichtbefolgung der Evakuierungsaufforderung für die Bevölkerung haben kann. Demgemäß bemüht sich ein Teil der großstädtischen Bevölkerung, nunmehr Ostpreußen zu verlassen. Die Evakuierungszüge nach Sachsen sind mit Rücksicht auf den Abtransport der zurückgeführten Bevölkerung aus dem Memelgebiet eingestellt worden. Mit Rücksicht darauf, daß im Innern der Provinz durch die verstärkte Grenzzonenräumung mehr als bisher Volksgenossen aus dem freigemachten Gebiet untergebracht werden müssen, hat sich der Gauleiter und Reichtsverteidigungskommissar veranlaßt gesehen, einen Aufruf an die ostpreußische Bevölkerung zu

erlassen, in dem er auf die Verpflichtung zur Aufnahme und Unterbringung evakuierter Volksgenossen hinweist und den Schutz der evakuierten Volksgenossen hinsichtlich ihrer Ehre, ihrer Gesundheit und ihres Hab und Guts durch Strafandrohungen sichert. Gleichzeitig wird unter Strafanordnung auf die Befolgung der Evakuierungsmaßnahmen und der Weisungen der Politischen Führung hingewiesen. Ich habe in Übereinstimmung mit dem Herrn Oberlandesgerichtspräsidenten diesen Befehl des Gauleiters als Reichsverteidigungskommissar lediglich als Aufruf und die darin enthaltenen Strafandrohungen als volkstümliche Fassung der bereits bestehenden Reichsstrafgesetze aufgefaßt. Sämtliche Tatbestände, die in dem Aufruf enthalten sind, können mit den bereits geltenden Strafbestimmungen erfaßt werden. Abschrift des Befehls des Reichsverteidigungskommissars füge ich bei.

II. Luftangriffe

Durch die schweren Terrorangriffe in den Nächten zum 27. und 30. 8. ist die Innenstadt Königsberg mit geringen Ausnahmen zerstört. Die Justizbehörden sind in dem großen Gerichtsgebäude des Land- und Amtsgerichts vereinigt worden. Dieses Justizgebäude hat zwar auch umfangreiche Schäden erlitten. Durch Einsatz von Gefangenenkommandos ist das Haus aber in weitem Umfange wieder benutzbar geworden. Durch Luftangriffe sind weiterhin die Städte Tilsit, Memel, Insterburg und Gumbinnen, darunter am stärksten Tilsit, in Mitleidenschaft gezogen. In Tilsit sind auch die Justizgebäude stark beschädigt, zum Teil vernichtet. Die Luftangriffe haben im Gegensatz zur Entwicklung an der Ostfront, abgesehen vom ersten Schock, keine wesentlichen Auswirkungen auf die Stimmung und Haltung der Bevölkerung gehabt.

III. Volkssturm

Auf Grund des Befehls des Führers hatte der Gauleiter auf Reichsverteidigungskommissar den Volkssturm vor einigen Tagen in Ostpreußen aufgerufen und hierzu die männlichen Jahrgänge vom 16.–60. Lebensjahr befohlen. Mit Rücksicht auf die ungeklärten militärischen Verhältnisse war dem Aufruf zum Volkssturm zunächst nicht allseitig zugestimmt worden. Die Mehrzahl der Bevölkerungskreise war sich nicht darüber im klaren, ob der Volkssturmangehörige als „Kombattant" oder als „Partisane ohne völkerrechtlichen Schutz" aufzufassen sei. Ferner wurden Bedenken dagegen geäußert, daß, wie zunächst verlautet, Politische Leiter ohne genügende militärische

Eignung zu Führern der Kompanien, Züge und Gruppen des Volkssturms eingesetzt werden sollten. Schließlich war die Bevölkerung, hinsichtlich der Bewaffnung des Volkssturms mißtrauisch geworden, nachdem im Sommer dieses Jahres als Gründe für die Mißerfolge an der Front in erster Linie das Fehlen von Munition und schweren Waffen angegeben worden waren. Wenn aber bereits das Militär an der Front an den wichtigsten Waffen und Munition Mangel leidet, so glaubt die militärisch sehr geschulte Bevölkerung Ostpreußens nicht daran, daß es gelingen würde, den Volkssturm in einer zur Erfüllung seiner Aufgaben ausreichenden Weise auszurüsten, zu bewaffnen und mit Munition zu versehen. Die Bedenken sind auch heute noch nicht ganz behoben. Immerhin ist, nachdem bereits am Ende der vergangenen Woche ein Teil der erfaßten Bevölkerung zum aktiven Volkssturmdienst eingezogen worden ist, mit Genugtuung vermerkt worden, daß die Kompanien nicht, wie zunächst befürchtet wurde, militärisch unerfahrenen Politischen Leitern, sondern vorgebildeten Führern unterstellt werden. Auch die ersten Gerüchte über den Einsatz mangelhaft bewaffneter Volkssturmkompanien beim Durchbruch der Russen in das Memelgebiet, die erhebliche Unruhen verursacht hatten, haben sich nicht bewahrheitet. Soweit bisher bekannt ist, haben sich keine Einheiten des Volkssturms im Memelgebiet bisher geschlossen im Kampf befunden.

Die zahlreichen Einberufungen zum Volkssturm gefährdeten die Durchführung eines geordneten Aufsichtsdienstes in den mir unterstellten Anstalten der Vollzugsverwaltung, sowie die geordnete Strafverfolgung bei den Anklagebehörden beim Sondergericht. Ich habe nach Rücksprache mit dem Reichsverteidigungskommissar mich veranlaßt gesehen, die Aufsichtsbeamten des Strafvollzuges und 6 Staatsanwälte im sondergerichtlichen und Wehrkraftzersetzungs-Dezernat von der Einziehung zum Volkssturm zurückstellen zu lassen. Meiner Bitte ist entsprochen worden. Andererseits habe ich in Erkenntnis der Notwendigkeit, daß jeder deutsche Mann in der Heimat militärisch ausgebildet wird, angeordnet, daß vorerst in Königsberg aus den freigestellten männlichen Gefolgschaftsmitgliedern der Staatsanwaltschaften und der Untersuchungshaftanstalt eine Einheit gebildet wird, mit der vormilitärische Übungen unter Führung einen fronterfahrenen Beamten (Infanterieoffizier dieses Krieges) abgehalten werden. Durch diese Maßnahme erhoffe ich auch für die Justizverwaltung eine verstärkte Disziplin im Dienstbetrieb, die teilweise infolge der vielen Ersatzkräfte gelitten hatte. An der feierlichen Proklamierung des Volkssturms durch den Reichsführer SS am gestrigen Tage habe ich teilgenommen.[1]

IV. Lage auf dem Arbeitsmarkt

Durch die Zurückführung zahlreicher Arbeitskräfte aus den verlorenen Ostgebieten, durch die Vernichtung der Geschäftsviertel in den Städten Königsberg und Tilsit, durch die Grenzzonenräumung und durch die Maßnahmen zur Freimachung von Arbeitskräften für die Rüstungsindustrie sind insbesondere weibliche Arbeitskräfte in erheblichem Umfange in der Provinz freigeworden. Soweit ich in Erfahrung gebracht habe, sind die hiesigen Arbeitsämter z. T. gar nicht in der Lage, die ihnen angebotenen weiblichen Arbeitskräfte in der eigentlichen Rüstungsindustrie, die in Ostpreußen nur beschränkt vorhanden ist, unterzubringen. In dem Bestreben, um jeden Preis Arbeitskräfte für die Rüstungsindustrie freizumachen, wird nach meinem Eindruck auch erheblich über das Ziel hinausgeschossen.
Vekehrsbetriebe schränken ihre Wagenfolge ein. Dadurch wird die werktägige Bevölkerung, die ohnehin mehr als bisher durch die Verlängerung der Arbeitszeit eingespannt ist, mit starken Zeitverlusten beeinträchtigt. Die Evakuierung der Ehefrauen mit Kindern zwingt die männliche Bevölkerung zur Einnahme des Essens in Gastwirtschaften. Trotz Vernichtung einer großen Zahl von Gastwirtschaften ist aber nicht dafür Vorsorge getroffen worden, daß in den verbliebenen Gaststätten das Bedienungspersonal erhöht wird. Das gleiche gilt von den Lebensmittelgeschäften usw. Es wäre erwünscht, wenn die lebenswichtigen Betriebe, auf die die werktägige Bevölkerung angewiesen ist, aus den vorhandenen Überschüssen weiblicher Arbeitskräfte mehr als bisher mit Personal versorgt würden. Dieses dient ebenfalls zur Stärkung des Rüstungspotentials. Bereits jetzt hat die Bevölkerung den Eindruck, daß die Freimachung von Arbeitskräften um jeden Preis eher zu einer Erschwerung als zur Förderung der Rüstungsindustrie wird.

---

1) Ort der Volkssturmproklamation Himmlers und eines ersten Appells von 13 ostpreußischen Volkssturmkompanien war die Exerzierhalle der Marwitz-Kaserne in Bartenstein (zu den Vorbereitungen vgl. IfZ, Fa 88, Fasz. 151); die Rede Himmlers, die den historischen Bezug zu den Befreiungskriegen gegen Napoleon stark herausstrich in „Deutsche Allgemeine Zeitung" v. 19. 10. 1944.

V. Entwicklung der Kriminalität in Ostpreußen

Die Verlagerung eines großen Teils der männlichen Bevölkerung und der ausländischen Arbeiter in die Grenzgebiete der Provinz zum Einsatz am Ostwallbau und die Grenzzonenräumung hatte zur Folge, daß Plünderungen zum Gegenstand sondergerichtlicher Aburteilung wurden. Es ist sehr viel geplündert worden, und zwar nicht nur im Zusammenhang mit der Grenzzonenräumung, sondern auch nach den Luftangriffen. Auf meine Bitte hatte der Herr Oberlandesgerichtspräsident unter Berücksichtigung der schlechten Vekehrsverhältnisse innerhalb der Provinz örtliche Sondergerichte eingerichtet, d. h. es sind sämtliche Richter der Provinz zu Mitgliedern des Königsberger Sondergerichts bestellt und treten am Sitz ihres Gerichts zusammen. Das Ergebnis der Rechtsprechung der örtlichen Sondergerichte kann dahin zusammengefaßt werden, daß Plünderungen durch die Zivilbevölkerung keinen größeren Umfang in der Folgezeit angenommen haben. Unbefriedigend ist jedoch das Ergebnis, daß Wehrmachtsangehörige und Angehörige der O. T. weitgehend an Plünderungen sich beteiligt haben. Da insoweit die örtlichen Polizeibeamten die Ermittlungen nicht fortsetzen konnten, haben die Plünderungen erheblichen Umfang angenommen, ohne daß es bisher gelungen ist, sie wirksam zu bekämpfen.
Morde, Brandstiftungen und Raubüberfälle mehren sich auf dem flachen Lande durch den Einsatz zahlreicher russischer Agenten, die aus Flugzeugen über Ostpreußen abgesetzt wurden. Es handelt sich hierbei zum Teil um ehemalige deutsche Kriegsgefangene, die auf russischen Agentenschulen ausgebildet wurden. Ein Teil dieser früheren Kriegsgefangenen benutzt allerdings den Einsatz als Agent zur Flucht aus Rußland und hat sich freiwillig bei den örtlichen militärischen Dienststellen gemeldet.

VI. Justizverwaltung

Im Zusammenhang mit der oben geschilderten Auswirkung der Maßnahmen zur Freimachung von Arbeitskräften darf ich auf die Bedenken hinweisen, die ich hinsichtlich der praktischen Auswirkung der durch RV vom 10. 10. 1944 angeordneten Zusammenlegung der Verwaltungsgeschäftsstellen der Oberlandesgerichtspräsidenten und Generalstaatsanwälte habe. Durch die Terrorangriffe sind sämtliche Verwaltungsakten meiner Dienststelle, aber auch der des Herrn Oberlandesgerichtspräsidenten vernichtet worden. Bis zur Wiederherstellung der Verwaltungsvorgänge sind wir daher weitgehend auf das Gedächtnis der Bürobeamten angewiesen. Etwa

40% der von dem Herrn Minister erlassenen Rundverfügungen und Erlasse sind nicht beiden Behörden, sondern nur mir im Bereich der Strafrechtspflege zugegangen. Es wird daher nach der Vernichtung aller Verwaltungsvorgänge kaum möglich sein, mit fremdem Personal diese Vorgänge zu rekonstruieren. Es kommt ferner hinzu, daß die Provinzialbehörden mangels anderer geeigneter Unterbringungsmöglichkeiten in dem Land- und Amtsgerichtsgebäude untergebracht sind, das durch Luftangriffe wegen seiner Nähe an verkehrswichtigen Bahnhofsanlagen und am Verkehrsknotenpunkt der Stadt erheblich gefährdet ist. Wir müssen also sehr stark damit rechnen, erneut ausgebombt zu werden und sind dann noch mehr als bisher auf die Erfahrungen und das Gedächtnis unserer alten weder wehr- noch rüstungsindustrietauglichen Beamten angewiesen. Es muß auch die Möglichkeit in Betracht gezogen werden, daß im Falle einer erneuten Ausbombung Gericht und Staatsanwaltschaft an verschiedenen Stellen untergebracht werden müssen.
Ich halte es schließich für bedenklich und in der augenblicklichen militärischen Lage Ostpreußens für undurchführbar, die Verwaltungs- und Personalgeschäftsstelle der mir unterstellten Strafvollzugsverwaltung mit der Verwaltungsgeschäftsstelle des Herrn Oberlandesgerichtspräsidenten zu vereinigen. Die ständige Verlagerung der Gefangenen aus den Haftanstalten der Grenzzone, die Räumung der bereits gefährdeten Anstalten und die Verlagerung der Rüstungsbetriebe in den Anstalten Ostpreußens bereiten insbesondere wegen des Mangels an Transportraum die denkbar größten Schwierigkeiten. Es sind mit allen möglichen Dienststellen der Rüstungsinspektion Eisenbahn, Polizei, Wehrmachtsgefängnisse ständig, mündlich, fernmündlich und schriftlich Verhandlungen zu führen. Die jetzige Situation erfordert eine derartige Vertrautheit mit den Verhältnissen der Vollzugsverwaltung gerade bei den leitenden Bürobeamten, daß ein Wechsel in der Beamtenschaft die schwersten Störungen hervorrufen würde und den Erfolg der anzuordnenden Sicherungsmaßnahmen ernsthaft gefährden würde.
Im übrigen erfolgt hierzu besonderer Bericht.

Anlage

Königsberg (Pr), den 13. Oktober 1944

Befehl des Reichsverteidigungskommissars über Betreuung und Unterbringung evakuierter Frauen und Kinder im Gau Ostpreußen.
Die Kämpfe an den Grenzen des Gaues Ostpreußen haben es

notwendig gemacht, daß eine Anzahl von Frauen und Kindern aus den Grenzgebieten zu ihrem Schutz in andere Teile des Gaues Ostpreußen umquartiert werden mußte. Diese Frauen und Kinder unterzubringen, zu pflegen und zu betreuen ist Ehrenpflicht der gesamten Bevölkerung des Gaues. Die Leitung dieser Unterbringung und Betreuung führt in meinem Auftrage der Gauamtsleiter der nationalsozialistischen Volkswohlfahrt durch.
Um diesen durch die militärische Lage hervorgerufenen Notstand in einer Form zu beheben, die den Evakuierten ihre Lage erleichtert und der gesamten Bevölkerung des Gaues Ostpreußens zur Ehre gereicht, ordne ich folgendes an:
1. Jeder der in den von mir bezeichneten Kreisen eine Wohnung, einen Bauernhof oder sonst zur Unterbringung von Menschen geeignete Räume besitzt, ist verpflichtet, in diesen Evakuierte aufzunehmen.
2. Er hat den Evakuierten dieselben Möglichkeiten zu bieten, unter denen er selbst mit seiner Familie lebt.
3. Wer gegen diese selbstverständliche Gemeinschaftspflicht verstößt, wird durch das Sondergericht bestraft. Seine Wohnung und sein Hof können beschlagnahmt und einem Dritten zur Nutzung übergeben werden.
4. Wer die evakuierten Frauen und Kinder an Ehre, Ansehen und Besitz schädigt, sei es mit Gewalt, durch Vorspielung falscher Tatsachen oder Arglist wird durch das Sondergericht mit Gefängnis, Zuchthaus oder mit dem Tod bestraft.
5. Wer die mit der Unterbringung Beauftragten behindert, verleumdet oder beschimpft wird gleichfalls strengstens bestraft.
gez. Koch

50. Bericht des OLG-Präsidenten vom 30. Oktober 1944

I.

Durch die Fliegerangriffe hat fast die Hälfte der Bewohner Königsbergs ihre Unterkunft verloren; 120 000 sind in ländliche Bezirke Ostpreußens gebracht; der größere Teil von ihnen ist inzwischen ins Sächsische weiter befördert. Das Oberlandesgericht ist in das Landgericht ausgewichen. Alle obergerichtlichen Akten, soweit sie nicht wegen besonderer Wichtigkeit sichergestellt waren, sind verbrannt. Ihre Wiederherstellung verursacht viel Mühe und nimmt zahlreiche Kräfte in Anspruch, so daß hier die Abgabe an Wehrmacht und Rüstung nicht in dem Umfange erfolgen kann, in dem sie sonst möglich wäre.

II.

Infolge des Russeneinfalls sind 3 Landgerichte (Bialystok, Memel und Tilsit) ausgefallen; 2 weitere (Insterburg und Lyck) arbeiten infolge starker Bedrohung in sehr verminderter Besetzung und zwar hauptsächlich Sondergerichts- und sonstigen Strafsachen. Der übrige Arbeitsanfall ist verschwindend gering, was dadurch zu erklären ist, daß der größte Teil der Bevölkerung schon fort ist oder zur Flucht rüstet. 20 Amtsgerichte sind bisher ausgeschaltet.

1. Die aus den besetzten oder geräumten Gebieten frei geworden Kräfte könnten – so sollte man meinen – der Wehrmacht oder Rüstung sofort zur Verfügung gestellt werden. Dieses ist aber leider im Augenblick undurchführbar. Die alten, über 70jährigen und die schwerkranken Beamten erbitten mit Recht ihre Versetzung in den Ruhestand; andere, die in den letzten Wochen und Monaten unter besonders erschwerten Verhältnissen und unter Feinbedrohung schwer gearbeitet haben und die noch unter dem Eindruck der vielfach eiligen Flucht stehen, sind körperlich so herunter gekommen, daß sie zunächst arbeitsunfähig sind. Ein weiterer Teil, insbesondere weibliche Angestellte und Gebrechliche sind bei der amtlich durchgeführten Räumung weiter ins Altreich gebracht (Sachsen und Süddeutschland) und haben den berechtigten Wunsch, sich von den Anstrengungen der Flucht und der Fahrt, die viele Tage gedauert hat,

zu erholen. Andere, die hier bis zum letzten Augenblick ausgehalten haben, wissen nicht, wohin ihre Familen gekommen und wie sie dort untergebracht sind; ihrer Bitte, dort kurz nach dem Rechten sehen zu dürfen, habe ich vielfach entsprochen.

2. Aber noch aus einem anderen Grunde ist es mir heute unmöglich, jetzt schon zu übersehen, wen ich entbehren kann.

a) Ich habe früher bereits berichtet, daß ich die Testamente, Grundbuchtabellen, Handels-, Vereins- und sonstige Register aus ganz Ostpreußen – ausgenommen die Landgerichtsbezirke Königsberg und Braunsberg – nach Westpreußen ausgelagert habe. Dort werden die Sachen von meinen Beamten, die als an das jeweilige Stammgericht abgeordnet gelten, bearbeitet. Vor einigen Tagen habe ich die oben angegebenen Akten aus den letzten ostpreußischen Bezirken, also aus Königsberg und Braunsberg, nach Stolp gebracht, wo mir der Oberlandesgerichtspräsident in Stettin 4 Zimmer bereitwilligst zur Verfügung gestellt hat.

b) Im Anschluß an die Herausschaffung der unter a) genannten Akten habe ich zunächst aus den Grenzbezirken die mir am wichtigsten erscheinenden Akten in den westlichen Teil meines Bezirks gebracht. Beim Einsetzen der unmittelbaren Bedrohung durch die Russen folgten weitere Akten, teilweise auch aus bisher nicht als gefährdet angesehenen Gebieten. Jetzt bin ich dabei, aus den Gerichten, deren Bezirk von der Bevölkerung bereits geräumt ist, alle irgendwie wertvollen Akten herauszubringen. Vielfach liegen diese Städte während des Abtransports unter Artilleriebeschuß. Einige wenige Beamte haben versagt, andere dagegen so kaltblütig und mustergültig die Fortschaffung durchgeführt, daß ich um ihre Auszeichnung und möglichst auch Beförderung bemüht sein werde. Transportmittel standen nur in unzureichendem Maße zur Verfügung und waren nur mit besonderer Mühe zu erreichen; vielfach haben uns Wehrmachtswagen bereitwilligst geholfen. So erklärt es sich, daß die Akten nicht so geordnet verladen werden konnten, wie es im Frieden geschehen wäre, und ferner, daß sie gerade dort abgeladen werden mußten, wo die Möglichkeit dazu bestand. Ich mußte jetzt zahlreiche Beamte und Angestellte damit beauftragen, die bei den einzelnen Gerichten lagernden Akten zu sichten und zusammen zu bringen. Hierbei wird die Transportfrage wiederum besondere Schwierigkeiten machen. Ich darf deshalb die an Herrn Ministerialrat Wittland gerichtete Bitte wiederholen, mir recht bald möglichst 2

Generator-Lastzüge (nicht Benzin) und die dazu gehörigen Kraftfahrer zur Verfügung stellen zu wollen.[1]
Wie verlautbart, wird die Wehrmacht die Räumung eines weiteren Teils der Provinz für Aufmarschzwecke fordern; hierdurch wird die Freimachung weiterer Gerichte erforderlich werden.
3. Und noch ein weiterer Grund erschwert die Durchführung der Verfügung vom 5. Oktober 1944.[2]
Bei der gefährdeten Lage Ostpreußens wurden sehr viele Beamte und Angestellte zu Arbeiten an dem Ostwall abgestellt und sind es zum Teil noch. Auch die Einziehung zum Volkssturm ist hier wesentlich stärker als in anderen Gebieten. Dazu kommt noch, daß eine nicht unerhebliche Zahl Volkssturmmänner sofort kaserniert, kurz ausgebildet und dann zur Front herausgebracht worden ist. Der Heeresbericht hat ihre Bewährung bereits rühmlich hervorgehoben.

III.

Die beschleunigte Abgabe an Wehrmacht und Rüstung wird noch dadurch verzögert, daß die genannten Stellen nicht in der Lage sind, die angebotenen Kräfte abzunehmen. In Königsberg sind durch die Schließung zahlreicher Betriebe und Geschäfte sehr viel Arbeitskräfte freigeworden, die sofort unterzubringen den Arbeitsämtern nicht möglich ist. Hinzu kommen jetzt noch die vielen aus den besetzten oder bedrohten Gebieten zurückgeführten Arbeitskräfte.
Aus den gleichen Gründen stockt auch die Einziehung durch die Wehrmacht.

1) Ministerialrat Hermann Wittland war in der Abt. I des RJM für die Gerichtsorganisation zuständig und hatte sich seit dem 23. 10. auf einer Dienstreise nach Ostpreußen über die dortigen Verhältnisse informiert.
2) Nicht nachzuweisen ist die Verfügung über „Gerichtsorganisation im totalen Kriegseinsatz" vom 5. 10. 1944, die Draeger hier meinte.

51. Bericht des OLG-Präsidenten vom 24. November 1944

I.

1. Seit dem Eintritt des Schlechtwetters und der dadurch bedingten Verschlammung des Geländes ruht in den letzten Wochen jede größere Kampftätigkeit an den ostpreußischen Fronten. Offenbar warten die Russen Frostwetter ab.

Ihre Versuche, von Norden her über die Memel zu setzen, haben sie nicht wiederholt; von dort aus ist, da der Memelstrom mit seinen breiten Sumpfwiesen ein schweres Hindernis bietet, mit einem Angriff kaum zu rechnen.

Dagegen hat der Feind in der Rominter Heide und gegenüber Goldap stärkere Truppen zusammengezogen; die weiten Wälder bieten hier eine günstige Angriffsbasis. Das Gleiche gilt für die Augustowoer Forsten gegenüber Lyck und schließlich für das Gebiet am Karew und Bug bei Rozan – Serok und Pultusak (Ostenburg). Wenn er an einer dieser drei Steilen mit geballten Panzerkräften angreift, besteht die Möglichkeit eines Durchbruchs, wenngleich wir zuversichtlich annehmen, daß es – wie bei den letzten Angriffen – in Kürze gelingen wird, die Spitzen abzukneifen oder zurückzudrücken. Immerhin muß vorgesorgt werden, daß herbei nicht wertvolle Akten oder gar Justizbedienstete in die Hand der Feinde fallen.

2. a) Im Bezirk des Landgerichts Memel hat die Gerichtsbarkeit aufgehört. Die Gebiete der Amtsgerichte Heydekrug, Ruß und Prökuls sind von den Russen besetzt. In dem kleinen Brückenkopf Memel befinden sich keine Zivilpersonen. Der Sitz der Memeler Gerichte ist nach Königsberg verlegt.

b) Von dem Landgericht Tilsit ist Wischwill (nördlich der Memel) in russischer Hand, sind die Gebiete der Amtsgerichte Kuckerneese, Heinrichswalde, Tilsit und Ragnit völlig geräumt. Nur in Kreuzingen arbeitet noch das Amtsgericht. Hier werden die Strafsachen der ganzen Tilsiter Gerichte (auch Sondergerichtssachen) bearbeitet. Bezüglich aller übrigen Sachen ist der Sitz gleichfalls Königsberg Pr.

c) Im Gebiet des Landgerichts Insterburg befinden sich die Amtsgerichte Schloßberg und Ebenrode in Feindeshand, sind die Gebiete Goldap und Gumbinnen fast ganz geräumt, ist Insterburg selbst so stark aufgelockert, so daß nur noch ein Bruchteil der

bisherigen Bevölkerung dort verblieben ist. Da die Bearbeitung der Zivilsachen und der Angelegenheiten der freiwilligen Gerichtsbarkeit mangels Inanspruchanhme völlig aufgehört hat, habe ich den Sitz sämtlicher Gerichte nach Bartenstein verlegt mit der Maßgabe, daß die Strafsachen in Insterburg abgeurteilt werden.
d) Im Bezirk Lyck sind die Amtsgerichte Sudauen infolge Feindbesetzung und Treuburg wegen völliger Räumung fortgefallen. In Lyck selbst, wo noch alle Rechtsgebiete bearbeitet werden, soll die Einwohnerzahl auf 3000 herabgedrückt werden.
e) Im Landgericht Zichenau arbeiten nicht mehr die Amtsgerichte Ostenburg (Pultusak), Mackeim (Mackow) und Scharfenwiese (Ostrolenka).

II.

1. Wie bereits früher berichtet, habe ich sämtliche besonders wichtigen Akten wie Testamente, Grundbuchtabellen und Handels-, Vereins- und sonstige Register inzwischen aus ganz Ostpreußen über die Weichsel hinübergebracht, wo sie von meinen Beamten bearbeitet werden.
2. Aus den vom Feind besetzten, den völlig geräumten und den bedrohten Gebieten habe ich wichtigere Akten anfänglich in den Westen meines Gebiets gebracht. Das war zweckmäßig, solange die Zahl der betroffenen Gerichte gering war. Jetzt bin ich dazu übergegangen, wichtige, aber seltener benötigte Akten nach Flatow – Bezirk Schneidemühl – auszulagern. Hier werden sie gerichtsweise geordnet. Ein Inspektor, der etwa die Tätigkeit eines Lagerverwalters hat, betreut sie. Auf Anfordern gibt er die jeweils erbetenen Akten dem Stammgericht heraus.
3. Um zu überprüfen, inwieweit die Bergung und Auslagerung durchgeführt ist und um an Ort und Stelle Einzelheiten zu besprechen, habe ich in der Zeit vom 20. bis 22. November 1944 schon geräumte oder vom Feind bedrohte Gerichte besucht und zwar Liebenfelde, Ragnit, Tilsit, Insterburg, Angerburg, Lyck, Johannisburg und Sensburg.
Die Fahrt in der Gegend von Ragnit und Tilsit war erschütternd. Die Höfe sind völlig verlassen, einzelne Stück Vieh, die beim Treck nicht mitgekommen waren, treiben sich allein auf den Feldern herum, herrenlose Hunde suchen nach Futter. Am schlimmsten wirkten die Städte Ragnit und besonders Tilsit; sie sind zum Teil durch Bomben zerstört, zahlreiche Fenster sind zerbrochen, die Haustüren meistens offen, kein Mensch ist in Straßen und Häusern zu erblicken. Da beide

Städte hart an der Memel liegen, werden sie vom Feinde nur durch den Fluß getrennt, es herrscht beiderseitiger, wenn auch geringer Artilleriebeschluß.
4. Im Amtsgericht Ragnit, das im alten Schloß liegt, hat die Wehrmacht die nach Norden gelegenen Fenster durch Sandsäcke verbarrikadiert und Schießscharten geschaffen. In den meisten Häusern, auch in den Gerichten, ist – angeblich von Soldaten und Volkssturmmännern – furchtbar geplündert worden. Alle Türen und Schränke sind erbrochen. Schiebladen herausgerissen, alles liegt wüst auf dem Fußboden durcheinander; ein schrecklicher Anblick.

III.

1. Bei dem so plötzlichen Durchbruch der Russen bei Heydekrug und Prökuls haben wir leider 5 Justizbedienstete verloren. Ein Amtsrichter aus Heydekrug hatte in der letzten Nacht Stadtwacht gehabt, infolge Übermüdung und wohl auch reichlichen Alkoholgenusses hat er den kurzen Weg bis Ruß, von wo er sich – wie die anderen – mittels Dampfers über das Haff hätte in Sicherheit bringen können, nicht erreicht. Vergeblich haben seine Beamten, bevor sie flüchteten, ihn gesucht. Bedauerlich ist, daß zwei Beamte absichtlich zu den Russen übergegangen sind. Der eine, ein Justizsekretär (ein früherer Memelländer) hat nach den Angaben seines Sohnes, der Justizschüler ist, schon seit längerer Zeit wieder russische Sprachstudien getrieben und mehrfach erklärt, er wolle vor den Russen nicht fliehen. Der Sohn, der schon nach Ruß geflüchtet war, ist durch die russischen Linien nach Heydekrug zu seinem Vater zurückgekehrt. In Prökuls sind ein Justizoberinspektor und eine Justizangestellte offenbar von den Russen überrascht worden; von ihnen fehlt jede Spur.
2. Erwähnenswert erscheint mir, daß vor kurzem einige Memeler Beamte sich freiwillig bereit erklärt haben, Akten aus dem Brückenkopf Memel zu holen und dieses auch durchgeführt haben. Von der Marinebehörde erhielten sie die Genehmigung, mit Dampfern die Nachschub beförderten, mitzufahren. Von Pillau fuhren die Schiffe im Geleit über See nach Memel; daß die Beamten bei dieser Gelegenheit einen kleinen Teil ihrer eigenen Habe mitbrachten, ist selbstverständlich.

Auslagerung von Justizakten nach Schneidemühl, Dt. Krone und Schlochau. – Meldungen von Justizangehörigen zur Wehrmacht, um nicht zum Volkssturm herangezogen zu werden.

52. Bericht des Generalstaatsanwalts (OLG-Präsident Szelinski) vom 18. Januar 1945

Das Berichtsvierteljahr stand weiterhin unter dem Eindruck des Russeneinfalls in das ostpreußische Grenzgebiet.
Der überraschende Einbruch hatte eine Durchführung planmäßiger Räumungsmaßnahmen unmöglich gemacht. Die Bevölkerung der unmittelbar bedrohten Kreise konnte nur das zum Leben Notwendigste mitnehmen. In den Kreisen, die Operationsgebiet wurden, mußte nahezu sämtliches Vieh, die Erntevorräte und der Hausrat zurückbleiben. In den angrenzenden Kreisen, die vorsorglich gleichzeitig geräumt wurden, konnte zwar lebendes und totes Inventar zurückgeführt werden. Auch das konnte aber mangels planvoller Vorbereitungen nur in geringerem Umfange geschehen, zumal neben flüchtenden Trecks zurückflutende Soldaten die Straßen und Brücken verstopften. Betroffen wurden durchweg landwirtschaftlich intensiv bewirtschaftete Kreise mit besonderem Viehreichtum.
Die Folge war, daß sich in den Grenzgebieten zahreiches Vieh herumtrieb, dessen ordnungsmäßige Versorgung nicht gewährleistet war. Eine Sammlung und restlose Zurückführung in geschlossenen Trecks ließ sich nicht durchführen. Von der Wehrmacht wurden die Tiere als herrenlos betrachtet, abgeschlachtet oder ergriffen und mitgeführt. Diesem Beispiel folgend, eigneten sich auch Organisationen, die zum Wehrmachtsgefolge gehörten, insbesondere die O. T. und die zu Schanzarbeiten eingesetzten Männer, Vieh und Lebensmittelvorräte an.
Ob und inwieweit diese Beute einer Gemeinschaftsverpflegung oder einem Eigenerwerb zugute gekommen ist, läßt sich nicht übersehen. Die Beutemacher beschränkten sich jedoch nicht auf Aneignung landwirtschaftlicher Erzeugnisse, sondern gingen schnell dazu über, in Städten und Dörfern die Wohnungen umquartierter Volksgenossen in unverantwortlicher Weise auszuplündern. Es ist bekannt geworden, daß Soldaten wie Vandalen gehaust haben. Es wurden sinnlos Möbel zerschlagen, Betten aufgeschnitten, Ledersessel zerschnitten, Kunstgegenstände zerschlagen, Wohnungen verschmutzt. Ein Gärtnereibesitzer z. B. zeigt an, daß man ihn 4000 Gladiolenzwiebeln entwendet, alle Werkzeuge zerstört und alle Vorräte an Kranztüten, Seiden-

papier, Seidenbändern, Kranzschleifen sowie die Druckapparate auf dem Boden zertrampelt habe. Während der Besetzung von Goldap sollen die Russen sich verhältnismäßig wenig angeeignet, dagegen sollen deutsche Soldaten nach der Wiedereinnahme der Stadt die Wohnungen restlos ausgeplündert haben.[1]

Soldaten haben Plünderungsgut in unübersehbaren Mengen durch die Post an Angehörige versandt oder auf Lastkraftwagen weggeschafft. Auf einem Postamt wurde durch die Kriminalpolizei festgestellt, daß der größte Teil der an einem Tag aufgegebenen Soldatenpakete Plünderungsgut enthielt. Kontrollen solcher Sendungen wurden dadurch umgangen, daß man Zivilpersonen mit dem Versand beauftragte. Leider zu spät mußte der Oberpräsident sich am 23. 11. 44 dazu entschließen, das Absenden von Soldatenpaketen durch Zivilpersonen in öffentlichen Anschlägen unter Hinweis auf die Begünstigungsvorschriften zu verbieten.

Daß im geräumten Gebiet das Vieh wild herumlief, hatte sich schnell herumgesprochen. Da in den betroffenen Kreisen auch die Zwangswirtschaft praktisch undurchführbar wurde, setzte bald ein Streben ein, sich in diesen Gebieten etwas zu „besorgen". Es wurde geduldet, daß Rückkehrer und Auswärtige Lebensmittel, insbesondere Fleisch und Geflügel ohne Marken aufkauften. Sie eigneten sich auch herumlaufendes Vieh an, schlachteten es und nahmen das Fleisch mit. Landwirte fanden ihre Ställe leer und hielten sich an dem Vieh, das sich in der Nähe ihrer Gehöfte herumtrieb, schadlos. Der Gauleiter hatte Frauen gestattet, sich in ihren Heimatort zurück zu begeben, um dort Sachen, die sie hatten zurücklassen müssen, nachträglich zu bergen. Solche Frauen wurden Augenzeugen des Zustandes ihrer Wohnungen und haben sich in zahlreichen Fällen aus Nachbarwohnungen – soweit noch vorhanden – das genommen, was man bei ihnen selbst geplündert hatte. In anderen Fällen trafen zurückgekehrte Frauen in ihren Wohnungen Soldaten an, von denen sie geradezu in die Nachbarhäuser geführt und aufgefordert wurden, vom Nachbarn das Notwendige zu nehmen. Dabei ging man davon aus, „daß die Sachen sonst entweder der Russe bekomme oder sie durch Feindeinwirkung zerstört oder von anderen Soldaten mitgenommen würden." Solchen Aufforderungen leisteten gerade Frauen

1) Goldap wurde nach heftigen Straßenkämpfen am 22. 10. 1944 geräumt, konnte jedoch im Gegenstoß am 3. 11. 1944 durch Soldaten der 5. Pz.D. und der 50. I.D. zurückgewonnen werden (Dieckert/Grossmann, 1978, S. 69 ff.).

bei ihrer Einstellung, unter keinen Umständen etwas umkommen zu lassen, willig Folge.
Von den zahlreichen Plünderungsfällen der erwähnten Art sind hier nur ein verhältnismäßig geringer Teil – es mögen etwa 100 Fälle sein – bei den Anklagebehörden anhängig geworden. Da bei der geschilderten Sachlage ein allzu schneller Zugriff möglicherweise eher politisch schaden, als der Rechtsprechung nützen könnte, habe ich es für geboten gehalten, sämtliche Fälle bei der Anklagebehörde des Königsberger Sondergerichts zu erfassen, um mir zunächst einen Überblick über die angefallenen Plünderungen zu verschaffen. Es ergab sich ein Bild, daß etwa 80 Prozent der Beschuldigten Frauen waren, die zum Teil selbst ausgebombt oder ausgeplündert sind. In nicht wenigen Fällen sind die Ehemänner der Beschuldigten im Fronteinsatz im ostpreußischen Grenzgebiet. In vielen Fällen handelt es sich um Aneignung verhältnismäßig geringfügiger Gebrauchsgüter.
Um klar zu stellen, welche Räumungsmaßnahmen seitens der Verwaltungsstellen in einzelnen getroffen und welche Aneignungshandlungen stillschweigend geduldet waren, fand am 9. 1. 1945 auf meine Verlassung bei dem Reichsverteidigungskom-missar eine Besprechung statt, an der auch der Höhere SS- und Polizeiführer Nordost und der Befehlshaber der Sicherheitspolizei teilnahmen.
Der Reichsverteidigungskommissar und Gauleiter vertrat dabei folgenden Standpunkt:
Ihm sei aus tausenden von Briefen ostpreußischer Volksgenossen bekannt, daß die Wehrmacht in erschreckendem Umfange Häuser und Höfe ostpreußischer Flüchtlinge ausgeplündert habe, ohne daß dagegen durchgreifend eingeschritten worden sei.
Er – der Reichsverteidigungskommissar – habe in den geräumten Gebieten – durch die Verhältnisse gezwungen – die Kriegswirtschaftsbestimmungen im wesentlichen außer Kraft setzen müssen. Das Vieh sei, soweit es bei der Räumung nicht habe mitgenommen werden können, unversorgt geblieben. Er habe deshalb gewünscht, daß das herumtreibende Vieh nach Möglichkeit geschlachtet und verbraucht würde. Politische Leiter und Volksturm seien eingesetzt, um das Fleisch weitestgehend Gemeinschaftsküchen oder Einheitsverpflegungen zuzuführen. Er habe z. B. selbst dafür gesorgt, daß aufgegriffenes Vieh der Werkküche der Firma Schichau in Königsberg zur Verfügung gestellt werde. Es sei sinnlos, die Aneignung solchen Viehs als Plünderung aufzufasen, wenn die Tiere infolge mangelnder Betreuung ohnehin zu krepieren drohen.
Im übrigen halte er es auch für menschlich und natürlich, wenn eine

Frau, deren Wohnung ausgeplündert sei, aus einer Nachbarwohnung Gegenstände des täglichen Bedarfs an sich nehme, insbesondere dann, wenn es sich um Kleinigkeiten handele. In solchen Fällen könne der innere Tatbestand des Plünderns nicht gegeben sein. Das gelte besonders für Lebensmittel, die jeder vernünftige Mensch lieber an sich nehme, als daß er sie verkommen lasse.
In den Fällen, in denen Volksgenossen vorzeitig ihre Habe aufgegeben haben, bestehe auch kein Schutzbedürfnis. So habe z. B. der Inhaber eines Kaufhauses in Gumbinnen 24 Stunden vor der Räumung unter Zurücklassung aller Sachwerte insbesondere der Ladenkasse den Ort verlassen. Die Waren dieses Geschäftes seien mit seiner Billigung von dem stellvertretenden Reichsverteidigungskommissar zugunsten des Volkssturms in Anspruch genommen worden. Der Reichsverteidigungskommissar und Gauleiter erwog im Interesse einer befriedigenden Erledigung der anhängigen Plünderungssachen, dem Führer Vortrag zu halten.
Ich habe meiner Meinung dahin Ausdruck gegeben, daß es eines solchen Führervortrages nicht bedürfe, da die anhängigen Straffälle bei vernünftiger Rechtsauslegung auch im Rahmen des geltenden Rechts befriedigend gelöst werden könnten. Die Anwendung des § 1 der Volksschädlingsverordnung und damit die Todesstrafe habe ich in den Fällen als notwendig bezeichnet, in denen das Verhalten des Beschuldigten auf Bereicherungsabsicht schließen läßt. Im übrigen sollen die Fälle unter Berücksichtigung der Gesinnung des Täters im Strafmaß abgestuft werden. Dabei mag Bestrafung wegen Diebstahls oder Kriegswirtschaftsverstoßes gegebenenfalls unter Schärfung durch die Volksschädlingsverordnung erfolgen. In geeigneten Fällen soll von der Anwendung des § 8 der 4. V. O. zur Vereinfachung der Strafrechtspflege vom 13. 12. 1944 Gebrauch gemacht werden.[2]
Diese Grundsätze wurden allseitig gebilligt. Insbesondere wird auch der Höhere SS- und Polizeiführer die ihm unterstellten Polizeistellen mit entsprechenden Verfügungen versehen. Der Reichsverteidigungskommissar betonte ausdrücklich, daß er vom Standpunkt der politischen Führung Ostpreußens eine weitgehende Anwendung der genannten Einstellungsvorschrift nicht nur für unbedingt geboten, sondern daß er eine kleinliche Anwendung der genannten Vorschrift

2) Verordnung zur weiteren Anpassung der Strafrechtspflege an die Erfordernisse des totalen Krieges v. 13. 12. 1944 (RGBl. I, S. 339–342), ermöglichte u. a. den Erlaß von Haftbefehlen durch die Staatsanwaltschaft, lockerte den Verfolgungszwang, und schränkte Rechtsmittel weiter ein.

geradezu für schädlich halte. Darüber, daß bei Diebstählen an Flüchtlingsgut insbesondere bei Beraubungen von Trecks vor schärfsten Strafen nicht zurückgeschreckt werden durfte, bestand bei der Besprechung beim Reichsverteidigungskommissar Übereinstimmung. Andererseits sind auch Fälle bekannt geworden, daß Flüchtlinge selbst eine freundliche Aufnahme durch gemeine Diebstähle in der Unterkunft vergolten haben. Flüchtlingsfrauen, die nicht mitarbeiten wollen, Flüchtlingskinder, die mit Zündhölzern spielend das Eigentum des Gastgebers in Flammen aufgehen lassen und die aus der Zusammenballung erwachsenden Verpflegungsschwierigkeiten machen den Gastgebern das Leben schwer und drücken auf die Stimmung. Zugenommen haben im Bezirk die Fälle von Beihilfe zur Fahnenflucht. Dieser Entwicklung soll durch sondergerichtliche Abschrekkungsstrafen zu steuern versucht werden. Lebhaft beunruhigt wird die ländliche Bevölkerung durch das Auftreten russischer Fallschirmspringer im Bezirk. Dabei handelt es sich nicht selten um kriegsgefangene deutsche Soldaten, die sich zum Teil sofort freiwillig stellen. Die Agenten sind mit Sendern und Maschinenpistolen ausgerüstet.[3] Zur Zeit werden alle Ereignisse überschattet durch die Auswirkungen der bolschewistischen Winteroffensive. Die Räumung Zichenaus ist reibungslos verlaufen. Die Räumung der Anstalt in Schröttersburg ist angeordnet und im Gange. Die Behördenangehörigen des Bezirks, einschließlich des 2. Volkssturmaufgebots, werden durchweg zu Schanzarbeiten stärkstens in Anspruch genommen. Eine ordnungsmäßige Arbeit ist deshalb zur Zeit kaum noch möglich.

3) Vgl. Tl. 1, Kap. 6.5.

53. Aktenvermerk von Ministerialdirektor Dr. Vollmer, Reichsjustizministerium, vom 22. Januar 1945

Der Generalstaatsanwalt in Königsberg/Pr., OLG-Präs. Szelinski, rief heute um 14.40 Uhr an und berichtete folgendes:
Die allgemeine militärische Lage sei nicht günstig. Elbing sei von Süden her angeblich bedroht. Osterode und Dt. Eylau seien in russischer Hand. Nach einer noch nicht bestätigten Meldung aus Braunsberg soll auch Allenstein von den Russen bereits genommen sein. Ein Teil der Gefolgschaftsangehörigen der Allensteiner Behörde sei noch mit einem Transport in Richtung Marienburg abgegangen. Riesenburg und Rosenberg seien angeblich in russischer Hand. Ostwärts von Königsberg ständen die deutschen Truppen an der Deime. Die Strecke Königsberg-Marienburg sei zur Zeit noch frei. Jedoch heißt es, daß russische Panzertruppen in Richtung Maldeuten vorstießen. Der Bahnhof in Königsberg sei so verstopft, daß Bahntransporte zur Zeit so gut wie nicht abgingen. Der Generalstaatsanwalt will, wenn die Lage es gestatte, die Insassen der Königsberger Gefängnisse, die keinesfalls entlassen werden könnten, möglichst bald im Fußmarsch nach Richtung Elbing-Rotenbude-Danzig in Gang setzen; ob das noch gelinge, sei fraglich.
Auf mein Befragen meinte der Generalstaatsanwalt, es sei zur Zeit leider nicht möglich, Informationen oder Weisungen des Reichsverteidigungskommissars[1] zu bekommen. Auch über Seetransporte sei nichts zu erfahren. Der Chef-Präs. verhandele zur Zeit.
Der GStA. beabsichtigt, den Versuch zu machen, alles nach Westen zum Abtransport zu bringen, was nicht volkssutrmpflichtig sei. Alle wichtigen Strafverfahren will er unter weitestgehender Anwendung des § 8 der neuen Vereinfachungsverordnung noch im Schnellverfahren zur Aburteilung bringen.[2]
Er bat um die Ermächtigung, über die bisher gegebenen Ermächtigungen hinaus Gefangene nach seinem freien Ermessen soweit zur

1) Reichsverteidigungskommissar im Gau Ostpreußen war seit dem 16. 11. 1942 Gauleiter Koch. Im Führererlaß vom 13. 7. 1944 wurden den RVK weitgehende Befugnisse zulasten der jeweiligen militärischen Oberbefehlshaber im Operationsgebiet innerhalb des Reiches eingeräumt.
2) Vgl. Anm. 2 zum Bericht v. 18. 1. 1945.

Entlassung zu bringen, als es die jeweilige Lage ihm vorschreibe. Er wies darauf hin, daß bei dem herrschenden schweren Schneetreiben ein Abtransport im Fußmarsch von Frauen z. B. kaum überstanden werden würde. Ferner bat der GStA. um die Ermächtigung, in abgeurteilten und noch zur Aburteilung kommenden T.U.-Sachen[3] selbst die Gnadenentscheidung zu treffen. Ich habe beide Ermächtigungen erteilt vorbehaltlich des Widerrufs durch den Herrn Staatssekretär. Herr Staatssekretär, dem ich anschließend vortrug, hat zugestimmt, so daß die Ermächtigungen damit in Kraft sind.

3) = Todes-Urteile.

53 a. Aktenvermerk aus dem Reichsjustizministerium vom 25. Januar 1945

StA. Görsch-Gabriel als Vertreter des GStA. Danzig gibt folgende Meldung aus Königsberg, die am 25. 1. 1945 um 20.55 Uhr in Danzig einging:

„Der EStA. Büttner[4] vom GStA. Königsberg meldet, daß er die Leitung der Behörde des GStA. Königsberg übernommen hat, nachdem die letzten Herren vom Volkssturm eingezogen sind. Der Feinddruck auf Königsberg nimmt zu. Es wird dort noch gearbeitet, die Stadt hat noch Ruhe. Mit Berlin hat er keine Verbindung bekommen. Er entscheidet jetzt selbständig in Gnadensachen und sonstigen Sachen im Rahmen der ministeriellen Ermächtigung. Ein Teil der Beamten will versuchen, über die Frische Nehrung nach Danzig zu kommen, um sich hier beim GStA. in Danzig zu melden.

Aus Allenstein und Lyck ist ein Teil der Beamten herausgekommen. EStA. Büttner wird täglich nach Danzig berichten."

Fernspech-Vermittlung

25. 1. 45, 23.55Uhr

4) Heinz Büttner, 1908 Königsberg, 1. Staatsex. 1929, Assessorex. 1933, StA Insterburg 1938, StA Königsberg 1939, 1. 3. 1941 EStA bei der Staatsanwaltschaft am OLG ebd.; 1923/24 Bund Oberland, SS: 11/1933 (Unterscharführer), NSDAP: 1. 5. 1937, 1939–1942 Frontoffizier, EK I. (BA, R 22, Personalakte Büttner).

53 b. Aktenvermerk von Ministerialdirektor Dr. Vollmer, Reichsjustizministerium, vom 26. Januar 1945

Um 13.30 Uhr rief EStA. Büttner aus Königsberg/Pr. an und meldete folgendens:

In der näheren Umgebung von Königsberg sei Artilleriefeuer zu hören. Im Stadtgebiet fänden noch keine Kampfhandlungen statt. Die Lage an der Deimelinie sei unklar. Die Linie soll von den Russen überschritten, der Angriff auf Labiau aber noch einmal abgewehrt sein. Russische Panzerspitzen sollen aber auf Königsberg vordringen. Die beiden Chefs seien weggefahren, angeblich nach Danzig, um sich dort zu melden. Näheres sei darüber nicht bekannt. EStA. Büttner hat die Leitung der StA. beim OLG. übernommen. Frauen und Kinder und alle nichtvolkssturmpflichtigen Mitglieder der Gefolgschaft versuche man nach Pillau zu bringen, da dort möglicherweise nunmehr endlich Abtransportmöglichkeiten geschaffen würden. Etwa 900 Gefangene seien in den Königsberger Gefängnissen gewesen, mit denen entsprechend unserer Ermächtigung verfahren worden sei. Es sei alles entlassen worden, was für die Stadt Königsberg nicht bedrohlich und gefährlich sei. Die Zuchthäusler arbeiteten geschlossen im Stellungsbau, dort arbeiteten auch die arischen Ausländer mit. Der Kommandeur der Sicherheitspolizei und des SD habe gebeten, ihm die Ausländer nicht zu überstellen, da er mit anderen Aufgaben voll belastet sei. Entsprechend einer Vereinbarung mit der Kreisleitung würden alle „anständigen“ Gefangenen einschließlich der sonst im Leben ordentlich gewesenen Kriegswirtschaftsverbrecher unmittelbar dem Volkssturm eingereiht. Der volkssturmpflichtige Teil der Gefolgschaft trete, wenn die Lage noch ernster werde, vereinbarungsgemäß geschlossen zu einem kämpfenden Truppenteil der Sicherheitspolizei über. Mit den in K. einsitzenden Gefangenen der Reichsanwaltschaft beim VGH. wird EStA. Büttner notfalls entsprechend der Ermächtigung in gleicher Weise verfahren wie mit den übrigen Gefangenen.

Die Familie des EStA. Büttner und einige andere Gefolgschaftsmitglieder haben sich entschlossen, bei ihren Männern zu bleiben.

Anschließend berichtete der LG-Präs. Engel,[5] bisher in Tilsit:
Nach der Entfernung des Herrn OLG-Präs., von der er anscheinend mit einer gewissen Bitterkeit sprach, habe er sich der Behörde angenommen und zwar zusammen mit dem Sen-Präs. Kühnemann, der z. Zt. aber nicht in der Behörde, sondern in der Stadt weile.[6] Man arbeite noch im Gerichtsgebäude am Adolf-Hitler-Platz, das zum Teil aber auch schon Volkssturmeinquartierung habe. Immerhin könnten die eintreffenden Flüchtlinge dort noch untergebracht werden. Mit der StA. beim OLG. halte er enge Zusammenarbeit, auch im Nachrichtenwesen und widme sich hauptsächlich der Gefolgschaftsbetreuung. Der Abtransport der Nichtvolkssturmpflichtigen nach Pillau, zum Teil mit Kraftwagen der Gefängnisverwaltung, liefe gut. Die Eisenbahn funktioniere anscheinend zur Zeit wieder nicht, da ein russischer Vorstoß auf Marienburg dazwischengekommen sein soll. Auch gegen den Fußmarsch über die Frische Nehrung bestünden zur Zeit Bedenken.
Das Heilsberger Dreieck sei anscheinend zum großen Teil noch russenfrei. Er halte Königsberg in erster Linie vom Süden her für bedroht.
Die Haltung der noch anwesenden Behördenmitglieder sei noch recht gut. Die Verpflegung sei gewährleistet.

5) Max Engel, Jg. 1882, Gerichtsass. 1909, AGR Nikolaiken 1914, LGR Insterburg 1922, LGD Lyck 1925, LGPräs. Tilsit 1. 1. 1935.

6) Georg Kühnemann, Jg. 1887, Gerichtsass. 1913, LGR in Lyck 1920, LGR Insterburg 1920, 1928 Königsberg, 1930 OLGR ebd., Senatspräsident ebd. 1. 1. 1941.

53 c. Aktenvermerk aus dem Reichsjustizministerium vom 28. Januar 1945

Regierungsrat Schmidt vom Innenminsterium rief um 18.40 Uhr an und teilte mit, daß ein Funkspruch des Reichsverteidigungskommissars von Königsberg vorliege, der besage, daß der Chef-Präs. Draeger und GStA. Szelinski ohne Fühlungsnahme mit dem RVK. und ohne für ordnungsgemäße Übertragung ihrer Dienstgeschäfte gesorgt zu haben, Königsberg mit ihrem Dienstkraftwagen über Pillau nach Danzig verlassen habe. Die Bevölkerung von Königsberg sei über dieses Verhalten der Vorstandsbeamten sehr erregt. Vom Innenministerium sei in Danzig veranlaßt worden, daß die beiden Vorstandsbeamten dort festgehalten würden. Er spreche die Bitte aus, auch von unserer Behörde notwendige Schritte gegen die beiden Vorstandsbeamten zu veranlassen.
Ich habe obige Durchsage OLG-Rat Ebersberg[7] fernmündlich mitgeteilt. Er bat, dem Reg-Rat Schmidt mitzuteilen, daß Herr Minister die Einleitung eines Disziplinarverfahrens angeordnet und die Vorstandsbeamten in Danzig angewiesen habe, die Vorstandsbeamten von Königsberg sofort wieder dorthin in Marsch zu setzen.
Reg-Rat Schmidt war nicht mehr erreichbar. Ich habe daher die Mitteilung an den Referenten vom Dienst im Innenministerium durchgesagt. Von dort wurde mir erklärt, daß er versuchen wolle zu erreichen, daß die Festhalteverfügung nicht zur Ausführung gelange. Bindende Zusage in dieser Hinsicht konnte nicht gegeben werden.

7) OLGR Ebersberg, seit 1. 11. 1941 EStA Kammergericht Berlin, im Frühjahr 1941 zur persönlichen Verfügung Schlegelbergers ins RJM abgeordnet.

53 d. Aktenvermerk aus dem Reichsjustizministerium vom 28. Januar 1945

Erster Staatsanwalt Büttner rief aus Königsberg an und teilte folgendes mit:
In Königsberg werde die Arbeit fortgesetzt. Die Stadt liege unter Artilleriebeschuß. Das Gefängnis sei um die Hälfte des Bestandes erleichtert; 400 Gefangene seien noch in der Anstalt.
Es erfolge der Abtransport der Frauen und Kinder sowie der Männer über 60 Jahre.
Bartenstein sei letzte Gerichtsbehörde. Der Ort sei noch in unserer Hand.
Der Treck der Zuchthäusler aus Wartenburg sei in Zinten eingetroffen. Ein zweiter Transport sei kaum mehr möglich.
Der OLG-Präs. und GStA. seien noch nicht nach Königsberg zurückgekehrt.
Er bitte festzustellen, wo sich der OStA. Dr. Kühn (Braunsberg)[8] aufhalte; dieser sei nicht zu ermitteln, habe sich auch nicht abgemeldet.

8) Dr. Adolf Kühn, Jg. 1902, StA Trier 1. 7. 1933, StA Königsberg 1. 11. 1933, OStA Braunsberg 1. 1. 1936.

53 e. Aktenvermerk aus dem Reichsjustizministerium vom 31. Janaur 1945[9]

Herr Gen-StA. Stäcker[10] teilt am 31. Januar 1945, 14.20 Uhr fernmündlich mit, daß die Vorstandsbeamten aus Königsberg um 12 Uhr das Landgerichtagsgebäude unter Führung des Staatsanwalts ?burg und in Begleitung des Ersten Wachtmeisters Franke verlassen haben. Die Annahme, daß für die Reise nach hier ein besonderer Waggon zur Verfügung gestellt werde, sei falsch. Die Reichsbahn habe gestern lediglich zugesagt, eine Reisemöglichkeit zu schaffen. Nach der Verkehrslage heute morgen bestehe diese Reisemöglichkeit nur darin, daß der Transport mit einem Flüchtlingszug erfolge, der bei Eintreffen einer fahrbereiten Lok sofort in Marsch gesetzt werde. Der Zeitpunkt der Ankunft des Zuges in Berlin sei naturgemäß völlig offen.

9) Der Vermerk enthält einen handschriftlichen Zusatz: „Die Vorstandsbeamten sind in Berlin eingetroffen und ins Untersuchungsgefängnis gebracht worden. Szelinski hat sich in seiner Zelle erhängt." – Draeger wurde vom VGH am 29. 3. 1945 wegen Wehrkraftzersetzung und Fahnenflucht zum Tode verurteilt, am 4. 4. 1945 ins Zuchthaus Brandenburg eingeliefert und dort am 20. 4. 1945 hingerichtet (Schorn, 1959, S. 232; Luckat, 1975, S. 893).

10) Otto Stäcker, seit 1935 Generalstaatsanwalt in Stettin.

Quellenverzeichnis

In runden Klammern wird jeweils die in den Anmerkungen verwendete abgekürzte Zitierweise angegeben.

Bundesarchiv Koblenz (BA)

Bestand R 6	Reichsministerium für die besetzten Ostgebiete
R 17 III	Reichsnährstand/Hauptvereinigung d. dt. Fischwirtschaft
R 18	Reichsministerium des Innern
R 21	Reichsministerium f. Wissenschaft, Erziehung u. Volksbildung
R 22	Reichsjustizministerium
R 43 II	Reichskanzlei
R 58	Reichssicherheitshauptamt
R 60	Volksgerichtshof und Oberreichsanwalt b. VGH
Ost-Dok. 8, 10	Berichte von Persönlichkeiten des öffentlichen Lebens aus den Gebieten östlich von Oder und Neiße zum Zeitgeschehen 1919–1945 und Berichte über Verwaltung u. Wirtschaft in den Ostgebieten
NS 26	Hauptarchiv der NSDAP
Z 42	Spruchkammerakten
All. Proz. 1	Nürnberger Prozesse

Geheimes Staatsarchiv Preußischer Kulturbesitz Berlin-Dahlem (GStA)

I. Hauptabteilung

Rep. 76	Preuß. Ministerium f. Wissenschaft, Kunst und Volksbildung
Rep. 77	Preuß. Ministerium des Innern
Rep. 84a	Preuß. Justizministerium
Rep. 90P	Preuß. Staatsministerium/Polizeiakten

XX.Hauptabteilung

Rep. 2	Oberpräsidium Königsberg
Rep. 10	Regierung Königsberg
Rep. 14	Regierung Allenstein
Rep. 36	Landgerichte im OLG-Bezirk Königsberg
Rep. 37, 37 d	Staatsanwaltschaft b. d. Landgerichten Königsberg u. Zichenau
Rep. 240	Gauarchiv der NSDAP Ostpreußen

Zentrales Staatsarchiv Potsdam (ZStAP)
Bestand Reichsjustizministerium (RJM) und Reichsministerium des Innern (RMI)

Zentrales Staatsarchiv Merseburg (ZStAM)
Bestand Preuß. Justizministerium (2. 5. 1.)

Berlin Document Center (BDC)
NSDAP-Mitgliedskartei, Parteikanzlei (PK), Oberstes Parteigericht (OPG), SA-Führer-Akten (SA), SS-Führer-Akten (SS), Research-Section (Research), Reichsschrifttumskammer (RSK), Reichsministerium für Wissenschaft, Erziehung und Volksbildung (REM).

Institut für Zeitgeschichte München (IfZ)
MA 198/2; Fa 88, Fasz. 151; IMT, NO 1069, 1073, 1074, 1076.

Landesarchiv Berlin (LAB)
Pr. Br. Rep. 57, Nr. 375
Landesarchiv Schleswig-Holstein (LAS)
Abt. 354; Abt. 786

Archiv der Zentralen Stelle der Landesjustizverwaltungen zur Aufklärung von NS-Verbrechen in Ludwigsburg
Ord. 356 u (Polen)

Literaturverzeichnis

(Von den benutzten biographischen Nachschlagewerken wird hier nur ein Teil aufgeführt. In die Anmerkungen wurden sie größtenteils nicht aufgenommen.)

Adam, Uwe Dietrich, Judenpolitik im Dritten Reich, Düsseldorf 1972.

Adressenwerk der NSDAP ... Bd. 4/6: Gau Ostpreußen, Pommern, Danzig. Berlin 1936.

Akten der Deutschen Auswärtigen Politik, Ser. D: 1937–1945, Bd. V, X, Bonn 1963.

Allen, William S., Die sozialdemokratische Untergrundbewegung: zur Kontinuität der subkulturellen Werte; in: J. Schmädeke/P. Steinbach (Hg.), Der Widerstand gegen den Nationalsozialismus, München-Zürich 1985, S. 849–866.

(anonym), Deutsch-sowjetische Grenzvermarkung, in: Der Student der Ostmark 1940, S. 176–180.

(anonym), Kant-Coppernicus-Feier 1941, in: Der Student der Ostmark 1941, S. 542–546.

(anoym), Erich-Koch-Stiftung. Geschichte eines genialen Raubzuges mit und ohne Moral, in: Das Ostpreußenblatt Jg. 1953, F. 2–11.

Auerbach, Helmut, Arbeitserziehungslager, in: Gutachten des Instituts für Zeitgeschichte, Bd. II, Stuttgart 1966, S. 196–201.

Bästlein, Klaus, Die Akten des ehemaligen Sondergerichts Kiel als zeitgeschichtliche Quelle, in: Zeitschrift für Schleswig-Holsteinische Geschichte 113 (1988), S. 157–209.

Baier, Roland, Der deutsche Osten als soziale Frage. Eine Studie zur preußischen und deutschen Siedlungs- und Polenpolitik in den Ostprovinzen des Kaiserreichs und der Weimarer Republik, Köln-Graz 1980.

Barkai, Avraham, Das Wirtschaftssystem des Nationalsozialismus. Der historische und ideologische Hintergrund 1933–1936, Köln 1977.

Bartoszewski, Wladyslaw, Uns vereint vergossenes Blut. Juden und Polen in der Zeit der „Endlösung", Frankfurt/M. 1987.

ders., Polen und Juden in der deutschen Besatzungszeit, in: C. Kleßmann (Hg.), September 1939. Krieg, Besatzung, Widerstand in Polen, Göttingen 1989, S. 139–155.

Berndt, Roswitha, Lage und Kampf der Landarbeiter im ostelbischen Preußen (1919–1945), Bd. III, Berlin (Ost) 1985.

Bessel, Richard, The S. A. in the Eastern Region of Germany, 1925–1934, Phil. Diss. Oxfort 1980.

Bethke, Hermann/v. Grünberg, Hans-Bernhard, Entschuldung und Neubau der deutschen Wirtschaft, Berlin 1932.

Beurmann, –, Das Sondergericht Danzig, ein Sondergericht des deutschen Ostens, in: Deutsches Recht 12 (1942), S. 77–82.

Birn, Ruth Bettina, Die Höheren SS- und Polizeiführer. Himmlers Vertreter im Reich und in den besetzten Gebieten, Düsseldorf 1986.

Bitter, Georg, Die Preußische Regierung zu Königberg 1918–1945, Leer 1988.

Boberach, Heinz (Hg.), Richterbriefe. Dokumente zur Beeinflussung der deutschen Rechtsprechung 1942–1944, Boppard 1975.

Boelcke, Willi A. (Hg.), Wollt Ihr den totalen Krieg? Die geheimen Goebbels-Konferenzen 1939–1943, München 1969.

Bräutigam, Otto, So hat es sich zugetragen. Ein Leben als Soldat und Diplomat, Würzburg 1968.

Broszat, Martin, Nationalsozialistische Polenpolitik 1939–1945, Stuttgart 1961.

ders.; Resistenz und Widerstand, in: ders. et. al. (Hg.), Bayern in der NS-Zeit, Bd. IV, München-Wien 1981, S. 691–706.

Buchholtz, Erwin, Die Lage in Ostpreußen, in: Der Nahe Osten 5 (1932), S. 384–392.

Buchholz, Alfons, Die Fronleichnamsprozession in Heilsberg und ihre Vorgeschichte, in: Ermländische Heimatkalender 85 (1952), S. 119–140.

Burckhardt, Carl J., Meine Danziger Mission, München 1962.

Cecil, Robert, The Myth of the Master Race: Alfred Rosenberg and Nazi Ideology, London 1972.

Chronik der Zeitereignisse. Politik-Wirtschaft-Kultur, Bd. 2/II: Das Dritte Reich 1939–1945, Düsseldorf 1983.

Conrad, Georg, Geschichte der Königsberger Obergerichte, Leipzig 1907.
Dallin, Alexander, Deutsche Herrschaft in Rußland 1941–1945. Eine Studie über Besatzungspolitik, Düsseldorf 1958.
Das Deutsche Reich und der Zweite Weltkrieg, hg. vom Militärgeschichtlichen Forschungsamt, Bd. 1–5/1, Stuttgart 1979–1988.
Deutschland-Berichte der Sozialdemokratischen Partei Deutschlands (Sopade) 1934–1940, Jg. 1–7, 6. A. Frankfurt/M. 1982 (Reprint).
Deutschland im Zweiten Weltkrieg, hg. von Wolfgang Schumann et al., Bd. 4, Köln 1981.
Dieckert, K./Grossmann, H., Der Kampf um Ostpreußen. Ein authentischer Dokumentarbericht, 5. A. Stuttgart 1984.
Dönhoff, Marion Gräfin, Namen die keiner mehr nennt. Ostpreußen-Menschen und Geschichte, 10. A. München 1977.
Dokumente Deutscher Politik Bd. 9, Tl. 2, Berlin 1944.
Eichholz, Dietrich, Geschichte der deutschen Kriegswirtschaft, Bd. II: 1941–1943, Berlin (Ost) 1985.
Fabry, Philip W., Der Hitler-Stalin-Pakt 1939–1941. Ein Beitrag zur Methode sowjetischer Außenpolitik, Darmstadt 1962.
Farquharson, J. E. The Plough und the Swastika. The NSDAP and Agriculture in Germany 1928–1945, London 1976.
Feier, Alfred, Die Wirtschaftsstruktur im Regierungsbezirk Zichenau, in: Der Soziale Wohnungsbau in Deutschland 1 (1941), S. 499–502.
Festschrift zum 275jährigen Bestehen des Oberlandesgerichts Celle, Celle 1986.
Fink, Woldemar, Ostideologie und Ostpolitik. Die Ostideologie ein Gefahrenmoment in der deutschen Außenpolitik, Phil. Diss. Berlin 1936.
Fleischhauer, Ingeborg, Das Dritte Reich und die Deutschen in der Sowjetunion, Stuttgart 1983.
Forstreuter, Kurt, Ostpreußen, in: Die deutschen Ostgebiete zur Zeit der Weimarer Republik, Köln-Granz 1966, S. 13–41.
Das Deutsche Führerlexikon 1934/35, Berlin 1934.
Gause, Fritz, Die Russen in Ostpreußen 1914/15, Königsberg 1931.
ders., Die Geschichte der Stadt Königsberg in Preußen, Bd. III, Köln-Wien 1971.
Görlitz, Walter, Die Junker. Adel und Bauer im deutschen Osten, 2. erg. u. erw. A. Glücksburg 1957.
Groeben, Klaus von der, Verwaltung und Politik 1918–1933 am Beispiel Ostpreußens, 2. erw. A. Kiel 1988.
Gross, Jan T., Und wehe du hoffst... Die Sowjetisierung Ostpolens nach dem Hitler-Stalin-Pakt 1939–1941, Freiburg 1988.
Gruchmann, Lothar, Justiz im Dritten Reich 1933–1940. Anpassung und Unterwerfung in der Ära Gürtner, München 1988.
v. Grünberg, Hans-Bernhard, Ideologie und Wirklichkeit, in: Der Student der Ostmark WS 36/37, S. 95–96.
ders., Das neue Ostpreußen. Rechenschaft über den Aufbau der Provinz, Königsberg 1938.
ders., Die Hauptgrundsätze der Aufbauarbeit in Ostpreußen, in: H. Hagemeyer (Hg.) Europas Schicksal im Osten, 3., unveränd. A. Breslau 1939, S. 197–208.
ders., Zur Kant-Coppernikus-Woche!, in: Der Student der Ostmark 1940, S. 99–101.
Handbuch der Justizverwaltung, Berlin 1942.
Handbuch für den Regierungsbezirk Zichenau, Allenstein 1943.
Hanisch, Ernst, Politische Prozesse vor dem Sondergericht im Reichsgau Salzburg, in: E. Weinzierl/ K. R. Stadtler (Hg.), Justiz und Zeitgeschichte, Wien (1977), S. 210–226.
Hattenhauer, Hans, Vom Reichsjustizamt zum Bundesminsterium der Justiz, in: Vom Reichsjustizamt zum Bundesministerium der Justiz, Köln 1977, S. 9–118.
Heimatbuch des Kreises Wehlau. Alle-Pregel-Deime-Gebiet, Bd. I. Leer 1975.
Hein, Alfred, Walter Scheibert, in: Altpreußische Forschungen 20 (1943), S. 174.
Heinemann, Ulrich, Ein konservativer Rebell. Fritz-Dietlof Graf von der Schulenburg und der 20. Juli, Berlin 1989.

Heise, Andreas (Hg.), Ein Maler fotografiert in Ostpreußen: Wilhelm Heise, Zürich 1982.
Hellmann, Manfred, Grundzüge der Geschichte Litauens, 3., gegenüb. d. 2. unveränd. A. Darmstadt 1986.
Hellmer, Joachim, Königsberger Prozesse, in: Das Ostpreußenblatt Jg. 40 (1989), F. 27, S. 10.
Herbert, Ulrich, Fremdarbeiter. Politik und Praxis des „Ausländer-Einsatzes" in der Kriegswirtschaft des Dritten Reiches, Berlin-Bonn 1985.
Herbst, Ludolf, Der Totale Krieg und die Ordnung der Wirtschaft. Die Kriegswirtschaft im Spannungsfeld von Ideologie, Politik und Propaganda 1939–1945, Stuttgart 1982.
Herlemann, Beatrix, Auf verlorenem Posten. Kommunistischer Widerstand im Zweiten Weltkrieg. Die Knöchel-Organisation, Bonn 1986.
Hertz-Eichenrode, Dieter, Politik und Wirtschaft in Ostpreußen 1919–1930. Untersuchung eines Strukturproblems in der Weimarer Republik, Köln-Opladen 1969.
ders., Die Wende zum Nationalsozialismus im südlichen Ostpreußen 1930–1932. Zugleich ein Beitrag zur Geschichte des Masurentums, in: Olsztynskie Studia Niemcoznawcze Bd. I, Olsztyn (Allenstein) 1986.
Hilberg, Raul, Die Vernichtung der europäischen Juden. Die Gesamtgeschichte des Holocaust, Frankfurt/M. 1982.
Heuß, Alfred, Versagen und Verhängnis. Vom Ruin deutscher Geschichte und ihres Verständnisses, Berlin 1984.
Hillel, Marc, Le massacre des survants en Pologne 1945–1947, Paris 1985.
Hillgruber, Andreas, Zweierlei Untergang. Die Zerschlagung des Deutschen Reiches und das Ende des europäischen Judentums, Berlin 1986.
Hinz, Franz, Der Heilsberger Fronleichnamsprozeß, in: Ermländischer Heimatkalender 97 (1964), S. 199–266.
Höffkes, Karl, Hitlers politische Generale. Die Gauleitér des Dritten Reiches, Tübingen 1986.
Hubatsch, Walther, Die 61. Infantrie-Division 1939–45, 2. A. Bad Nauheim 1961.
ders., Geschichte der evangelischen Kirche Ostpreußens, Bd. I, Göttingen 1968.
Hüttenberger, Peter, Die Gauleiter. Studie zum Wandel des Machtgefüges in der NSDAP, Stuttgart 1969.
Jacoby, Yoram K., Jüdisches Leben in Königsberg/Pr. im 20. Jahrhundert, Würzburg 1983.
Jochmann, Werner (Hg.), Adolf Hitler-Monologe im Führerhauptquartier, Hamburg 1980.
Johe, Werner, Die gleichgeschaltete Justiz. Organisation des Rechtswesens und Politisierung der Rechtsprechung 1933–1945 dargestellt am Beispiel des Oberlandesgerichtsbezirks Hamburg, Frankfurt/M. 1967.
Juschka, Horst-Hellmuth, Wir senken die Fahnen, Königsberg 1938.
Kaltefleiter, Werner, Wirtschaft und Politik in Deutschland. Konjunktur als Bestimmungsfaktor des Parteiensystems, Köln-Opladen 1966.
Kather, Linus, Die Entmachtung der Vertriebenen. Bd. 1: Die entscheidenden Jahre, München-Wien 1964.
Keesings Archiv der Gegenwart Jg. IX (1939)–XIV (1944).
Keit, Ernst, Bibliographie zur Landeskunde der zum Regierungsbezirk Zichenau, den Kreisen Suwalki, Lipno und Rippin gehörenden ost- und westpreußischen Gebiete, in: Altpreußische Forschungen 18 (1941), S. 325–365.
Kershaw, Ian, Der Hitler-Mythos. Volksmeinung und Propaganda im Dritten Reich, Stuttgart 1980.
ders., Alltägliches und Außeralltägliches: ihre Bedeutung für die Volksmeinung 1933–1939, in: D. Peukert/J. Reulecke (Hg.), Die Reihen fast geschlossen. Beiträge zur Geschichte des Alltags unterm Nationalsozialismus, Wuppertal 1985, S. 273–292.
Kettenacker, Lothar, Die Chefs der Zivilverwaltung im Zweiten Weltkrieg, in: D. Rebentisch/K. Teppe (Hg.), Verwaltung contra Menschenführung im Staat Hitlers. Studien zum politisch-administrativen System, Göttingen 1986, S. 396–418.
Klee, Ernst, „Euthanasie" im Dritten Reich. Die „Vernichtung lebensunwerten Lebens", Frankfurt/M. 1983.

Klönne, Arno, Jugendprotest und Jugendopposition, in: M. Broszat et al. (Hg.), Bayern in der NS-Zeit, Bd. IV, München 1981, S. 589–620.
Koch, Erich, Die NSDAP. Idee, Führer und Partei, Leipzig 1933.
ders., Aufbau im Osten, Breslau 1934.
ders., Hebung der Volkskraft, in: Völkischer Beobachter v. 21. 3. 1942.
Koschorke, Manfred (Hg.), Geschichte der Bekennenden Kirche in Ostpreußen 1933–1945: Allein das Wort hat's getan, Göttingen 1976.
Krakowski, Shmuel, Policy of the Third Reich in conquered Poland; in: Yad Vashem Studies on the European Jewish Catastrophe and Resistance 9 (1973), S. 225–245.
Kramer, Helmut, Oberlandesgerichtspräsidenten und Generalstaatsanwälte als Gehilfen der NS-„Euthanasie", in: Kritische Justiz 17 (1984), S. 25–43.
Krausnick, Helmut/Wilhelm, Hans-Heinrich, Die Truppe des Weltanschauungskrieges. Die Einsatzgruppen der Sicherheitspolizei und des SD 1938–1942, Stuttgart 1981.
Kube, Alfred, Pour le Mérite und Hakenkreuz. Hermann Göring im Dritten Reich, München 1986.
KZ-Verbrechen vor deutschen Gerichten, Bd. II: Einsatzkommando Tilsit. Der Prozeß zu Ulm, hg. v. Dam, H. G./Giordano R., Frankfurt/M. 1966.
Loeffler, Lothar, Das Rassenbiologische Institut in Königsberg, in: Archiv für Bevölkerungswissenschaft und Bevölkerungspolitik 8 (1938), S. 120–125.
Longerich, Peter, Die braunen Bataillone. Geschichte der SA, München 1989.
Luckat, Emil, Art.: Draeger, in: Altpreußische Biographie Bd. III, Marburg 1975, S. 893.
Mackiewicz, J., Katyn-ungesühntes Verbrechen, 2. A. Frankfurt/M. 1983.
Madajczyk, Czesław, Die Okkupationspolitik Nazideutschlands in Polen 1939–1945, Berlin (Ost) 1987.
Majer, Diemut, „Fremdvölkische" im Dritten Reich. Ein Beitrag zur nationalsozialistischen Rechtssetzung und Rechtspraxis in Verwaltung und Justiz unter besonderer Berücksichtigung der eingegliederten Ostgebiete und des Generalgouvernements, Boppard 1981.
Marßolek, Inge/Ott, Holger, Bremen im Dritten Reich. Anpassung, Widerstand, Verfolgung, Bremen 1986.
Matull, Wilhelm/Sommerfeldt, Max, Der Anteil der ostpreußischen Arbeiterbewegung am Widerstand gegen den Nationalsozialismus, in: Jahrbuch der Albertus-Universität Königsberg/Pr. XVII (1967), S. 164–178.
Matull, W., Ostpreußens Arbeiterbewegung. Abriß ihrer Geschichte, Leistung und Opfer, Würzburg 1973.
ders., Erlebte Geschichte zwischen Pregel und Rhein, Dortmund 1980.
Meldungen aus dem Reich. Die geheimen Lageberichte des Sicherheitsdienstes der SS 1938–1945, hg. von H. Boberach, Bd. 1–17, Herrsching 1984.
Mengert, Georg, Das Suwalkigebiet!, in: Der Student der Ostmark 1940, S. 293–295.
ders., Einsatztage in Mlawa, in: Der Student der Ostmark 1941, S. 548 f.
Mitteilungsblatt des Nationalsozialistischen Lehrerbundes (Gauwaltung Ostpreußen) Jg. 1940.
Nestler, Ludwig, Zum Aufbau und zur Tätigkeit der faschistischen Sondergerichte in den zeitweilig okkupierten Gebieten Polens, in: Jahrbuch für Geschichte 10 (1974), S. 579–631.
Nobis, Adolf J., Die Preußische Verwaltung des Regierungsbezirks Allenstein 1905–1945, Phil. Diss. Bonn 1987.
Nollau, Günther/Zindel, Ludwig, Gestapo ruft Moskau. Sowjetische Fallschirmagenten im Zweiten Weltkrieg, München 1979.
v. Nostitz, Oswald, Ein Preuße im Umbruch der Zeit. Hans Schwarz 1890–1967. Auswahl der Werke und Biographie, Hamburg 1980.
Oldenhage, Klaus, Aus den Lageberichten des Oberlandesgerichtspräsidenten und Generalstaatsanwalts in Zweibrücken, in: Jahrbuch für westdeutsche Landesgeschichte 5 (1979), S. 303–356; 6 (1980), S. 343–398.
ders., Justizverwaltung und Lenkung der Rechtsprechung im Zweiten Weltkrieg. Die Lageberichte der Oberlandesgerichtspräsidenten und Generalstaatsanwälte (1940–1945), in: D. Reben-

tisch/K. Teppe (Hg.), Verwaltung contra Menschenführung im Staat Hitlers. Studien zum politisch-administrativen System, Göttingen 1986, S. 100–121.
Orlow, Dietrich, The History of the Nazi Party, Bd. 2: 1933–1945, Pittsburgh 1973.
Ostpreußenprogramm. Denkschrift zu den Beschlüssen des Ostpreußenausschusses in der Sitzung vom 27. Oktober 1936. Als Ms. gedruckt o. O. o. J.
Personalverzeichnis des höheren Justizdienstes. Berlin 1938.
Peyinghaus, Marianne, Stille Jahre in Gertlauken. Erinnerungen an Ostpreußen, Berlin 1985.
Pfeiffer, Heinrich, Deutschland, Polen und der Osten. Neue Literatur, in: Neue Blätter für den Sozialismus 4 (1933), S. 209–21.
Plesse, M., Die deutsche Fischwirtschaft im Kriege, Berlin 1941.
Plieg, Ernst-Albrecht, Das Memelland 1920–1939, Würzburg 1962.
Reifferscheid, Gerhard, Das Bistum Ermland und das Dritte Reich, Köln-Wien 1975.
ders., Die NSDAP in Ostpreußen, in: Zeitschrift für die Geschichte und Altertumskunde Ermlands 39 (1979), S. 61–85.
Ramme, Alwin, Der Sicherheitsdienst der SS. Zu seinen Funktionen im faschistischen Machtapparat und im sogenannten Generalgouvernement Polen, Berlin (Ost) 1970.
Reiser, Dietrich, Zichenau. Ein Regierungsbezirk entsteht im Neuland, in: Der Student der Ostmark 1940, S. 52–55.
Reitlinger, Gerald, Ein Haus auf Sand gebaut. Hitlers Gewaltpolitik in Rußland 1941–1944, Hamburg 1962.
ders., Die Endlösung. Ausrottung der Juden Europas 1939–1945, München 1964.
Rhode, Gotthold, Polen von der Wiederherstellung der Unabhängigkeit bis zur Ära der Volksrepublik 1918–1970, in: T. Schieder (Hg.), Handbuch der europäischen Geschichte Bd. 7, Stuttgart 1979, S. 1036 ff.
ders., Geschichte Polens. Ein Überblick, 3. verb. A. Darmstadt 1980.
Richter, Friedrich, Industriepolitik im agrarischen Osten. Ein Beitrag zur Geschichte Ostpreußens zwischen den Weltkriegen, Wiebaden 1984.
Rogge, Sylvia, Dokumente des Ghettolebens als Akt der Widerständigkeit. Zur Geschichte Kovnos, in: Zeitgeschichte 17 (1990), S. 386–394.
Ronge, Paul, Im Namen der Gerechtigkeit. Erinnerungen eines Strafverteidigers, München 1963.
Roth, Karl-Heinz, Nazi-Juristen als Meinungsforscher. Ein Hinweis auf die Lageberichte der Generalstaatsanwälte und OLG-Präsidenten 1940–1945, in: „Eine Zeit, in der die Falschen verurteilt werden". Heinrich Hannover zum 60. Geburtstag von W. Abendroth u. a., Hamburg 1985, S. 146–162.
Rüping, Hinrich, Nationalsozialistische Rechtsprechung am Beispiel der SS- und Polizeigerichte, in: Neue Zeitschrift für Strafrecht 1983, S. 112 ff.
ders., Strafjustiz und Führerstaat, in: Justiz und Nationalsozialismus, Hannover 1985, S. 97–118.
Schacht, Hjalmar, Rede des Reichsbankpräsidenten und beauftragten Reichswirtschaftsministers ... auf der Deutschen Ostmesse. Königsberg, am 18. August 1935, Berlin 1935.
Scharf, Gerhard, Die Vermessung der deutsch-sowjetischen Grenze. Ein Erlebnisbericht ..., in: Nordost-Archiv 22 (1989) S. 163–169.
Scharner, Josef, Ausharren mit Geduld bringt Freude, in : Der Wachtturm v. 15. 6. 1968, S. 379–382.
Scheu, Erwin/Kopittke, Herbert, Der Regierungsbezirk Zichenau, in: Zeitschrift für Erdkunde 1941, S. 224–237.
Schorn, Hubert, Richter im Dritten Reich. Geschichte und Dokumente, Frankfurt/M. 1959.
Schütz, Hans, Bamberger Berichte. Über Stimmung und Haltung der Bevölkerung des Oberlandesgerichtsbezirks Bamberg während des Zweiten Weltkrieges, Bamberg 1983.
Schüz, Ernst, Dr. h. c. Friedrich Tischler. Erforscher der Vogelwelt Ostpreußens, in: Jahrbuch der Albertus-Universität zu Königsberg/Pr. XXVI/XXVII (1986), S. 223–228.
Schumacher, Bruno, Geschichte Ost- und Westpreußens, 6., durchges. A. Würzburg 1977.
Schustereit, Hartmut, Vabanque. Hitlers Angriff auf die Sowjetunion 1941 als Versuch, durch den Sieg im Westen den Osten zu besiegen, Herford 1988.

Siedler, Wolf Jobst, Weder Maas noch Memel. Ansichten vom beschädigten Deutschland, München 1985.
Stegemann, Wolfgang, Geschichte und Politik. Zur Diskussion über den deutschen Angriff auf die Sowjetunion 1941, in: Beiträge zur Konfliktforschung 1987, S. 73–79.
Steinert, Marlis G., Hitlers Krieg und die Deutschen. Stimmung und Haltung der deutschen Bevölkerung im Zweiten Weltkrieg, Düsseldorf-Wien 1970.
diess., Hitlers Krieg und die Deutschen, in: G. Schulz (Hg). Die große Krise der dreißiger Jahre, Göttingen 1985, S. 137–153.
Stockhorst, Erich, 5000 Köpfe. Wer war was im Dritten Reich, Wiesbaden o. J.
Streit, Christian, Keine Kameraden. Die Wehrmacht und die sowjetischen Kriegsgefangenen 1941–1945, Stuttgart 1978.
Syberberg, Hans Jürgen, Vom Unglück und Glück der Kunst in Deutschland nach dem letzten Kriege, München 1990.
Teppe, Karl, Die preußischen Oberpräsidenten 1933–1945, in: K. Schwabe (Hg.), Die preußischen Oberpräsidenten 1815–1945, Boppard 1985, S. 219–248.
Thévoz, Robert/Branig, Hans/Loewenthal-Hensel, Cecile: Pommern 1934/35 im Spiegel von Gestapo-Lageberichten und Sachakten, Bd. 1, Köln-Berlin 1974.
Thiesing, Adolf, Die Geschichte des Preußischen Justizministeriums, in: 200 Jahre Dienst am Recht, Berlin 1938, S. 11–173.
Tuchel, Johannes/Schattenfroh, Reinold, Zentrale des Terrors. Prinz-Albrecht-Str. 8: Hauptquartier der Gestapo, Berlin 1987.
Umlauf, Josef, Zur Stadtplanung in den neuen deutschen Ostgebieten, in: Raumforschung und Raumordnung 5 (1941), S. 100–122.
Ursachen und Folgen. Eine Urkunden- und Dokumentensammlung zur Zeitgeschichte, hg. v. H. Michaelis et al., Bd. XX, Berlin o. J.
Volkmann, H. E., Landwirtschaft und Ernährung in Hitlers Europa 1939–45, in: Militärgeschichtliche Mitteilungen 35 (1984), S. 9–74.
Wahl, Friedrich, Aufbau im ostpreußischen Zichenau, in: Der Student der Ostmark 1940, S. 212–214.
Warter, Eduard, Preist den Gott, der Leben und Wachstum gibt!, in: Der Wachtturm v. 1. 5. 1987, S. 21–24.
Weber, Hermann, Kommunismus in Deutschland 1918–1945, Darmstadt 1983.
Weber, Reinhold, Der Kreis Lyck. Ein ostpreußisches Heimatbuch, Leer 1981.
Wieck, Michael, Zeugnis vom Untergang Königsberg. Ein „Geltungsjude" berichtet, 3., verb. A. Heidelberg 1989.
Willer, Alfred, Die deutsche Fischerei im Kriegsjahr 1943, in: Hansa 8 (1944), S. 16–18.
Wolff, Paul, Ohne Maske, Hamburg 1948.
Wünsch, Carl, Art.: Schaumann, in: Altpreußische Biographie Bd. II, Marburg 1967, S. 599.
Wynot, Edward D., „Necessary Cruelty": The Emergence of Official Anti-Semitism in Poland, 1936–39, in: The American Historical Review 76, 2 (1971), S. 1035–1058.
Zitelmann, Rainer, Adolf Hitler. Eine politische Biographie, 2. A. Göttingen-Zürich 1989.

Personenregister

Bildnachweis:

BDC: 70, 71, 84
BA: 67, 82 u.
GStA: 68, 72–79, 81 o., 83 u., 84 (Prützmann), 85–92
Rautenberg-Verlag, Archiv: 80, 81 u., 82 o., 83 o., 93 u., 94–96
Besitz d. Verf.: 65, 66, 69, 93 o.

Die Karte auf dem Vorsatz bearbeitete Ilka Schulz.